Deutsch typologisch

Elke Hentschel

Deutsch typologisch
Eine Einführung

J.B. METZLER

Elke Hentschel
Institut für Germanistik, Universität Bern
Bern, Schweiz

ISBN 978-3-476-05944-4   ISBN 978-3-476-05945-1 (eBook)
https://doi.org/10.1007/978-3-476-05945-1

Die Deutsche Nationalbibliothek verzeichnet diese Publikation in der Deutschen Nationalbibliografie; detaillierte bibliografische Daten sind im Internet über http://dnb.d-nb.de abrufbar.

© Springer-Verlag GmbH Deutschland, ein Teil von Springer Nature 2023
Das Werk einschließlich aller seiner Teile ist urheberrechtlich geschützt. Jede Verwertung, die nicht ausdrücklich vom Urheberrechtsgesetz zugelassen ist, bedarf der vorherigen Zustimmung des Verlags. Das gilt insbesondere für Vervielfältigungen, Bearbeitungen, Übersetzungen, Mikroverfilmungen und die Einspeicherung und Verarbeitung in elektronischen Systemen.
Die Wiedergabe von allgemein beschreibenden Bezeichnungen, Marken, Unternehmensnamen etc. in diesem Werk bedeutet nicht, dass diese frei durch jedermann benutzt werden dürfen. Die Berechtigung zur Benutzung unterliegt, auch ohne gesonderten Hinweis hierzu, den Regeln des Markenrechts. Die Rechte des jeweiligen Zeicheninhabers sind zu beachten.
Der Verlag, die Autoren und die Herausgeber gehen davon aus, dass die Angaben und Informationen in diesem Werk zum Zeitpunkt der Veröffentlichung vollständig und korrekt sind. Weder der Verlag, noch die Autoren oder die Herausgeber übernehmen, ausdrücklich oder implizit, Gewähr für den Inhalt des Werkes, etwaige Fehler oder Äußerungen. Der Verlag bleibt im Hinblick auf geografische Zuordnungen und Gebietsbezeichnungen in veröffentlichten Karten und Institutionsadressen neutral.

Umschlagabbildung: © Dusan Stankovic/Getty Images/iStock

Planung/Lektorat: Ferdinand Pöhlmann
J.B. Metzler ist ein Imprint der eingetragenen Gesellschaft Springer-Verlag GmbH, DE und ist ein Teil von Springer Nature.
Die Anschrift der Gesellschaft ist: Heidelberger Platz 3, 14197 Berlin, Germany

Aufbau und Verwendung dieses Buches

Das vorliegende Buch ist so aufgebaut, dass die drei Hauptbestandteile – das Kapitel „Was ist Typologie", das Kapitel „Morphologie" und das Kapitel „Syntax" – auch unabhängig voneinander verwendet werden können. Das eröffnet die Möglichkeit, sich auf einen dieser drei Aspekte zu konzentrieren, ohne notwendig auch die jeweils anderen Kapitel lesen zu müssen. Dieser Vorteil bringt insbesondere in Bezug auf das allgemeine Kapitel zur Typologie den Nachteil einer gewissen Redundanz mit sich. Sie ist das unvermeidliche Ergebnis davon, dass einzelne Phänomene, die in Kap. 1 bereits vorgestellt wurden, in der Folge nun nochmals ausführlicher behandelt werden. Eine mögliche Alternative hätte darin bestanden, das Buch so zu konzipieren, dass es als Ganzes gelesen werden muss. Das hätte bedeutet, das einführende Kapitel etwas ausführlicher zu gestalten und dann in der Folge regelmäßig darauf zurückzuverweisen. Aber eine solche Vorgehensweise ist erfahrungsgemäß ausgesprochen wenig lesefreundlich, und normalerweise ist es sehr viel einfacher, gegebenenfalls über eine doppelt gegebene Information hinwegzulesen, als im Zweifelsfall zurückblättern und nachlesen zu müssen, was man gerade nicht mehr aktiv im Gedächtnis hat.

Die Auswahl der Sprachen, aus denen im Folgenden jeweils Beispiele für die besprochenen Phänomene gegeben werden, erhebt naturgemäß keinen Anspruch darauf, alle Sprachen der Welt zu repräsentieren. Bei einer ganzen Reihe von Sprachen ist es zudem schwierig, Interlinearversionen – also die „wörtlichen" Übersetzungen mit Angaben zu den jeweils vorliegenden grammatischen Phänomenen – so zu gestalten, dass sie ohne umfangreiche zusätzliche Erklärungen verständlich sind. Dies gilt nicht nur für polysynthetische Sprachen, in denen grammatische Phänomene komplex interagieren und die daher extrem schwer zu glossieren sein können, sondern kann auch in anderen Sprachen ein Problem sein. Aus diesem Grund umfassen die Beispiele vorwiegend flektierende, agglutinierende und isolierende Sprachen und dabei solche Belege, die möglichst einfach erklärt werden können. Dennoch wurde in vielen Fällen auf eine vollständige Interlinearversion verzichtet, indem nur die relevanten Teile glossiert und der Rest bloß übersetzt wurde. In jedem Fall ist zudem festzuhalten, dass es sich bei den Beispielen wirklich nur um solche handelt: Sie sollen einfach möglichst leicht verständlich illustrieren, worum es jeweils geht.

Für ihre inhaltlichen sowie sprachbezogenen Hinweise beim Fertigstellen dieses Buches danke ich ganz herzlich Irene Acas, Sylvain Curtenaz, Theo Harden, Anton Näf, Ambra Ottersbach, Rolf Schöneich, Petra Vogel, Arnd Witte und Harald Weydt.

Rom Elke Hentschel
im Juli 2022

Inhaltsverzeichnis

1	**Was ist Typologie?**			1
	1.1	Klassifikationen auf phonologischer Basis		2
	1.2	Klassifikationen auf morphologischer Basis		5
		1.2.1	Sprachtypen	6
			1.2.1.1 Isolierende Sprachen	6
			1.2.1.2 Agglutinierende Sprachen	8
			1.2.1.3 Flektierende Sprachen	9
			1.2.1.4 Polysynthetische Sprachen	10
			1.2.1.5 Übergänge zwischen den Sprachtypen	11
		1.2.2	Grammatische Kategorien	13
			1.2.2.1 Nominale Kategorien	13
			1.2.2.2 Verbale Kategorien	17
	1.3	Klassifikationen auf syntaktischer Basis		22
	1.4	Klassifikationen auf arealer Basis		30
	1.5	Klassifikationen auf sprachgeschichtlicher Basis		31
	1.6	Weitere Kategorisierungsmöglichkeiten		34
2	**Morphologie**			37
	2.1	Nominale Kategorien		37
		2.1.1	Numerus	38
		2.1.2	Kasus	46
			2.1.2.1 Was ist ein Kasus?	46
			2.1.2.2 Kasus-Asymmetrie	49
			2.1.2.3 Definition und Benennung der Kasus	50
			2.1.2.4 Die Kasus des Deutschen im Vergleich	58
		2.1.3	(In)Definitheit	76
		2.1.4	Nominale Klassifikation: Genus	80
		2.1.5	Graduierung (Diminution, Augmentation, Komparation)	90
		2.1.6	Nominale Wortbildung	94

2.2	Verbale Kategorien		97
	2.2.1	Person und Numerus	98
	2.2.2	Tempus	98
	2.2.3	Aspekt	108
	2.2.4	Modus	110
	2.2.5	Diathese	116
	2.2.6	Infinite Verbformen	123
		2.2.6.1 Verbalnomen	123
		2.2.6.2 Partizipien	126
		2.2.6.3 Konverben	130
	2.2.7	Wortbildung des Verbs: Partikelverben	132
2.3	Varia		133
	2.3.1	Wortarten	133
	2.3.2	Negation	142

3 Syntax ... 147
3.1 Die Struktur des Satzes ... 149
3.2 Prädikate ... 156
3.3 Subjekte und Objekte ... 167
3.3.1 Das Subjekt ... 167
3.3.2 Objekte ... 174
3.4 Adverbiale ... 178
3.5 NP-Strukturen: Attribute ... 186
3.5.1 Appositionen ... 189
3.5.2 Andere substantivische Attribute ... 192
3.5.3 Attributiv gebrauchte Adverbiale, Adjektive, Partizipien ... 195
3.5.4 Satzförmige Attribute ... 197
3.6 Nicht-attributive Nebensätze ... 204
3.7 Kongruenz als syntaktisches Phänomen ... 209
3.8 Satzmodi ... 218

Literatur ... 231

Sachregister ... 243

Abkürzungsverzeichnis

Grammatische Kategorien

A	Agens
ABESS	Abessiv
ADJ	Adjektiv
ADV	Adverbial
AKK	Akkusativ
ANTI	Antipassiv
APPL	Applikativ
ART	Artikel
ATTR	Attribut
AUX	Auxiliar
BEL	belebt
COP	Kopula
DAT	Dativ
EXI	Existenzmarker
F	Femininum
FUT	Futur
G	*goal*
GER	Gérondif (franz. Konverb)
IMP	Imperfekt
IMPERA	Imperativ
IMPERF	imperfektiv
INESS	Inessiv
INF	Infinitiv
INS	Instrumental
INTERR	Interrogativpartikel
KLASS	Klassifikator
KOM	Komitativ
KOND	Konditional
KONJ	Konjunktiv

KONJU	Konjunktion
KONV	Konverb
LINK	verbindendes Element (z. B. Hiatustilger)
M	Maskulinum
N	Neutrum
NEG	Negator
NEGEXI	Negierter Existenzmarker
NOM	Nominativ
P	Patiens
PART	Partikel
PASS	Passiv
PAST	Vergangenheitstempus
PERF	perfektiv
PL	Plural
POSS	Possessivendung
PRÄS	Präsens
PRO	Pronomen
PROHIB	Prohibitivmarker
PTV	Partitiv
realis	Realis (Modus)
REL	Relativpronomen
REZ	Rezipient (Markierung für)
S	Subjekt
SG	Singular
SUBJ	Subjunktiv
SUBL	Sublativ
SUPERESS	Superessiv
T	*theme*
1P	1. Person
2P	2. Person
3P	3. Person

Sprachen

alb.	albanisch
alem.	alemannisch
bair.	bairisch
bask.	baskisch
bmb.	Bambara
brndt.	berndeutsch
bulg.	bulgarisch
chin.	chinesisch
dt.	deutsch

dyirb.	Dyirbal
engl.	englisch
finn.	finnisch
franz.	französisch
griech.	griechisch
haus.	Hausa
ital.	italienisch
jap.	japanisch
kar	Karo (Batak)
kmb.	Kombai
lat.	lateinisch
maz.	mazedonisch
mong.	mongolisch
mnag.	Mao Naga
ndl.	niederländisch
ndt.	niederdeutsch
poln.	polnisch
qch.	Quechua
rum.	rumänisch
russ.	russisch
serb.	serbisch
slov.	slowenisch
spätlat.	spätlateinisch
tag.	Tagalog
tb.	Tukang Besi
tsch.	tschuktschisch
tsh.	tsachurisch
tun.	Tunica
ung.	ungarisch

Was ist Typologie? 1

Inhaltsverzeichnis

1.1	Klassifikationen auf phonologischer Basis	2
1.2	Klassifikationen auf morphologischer Basis	5
1.3	Klassifikationen auf syntaktischer Basis	22
1.4	Klassifikationen auf arealer Basis	30
1.5	Klassifikationen auf sprachgeschichtlicher Basis	31
1.6	Weitere Kategorisierungsmöglichkeiten	34

Dass Sprachen sehr verschieden sein können, ist offensichtlich. Aber diese Verschiedenheit scheint nicht immer gleich groß zu sein, und manche Sprachen machen den Eindruck, deutlich weiter voneinander entfernt zu sein als andere. So ist Englisch dem Deutschen wahrnehmbar ähnlicher als Französisch, Russisch wirkt schon um einiges weiter entfernt, und Sprachen wie Chinesisch oder Yoruba sind ganz weit weg. Intuitiv kann man solche Unterschiede meist gut wahrnehmen. Aber kann man solche Verschiedenheiten zwischen Sprachen auch messen, um dann objektiv zu begründen, dass eine Sprache mehr zum „so-ähnlich-wie-Englisch-Typ", eine andere mehr zum „so-ähnlich-wie-Chinesisch-Typ" gehört?

Grundsätzlich gibt es eine ganze Reihe von Aspekten, von denen man hier ausgehen kann. Solche Ansatzpunkte wären beispielsweise:

- Man kann die lautliche Ebene einer Sprache näher betrachten, z. B. anhand von Fragen wie: Wie sind Silben, wie die Wörter einer Sprache aufgebaut? Wie viele verschiedene Phoneme verwendet sie?
- Man kann nachsehen, ob die Wörter einer Sprache beim Gebrauch verschiedene Formen annehmen oder ob sie stets unverändert bleiben.
- Bei Sprachen, in denen Wörter verändert werden, kann man zudem unterscheiden, auf welche Weise diese Veränderung erfolgt.

- Auch aus der Art und Weise, wie grundlegende syntaktische Rollen, so etwa die handelnde Person (Agens) und das Ziel der Handlung (Patiens), in der Sprache kodiert werden, lassen sich verschiedene Sprachtypen ableiten.
- Ebenso kann die Reihenfolge, in der die Elemente des Satzes in einer Sprache aufeinander folgen, als Basis für eine typologische Einordnung dienen.
- Vor allem in der Vergangenheit wurde auch die historische Verwandtschaft von Sprachen untereinander als Grundlage für die Einteilung verwendet.

Diese Aufzählung ist keineswegs vollständig; es gibt noch weitere Möglichkeiten. So kann man etwa die durchschnittliche Länge der Wörter (wie viele Silben, wie viele Morpheme hat ein Wort typischerweise?) in Betracht ziehen, areale Gemeinsamkeiten (etwa: alle Sprachen in einer Region verwenden Formen oder Konstruktionen einer bestimmten Art) zugrunde legen, die Informationsmenge pro Morphem (so steckt etwa in der Form *sahst* [2. Person Singular, Präteritum, Indikativ, Aktiv] mehr Information als in *Laub* [Singular]) oder auch noch weitere Merkmale in Betracht ziehen, die aber insgesamt seltener genutzt werden.

1.1 Klassifikationen auf phonologischer Basis

Da alle Sprachen der Welt aus Wörtern bestehen und diese wiederum aus Lauten zusammengesetzt sind, kann man untersuchen, über welche Phone und Phoneme eine Sprache verfügt und wie diese zu einer Silbe zusammengefügt werden können.

▶ **Zum Begriff**
Ein **Phon** ist die kleinste lautliche Einheit in einer Sprache.
Ein **Phonem** ist die kleinste bedeutungsunterscheidende Einheit in einer Sprache.

Allein im Hinblick auf das Phon- und Phoneminventar gibt es sehr große Unterschiede zwischen den Sprachen, so dass man bereits auf dieser Grundlage phonologische Typen bilden kann. So verfügen beispielsweise manche Sprachen nur über ein Dutzend Phoneme, während andere mehr als hundert verschiedene verwenden (cf. Crystal ^{3}2010: 173). Je nachdem, was für Phoneme im Einzelnen in einer Sprache zur Anwendung kommen, kann man möglicherweise dann auch so etwas wie eine „phonologische Profilähnlichkeit" (Altmann 1971) zwischen verschiedenen Sprachen feststellen.

Aber auch die Phonotaktik, also der Aufbau der Silbe, kann als Basis für eine typologische Einordnung verwendet werden.

Man kann Silben in **Onset** (Anlaut, engl. *onset*), **Nucleus** (Kern, engl. *nucleus*) und **Coda** (Auslaut, engl. *coda*) unterteilen. Die Kombination aus Nucleus und Coda nennt man **Reim** (engl. *rhyme* oder *rime*), denn sie ist entscheidend dafür, ob sich Wörter reimen. Am Beispiel des Wortes *Mut* (das sich etwa auf Wörter wie *Brut, Glut, Hut* oder *Wut* reimt) bedeutet das also:

1.1 Klassifikationen auf phonologischer Basis

M	u	t
Onset (Anlaut)	Nucleus (Kern)	Coda (Auslaut)
		Reim

Bei der Beschreibung von Silben ist es üblich, Konsonanten mit C (für engl. *consonant*) und Vokale mit V (*vowel*) abzukürzen.

Manche Sprachen haben äußerst strikte Regeln dafür, welche Laute wo in der Silbe zulässig sind, während andere hier sehr viel Spielraum lassen. So können die Silben des Chinesischen im Onset jeweils nur einen einzelnen Konsonanten aufweisen (z. B. 去 [*qù*] ‚gehen', 来 [*lái*] ‚kommen'). Die Coda muss nicht besetzt sein; man spricht dann von einer offenen Silbe (z. B. 大 [*dà*] ‚groß', 是 [*shì*] ‚sein'). Bei den insgesamt viel selteneren geschlossenen Silben, die auf Konsonant enden, können nur drei verschiedene Konsonanten in der Coda auftreten, und zwar [n] und [ŋ] (wie in 南方 [*nán fāng*] ‚Süden') sowie ein in Pinyin-Umschrift mit <r> wiedergegebener Konsonant, der insbesondere für die in Beijing gesprochene Varietät typisch ist (cf. Duanmu ²2007). Aufgrund dieser Einschränkungen kennt das Chinesische, wenn man die Töne (siehe dazu weiter unten) nicht berücksichtigt, nur etwas über 400 verschiedene Silben (cf. Kuo 2007: 53). Grundsätzlich scheint das Chinesische damit eine Silbenstruktur zu bevorzugen, die universell ist und in allen Sprachen der Welt auftritt: CV (cf. Maddieson 2013).

Bei Sprachen, die nur Silben vom Typ CV oder V zulassen, spricht man von einer einfachen Silbenstruktur (*simple syllable structure*). „Moderat komplex" (*moderately complex*) sind dagegen Silbenstrukturen, die CVC und CCV und möglicherweise sogar CCVC erlauben, wobei aber die Anzahl der Konsonanten, die in diesen Positionen vorkommen können, extrem beschränkt ist. Als „komplex" (*complex*) wird schließlich eine Silbenstruktur angesehen, die Kombinationen von drei oder mehr Konsonanten im Onset und zwei oder mehr Konsonanten in der Coda zulassen (cf. ibd.). Von den 486 Sprachen, die Maddieson (2013) untersucht hat, wiesen 61 eine einfache, 274 eine moderat komplexe und 151 eine komplexe Silbenstruktur auf. Zu den Sprachen mit einfacher Silbenstruktur gehört z. B. das Hawaiische. Eine moderat komplexe Sprache wäre hingegen das Italienische (cf. Krämer 2009: 127): Hier weisen 60 % aller Silben die Struktur CV auf (cf. Longobardi/Cesari 2016: 461).

Das Deutsche ist demgegenüber eine Sprache, die eine sehr viel komplexere Silbenstruktur aufweist. Hier finden sich neben dem äußerst seltenen Fall von Silben, die nur aus einem Nucleus bestehen (wie z. B. *eh*) und dem ebenfalls nicht sehr häufigen Fall von Silben, die außer dem Kern nur einem einzelnen Konsonanten aufweisen, entweder im Onset (wie z. B. *da*) oder in der Coda (z. B. *in*), unzählige Beispiele für CVC-Silbe wie in *Bach, Kamm, rot, Weg* etc. Aber auch Cluster aus zwei oder mehr Konsonanten kommen häufig sowohl im Anlaut (z. B. *Blut, Spross*) als auch im Auslaut (z. B. *Kampf, Wulst*) vor. Konsonantencluster können auch an beiden Enden der Silbe zugleich auftreten (z. B. *Brand*) und auch dann mehr als zwei Konsonanten enthalten. Daher finden sich im Deutschen

Silben wie z. B. im Wort *Strumpf* oder der Verbform *springst*, bei denen sowohl im Onset als auch in der Coda ein Cluster von mehr als zwei Konsonanten steht. Das Deutsche gehört somit eindeutig zu den Sprachen mit komplexer Silbenstruktur.

Aber auch innerhalb einer Sprache, die alle Kombinationsmöglichkeiten zulässt, kann es Einschränkungen geben, so etwa in Bezug auf die Auswahl der Konsonanten, die in einer bestimmten Position vorkommen können. Die Regeln, denen Silbenstrukturen folgen, sind oft sehr komplex und im Einzelnen meist alles andere als einfach zu beschreiben. Normalerweise können nicht alle Laute in einer Sprache beliebig miteinander kombiniert werden; auch können benachbarte Silben sich gegenseitig beeinflussen, oder das Auftreten eines Phonems kann an eine bestimmte Position innerhalb der Silbe gebunden sein. So kann im Deutschen ein /h/ zwar problemlos im Onset stehen (z. B. *Haar*), nicht aber in der Coda (wo es zwar geschrieben wird, aber nur als Längenzeichen dient und nicht gesprochen werden kann, cf. z. B. *Floh*). Vergleichbare Restriktionen gelten für Konsonantencluster: Ein Wort wie *Krimskrams* weist die Kombinationen *kr-* und *-ms* auf, aber Silben wie *msikr oder *msakr, in denen die identischen Konsonantenkombinationen am jeweils entgegengesetzten Ende der Silbe stehen, sind ausgeschlossen. Aufgrund solcher Beobachtungen kann man **phonotaktische Typen** unterscheiden. Wie die Beispiele zeigen, können solche Typen sich deutlich von anderen Einteilungen und Zugehörigkeiten unterscheiden. So sind beispielsweise Deutsch und Italienisch eng miteinander verwandte indoeuropäische Sprachen mit einer ganzen Reihe von Ähnlichkeiten in verschiedenen grammatischen und lexikalischen Bereichen, aber ihre phonotaktischen Eigenschaften sind sehr verschieden.

Indessen kann man Sprachen nicht nur auf der Basis der möglichen Phonemkombinationen und ihrer Distribution, sondern auch anhand **suprasegmentaler Merkmale** – also anhand von Merkmalen, die nicht einzelne Laute, sondern die ganze Silbe oder auch mehrere Silben betreffen – in verschiedene Typen einteilen. Zu den suprasegmentalen Merkmalen gehört beispielsweise die Art, wie der Akzent in einem mehrsilbigen Wort gesetzt wird. Manche Sprachen verwenden den Wortakzent zur Bedeutungsunterscheidung, wofür das Deutsche ein Beispiel ist: *um'fahren* (Betonung auf der zweiten Silbe) bedeutet etwas anderes als *'umfahren* (Betonung auf der ersten Silbe). Man spricht in solchen Fällen auch von einer **Akzentsprache**.

Eine andere Art des Einsatzes suprasegmentaler Merkmale besteht in der Nutzung der Tonhöhe oder des Tonverlaufs, indem durch eine steigende, fallende oder gleichbleibende Tonhöhe oder auch durch eine Kombination davon Bedeutungsunterschiede ausgedrückt werden. Wenn Sprachen von dieser Möglichkeit systematisch Gebrauch machen, werden sie als **Tonsprachen** bezeichnet. Tonsprachen finden sich in vielen Teilen der Welt, so etwa in Asien (z. B. Chinesisch, Vietnamesisch) in Afrika (z. B. Hausa, Yoruba) und in Amerika (z. B. Navajo in Nord-, Mayathan in Südamerika), und auch in europäischen Sprachen wie z. B. dem Kroatischen finden sich vereinzelt Reste solcher Systeme. In der Praxis bedeutet das, dass beispielsweise eine chinesische Silbe wie *ma* je nach Tonhöhe und -verlauf sehr verschiedene Bedeutungen vermitteln kann: ‚Mutter' (gleichbleibender Ton, der Ton bleibt also auf derselben Höhe), ‚Pferd' (fallend-steigender Ton), ‚schimpfen' (fallender Ton) oder ‚Hanf' (steigender Ton). Bei Verwendung ohne Ton fungiert dieselbe Silbe als sog. Fragepartikel, also als ein Morphem, das eine Äußerung als Frage kennzeichnet.

1.2 Klassifikationen auf morphologischer Basis

In vielen typologischen Arbeiten werden Veränderungen, die an den Wörtern einer Sprache vorgenommen werden können – also die Morphologie –, als Grundlage für die Typeneinteilung verwendet. Einer der ersten, der auf dieser Basis versucht hat, Sprachen zu systematisieren, war Wilhelm von Humboldt (1767–1835); man kann ihn daher in gewisser Weise als Begründer der Typologie ansehen. Er kam durch eigene Reisen, aber auch durch Material, das ihm sein Bruder Alexander von Humboldt (1769–1859) von seinen Forschungsreisen mitbrachte, mit einer Vielzahl von „exotischen" Sprachen in Kontakt, die ganz anders waren als die ihm vertrautem Sprachen Altgriechisch, Latein oder Deutsch. Eine dieser Sprachen war das Javanische, das ihn zu der Abhandlung *Über die Kawi-Sprache auf der Insel Java, nebst einer Einleitung über die Verschiedenheit des menschlichen Sprachbaues und ihren Einfluß auf die geistige Entwickelung des Menschengeschlechts* (1836–1839) inspirierte. Wie man diesem zeittypisch sehr ausführlichen Titel entnehmen kann, versuchte Humboldt am Beispiel des Javanischen zu beschreiben, wie sich verschiedene Sprachen im Hinblick auf den „Sprachbau" unterscheiden, womit das grammatische System gemeint ist. Dabei war er überzeugt, dass diese Unterschiede nicht nur formaler Art sind, sondern auch etwas damit zu tun haben, wie Menschen die Welt sehen; und dass sie umgekehrt dazu führen, dass die Menschen durch den unterschiedlichen Sprachbau zu einer unterschiedlichen Wahrnehmung der Welt geführt werden. Ob Letzteres wirklich der Fall ist – ob also verschiedene Sprachen in der Tat dazu führen, dass man seine Umwelt auf eine jeweils etwas andere Art wahrnimmt –, ist bis heute umstritten. Es gibt durchaus Hinweise darauf, dass es solche Unterschiede geben könnte. Allerdings liegen sie, wenn es sie gibt, sicher nicht auf der Ebene des Sprachtyps, sondern in viel spezifischeren sprachlichen Strukturen.

Zu den bekanntesten Vertretern der These eines Einflusses der Sprache auf das Denken – die auch als sprachliches Relativitätsprinzip oder Sapir-Whorf-Hypothese bezeichnet wird – gehört Benjamin Lee Whorf (1897–1941). Diskutiert wurden im Zusammenhang mit dieser These in der Vergangenheit unter anderem der Wortschatz einer Sprache und innerhalb desselben vor allem die Farbadjektive. Verschiedene Experimente zur Überprüfung der Hypothese, dass die Farbwahrnehmung von den in der Sprache verfügbaren Farbadjektiven abhängt, kamen zu widersprüchlichen Ergebnissen, die sowohl für als auch gegen sie sprechen (eine kurze Zusammenfassung der hierzu vorliegenden Forschung findet sich z. B. in Müller/Groß 2006: 122 f.). Insbesondere innerhalb der Kognitiven Linguistik wird aber auch der Einfluss grammatischer Faktoren wie z. B. eines Tempussystems, also eines grammatischen Systems zum Ausdruck zeitlicher Verhältnisse, bzw.

der Abwesenheit eines solchen Systems ins Auge gefasst. In diesem Bereich wird mittlerweile allgemein angenommen, dass es in der Tat Unterschiede im Hinblick auf die Konzeptionalisierung von Vorgängen gibt (cf. z. B. Evans 2013: 232). In solchen Fällen ist es aber gerade nicht der Sprachtyp als solcher, der für die Unterschiede ausschlaggebend ist, sondern solche Unterschiede können auch innerhalb ein und desselben Sprachtyps, also z. B. zwischen verschiedenen flektierenden Sprachen, vorhanden sein.

1.2.1 Sprachtypen

Grundsätzlich unterscheidet man meist auch heute noch in derselben Weise, wie dies Humboldt getan hat, vier grundlegende Sprachtypen: isolierende, agglutinierende, flektierende und polysynthetische (bei Humboldt auch: inkorporierende) Sprachen. Es muss aber bereits an dieser Stelle betont werden, dass diese Unterscheidung nicht wirklich trennscharf ist und dass wenn nicht alle, so doch die überwältigende Mehrheit aller Sprachen Eigenschaften verschiedener Typen aufweist. Dies hängt nicht zuletzt damit zusammen, dass die verschiedenen Ausdrucksformen einander im Laufe der historischen Entwicklung einer Sprache ablösen. Zu diesem Phänomen, das als Grammatikalisierung bezeichnet wird, findet sich weiter unten (1.2.1.5) Genaueres.

1.2.1.1 Isolierende Sprachen

Isolierende Sprachen sind dadurch gekennzeichnet, dass sie keinerlei Veränderungen an ihren Wörtern vornehmen. Man kann in solchen Sprachen also nicht aus dem Unterschied der Form ableiten, wie die Wörter sich aufeinander beziehen und welche Rolle im Satz ein Element innehat – was etwa im Deutschen anhand des Unterschieds zwischen z. B. *der müde Student* und *den müden Studenten* möglich ist. Oft erkennt man die Bezüge dann stattdessen an der Satzstellung: So stehen Wörter, die sich aufeinander beziehen, normalerweise direkt nebeneinander, und auch die verschiedenen Rollen der Elemente im Satz können durch ihre Stellung markiert werden. In den meisten Fällen, wenn auch keineswegs immer, wird dabei zuerst das Agens (die handelnde Person) genannt und erst danach das Patiens (das Ziel der Handlung). Auch im Deutschen würde man beispielsweise aus der Schlagzeile *Maus beißt Katze* – in der es ja keine Endungen gibt, aus denen man die Rollenverteilung entnehmen kann – schließen, dass hier die Maus die Täterin und die Katze das Opfer war.

Wenn es nicht nur um solche einfachen Aussagen, sondern um komplexere Zusammenhänge geht, wird in isolierenden Sprachen oft nicht nur die Stellung, sondern zusätzlich ein spezifisches Morphem verwendet, das die Funktion im Satz deutlich macht. Man kann sich dieses Prinzip gut am Beispiel des Englischen oder Französischen verdeutlichen. Das sind zwar keine isolierenden Sprachen, aber in ihnen kann beispielsweise der Rezipient (der Empfänger einer Handlung), der im Deutschen mit dem Dativ wiedergegeben wird, durch die Verwendung von *to* bzw. *à* ausgedrückt werden: Dem deutschen *meinem Freund* entsprechen engl.

1.2 Klassifikationen auf morphologischer Basis

<u>to</u> *my friend* oder franz. <u>à</u> *mon ami*. Genau dieses Prinzip verwenden isolierende Sprachen, wenn drei verschiedene Rollen ausgedrückt werden sollen, cf. das folgende chinesische Beispiel:

> Wenn hier und im Folgenden von „Chinesisch" (auch abgekürzt als „chin.") die Rede ist, ist damit die auch als „Mandarin" oder „Pǔtōnghua" bezeichnete Standardsprache gemeint, wie sie in Beijing gesprochen wird.

chin.	我	给	他	买	了	一	本	书
	Wǒ	<u>gěi</u>	tā	mǎi	le	yī	běn	shū
	Ich	REZ	er	kauf	PART	ein	KLASS	Buch

‚Ich kaufe ihm ein Buch/habe ihm ein Buch gekauft'

> Abkürzungen wie REZ, PART oder KLASS sowie weitere, die im Folgenden immer wieder vorkommen werden, stehen für grammatische Morpheme. Es wird so sparsam wie möglich von solchen Abkürzungen Gebrauch gemacht und auch auf eine genauere Analyse in der Interlinearversion verzichtet, wenn sie zum Verständnis der Elemente des Beispielsatzes nicht nötig ist.
>
> Hier ist mit REZ gemeint, dass *gěi* der Markierung des Rezipienten dient, und PART ist eine Partikel zum Ausdruck der Abgeschlossenheit einer Handlung. KLASS bezeichnet einen sog. Klassifikator (s. Abschn. 2.1.4), den man hier vielleicht mit ‚Band' (also: ‚ein Band Buch') übersetzen könnte.
>
> Ein Verzeichnis der Abkürzungen findet sich am Beginn des Buches.

Auch zeitliche Zusammenhänge können in isolierenden Sprachen ohne Veränderungen an den Verben ausgedrückt werden. Stattdessen kann, wenn der zeitliche Bezug nicht ohnehin aus dem Kontext hervorgeht, beispielsweise ein temporales Adverb hinzugefügt werden. Auch dies funktioniert ebenso im Deutschen, wenn man in lebhafter Rede so etwas sagt wie: *Komm' ich da gestern ahnungslos nach Hause, da seh' ich...*, wo trotz des Präsens der Verbform aus dem Gebrauch von *gestern* hervorgeht, dass es sich um ein Ereignis in der Vergangenheit handelt.

Unterschiede wie der zwischen dem Andauern und der Abgeschlossenheit eines Geschehens – also aspektuelle Unterschiede – werden in isolierenden Sprachen ebenfalls typischerweise durch Hinzufügung von darauf spezialisierten Partikeln ausgedrückt. Eine solche (*le*) findet sich auch im obigen chinesischen Beispiel; sie drückt aus, dass die Handlung des Kaufens abgeschlossen ist.

Isolierende Sprachen sind häufig in Südostasien zu finden, wo etwa das Chinesische (sowohl Mandarin als auch Kantonesisch), das Vietnamesische oder das Thailändische zu dieser Gruppe zählen. Aber auch in Afrika finden sich viele Sprachen dieses Typs; Beispiele wären Yoruba, Manding (beide in Westafrika verbreitet) oder Ewe (das im Süden Ghanas und Togos gesprochen wird). Da in solchen Sprachen die Wörter unverbunden nebeneinander stehen, werden sie auch als **analytische Sprachen** bezeichnet. Diese auf den ersten Blick etwas eigenartige Bezeichnung soll ausdrücken, dass es hier nicht wie in anderen Sprachen zu einer Synthese von Wörtern und grammatischen Morphemen kommen kann; sie ist also in erster Linie als Kontrast zum Begriff „synthetisch" zu verstehen.

Im Unterschied zu den isolierenden Sprachen verwenden die **synthetischen Sprachtypen** sog. gebundene grammatischen Morpheme, um den Bezug der Wörter untereinander, syntaktische Rollen oder temporale Verhältnisse auszudrücken. Grammatische Morpheme als solche kommen jedoch in beiden Sprachtypen vor.

▶ **Zum Begriff**
Ein **Morphem** ist die kleinste bedeutungstragende Einheit einer Sprache.
Freie Morpheme können einzeln vorkommen, z. B. *das* oder *Angst*.
Gebundene Morpheme können nur zusammen mit anderen Morphemen vorkommen, z. B. *Brom-* (in *Brombeere*) oder *-e* (in *Freunde*).
Grammatische Morpheme drücken grammatische Kategorien wie Tempus, Kasus oder Numerus aus, so z. B. das *-e* (in *Freunde*).
Lexikalische Morpheme bezeichnen etwas in der außersprachlichen Wirklichkeit (z. B. *Brom-*, *Angst* oder *Freund*).

1.2.1.2 Agglutinierende Sprachen

In agglutinierenden Sprachen dienen gebundene grammatische Morpheme (Affixe) dazu, grammatische Kategorien wie z. B. Numerus, Kasus oder Tempus zu markieren. Im prototypischen Fall handelt es sich dabei um Suffixe, aber auch andere Typen sind möglich.

Ein **Affix** ist ein gebundenes grammatisches Morphem. Es kommt in verschiedenen Stellungen vor:

▶ **Zum Begriff**
Affixe
Ein **Präfix** wird vor einem anderen Morphem angefügt, z. B. *ver-* in *verirren*.
Ein **Suffix** wird nach einem anderen Morphem angefügt, z. B. *-st* in *lachst*.
Ein **Zirkumfix** besteht aus zwei Teilen, die vor und nach einem anderen Morphem angefügt werden, z. B. *ge-* und *-t* in *gelacht*.
Ein **Infix** wird in ein anderes Morphem eingefügt; ob es so etwas im Deutschen gibt, ist umstritten. Ein Beispiel aus der austronesischen Sprache Chamorro wäre *-in-* in *hinasso* ‚Gedanke' zu *hasso* ‚denken' (Bsp. nach Blevins 2014: 144).
Ein **Interfix** wird zwischen zwei Morpheme eingefügt, z. B. *-s-* in *arbeitslos*.

1.2 Klassifikationen auf morphologischer Basis

Agglutinierende Sprachen sind dadurch charakterisiert, dass sie im Idealfall eine 1:1-Zuordnung von Affix und Bedeutung aufweisen. Anders als im Deutschen, wo beispielsweise der Plural mit ganz unterschiedlichen Mitteln gebildet werden kann (so etwa durch *-n* bei *Neffe* > *Neffen*, durch *-er* bei *Kind* > *Kinder*, durch *-s* bei *Oma* > *Omas* etc.), gibt es in einer solchen Sprache immer nur eine einzige Endung, die den Plural ausdrückt. So dient im Türkischen die Endung *-ler* dazu, den Plural sowohl bei Substantiven (z. B. *ev* ‚Haus' > *evler* ‚Häuser') als auch bei Verben (z. B. *gelir* ‚er/sie kommt' > *gelirler* ‚sie kommen') zu markieren.

Dass dennoch auch in agglutinierenden Sprachen gelegentlich eine leichte Veränderung des Suffixes zu beobachten ist, liegt an der sog. **Vokalharmonie**. So wird ein für agglutinierende Sprachen typisches Verfahren bezeichnet, bei dem sich der Vokal des Suffixes nach dem Vokal in der Silbe richtet, an die es sich anschließt, so dass die Vokale der beiden Silben miteinander „harmonieren". Für den Plural im Türkischen, um bei diesem Beispiel zu bleiben, stehen daher hier zwei verschiedene Vokale zur Auswahl, /e/ und /a/. Entsprechend würde der Plural bei einem Wort wie *insan* ‚Mann, Mensch' anders als bei *ev* ‚Haus' nicht mit *-ler*, sondern mit *-lar* gebildet: *insanlar*.

> Hier und im Folgenden steht bei der Angabe grammatischer Morpheme des Türkischen jeweils nur ein Vokal stellvertretend für die zwei bzw. vier unterschiedlichen Vokale, die bei der Vokalharmonie jeweils konkret zum Einsatz kommen. Dabei steht *-i-* für die sog. große Vokalharmonie mit den Vokalen *i, ü, ı* und *u*, während *-e-* die sog. kleine Vokalharmonie mit *e* und *a* vertritt.

Zu den agglutinierenden Sprachen gehört das schon genannte Türkische und mit ihm die gesamte Familie der sog. Turksprachen (neben dem Türkei-Türkischen das Aserbaidschanische, das Kasachische, das Turkmenische, das Uigurische, das Usbekische u. a. m.). In Europa wären ferner die finnougrischen Sprachen (Finnisch, Estnisch, Ungarisch, Samisch und einige weitere) Beispiele für diesen Sprachtyp, in Südamerika Quechua und Aymara, in Nordamerika Inuktitut, in Asien Japanisch, Koreanisch oder Mongolisch, in Afrika Swahili – der Sprachtyp ist, wie man sieht, weit verbreitet und hat zahlreiche Mitglieder unter den Sprachen der Welt.

1.2.1.3 Flektierende Sprachen

Ein idealtypischer, wenngleich in der Praxis nicht sehr häufiger Fall einer **flektierenden Sprache** (auch: **fusionierende** Sprache, cf. z. B. Comrie ²2001: 44; von lat. *inflectere* ‚verändern', engl. *inflecting* oder *fusional*) liegt dann vor, wenn gar keine Endungen verwendet werden, sondern stattdessen das Wort selbst bzw. der silbentragende Vokal der Wortwurzel grundlegend verändert wird. Dieses Prinzip findet sich auch im Deutschen, wenn auch nur bei der Tempusbildung der sog. starken Verben: Durch Veränderung der Wortwurzel werden Präteritumsformen wie *sehen* > *sah* oder *reiten* > *ritt* gebildet. Man spricht dann von **Binnen-**

flexion (auch: **Wurzelflexion, Innenflexion**, engl. *root inflection*). Als Beispiele für diesen Sprachtyp wären die semitischen Sprachen, also Hebräisch und Arabisch, zu nennen.

In den gewöhnlich als flektierend kategorisierten Sprachen wie z. B. dem Lateinischen oder eben auch dem Deutschen ist es allerdings normalerweise so, dass neben der Binnenflexion zusätzlich auch in erheblichem Umfang Affixe zum Einsatz kommen. Dennoch gibt es einen großen Unterschied zur Agglutination, die ja ebenfalls mit Affixen arbeitet: Die Regel „ein Affix = eine Bedeutung" gilt hier nicht. Stattdessen können ganz verschiedene Affixe dieselbe Bedeutung haben – und umgekehrt kann ein und dasselbe Affix völlig verschiedene Bedeutungen vermitteln. Im Lateinischen wird z. B. die 1. Person Singular der Verben je nach Tempus mit ganz unterschiedlichen Endungen ausgedrückt, so etwa im Präsens mit *-o* (*amo* ‚ich liebe'), im Imperfekt mit *-m* (*amabam* ‚ich liebte'), im Perfekt mit *-i* (*amavi* ‚ich habe geliebt'). Auch an der Pluralbildung im Deutschen kann man gut sehen, wie ganz verschiedene morphologische Mittel eingesetzt werden, um dieselbe grammatische Kategorie auszudrücken: *-e* (z. B. *der Wind > die Winde*), *-en* (z. B. *die Frau > die Frauen*), *-er* (z. B. *das Kind > die Kinder*), *-s* (z. B. *die Oma > die Omas*), *-Ø* (z. B. *der Fahrer > die Fahrer*), und zudem können noch Umlaute auftreten (z. B. *die Mutter > die Mütter*). Umgekehrt kann im Deutschen aber auch ein und dieselbe Endung gänzlich unterschiedliche Funktionen übernehmen. So markiert das Morphem *-en* in *sehen* die Infinitiv-Endung, aber auch die 1. und 3. Person Plural, in *gesehen* die Endung des Partizips, in *einen* den Akkusativ Singular Maskulinum und in *Polizisten* kennzeichnet es alles außer dem Nominativ Singular. Flektierende Sprachen sind also, wenn man so will, um einiges unlogischer als agglutinierende.

Neben dem Lateinischen oder dem Deutschen gehören auch das Russische sowie zahlreiche andere slawische Sprachen, aber auch Hindi und andere indoeuropäische Sprachen zu diesem Sprachtyp.

1.2.1.4 Polysynthetische Sprachen

Die agglutinierenden und die flektierenden Sprachen werden auch als **synthetische Sprachen** bezeichnet, da die Wörter hier mit den grammatischen Morphemen eine Synthese eingehen und mit ihnen zusammen eine Wortform bilden. Wenn diese Synthese sehr ausgeprägt ist, eine Wortform also typischerweise aus sehr vielen miteinander verschmelzenden Morphemen besteht, spricht man auch von einer **polysynthetischen Sprache**. Der Begriff geht auf den bereits erwähnten Sprachwissenschaftler Wilhelm von Humboldt zurück. In solchen Sprachen ist die Verbindung zwischen den Morphemen oft so ausgeprägt, dass ein ganzer Satz aus einer einzigen zusammenhängenden Form besteht, in der lexikalische und grammatische Morpheme eine Synthese eingehen. Sprachen dieses Typs finden sich besonders in Nordamerika, wo etwa die Apache-Sprachen oder das Navajo Vertreter wären (cf. Campbell 1997); sie sind aber auch in anderen Teilen der Welt anzutreffen.

Bei der Kategorisierung dieses Sprachtyps hängt allerdings vieles von der genauen Definition dessen ab, was man unter „polysynthetisch" verstehen möchte.

Gelegentlich wird auch für das Französische postuliert, dass es zwar nicht eigentlich eine polysynthetische Sprache sei, aber deutliche polysynthetische Tendenzen aufweise. Dies wird an Sätzen wie *Je ne le lui ai pas donné* ('ich habe es ihm nicht gegeben', wörtlich: 'ich NEG es ihm habe NEG gegeben') illustriert (cf. Hjemslev 1968: 110 f., zitiert nach Wehr 1998: 350). Die Morpheme stehen zwar nicht nebeneinander, sind aber dennoch insofern eng miteinander verbunden, als sie eine gemeinsame Bedeutung vermitteln. Insbesondere wird die im Französischen sonst zwingend gegebene Abfolge von Subjekt und Verb dabei aufgebrochen, um den Negator und die beiden Pronomina dazwischen einzufügen. In solchen Fällen spricht man auch von **Inkorporation** (s. Abschn. 3.2).

1.2.1.5 Übergänge zwischen den Sprachtypen

Es ist wichtig festzuhalten, dass die einzelnen Sprachtypen so gut wie nie in Reinform auftreten, sondern normalerweise mehr oder minder deutlich ausgeprägte Mischformen darstellen. Ein Beispiel für ein agglutinierendes Element in einer isolierenden Sprache wäre das Morphem *men*, das im Chinesischen zur Markierung des Plurals verwendet wird. Umgekehrt können aber auch flektierende Sprachen analytische Mittel verwenden. Letzteres wäre etwa im Englischen der Fall, wenn der Rezipient durch die Satzstellung oder mit *to* markiert wird: *The girl gave her sister a gift/The girl gave a gift to her sister*. Zugleich zeigt das Englische aber im Bereich der Verben – wie hier bei *to give* und der zugehörigen Vergangenheitsform *gave* – stellenweise sogar noch Binnenflexion.

Gerade angesichts des häufigen gemischten Vorkommens verschiedener typologischer Eigenschaften in ein und derselben Sprache liegt natürlich die Frage nahe, wie solche Übergänge von einem Typus zum anderen zustande kommen. Der Grund liegt in einem Vorgang, den man als **Grammatikalisierung** bezeichnet. Damit ist ein Prozess gemeint, der sich vollzieht, wenn eine grammatische Form entsteht. Lehmann (1995: 13) hat diese Entwicklung, die von isolierenden, analytischen Sprachformen nach und nach zu agglutinierenden und dann zu flektierenden Formen führt, die dann ihrerseits wieder abgebaut werden, folgendermaßen schematisch dargestellt (s. Abb. 1.1).

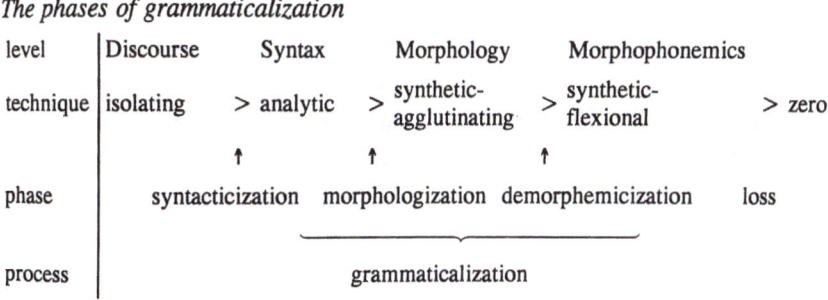

Abb. 1.1 Phasen der Grammatikalisierung nach Lehmann (1995: 13)

Man kann sich die damit verbundenen Prozesse gut am Beispiel des Futurs in den romanischen Sprachen verdeutlichen. Im Lateinischen gab es eine synthetische Form für das Futur, z. B. *scribam* ‚ich werde schreiben' zum Verb *scribere* ‚schreiben'. Daneben findet sich, zunächst in ganz anderer Bedeutung, auch der Gebrauch eines Verbs im Infinitiv zusammen mit einer Form von *habere* ‚haben'. Ein Beispiel hierfür wäre der lateinische Satz *de re publica nihil habeo ad te scribere* ‚Über die Republik kann ich dir nichts schreiben' (Cicero, *Epistulae ad Atticum* 2.22.1.1, 6.1), wörtlich: ‚habe ich nichts an dich zu schreiben'. Eine Äußerung mit derselben Konstruktion, z. B. *ich habe etwas zu schreiben*, impliziert aber auch im Deutschen, dass die Handlung selbst nicht im Moment der Äußerung, sondern erst in der Zukunft erfolgt: Wenn Cicero etwas über die Republik zu schreiben gehabt hätte, hätte er die Tätigkeit des Schreibens erst noch ausführen müssen. Daher bürgerte es sich im Spätlateinischen ein, mit einem Infinitiv und *habere* auf Zukünftiges zu verweisen. Die Konstruktion *epistolam scribere habeo*, wörtlich ‚ich habe einen Brief zu schreiben', bekommt nun die Bedeutung ‚ich werde einen Brief schreiben' und ersetzt das alte synthetische Futur *scribam*. *Scribere habeo* ist immer noch eine analytische Form, aber sie ist bereits fixiert. Indem dann das nachgestellt *habeo* mit dem vorangehenden, zu *scriber* verkürzten *scribere* zusammenwächst, entsteht zunächst eine agglutinierende Konstruktion **scriberhabeo* (in dieser Form nicht belegt), aus der sich dann z. B. das italienische *scriverò* entwickelt. Nun liegt Flexion vor („synthetic-flexional" im obigen Schema), aber die Herkunft der Verbform ist noch sehr leicht zu erkennen, auch wenn das [b] beim Verb ‚schreiben' zu [v] geworden ist. Im Französischen ist auf derselben Grundlage die Verbform *écrirai* entstanden, im Spanischen *escribiré*, im Portugiesischen *escreverei* etc.

Man kann an diesen Beispielen gut nachvollziehen, wie Wortformen zu immer weiterer Verschmelzung und Verkürzung tendieren. In der Folge nähern sie sich häufig der nächsten Entwicklungsstufe an, nämlich dem völligen Verlust der unterscheidenden Endungen. Im Anschluss daran oder auch parallel dazu bildet sich dann oft eine neue analytische Form heraus, die den Bedeutungsunterschied wieder sichtbar machen soll. Aber auch ohne das vollständige Schwinden einer Endung können sich neue analytische Formen entwickeln, die umfangreicher und damit sozusagen „deutlicher" als die alten sind. So entsteht im modernen Französischen eine neue Form für das Futur, die von analytischen Mitteln Gebrauch macht und damit, wenn man so will, alles wieder von vorne beginnen lässt: *je vais écrire* (wörtlich: ‚ich gehe schreiben').

Gelegentlich wird auch zwischen „primärer" und „sekundärer" Grammatikalisierung unterschieden. Damit ist gemeint, dass wie im obigen Beispiel des Französischen (oder auch im entsprechenden englischen *I'm going to write a letter*) zunächst ein Schritt von einem ganz normalen lexikalischen Verb wie ‚gehen' hin zu einem Hilfsverb erfolgt, das der Tempusbildung dient. Der zweite Schritt besteht dann darin, dass das Hilfsverb verkürzt und schließlich auf eine Verbendung reduziert wird (Abb. 1.2).

1.2 Klassifikationen auf morphologischer Basis

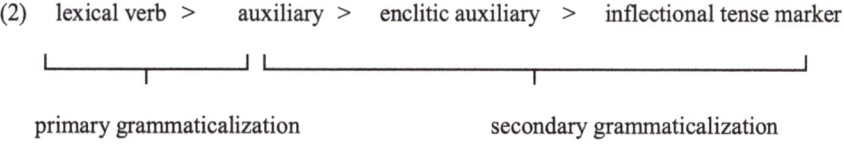

Abb. 1.2 Primäre und sekundäre Grammatikalisierung nach Norde (2020)

Nun kann man sich natürlich fragen, warum es überhaupt zu solchen Veränderungen kommt. Die Antwort lautet, etwas vereinfacht ausgedrückt: weil Menschen es einerseits beim Sprechen gerne möglichst einfach hätten, andererseits aber auch beim Hören keine große Mühe aufwenden möchten. Wenn man Laute oder Silben auslässt und den verbleibenden Rest miteinander verschleift, wird das Sprechen natürlich vereinfacht. Aber wenn man es auch beim Hören leicht haben möchte, wäre etwas mehr Deutlichkeit sehr wünschenswert. Daher oszillieren Sprachen sozusagen zwischen diesen beiden Bedürfnissen, indem einmal das Sprechen, einmal das Hören erleichtert wird. Dieses Hin und Her zwischen Vereinfachung und Verdeutlichung lässt sich gut am Beispiel der Negation im Französischen illustrieren: Im Lateinischen wurde mit *non* negiert, z. B. *non scio* ‚ich weiß nicht'. Im Laufe der Sprachgeschichte verkürzt sich dieses *non* im Französischen zu *ne* (gesprochen [nə]): *je ne sais* ‚ich weiß nicht' – eine Form, die es in bestimmten Kontexten auch heute noch gibt. Da *ne* aber kein sehr starkes Signal ist und man beim Hören gut aufpassen muss, um die Negation nicht zu verpassen, kam es zur Verstärkung von *ne* mit *pas* (also eigentlich: ‚keinen Schritt' – was man mit der deutschen Negation *keineswegs* ‚keines Weges' vergleichen könnte): *je ne sais pas*. Nun war es sehr deutlich und daher gut zu verstehen, aber man musste jetzt wieder beim Sprechen mehr Mühe aufwenden. Infolgedessen hat sich daraus die vereinfachte und in der gesprochenen Sprache alltägliche Form *je sais pas* entwickelt, aus der nunmehr das *ne* verschwunden ist.

1.2.2 Grammatische Kategorien

Agglutinierende und flektierende sowie in geringerem Umfang auch isolierende Sprachen weisen jeweils eine mehr oder minder große Anzahl von grammatischen Morphemen auf, mit denen sie so unterschiedliche Kategorien wie Numerus, Genus, Tempus oder Aspekt ausdrücken können. Nicht alle diese Kategorien sind in allen Sprachen vorhanden, und auch auf dieser Grundlage lassen sich daher Typeneinteilungen vornehmen, indem man etwa überprüft, ob eine Sprache von der Möglichkeit Gebrauch macht, Tempus oder Numerus zu markieren.

1.2.2.1 Nominale Kategorien
Grundsätzlich kann man zwischen nominalen und verbalen Kategorien unterscheiden, wobei sich die Trennungslinie allerdings keineswegs immer genau

ziehen lässt. Prototypische nominale Kategorien sind Numerus, Kasus, Klassifikation und Definitheit. Zu den Wortarten, bei denen diese Kategorien vorkommen können, zählen Substantive, Adjektive und Pronomina. Nicht in allen Sprachen gibt es diese Wortarten, und Adjektive können in manchen Sprachen auch verbale Eigenschaften aufweisen.

Numerus
Unter Numerus (Plural: Numeri, von lat. *numerus* ‚Zahl‘, engl. *number*) versteht man eine Markierung, mit der die Anzahl von Lebewesen oder Gegenständen zum Ausdruck gebracht wird. Ob es Sprachen gibt, die ganz ohne Numeri auskommen, ist umstritten (cf. Corbett 2000: 50 f.). Aber selbst wenn es nicht in allen Sprachen Numerus geben sollte, so verfügt doch eine überwältigende Mehrheit von Sprachen über Mittel, um diese Kategorie zumindest in einigen Fällen auszudrücken. Dabei kann es durchaus sein, dass sie nur in sehr wenigen Fällen – etwa nur dann, wenn es um Menschen geht – ausgedrückt wird. Umgekehrt kommt es aber auch vor, dass mehr als die aus dem Deutschen vertrauten beiden Numeri Singular und Plural existieren, indem eine Sprache beispielsweise noch einen Dual (für zwei Entitäten) oder einen Paucal (für eine nicht genau festgelegte kleinere Anzahl) aufweist. Und auch hier kann es sein, dass ein solcher „zusätzlicher" (im Verhältnis zu schlichten Singular-Plural-Unterscheidung) Numerus nicht in allen Fällen, sondern nur unter bestimmten Bedingungen angewandt werden kann.

Außer bei nominalen Wortarten kann Numerus zudem in vielen Sprachen auch bei Verben ausgedrückt werden.

Kasus
In Kasus (Plural: Kasūs, von lat. *casus* ‚Fall‘, engl. *case*) liegt eine Kategorie vor, die zwar per definitionem morphologisch ist (cf. Blake 2001: 1) – man spricht also nur von Kasus, wenn synthetische Formen vorliegen, und daher können sie bei isolierenden Sprachen nicht auftreten –, die aber zugleich auf syntaktischen Funktionen basiert und deren einzelne Formen dann auch auf dieser Grundlage definiert werden. Anders ausgedrückt: Alle Sprachen müssen in der Lage sein, bestimmte grundlegende syntaktische Relationen auszudrücken; aber nur wenn sie es mit synthetischen Mitteln tun, spricht man von Kasus.

Man unterscheidet die sog. **Kernkasus**, die zentrale syntaktische Rollen wie z. B. Agens und Patiens kodieren (wie in *Der Löwe* [Agens] *frisst den Großwildjäger* [Patiens]), von den weniger zentralen sog. **obliquen Kasus** wie z. B. *des Löwen* in *das Bauchweh des Löwen*. Da die Definition des jeweils vorliegenden Kasus sehr stark von der syntaktischen Funktion abhängt, die er erfüllt, spielt sich die typologische Einordnung hier eigentlich im Bereich der Syntax ab. Dennoch sind die morphologischen Realisierungen ausschlaggebend. So spricht man etwa von einer Akkusativsprache und meint damit das Vorhandensein dieses Kasus in einer Sprache, bezeichnet zugleich aber auch einen syntaktischen Sprachtyp. Was Sprachen wie das Deutsche mit Akkusativ kodieren, kann in anderen flektierenden Sprachen auf völlig andere Weise ausgedrückt werden (nämlich mit dem Absolutiv, siehe hierzu im Folgenden).

> Die Verwendung des Begriffs „obliquer Kasus" ist nicht eindeutig. Während man in der traditionellen Terminologie damit alle Kasus außer dem Nominativ bezeichnet, sind in der Typologie damit Kasus gemeint, die nicht zu den Kernkasus gehören. Somit gehören Dativ und Akkusativ in der traditionellen Grammatik zu den obliquen Kasus, in der Terminologie der Typologie jedoch nicht.

Während die Anzahl der Kernkasus naturgemäß beschränkt ist, da es nur eine begrenzte Anzahl von syntaktischen Rollen gibt, die kodiert werden müssen, kann die Anzahl der obliquen Kasus je nach Sprache sehr groß sein. Sie betreffen die Begleitumstände des Geschehens oder auch Phänomene wie Zugehörigkeit (so z. B. der deutsche Genitiv: *die Studierenden dieser Universität*). Insbesondere im Bereich der Ort- und Richtungsangabe finden sich oftmals sehr viele verschiedene Kasus, die das Woher, das Wo und das Wohin jeweils mit weiteren Informationen wie ‚innen', ‚oben' oder ‚neben' verknüpfen, um so beispielsweise einen Kasus für das ‚aus heraus' (z. B. ungarisch *ház-ból* ‚aus dem Haus'; ein solcher Kasus heißt Elativ) oder für das ‚von herab' (z. B. ungarisch *ház-ról* ‚vom Haus herab'; ein solcher Kasus heißt Delativ) zu bilden.

Klassifikation (*noun classes*)
Als **nominale Klassifikation** oder engl. *noun classes* bezeichnet man verschiedene in den Sprachen der Welt genutzte Möglichkeiten, Substantive zu Gruppen zu bündeln, sie also bestimmten Klassen zuzuordnen. Dabei kann man grundsätzlich zwei Möglichkeiten unterscheiden: Die Verwendung von Genera und die von Klassifikatoren.

In vielen europäischen, aber auch in anderen Sprachen erfolgt die nominale Klassifikation in Form der Zuordnung aller Substantive zu einem **Genus**. Im Deutschen sind das Maskulinum, Femininum und Neutrum: *der Mann, die Frau, das Kind*. Während dem Genus hier im Kern eine Sexus-Unterscheidung zugrunde liegt – was Autorinnen wie Hellinger/Bußmann (2001: 5 f.) zur Definitionsgrundlage machen, um überhaupt von Genus zu sprechen – können in anderen Sprachen auch Unterscheidungen wie belebt/unbelebt oder vernunftbegabt/nicht vernunftbegabt die Grundlage des Systems bilden. Hellinger/Bußmann (ibd.: 6) sprechen in solchen Fällen von „Nominalklassen", während Corbett (1991) wie viele andere auch solche Systeme als Genera einordnet. Allen Genussystemen ist gemeinsam, dass sie einen semantischen Kern haben (cf. ibd.: 8). Während jedoch einige wie das Tamilische ausschließlich auf semantischen Kriterien wie ‚vernunftbegabt'/‚nicht vernunftbegabt' beruhen, werden in anderen morphologische (so etwa im Russischen) oder auch phonologische Merkmale (so etwa im Französischen) mit einbezogen, so dass der eigentliche Kern des Systems oft nicht mehr leicht zu erkennen ist. Auch im Deutschen zeigt sich bei der Genuszuweisung eine Mischung aus diesen verschiedenen Kriterien. Eine ausführlichere Beschreibung dieser Systeme findet sich in Abschn. 2.1.4.

Ein ganz anderes Ordnungssystem für Substantive verwenden Sprachen wie das Chinesische oder das Koreanische: sog. **Klassifikatoren** (manchmal auch als „Zählwörter" oder „Zähleinheitswörter" bezeichnet). Dabei handelt es sich um Morpheme, die typischerweise beim Zählen, aber auch bei der Verwendung von Demonstrativa wie ‚dies' zum Einsatz kommen. Man sagt dann nicht ‚ein Schirm', sondern sinngemäß so etwas wie ‚ein Griff Schirm' (chinesisch: 一把伞 [yì bǎ sǎn]). Die Wahl des zu verwendenden Klassifikators hängt dabei meist von äußeren Eigenschaften wie der Form und Beschaffenheit des zu bezeichnenden Objekts ab (hier: es handelt sich um einen Gegenstand, den man mit einer Hand ergreifen kann); er ist aber festgelegt, man kann also nicht einfach einen anderen verwenden.

Man kann diese Art der Klassifikation besser nachvollziehen, wenn man sich Beispiele wie das folgende vor Augen hält: Angenommen, man möchte auf einem Markt mehr als einen Blumenkohl kaufen. Vermutlich wird man dann nicht so etwas wie *zwei *Blumenköhle* zu sagen versuchen, sondern um *zwei Köpfe Blumenkohl* bitten. Ebenso ist es beispielsweise bei *Zimt*, wo man in diesem Fall *zwei Stangen Zimt* (und nicht: *zwei *Zimte*) sagen würde. *Kopf* und *Stange* erfüllen hier im Deutschen dieselbe Funktion, die im chinesischen Beispiel durch den Klassifikator *bǎ* übernommen wird.

Definitheit

Ebenfalls an oder zusammen mit nominalen Wortarten (Substantiven, Adjektiven) wird die Kategorie der Definitheit ausgedrückt. Dabei geht es um die Verankerung des Gesagten im gemeinsamen Weltwissen: Ist das, wovon gesprochen wird, dem Gegenüber bekannt (und damit definit) oder nicht (indefinit). In vielen Sprachen wird dieser Unterschied durch Artikel markiert, wie es auch der bestimmte, der unbestimmte und der Nullartikel des Deutschen tun. *Hast du das Buch über Humboldt?* bezieht sich auf ein bestimmtes, identifizierbares Buch; *Hast du ein Buch über Humboldt?* hingegen fragt nach irgendeinem, einem nicht definiten Buch. Artikel können wie im Deutschen als freie grammatische Morpheme oder auch wie z. B. im Mazedonischen, im Rumänischen oder teilweise in nordischen Sprachen als gebundene Morpheme auftreten: *Kultur – die Kultur* vs. mazedonisch *kultura – kulturata*.

Nicht alle Sprachen haben Artikel, und auch Sprachen, die über Artikel verfügen, haben nicht immer sowohl einen definiten als auch einen indefiniten Artikel. So kennt z. B. das Türkische nur einen unbestimmten (*bir*), aber keinen bestimmten Artikel. Sprachen, die nicht über Artikel verfügen, können Definitheit bzw. Indefinitheit mit anderen Mitteln ausdrücken. Ein solches Mittel ist beispielsweise die Verwendung einer partitiven Konstruktion, etwa des partitiven Genitivs, cf.

russ.	Она	выпила	вина
	Ona	vypila	vina
	Sie	trank	Wein-GEN

‚Sie trank Wein'

russ.	Он	выпил	вино
	On	vypil	vino
	Er	trank	Wein-AKK

‚Er trank den Wein'

1.2.2.2 Verbale Kategorien

Die prototypische Funktion von Verben besteht darin, Vorgänge in der Zeit auszudrücken. In manchen Sprachen sind sie sehr klar von nominalen Wortarten zu unterscheiden; in anderen ist die Trennungslinie weniger klar zu ziehen. Als verbale Kategorien wären zu nennen: Person und Numerus, Tempus, Aspekt, Modus, Genus Verbi. Darüber hinaus unterscheidet man auch finite und infinite Verbformen.

Person und Numerus

Eine **finite Verbform** liegt dann vor, wenn sie die Information ‚Person' beinhaltet, also beispielsweise bei einer Form wie *kommst* (2. Person). Normalerweise ist mit der Markierung der Person auch der Numerus verknüpft (hier: Singular); dies ist aber nicht notwendig immer der Fall. Insbesondere in flektierenden Sprachen ist die Art, wie Person und Numerus ausgedrückt werden, oft auch von anderen Kategorien wie Tempus oder Modus abhängig. Grundsätzlich werden normalerweise drei Personen ausgedrückt: die sprechende Person (*ich, wir*), die angesprochene Person (*du, ihr*) und die Person, über die gesprochen wird (*er/sie/es, sie*) – wobei die in Klammern angegebenen Formen *ich, sie* etc. natürlich keine Verbformen, sondern Pronomina sind, sie sollen nur die durch die Verbform ausgedrückte Bedeutung illustrieren. Bei Sprachen, die nicht nur Singular und Plural, sondern auch weitere Numeri wie z. B. einen Dual aufweisen, kann sich diese Unterscheidung ebenfalls in der Personenmarkierung des Verbs zeigen. So lautet beispielsweise im Slowenischen die 2. Person von *hoteti* ‚wollen' im Singular *hočeš* ('du willst'), im Dual *hočeta* (‚ihr beide wollt') und im Plural *hočete* (‚ihr wollt'). Andererseits gibt es aber auch Sprachen, die keinerlei Markierungen von Person und Numerus am Verb vornehmen. Dazu gehören nicht nur die isolierenden Sprachen, die ohnehin keine morphologischen Veränderungen zulassen, sondern beispielsweise auch das Englische, das in einigen Varietäten im Präsens kein *-s* mehr in der 3. Person Singular aufweist (cf. z. B. Green 2002: 100).

Tempus
Die zweite wichtige verbale Kategorie ist das Tempus. Darunter versteht man eine Markierung, die am oder mit dem Verb vorgenommen wird, um ein zeitliches Verhältnis auszudrücken – also beispielsweise, dass etwas in der Vergangenheit geschehen ist oder sich erst in der Zukunft ereignen wird. Dabei kann man zwei grundsätzlich verschiedene Arten unterscheiden, wie dieses Verhältnis in einer Sprache ausgedrückt wird: durch ein **absolutes** oder durch ein **relatives Tempus**. Bei einem relativen Tempus wird das Ereignis im Verhältnis zu einem bestimmten, vorher festgelegten Zeitpunkt gesehen Das kann der Sprechzeitpunkt sein, es ist oft aber auch ein anderer Punkt, wie etwa in dem Satz *Ich war gerade eingeschlafen* (*als das Telefon klingelte*). Hier liegen sowohl der Zeitpunkt des Ereignisses als auch der, von dem aus das Geschehen betrachtet wird, in der Vergangenheit, aber das Einschlafen erfolgt zeitlich vor dem Klingeln des Telefons, was an der Tempusform, dem Plusquamperfekt *war eingeschlafen*, erkennbar ist. Mit einem relativen Tempus kann man ausdrücken, ob ein Ereignis vor, nach oder gleichzeitig mit einem bestimmten zeitlichen Bezugspunkt stattfindet, und zwar unabhängig davon, zu welcher Zeit man darüber spricht. Anders bei einem absoluten Tempus: Es bezieht sich immer auf den Sprechzeitpunkt und kann daher nur ausdrücken, ob etwas vor, nach oder zugleich mit dem Augenblick stattfindet, zu dem darüber gesprochen wird.

Entsprechend dieser Grundunterscheidung kann man dann einerseits mit den dafür üblichen englischen Begriffen bei den absoluten Tempora zwischen *absolut past, absolut present* und *absolute future* unterscheiden, auf der anderen Seite zwischen einem relativen Vergangenheitstempus (meist als *anterior tense* bezeichnet), einem relativen Präsens und einem relativen Futur. Allerdings gibt es darüber hinaus mit dem Perfekt auch ein Tempus, das sich dieser Zuordnung entzieht, da es Bedeutungselemente beider Tempustypen in sich vereint: Es drückt einerseits aus, dass etwas vor dem Sprech- oder Bezugszeitpunkt stattgefunden hat, andererseits aber, dass es zum Sprechzeitpunkt noch relevant ist (cf. Velupillai/ Hentschel 2009: 435–437). Für das deutsche Perfekt gilt diese Aussage allerdings nur eingeschränkt, da sich das deutsche Tempussystem im Wandel befindet.

Um Tempora zu beschreiben, greift man oft auf ein Modell zurück, das der Physiker und Logiker Hans Reichenbach (1891–1953) in seinem Buch *Elements of Symbolic Logic* entwickelt hat. Er unterscheidet dafür drei Punkte auf der linearen Achse der Zeit:

- Als **Ereigniszeitpunkt E** (im Original: *point of event*) bezeichnet er den Zeitpunkt, zu dem das Ereignis stattfindet, um das es geht.
- Als **Sprechzeitpunkt S** (im Original: *point of speech*) bezeichnet er den Zeitpunkt, zu dem darüber gesprochen wird.

- Als **Betrachtzeitpunkt** oder **Bezugszeitpunkt B** (im Original: *point of reference*, **R**) bezeichnet er einen Zeitpunkt, im Verhältnis zu dem das Ereignis eingeordnet wird.

Bei Vergangenheitstempora, also etwa in einem Satz wie *Ich habe dich gestern angerufen*, liegt somit der Zeitpunkt des Ereignisses vor dem Sprechzeitpunkt:

———————> E ———————————> S ———————————>

Bei Tempora mit Zukunftsbezug, also etwa in einem Satz wie *Ich werde dich morgen anrufen*, liegt E hingegen nach S:

———————> S ———————————> E ———————————>

Der dritte Bezugspunkt kommt beispielsweise bei Tempora wie dem deutschen Plusquamperfekt zum Tragen, also etwa in einem Satz wie *Alle waren schon wieder gegangen*, (*als ich endlich am Treffpunkt ankam*). Das Tempus von *alle waren gegangen* impliziert, dass es ein anderes Ereignis in der Vergangenheit gibt, das später liegt (hier: der Ankunft der sprechenden Person):

———————> E ———————> B ———————> S ———————>

Aspekt

In Kombination mit einem oder mehreren Tempora, aber oft auch als eigenständige, tempusunabhängige Markierung, weisen viele Sprachen ferner die Kategorie Aspekt auf. Mit Aspekt wird nicht ausgedrückt, wann sich etwas im Verhältnis zum Sprech- oder einem sonstigen Zeitpunkt abgespielt hat, sondern es wird die Art und Weise markiert, wie das Ereignis sich vollzogen hat. Ein typischer aspektueller Unterschied besteht etwa darin, ein Ereignis als abgeschlossen (**perfektiv**) oder unabgeschlossen (**imperfektiv**) zu kennzeichnen. Man kann sich diesen Unterschied in etwa verdeutlichen, wenn man die beiden deutschen Sätze *Ich habe das Buch gelesen* und *Ich habe in dem Buch gelesen* einander gegenüberstellt. Sie enthalten zwar keinen Aspekt – die Verbform ist ja dieselbe, beide Male ein Perfekt – aber sie drücken aus, dass die Tätigkeit des Lesens in einem Fall zu Ende gebracht wurde, im anderen jedoch nicht.

Genau dieser Unterschied wird in Sprachen markiert, die einen perfektiven und einen imperfektiven Aspekt kennen. Diese Markierung findet man beispielsweise in den romanischen Sprachen, wo sie allerdings an bestimmte Vergangenheitstempora gebunden ist. So müsste man den Unterschied der beiden Ereignisse in *Ich lag im Bett, als ich ein Geräusch hörte* – hier im Deutschen zweimal mit demselben Tempus, dem Präteritum, ausgedrückt – beispielsweise auf Italienisch mit zwei verschiedenen Tempusformen wiedergeben, dem Imperfekt im ersten

Teil und dem Perfekt (oder dem *passato prossimo*) im zweiten: *Ero* (Imperfekt) *a letto quando ho sentito* (Perfekt) *un rumore*. In slawischen Sprachen wird dieser Unterschied bereits lexikalisch im Verb selbst ausgedrückt, so dass es z. B. für ein deutsches Verb wie *rauchen* zwei russische Entsprechungen gibt: курить (*kurit'*, imperfektiv) und выкурить (*vykurit'*, perfektiv):

russ.	*Он*	*курил*	*сигарету*
	on	kuril	sigaretu
	er	rauchte-IMPERF	Zigarette_AKK

‚Er rauchte eine Zigarette' (= er war dabei, eine Zigarette zu rauchen)

	Он	*выкурил*	*сигарету*
	on	vykuril-PERF	sigaretu
	er	rauchte	Zigarette_AKK

‚Er hat eine Zigarette geraucht' (= er hat sie zu Ende geraucht)

Perfektiv/imperfektiv sind nur zwei von zahlreichen verschiedenen verbalen Aspekten, die sich in den Sprachen der Welt finden. Ein weiterer Aspekt ist beispielsweise der **Progressiv**, mit dem das Andauern einer Handlung markiert wird und der für das Englische typisch ist, z. B. *I'm listening* ‚ich höre zu'. Darüber finden sich Aspekte wie etwa der durch die chinesische Aspektpartikel 过 [*guò*] ausgedrückte, mit dem etwas als ‚Erfahrung' markiert wird.

Modus

Die vierte verbale Kategorie ist der Modus, also eigentlich die ‚Art und Weise' des Geschehens. Damit wird aber nicht die Art des Geschehens selbst bezeichnet, sondern vielmehr die Perspektive der sprechenden Person darauf: Sieht sie es als real oder nur als möglich an, weiß sie es aus eigener Anschauung oder hat sie es nur gehört, wünscht sie es sich oder fordert es etc. Entsprechend unterscheidet man beispielsweise die folgenden Modi (cf. Hentschel/Vogel 2009: 451):

- Modus der Aussage, ohne weitere Markierung: **Indikativ**
- Modus der Aufforderung: **Imperativ** (z. B. im Deutschen)
- Modus der Möglichkeit: **Potential** (z. B. im Serbischen)
- Modus der Bedingung: **Konditional** (z. B. im Italienischen)
- Modus zum Ausdruck des Wunsches: **Optativ** (z. B. im Altgriechischen)
- Modus der Notwendigkeit: **Necessitativ** (z. B. im Türkischen)
- Modus des Hörensagens: **Quotativ** (z. B. im Estnischen)
- Modus der Abhängigkeit von einer übergeordneten Konstruktion: **Konjunktiv** (z. B. im Lateinischen)

Es kommt vor, dass ein Modus mehr als eine Funktion übernimmt. So kann etwa der Konditional im Italienischen nicht nur in konditionalen Satzgefügen stehen (z. B. <u>*Verrei*</u> *se avessi tempo* ‚Ich käme, wenn ich Zeit hätte'), sondern auch eine Möglichkeit ausdrücken (z. B. *potrebbe dirmi* ‚könnten Sie mir sagen?') und

1.2 Klassifikationen auf morphologischer Basis   21

sogar die Funktion eines Quotativs übernehmen (*I carabinieri <u>avrebbero</u> fermati il presunto assassino*, ‚Die Carabinieri sollen den mutmaßlichen Mörder verhaftet haben'). Im Deutschen ist der Konjunktiv ein solcher polyfunktionaler Modus: Er kann z. B. eine Möglichkeit (*Das wäre denkbar*), einen Wunsch (*Wenn doch nur schon alles vorbei wäre!*) eine Bedingung (*Wenn ich Zeit hätte*) oder auch indirekte Rede markieren (*Sie sagte, sie könne leider erst später kommen*).

Genus Verbi

Eine weitere und damit bereits die fünfte verbale Kategorie ist das Genus Verbi (nicht zu verwechseln mit dem Genus des Substantivs). Diese Kategorie betrifft die Beziehung, die das Verb zu seinen Argumenten eingeht, also zum Agens (der handelnden Person), zum Patiens (dem unmittelbaren Ziel der Handlung) oder zum Rezipienten. Die Art dieser Beziehung hängt zum einen grundsätzlich davon ab, ob es sich um eine Akkusativ- oder eine Ergativsprache handelt (siehe hierzu ausführlicher im Folgenden). Zum anderen aber wird sie dadurch bestimmt, welche Form das Verb in der jeweiligen Sprache einnimmt. Die neutrale Grundform – also die, in der das Verb keine zusätzlichen Markierungen annimmt, – nennt man **Aktiv**. In Akkusativsprachen, zu denen das Deutsche gehört, steht im Aktiv das Agens als Subjekt im Nominativ, das Patiens als Objekt im Akkusativ:

    dt.   *Das Krokodil*   *frisst*   *den Fisch*
          Agens im Nominativ   AKT   Patiens im Akkusativ

Wenn man einen solchen Satz nun ins **Passiv** setzt, wird dabei eines der Argumente – das Agens – gelöscht, und das Patiens ändert seine Position im Satz und seinen Kasus:

    dt.   *Der Fisch*   *wird gefressen*
          Patiens im Nominativ   PASS

Man kann das getilgte Agens zwar wieder hinzufügen, aber es hat sozusagen keinen festen Platz mehr im vorgegebenen Schema, und man muss es mithilfe einer Präposition wie *von* oder *durch* anschließen: *Der Fisch wird vom Krokodil/ durch das Krokodil gefressen*.

Manche Akkusativsprachen kennen neben dem Passiv noch ein weiteres Genus: das **Medium**. Es ist, wie sein Name nahelegt, so etwas wie ein Mittelweg zwischen Aktiv und Passiv: nicht ganz Aktiv, nicht ganz Passiv. Im Deutschen kann man Ansätze zu einem Medium in Form von reflexiven Konstruktionen finden, so etwa in einem Satz wie *Vor dem Eingang hatte sich eine lange Schlange gebildet*. Formal sind hier Subjekt und Objekt referenzidentisch, das heißt sie beziehen sich auf dasselbe. Aber anders als z. B. in einem Satz wie *Die Katze wäscht sich* ist das Subjekt hier nicht wirklich ein Agens, das an sich selbst als Patiens eine Handlung vollzieht: Die Schlange tut nichts, sie ist im Grunde mehr

Patiens als Agens. Dennoch ist sie zugleich etwas weniger Patiens als im entsprechenden Passivsatz *Es wurde eine Schlange gebildet*. Dies sind die typischen Eigenschaften eines Mediums.

Sowohl beim Passiv als auch beim Medium wird die Anzahl der Argumente im Satz von zwei auf eines reduziert. Es gibt aber auch die umgekehrte Möglichkeit, ihre Zahl auf drei zu erhöhen, indem ein zusätzliches Agens eingeführt wird; dann spricht man von einem **Kausativ**. Das moderne Deutsche kennt dieses Genus Verbi, das sich beispielsweise im Türkischen regelmäßig bilden lässt, nicht mehr; es gab aber früher die Möglichkeit, Verben nicht nur ins Passiv zu setzen, sondern umgekehrt auch kausative Formen davon zu bilden. Erhalten geblieben sind solche Formen als kausative Verben, deren Zusammenhang mit dem ursprünglichen Verb oft noch gut zu erkennen ist, so etwa bei *trinken* → *tränken* ‚machen, dass ein Tier trinkt' oder bei den Verben *erschrecken* und *hängen*, die jeweils eine starke Variante (mit Ablaut) und eine schwache (mit *-t*) aufweisen, wobei die letztere die kausative ist:

dt. *Ich bin erschrocken*

→*Du hast mich erschreckt* (‚Du hast gemacht, dass ich erschrecke')

Das Bild hing an der Wand

→*Ich hängte das Bild an die Wand* (‚Ich machte, dass das Bild an der Wand hängt')

Ein Genus Verbi, das bei Ergativsprachen vorkommt, ist das **Antipassiv** (s. Abschn. 2.2.5).

1.3 Klassifikationen auf syntaktischer Basis

Die Unterscheidung zwischen morphologischen und syntaktischen Kriterien ist schwieriger, als es auf Anhieb den Anschein haben mag. Zwar ist grundsätzlich klar, dass es sich bei Morphologie um die Veränderung einer Form, bei Syntax hingegen um das Zusammenwirken mehrerer freier Elemente handelt, aber die Übergänge können im Bereich einzelner Phänomene fließend sein. Wie im Abschn. 1.2.1.5 gezeigt wurde, verändern sich Sprachen im Zuge von Grammatikalisierungsprozessen in Richtung synthetischer (also morphologischer) Formen, nehmen aber andererseits auch immer wieder neue analytische (also syntaktische) Mittel hinzu. Das kann man am Beispiel des Futurs im Serbischen gut illustrieren, das mit denselben Elementen, nämlich dem Infinitiv des Vollverbs und einer Form des Hilfsverbs *hteti* ‚wollen', sowohl synthetisch als auch analytisch gebildet werden kann, wobei der Infinitiv bei der synthetischen Bildung um die Infinitivendung *-ti* (entsprechend dt. *-en*) verkürzt wird:

serb.	Ko	će	pevati?
	Wer	wird	singen?
	Pevaću	ja!	
	Sing-werd	ich!	

Daneben existiert mit Formen wie *hoću da pevam* (wörtlich: ‚ich will, dass ich singe') auch noch eine dritte, noch etwas komplexere syntaktische Variante. Welche der drei Formen gewählt wird, hängt von der Betonung im Satz und auch von stilistischen Faktoren ab; einen Bedeutungsunterschied gibt es aber nicht. Das Beispiel zeigt deutlich, dass die Unterscheidung morphologisch/syntaktisch auf dieser Ebene nicht sinnvoll ist.

Dass sich Morphologie und Syntax nicht wirklich gut voneinander trennen lassen, zeigt sich aber auch in anderen Bereichen, so etwa, wenn es um den Status von Nebensätzen in einer Sprache geht. Hier ist die Finitheit des Verbs, und damit ein morphologisches Kriterium, für viele Einordnungen wichtig (siehe hierzu ausführlicher im Folgenden).

Satzstellung

Eindeutig syntaktisch ist hingegen das Kriterium der Satzstellung (auch: Wortstellung), also die Frage, in welcher Reihenfolge Subjekt, Verb und Objekt im Standardfall stehen. Der Standardfall, der dabei zugrunde gelegt wird, ist ein selbständiger (also nicht von einem anderen Satz abhängiger) Aussagesatz. Um die Reihenfolge der in ihm enthaltenen Satzteile bestimmen zu können, muss man natürlich zunächst festlegen, was ein Subjekt (und entsprechend ein Objekt) ist – die Sprachen der Welt kodieren das ja unter Umständen sehr unterschiedlich. Edward L. Keenan hat in seinem Aufsatz „Towards a universal definition of ‚subject'" (1976) versucht, eine sprachübergreifende Subjektdefinition vorzulegen. Er beschreibt das Grundproblem eines solchen Unterfangens wie folgt: „[…] even a cursory examination of subjects across Ls reveals that in many Ls subject NPs are characterized by properties which are not only not universally valid, they are peculiar to the particular L in question." (Keenan 1976: 306; die Abkürzung L steht für *language*) Er versuchte dann zwar dennoch, typische Eigenschaften von Subjekten zu erfassen und so eine Liste von Merkmalen zu erstellen, anhand derer man das Subjekt eines von ihm so genannten Basis-Satzes (eines selbständigen Deklarativsatzes) in einer beliebigen Sprache identifizieren kann. Die so gewonnene Merkmalskala ist allerdings recht komplex und enthält auch morphologische Kriterien wie Kasusmarkierungen; ob sie wirklich universell gültig ist, ist nicht sicher.

In der Typologie geht man daher einen einfacheren Weg: Man definiert semantisch und setzt als Subjekt eines Satzes einfach das Agens an. Damit hat man zumindest ein Tertium comparationis, das sich auf alle Sprachen anwenden lässt: Sätze mit einem Agens, einem Verb und einem Patiens müssen in allen

Sprachen der Welt gebildet werden, denn in allen Sprachen der Welt muss die Unterscheidung ausgedrückt werden können, ob das Krokodil (Agens) den Leoparden (Patiens) gefressen hat oder ob es umgekehrt war.

Damit wären die drei Elemente **S** (Subjekt), **V** (Verb) und **O** (Objekt) gegeben, und logischerweise ergeben sich daraus die folgenden sechs Permutationsmöglichkeiten:

SOV SVO VOS VSO OSV OVS

Alle diese Reihenfolgen kommen auch in der Wirklichkeit vor; allerdings treten sie nicht gleichermaßen häufig auf. Bei den untersuchten Sprachen ist die häufigste Reihenfolge die Abfolge SOV, an zweiter Stelle steht SVO:

▶ **Relative Häufigkeit verschiedener Satzstellungstypen in den Sprachen der Welt (cf. Dryer 2013d):**

S O V: nachgewiesen in 564 Sprachen, z. B. Latein, Türkisch
S V O: nachgewiesen in 488 Sprachen, z. B. Englisch, Französisch
V S O: nachgewiesen in 95 Sprachen, z. B. Arabisch, Hawaiisch
V O S: nachgewiesen in 25 Sprachen, z. B. Fidschi, Tzotzil (eine Maya-Sprache)
O V S: nachgewiesen in 11 Sprachen, z. B. Tuvaluisch (Polynesien), „Klingonisch"
O S V: nachgewiesen in 4 Sprachen, z. B. Xavante (Brasilien)

Kein dominantes Muster zeigen 189 Sprachen.

Dass die Erststellung des Agens gegenüber den anderen beiden Elementen deutlich bevorzugt wird, scheint insofern nachvollziehbar, als es ja die handelnde Person ist, von der aus das Geschehen seinen Anfang nimmt; also wird sie auch zuerst genannt. Ob als zweites das Ziel dieser Handlung, also das Objekt, oder eher die Art der Handlung, also das Verb, genannt werden sollte, ist dagegen nicht so eindeutig, auch wenn sich eine Bevorzugung des Objekts in 564 gegenüber 488 Sprachen beobachten lässt. Damit ist die Zweitstellung des Verbs nach dem satzeinleitenden Subjekt, wie sie etwa für das Englische oder das Französischen typisch ist, nur die zweithäufigste Wahl. Deutlich seltener erfolgt die Wahl des Verbs als erstes zu nennendes Element, auf das dann als zweites das Agens, noch seltener das Objekt der Handlung folgt. Die Nennung des Objekts an erster Stelle bildet unter den Sprachen der Welt eine klare Ausnahme – was vielleicht auch der Grund ist, warum sie in der Kunstsprache Klingonisch (die Sprache einer außerirdischen Zivilisation in den Folgen der Serie *Star Trek*) gewählt wurde, die ja als Sprache außerirdischer Wesen möglichst ungewöhnliche Eigenschaften aufweisen sollte.

Das Deutsche bildet in diesem Zusammenhang insofern eine Ausnahme, als es zwar ebenfalls Zweitstellung des Verbs aufweist, aber keine Notwendigkeit, den Platz davor mit dem Subjekt zu füllen, so dass bei einleitenden Adverbialen V S O-Stellung entsteht:

dt. *Heute   backe   ich   Kekse*
    [ADV]   V   S   O

Darüber hinaus weist das Deutsche in Nebensätzen regelmäßig S O V-Stellung auf:

dt. *dass   ich   Kekse   backe*
    [KONJU]   S   O   V

Aber nicht nur in der Stellung der Kernbestandteile des Satzes unterscheiden sich Sprachen, sondern auch in anderen Aspekten der Satzstellung. So bevorzugen es manche Sprachen, Attribute links vom Bezugswort zu stellen (wie es das Deutsche etwas mit seinen Adjektiven tut: *die finstere Nacht*), andere hingegen stellen sie nach rechts (wo im Deutschen beispielsweise Relativsätze stehen) oder lassen beide Möglichkeiten zu. Auch bei der Bildung von Interrogativsätzen des Typs **Entscheidungsfrage** (wie z. B. *Hast du schon gehört?*) gibt es neben der im Deutschen genutzten Methode, die Stellung des Verbs zu verändern und es an den Anfang zu stellen, auch andere Möglichkeiten. Viele Sprachen lassen die Satzstellung, wie sie ist, und verwenden zur Markierung des Satzmodus eine sog. Interrogativpartikel wie russisch *li* oder chinesische *ma* – also sozusagen ein gesprochenes Fragezeichen. Daneben gibt es auch Sprachen, die außer der Intonation keine zusätzliche Markierung vornehmen; hierzu gehört etwa das Italienische. Und schließlich gibt es auch beim anderen Fragesatztyp, der **Bestimmungs- oder Ergänzungsfrage**, sowohl die Möglichkeit, das Interrogativum an den Anfang des Satzes zu stellen, wie auch das Deutsche es tut (z. B. *Was hast du gesagt?*) oder aber es an genau derselben Stelle zu belassen, wo das zu erfragende Element gestanden hätte. Man bildet in Sprachen wie dem Chinesischen regelmäßig Fragen mit einer Satzstellung wie in *Du hast was gesagt?*, die im Deutschen nur in Nachfragen und bei besonderer Betonung des Interrogativums vorkommt. Solche Unterschiede können ebenfalls zur Unterscheidung von Sprachtypen verwendet werden.

Pro-Drop
Eine weitere Einteilungsmöglichkeit von Sprachen entsteht aus der in unterschiedlichem Maße vorhandenen Möglichkeit, das Subjekt systematisch immer dann nicht zu benennen, wenn es aus einem Pronomen besteht. Sprachen, die diese Möglichkeit aufweisen, nennt man auch „Pro-Drop-Sprachen" (von engl. *pronoun dropping*, abgekürzt *pro drop*). Der Terminus stammt aus der Generativen Grammatik, hat sich aber auch außerhalb derselben weitgehend durchgesetzt. Sprachen dieses Typs finden sich z. B. unter den romanischen oder den slawischen Sprachen, aber auch beispielsweise das Chinesische gehört in diese Gruppe. Im

Unterschied zum Deutschen muss in Pro-Drop-Sprachen das pronominale Subjekt nur dann genannt werden, wenn es betont werden soll, so z. B.:

ital. Vado   a fare la spesa
       gehe   einkaufen
       ‚ich gehe einkaufen'

vs.

ital. Io   vado   a fare la spesa [tu fai come vuoi]
       ich   gehe   einkaufen [du machst, was du willst]

Der Satz ohne Pronomen ist eine ganz normale, alltägliche Äußerung, während der zweite, in dem das Pronomen *io* ‚ich' eingefügt ist, dieses Ich betont und damit zugleich einen mitgedachten Gegensatz zu einem anderen herstellt (etwa einem Du, das etwas anders macht).

Oft wird angenommen, dass *pro drop* immer dann möglich ist, wenn das Verb bereits alle notwendigen Informationen über die Person enthält – so, wie dies im Italienischen der Fall ist, wo eine Verbform wie *vado* eindeutig auf die 1. Person Singular verweist. Dass das nicht die ganze Wahrheit sein kann, zeigt sich an zwei Phänomenen. Zum einen unterscheiden sich auch eng verwandte Sprachen wie das Russische und das Serbische, die beide jeweils eindeutige Personenmarkierungen an ihren Verben aufweisen, im Hinblick auf die Weglassbarkeit des Pronomens: Während das Pronomen im Russischen regelmäßig gesetzt wird, steht es im Serbischen ganz parallel zum Italienischen nur dann, wenn es besonders betont werden soll. Zum anderen findet sich das Phänomen aber auch in isolierenden Sprachen, so z. B. im Chinesischen, und hier kann das Verb logischerweise, da es sich ja nicht verändern kann, auch keine Informationen über die Person beinhalten, auf die es sich bezieht. Warum manche Sprachen Pronomina setzen müssen, andere hingegen nicht, ist daher nicht aus dem Sprachtyp oder der Sprachfamilie erklärbar.

Im Deutschen kommt das Phänomen außer im sog. Telegrammstil, wie er auch in der gesprochenen Sprache häufig zu beobachten ist (z. B. *Komme gleich!*), vor allem in alemannischen Dialekten und dort in der 2. Person Singular vor, z. B.: *Channsch z'fri-de sy mit mer* (‚Kannst zufrieden sein mit mir', Tavel 1952, zitiert nach Siebenhaar/Stäheli 2000: 51). Regelmäßig ohne Pronomen steht ferner der Imperativ: *Komm mal her! Kommt mal her!* Hier wird das Pronomen ganz parallel zu seinem Gebrauch in Pro-Drop-Sprachen nur gesetzt, wenn es betont werden soll: *Komm du mir nur nicht in die Quere!*

Nebensätze

Auch die Frage, welche Art von Sätzen es in einer Sprache gibt, kann zur typologischen Einordnung verwendet werden. Naturgemäß hängt die Antwort hier grundlegend davon ab, wie man Nebensätze definiert. Einigkeit besteht über ihre Basisdefinition, nämlich, dass sie in einem übergeordneten Satz die Funktion eines

1.3 Klassifikationen auf syntaktischer Basis

Satzteils übernehmen, also beispielsweise das Objekt bilden wie in *Ich höre, was du sagst* (cf. *Ich höre deine Worte*). Darüber hinaus stellt sich aber die Frage, ob Nebensätze ein finites Verb, also ein Verb mit einer Personalendung, beinhalten müssen oder ob auch Konstruktionen als Nebensätze gelten, bei denen das Prädikat in Gestalt einer infiniten Verbform auftritt. Über die Antwort auf diese Frage herrscht oft nicht einmal innerhalb einer Einzelsprache wie dem Deutschen Einigkeit. Meist werden Infinitivkonstruktionen wie in *Ich hatte vergessen, mich für den Kurs einzutragen* als „Infinitivsatz" oder als „satzwertige Infinitivkonstruktion" beschrieben, aber normalerweise nicht als vollwertiger Nebensatz angesehen (cf. Hentschel/Weydt [5]2021: 415).

Nun gibt es aber Sprachen, in denen Nebensätze nie oder nur in Ausnahmefällen ein finites Verb enthalten, im Normalfall hingehen einen Infinitiv, ein Partizip oder ein sog. **Konverb**. Zu dieser letztgenannten Art von Verbform gehören beispielsweise das *gerundio* des Italienischen oder das *gérondif* des Französischen, wie es sich etwa in folgendem Ausschnitt aus Roussaus *Rêveries* findet: „[...] je passais mon après-midi à parcourir l'île <u>en herborisant</u> à droite et à gauche [...]" (etwa: ‚ich verbrachte meinen Nachmittag damit, die Insel zu durchwandern, wobei ich rechts und links botanisierte'). Dieser Textausschnitt enthält das Konverb *en herborisant*, dessen Funktion in Deutschen mit einer Konjunktion wie *wobei* oder *indem* und einem finiten Verb ausgedrückt werden kann, also mit einem Adverbialsatz. Und genau dies ist die Funktion von Konverben: Sie übernehmen das, was im Deutschen durch einen finiten adverbialen Nebensatz ausgedrückt wird. Die Art des semantischen Bezugs des Konverbs zum Hauptsatz ist dabei anders als bei Verwendung einer satzeinleitenden Konjunktion wie *weil* oder *indem* nicht vorgegeben; sie ergibt sich aus dem Kontext: ‚Das Gerundium ist eine Verbform mit einem sehr breiten Spektrum an Funktionen, die nicht immer präzise definierbar sind' („Il gerundio è un modo verbale di funzioni larghissime e non sempre definibili con precisione", Serianni [23]2019: 484). Dadurch wird ein weites Feld von Gebrauchsmöglichkeiten eröffnet, die auch viel Interpretationsspielraum lassen können.

Während Konverben dazu dienen, Adverbiale zu bilden, werden **Infinitivsätze** typischerweise in der Funktion von Subjekt- und Objektsätzen verwendet. Das ist auch im Deutschen möglich, wenngleich nicht immer im selben Umfang wie in anderen Sprachen. Im Satz *Im Wald spazieren zu gehen ist sehr entspannend* bildet der erweiterte Infinitiv *im Wald spazieren zu gehen* das Subjekt; in *Ich empfehle dir, im Wald spazieren zu gehen* das Objekt. **Partizipien** hingegen können Relativsätze ersetzen. Auch das kommt im Deutschen vor, so z. B. in einem Satz wie *Die von der langen Wanderung in den Bergen schon ganz erschöpften Touristen begannen sich nach einer Übernachtungsmöglichkeit umzusehen* (statt: *Die Touristen, die von der langen Wanderung in den Bergen schon ganz erschöpft waren*). Allerdings sind solche Konstruktionen im Deutschen seltener als Relativsätze, und sie können auch nicht von allen Verben gebildet werden, cf. **die hohes Fieber habende Patientin* (statt: *die Patientin, die hohes Fieber hatte*).

In manchen Sprachen können infinite Verbformen wie Infinitive oder Konverben, von denen es oft mehr als nur eines gibt, auch mit Kasusendungen versehen und dadurch stärker in den übergeordneten Satz integriert werden. Das ist beispielsweise im Türkischen der Fall. Im folgenden Beispielsatz liegt eine Form des Verbs *yapmak* ‚machen' vor, die ein Tempusmorphem zum Ausdruck der Vergangenheit (*tık*) sowie ein Kasusmorphem (*tan*) zum Ausdruck des Ablativs enthält (der hier in Abhängigkeit von der nachfolgenden Postposition *sonra* ‚nach' steht):

türk.	*Spor*	*yaptıktan*	*sonra*	*ne yapılmalıdır?*
	Sport	mach-[PAST]-[ABL]	nach	was soll man machen?

‚Was sollte man tun, nachdem man Sport gemacht hat?'

Die breiten Möglichkeiten, die solche Konverben bieten, machen Nebensätze mit finiten Verben mehr oder weniger unnötig oder drängen sie zumindest sehr weit zurück. Warum soll man auch einen komplizierten Nebensatz wie *Der Film, den wir gestern gesehen haben,* bilden, wenn man auch so etwa sagen kann wie *der von uns gestern gesehene Film*? Ob und wenn ja welche Nebensätze es in Sprachen gibt, ist somit ein ebenfalls typologisch nutzbares Unterscheidungsmerkmal.

Akkusativ- vs. Ergativsprachen

Gewöhnlich werden Sprachen in erster Linie auf der Basis ihrer morphologischen Eigenschaften (isolierend, agglutinierend etc.) eingeteilt. Es gibt aber noch eine weitere Möglichkeit, zumindest solche Sprachen, die morphologische Veränderungen ihrer Wörter zulassen, aufgrund grammatischer Eigenschaften zu Gruppen zusammenzufassen: Man sieht nach, wie sie die zentralen syntaktischen Rollen ausdrücken. Um eine solche Unterscheidung treffen zu können, muss man zunächst eine sprachunabhängige Definition dieser Rollen vornehmen. Die übliche Art, wie man das tut, geht auf einen Vorschlag von Comrie (^{2}1989: 111; cf. hierzu auch Croft ^{2}2006: 143) zurück. Dabei unterscheidet man:

- Das Argument eines **intransitiven** Verbs (also eines Verbs, das nur ein Argument zulässt) bezeichnet man als S. Der Buchstabe ist in Anlehnung an den Begriff „Subjekt" gewählt, ohne dass damit eine Definition von Subjekten intendiert wäre; aber wenn es nur ein einziges Argument gibt, liegt natürlich die Möglichkeit nahe, dass es sich dabei um das Subjekt handeln könnte. Ein solcher Fall läge vor in einem Satz wie:

dt.	*Der Löwe*	döste in der Sonne.
	S	

- Um möglichst präzise unterscheiden zu können, um welche Rollen es jeweils genau geht, werden den beiden Argumenten **transitiver** Verben andere Buchstaben zugeordnet. In Anlehnung an die typischen Rollen, die sie normalerweise übernehmen, werden sie als A (in Anlehnung an *Agens*) und P (in Anlehnung an *Patiens*) bezeichnet:

dt.   *Der Löwe fraß*   *den Großwildjäger.*
       A   P

Auf dieser Grundlage kann man nun verschiedene Sprachtypen unterscheiden. Sprachen wie das Deutsche verwenden ein und denselben Kasus, um die beiden Rollen S und A auszudrücken: Beide Male lautet die Form *der Löwe*. Einen solchen Kasus nennt man Nominativ. Hingegen wird ein anderer Kasus verwendet, um P auszudrücken (im Beispielsatz: *den Großwildjäger*); einen solchen Kasus nennt man Akkusativ. Entsprechend nennt man Sprachen dieses Typs **Akkusativsprachen** (seltener auch: Nominativsprachen).

Nun gibt es aber auch Sprachen, die eine andere Art der Zusammenfassung vornehmen: Sie verwenden ein und denselben Kasus für S und P und einen anderen für A. Eine solche Sprache ist das Dyirbal (eine australische Sprache), und in ihr sehen Sätze beispielsweise so aus (Bspe. nach Faarlund 1988: 201):

dyirb.   *nguma*   *banaganyu*
         Vater   kam zurück
         S
         ‚Vater kam zurück'

         nguma   *yabungu*   *buran*
         Vater   Mutter   sah
         P   A
         ‚Mutter sah Vater'

Offenbar haben hier S und P dieselbe Form, und einen solchen Kasus, der S und P zusammenfasst, nennt man Absolutiv. Einen Kasus, der ausschließlich A ausdrücken kann, nennt man hingegen Ergativ, und entsprechend heißen Sprachen dieses Typs **Ergativsprachen**.

- Für **ditransitive** Verben wie *geben*, die drei Argumente implizieren, werden nochmals zwei andere Abkürzungen eingeführt: Der Buchstabe G (in Anlehnung an engl. *goal*) steht für den Rezipienten und T (in Anlehnung an engl. *theme*) für das übergebene Objekt, also z. B.:

   dt.   *Sie gab*   *dem Papagei*   *einen Keks*
                      G   T

Auch an der Art, wie die Rollen in Sätzen mit drei Argumenten versprachlicht werden, kann man typologische Unterschiede festmachen. In manchen Sprachen wird das übergebene Objekt T mit demselben Kasus markiert, der auch für P verwendet wird, und es wird ein weiterer Kasus (der Dativ) für den Rezipienten G benutzt. Man spricht dann von einem **direkten** (T) und einem **indirekten Objekt**

(G). Das ist beispielsweise im Deutschen der Fall, wie das Beispiel *Sie gab dem Papagei einen Keks* zeigt: Das übergebene Objekt (der Keks) steht im Akkusativ, der Empfänger (der Papagei) im Dativ. Es gibt aber auch Sprachen, in denen P nicht für den übergebenen Gegenstand, sondern für den Rezipienten verwendet wird; dann spricht man von einem **primären** (G) und einem **sekundären Objekt** (T). Eine solche Sprache wäre etwa das nordamerikanische Ojibwa die folgenden (cf. Rhodes 1990).

Eine ausführlichere Beschreibung dieser Gegebenheiten findet sich in Abschn. 3.1.

1.4 Klassifikationen auf arealer Basis

Man kann zwischen Sprachen, die in derselben Region gesprochen werden, oft auch dann Gemeinsamkeiten feststellen, wenn sie nicht miteinander verwandt sind. Ein Beispiel hierfür wäre der sog. Balkan-Sprachbund, der auf der Balkanhalbinsel gesprochene Sprachen wie Albanisch, Bulgarisch, Griechisch oder Rumänisch umfasst. Diese Sprachen gehören zwar alle zur großen Familie der indoeuropäischen Sprachen, innerhalb dieser Familie aber zu ganz verschiedenen Zweigen, und es gibt somit keinen Grund, warum sie sich besonders ähneln sollten. Die augenfälligen Gemeinsamkeiten, die sie teilweise zeigen, sind verschiedenen Linguisten daher bereits früh ins Auge gefallen. Der Begriff **Sprachbund** geht dabei auf den russischen Linguisten Nikolai S. Trubetzkoy (1890–1938) zurück, der damit eine Gruppe von Sprachen beschreiben wollte, die sich zwar im Hinblick auf ihr Lexikon und ihre grundlegenden syntaktischen wie morphologischen Charakteristika unterscheiden, aber dennoch gemeinsame Eigenschaften aufweisen. Im Fall des Balkan-Sprachbunds wären das beispielsweise nachgestellte bzw. rechts an das Substantiv angefügte Artikel (cf. z. B. rumänisch *pom* ‚Baum' – *pomul* ‚der Baum', mazedonisch *kultura* ‚Kultur' – *kulturata* ‚die Kultur'), der Verlust des Infinitivs oder der Zusammenfall von Kasus (cf. Tomić 2006: 26 für eine Liste solcher Eigenschaften). Zu den Gründen, warum die Sprachen des Balkan-Sprachbunds diese Gemeinsamkeiten aufweisen, gibt es verschiedene Theorien (cf. ibd.: 27–29). Die einfachste Annahme ist dabei, dass sie sich aufgrund ihrer arealen Nähe wie auch aufgrund der Tatsache, dass viele ihrer Sprecher bilingual sind, gegenseitig beeinflusst haben.

Der Gedanke, dass auf einem mehr oder minder gemeinsamen Territorium gesprochene Sprachen eine Art Sprachbund bilden, liegt auch der moderneren Annahme eines *Standard Average European* (SAE) zugrunde. Dieser Begriff geht ursprünglich auf den bereits erwähnten amerikanischen Linguisten Benjamin Lee Whorf zurück, der diesem Sprachtyp nordamerikanische Sprachen, insbesondere das Hopi, gegenüberstellte. Hier lag sein Hauptinteresse, und entsprechend ist Whorf weniger für Untersuchungen der SAE-Sprachen bekannt als vielmehr für seine Analyse dessen, was er im Hopi vorfand. Auf dieser Grundlage entwickelte er die nach ihm und seinem Lehrer, dem amerikanischen Linguisten Edward

Sapir (1884–1939) benannte Sapir-Whorf-Hypothese, dass unterschiedliche Sprachen bei den Menschen, die sie sprechen, zu einer verschiedenartigen Wahrnehmung der Welt, zu unterschiedlichen Weltbildern führen. Man spricht daher auch vom sprachlichen Relativitätsprinzip. In der modernen Typologie geht es bei der Annahme einer arealen Gruppe der SAE-Sprachen aber nicht um die Frage, welche Art von Weltsicht ihnen zugrunde liegt, sondern darum, ob und wenn ja welche gemeinsamen Eigenschaften sie aufweisen. Und tatsächlich lässt sich eine ganze Reihe von Merkmalen finden, die den in Europa gesprochenen Sprachen gemeinsam ist, wobei dann auch Sprachen einbezogen werden, die zu ganz verschiedenen Sprachfamilien gehören und historisch nicht miteinander verwandt sind. Zu den Merkmalen, die sich in anderen Sprachen selten finden und die daher charakteristisch für die SAE-Sprachen sind, gehören beispielsweise die folgenden (cf. hierzu sowie zu weiteren Merkmalen Haspelmath 2001):

- Vorhandensein eines bestimmten und eines unbestimmten **Artikels** (außer in den indoeuropäischen Sprachen beispielsweise auch im Ungarischen)
- **Relativsätze**, die mit einem Relativpronomen eingeleitet werden (auch im Ungarischen, Georgischen und Armenischen)
- mit einem **Partizip gebildetes Passiv** (ebenfalls auch im Ungarischen)

Insgesamt sind arealtypologische Ansätze in jüngerer Zeit nicht nur im Hinblick auf historische Ereignisse und Zusammenhänge (cf. z. B. Goldammer 2012), sondern insbesondere auch im Bereich der Dialektologie fruchtbar gemacht worden. Hier gibt es ganz parallel zum Begriff des Sprachbunds den Begriff des **Dialektverbandes** (cf. z. B. Lameli 2013: 10). In der Dialektologie spielen areale Gemeinsamkeiten und Abgrenzungen aber schon traditionell eine große Rolle, was sich in den sog. Isoglossen spiegelt. Dabei handelt es sich um gedachte geographische Grenzlinien zwischen verschiedenen sprachlichen Ausprägungen, etwa zwischen der Realisation des ursprünglichen germanischen /t/ als /t/, wie man sie in niederdeutsch *dat* oder *wat* findet, oder als /s/ wie in oberdeutsch *das*, *was* (sog. *dat-das*-Linie).

1.5 Klassifikationen auf sprachgeschichtlicher Basis

Eine weitere Möglichkeit, die Ähnlichkeit (oder Unähnlichkeit) von Sprachen untereinander zu bestimmen, besteht darin, dass man ihre Herkunft näher betrachtet und überprüft, ob sie zur selben **Sprachfamilie** gehören, mit anderen Worten: ob sie genetisch miteinander verwandt sind. Eine solche Verwandtschaft, die man auch als Laie noch sehr gut erkennen kann, liegt beispielsweise beim Deutschen und Englischen vor. Viele Wörter des Englischen sind erkennbar mit denen im Deutschen verwandt, auch wenn sie leichte Verschiedenheiten aufweisen, so z. B. das englische *water* und das deutsche *Wasser* (cf. auch niederdeutsch: *Water*). Die Verwandtschaft mit dem Französischen ist schon weniger offensichtlich; und dass auch Russisch, Farsi (die Sprache im Iran) oder Urdu (das in Pakistan gesprochen wird) mit dem Deutschen verwandt sind, ist nicht ohne Weiteres zu erkennen.

Die Erkenntnis, dass alle diese Sprachen miteinander verwandt sind, bildet zugleich ein sehr interessantes Kapitel der Wissenschaftsgeschichte: die Entdeckung der indoeuropäischen (auch: indogermanischen) Sprachfamilie. Meist wird als Ausgangspunkt dieser Entwicklung ein Vortrag an der Royal Asiatic Society in Kalkutta aus dem Jahre 1786 genannt, in dem der Vortragende, ein britischer Jurist und Philologe namens Sir William Jones (1746–1794), auffällige Parallelen zwischen Sanskrit (Altindisch), Griechisch und Latein aufzeigte. Aus diesen Ähnlichkeiten zog er den Schluss, dass diese Sprachen eine gemeinsame Wurzel haben und somit miteinander verwandt sein müssten. Vor ihm hatten zwar auch schon andere die Beobachtung gemacht, dass es Parallelen zwischen diesen Sprachen gab, so etwa Gaston-Laurent Coeurdoux (1691–1779) 1767 in einem Memorandum zuhanden der französischen Akademie der Wissenschaften, und noch davor Joseph Justus Scaliger (1540–1609). Dennoch war es erst Jones, der den Anstoß zur Entstehung einer neuen Forschungsrichtung namens **vergleichende Sprachwissenschaft** gab, die in der Folge große Bedeutung gewinnen sollte.

Jones hatte sich vor allem mit dem Wortschatz der Sprachen beschäftigt und dabei festgestellt, dass es hier zu viele Parallelen gab, als dass man sie auf Zufälle zurückführen könnte. Die folgende Liste zeigt solche auffallenden Ähnlichkeiten am Beispiel der Wörter für ‚Vater' und ‚Mutter', für die Körperteile ‚Fuß' oder ‚Knie' und für die Zahlen ‚zwei' und ‚drei':

Sanskrit	**Griechisch**	**Latein**	
pitar	*patér*	*pater*	‚Vater'
matar	*méter*	*mater*	‚Mutter'
janu	*góny*	*genu*	‚Knie'
pad-	*pod-*	*ped-*	‚Fuß'
dvi	*dhío*	*duo*	‚zwei'
tri	*tría*	*tres*	‚drei'

Nachdem sich die Erkenntnis durchgesetzt hatte, dass die Sprachen aus Europa und solche aus Indien offenkundig miteinander verwandt sein mussten, setzte die wissenschaftliche Beschäftigung damit ein. Dabei ist insbesondere der deutsche Sprachwissenschaftler Franz Bopp (1791–1867) zu nennen, der als eigentlicher Begründer der vergleichenden Sprachwissenschaft gilt. Er erbrachte 1816 in seiner Untersuchung mit dem etwas lang geratenen Titel *Über das Conjugationssystem der Sanskritsprache in Vergleichung mit jenem der griechischen, lateinischen, persischen und germanischen Sprache. Nebst Episoden aus dem Ramajana und Mahabharata in genauen metrischen Übersetzungen aus dem Originaltexte und einigen Abschnitten aus den Vedas* den endgültigen Nachweis dafür, dass Sprachen vom äußersten Westen Europas, wo germanische Sprachen beheimatet sind, bis

1.5 Klassifikationen auf sprachgeschichtlicher Basis

zu den indischen Sprachen im Osten miteinander verwandt sind, worauf auch der Begriff „indogermanisch" gründet.

> *Mahābhārata* (etwa: ‚große Geschichte') und *Rāmāyana* (etwa: ‚Ramas Reise') sind zwei bedeutende antike Epen. Bei den *Veden* (bei Bopp: *Vedas*) handelt es sich um eine Sammlung hinduistischer religiöser Texte. Die Sprache aller drei Texte ist Sanskrit (Altindisch).

Wenn die Sprachen miteinander verwandt waren, dann mussten es wohl auch die Menschen sein, die sie sprachen: Sie mussten ebenfalls einen gemeinsamen genetischen und sicher auch kulturellen Hintergrund haben. Dass dies der Fall ist, kann man ebenfalls auf der Grundlage sprachlicher Phänomene aufzeigen:

lateinisch *axis*	lateinisch *rota*	altindisch *nabhis*	lateinisch *iugum*	altindisch *gauh*
griechisch *axón*	litauisch *ratas*	baltisch *nabis*	altindisch *yugam*	armenisch *kov*
altindisch *aksah*	altindisch *rathas*		persisch *yug*	
deutsch *Achse*	deutsch *Rad*	deutsch *Nabe*	deutsch *Joch*	deutsch *Kuh*

Diese Wortliste zeigt, dass alle diese Völker das Rad gekannt haben müssen, dass sie Rinder domestiziert haben und diese vor ihre Wagen spannten, indem sie ihnen ein Joch auflegten. So gesehen kann historische Sprachwissenschaft auch zur Kulturgeschichte beitragen und nicht nur Sprach-, sondern auch Kulturtypen zu etablieren helfen.

Die **indoeuropäische Sprachfamilie** umfasst außerordentlich viele Einzelsprachen; der nachfolgende Überblick über einzelne Zweige gibt daher nur einen unvollständigen Eindruck.

Balto-Slawisch		**Germanisch**		**Keltisch**	**Romanisch**	**Hellenisch**	**Indo-Iranisch**	
Baltisch	Slawisch	Nord-	West-				Indisch	Iranisch
	Altkirchenslawisch	Altnordisch			Latein	Altgriechisch	Sanskrit	
Litauisch	Russisch	Isländisch	Deutsch	Irisch	Französisch	Neugriechisch	Hindi	Farsi
Lettisch	Ukrainisch	Norwegisch	Englisch	Schottisch Gälisch	Spanisch		Urdu	Kurdisch
	Bulgarisch	Schwedisch	Jiddisch	Walisisch	Italienisch		Gujarati	Paschtu
	Serbisch	Dänisch	Friesisch	Bretonisch	Portugiesisch		Singhales	
	Tschechisch		Niederländisch		Rumänisch		Romanes	
	Polnisch				Katalanisch		Bengali	

Mit dem Nachweis der historischen Verwandtschaft ist allerdings noch nicht erklärt, wieso diese Sprachen heute so unterschiedlich sind. Und auch die Frage, wie wohl die Ursprungssprache – das sog. **Protoindoeuropäische** (oder: Protoindogermanische) – genau ausgesehen hat und wie sich daraus wann, wie und warum die modernen Sprachen entwickelt haben, ist damit noch nicht beantwortet. Vieles davon ist auch heute noch offen, aber an einigen Punkten hat man die Antwort gefunden. So weiß man etwa, dass sich in verschiedenen Regionen des Sprachgebiets unterschiedliche lautliche Veränderungen vollzogen haben; man spricht dann von **Lautwandel**. Im Laufe einer solchen Entwicklung wurde beispielsweise in germanischen Sprachen regelmäßig aus einem ursprünglichen /p/ (wie in den Beispielen Sanskrit *pitar*, altgriechisch *patér*, lateinisch *pater*) ein /f/, wie es sich im deutschen Wort *Vater* zeigt. Die Folge ist, dass man dem Wort *Vater* nicht mehr sofort ansieht, dass es sich dabei in Wirklichkeit um dasselbe Wort wie im Sanskrit handelt. Aber wenn man beispielsweise weiß, dass /p/ in einem Teil dieser Sprachen systematisch zu /f/ wurde, kann man umgekehrt schneller die Verwandtschaft von Wörtern wie lat. *piscis* und dt. *Fisch* oder von lat. *pes* und dt. *Fuß* und vielen anderen mehr erkennen.

Lautliche Veränderungen treten auch in anderen Sprachfamilien immer wieder auf; aber sie erklären nur einen Teil der Unterschiede zwischen den Sprachen. Denn, um beim Beispiel der indogermanischen Sprachen zu bleiben, es hat sich ja nicht nur die lautliche Gestalt verändert, sondern auch die Formen, die das Wort selbst annehmen kann, sind nicht mehr dieselben. So konnte das lat. *pater* ‚Vater' im Singular die Formen *patris, patri, patrem, patre* und im Plural *patres, patrum, patribus* bilden, mit denen jeweils verschiedene Kasus wie ‚des Vaters', ‚dem Vater', im Plural ‚die Väter', ‚der Väter' etc. ausgedrückt wurden. Das deutsche Wort *Vater* kann im Singular nur noch [*des*] *Vaters*, im Plural *Väter* sowie [*den*] *Vätern* bilden, und das noch eng mit dem ursprünglichen lateinischen Wort verwandte italienische *padre* kennt sogar gar keine Kasusformen mehr, sondern kann nur noch einen Plural (*padri*) bilden. Veränderungen dieser Art betreffen nicht den Wortschatz und die Laute, sondern das grammatische System einer Sprache. Sie hängen mit dem weiter oben beschriebenen Prozess der Grammatikalisierung zusammen.

1.6 Weitere Kategorisierungsmöglichkeiten

Eine weitere mögliche Kategorisierungsebene besteht darin, nach lexikalischen, stilistischen oder pragmatischen Unterschieden und Gemeinsamkeiten zwischen den Sprachen zu suchen. So kann man die Anzahl der vorhandenen Synonyme im **Lexikon** einer Sprache zur Grundlage des Vergleichs machen, wobei eine größere Anzahl von Synonymen meist positiv bewertet wird (cf. z. B. Grigorenko 2005) und auch als Grundlage für stilistische Vorgaben wie etwa die der Vermeidung von Wortwiederholungen dient. Allerdings wird die Vermeidung von Wortwiederholungen als stilistisches Merkmal eines „guten" Textes in den einzelnen Sprachen durchaus unterschiedlich gewertet; so finden sich etwa im Arabischen deutlich mehr Wortwiederholungen als im Englischen (cf. z. B. Dickins/Watson 1999). Grundlegend zu beachten ist dabei aber vor allem, dass Sprachen über sehr unterschiedlich umfangreiche Lexika verfügen. Dies hängt nicht zuletzt damit

1.6 Weitere Kategorisierungsmöglichkeiten

zusammen, dass sie in sehr unterschiedlichem Maße Fremdwörter zu Lehnwörtern integriert haben, was wiederum mit dem Ausmaß des Kontaktes mit anderen Sprachen zusammenhängt.

> Ein sehr gutes Beispiel dafür, welchen Einfluss Sprachkontakte auf das Lexikon haben, ist das Englische, das in der Folge der sog. Normannischen Eroberung (1066) mit dem Altfranzösischen in Kontakt kam. In den folgenden ca. 200 Jahren sprach die Oberschicht Französisch, begann dann aber auch die Sprache des Volkes zu sprechen, und dabei kam es zur Übernahme romanischer Wörter in das Lexikon des Angelsächsischen. Ob dies wegen des in den entsprechenden Kreisen nicht vollständig entwickelten angelsächsischen Wortschatzes oder aus anderen Gründen erfolgte (etwa, um die Verständlichkeit in den eigenen Kreisen zu erhöhen), lässt sich nicht mehr feststellen; die Folge war jedenfalls eine Erweiterung des Wortschatzes um ca. 10.000 Wörter, von denen etwa 75 % auch heute noch erhalten sind (cf. Stockwell/Minkova 2001: 37). Ob möglicherweise auch ein Einfluss auf grammatische Strukturen bestand, ist für das Englische umstritten (cf. z. B. Trips/Stein 2008), spielt für andere Sprachen aber durchaus eine nachweisbare Rolle (cf. hierzu ausführlicher z. B. Grant 2012).

Der Umfang des Lexikons wird einerseits vom Kontakt mit anderen Sprachen und von der daraus folgenden Integration fremden Wortgutes in den eigenen Wortschatz beeinflusst. Andererseits geht er aber naturgemäß auch mit der wissenschaftlichen und technischen Entwicklung der Sprachgemeinschaft einher: Man würde vom klassischen Latein nicht erwarten, dass es über Lexikoneinträge verfügt, die deutschen Begriffen wie *Mittelklassewagen, U-Bahn, Langstreckenrakete* oder *röntgen* entsprechen. Der Umfang des Wortschatzes und die Anzahl der darin enthaltenen Synonyme sind daher als Vergleichsparameter verschiedener Sprachen nicht besonders gut geeignet, da sie in hohem Umfang außersprachliche Phänomene widerspiegeln.

Noch weiter weg von der eigentlichen Struktur der Sprache bewegt man sich, wenn man Gesichtspunkte aus dem Bereich der **Pragmatik** mit einbezieht. Nach dem Erscheinen des Buchs *Politeness. Some universals in language usage* von Brown und Levinson im Jahre 1987 entbrannte eine Diskussion darüber, ob die darin postulierten Prinzipien, insbesondere das ursprünglich vom Soziologen und Anthropologen Erving Goffman (1922–1982) geprägte Konzept des *face* in seiner Weiterentwicklung durch Brown und Levinson (^{23}2013), wirklich den Anspruch erheben können, universell zu sein, wie der Buchtitel suggeriert. Auch wenn es dabei nicht primär um linguistische Fragen geht, spiegelt sich Höflichkeitsverhalten natürlich in sprachlichen Äußerungen wie dem Gebrauch von Wörtern wie *bitte* oder der Verwendung des Konditionals (z. B. ital. *vorrei* ‚ich hätte gerne'). In der Folge gab und gibt es unzählige Untersuchungen dazu, wie man konkret in verschiedenen Sprachen beispielsweise Bitten oder Aufforderungen formuliert, um den Anforderungen der Höflichkeit zu genügen. Dass sich solche Untersuchungen zwar zum Vergleich verschiedener kultureller Umgebungen, nicht aber für sprachwissenschaftliche typologische Ansätze im eigentlichen Sinne eignen, wird schnell deutlich, wenn man etwa das Englische betrachtet: Obwohl sich Großbritannien und die USA in vieler Hinsicht durchaus ähnlich sind – oder jedenfalls ähnlicher als beispielsweise Japan und Frankreich oder Ghana und Neuseeland – lassen sich bereits hier Unterschiede im sprachlichen Höflichkeitsverhalten feststellen (cf. Culpeper/O'Driscoll/Hardaker 2019). Als Grundlage für typologische Ansätze wären daher bestenfalls Untersuchungen geeignet, die der Frage nachgehen, welche sprachlichen Mittel zum Ausdruck von Höflichkeit die jeweilige Sprache überhaupt zur Verfügung stellt. Dies könnten z. B. unterschiedliche Anredeformen sein wie dt. *du* vs. *Sie*, ital. *tu* vs. *lei* oder chin. 你 *nǐ* vs. 您 *nín* (cf. aber engl. nach Abbau von *thou* nur noch *you*). Aber darüber hinaus gibt es nur in sehr wenigen Sprachen morphosyntaktische Elemente, die spezielle Aufgaben im Bereich der Höflichkeit erfüllen (cf. hierzu die Untersuchung von Corbett 2012).

Morphologie 2

Inhaltsverzeichnis

2.1 Nominale Kategorien 37
2.2 Verbale Kategorien 97
2.3 Varia 133

In diesem Kapitel werden die in Abschn. 1.2 bereits skizzierten grammatischen Kategorien, die durch Veränderungen an den sprachlichen Zeichen selbst ausgedrückt werden, nunmehr ausführlicher besprochen. Da sich morphologische Phänomene nicht immer trennscharf von syntaktischen Ausdrucksmitteln abgrenzen lassen und in vielen Fällen – so beispielsweise im deutschen Verbalsystem bei den sog. zusammengesetzten Tempora – die gleichzeitige Verwendung von Morphologie und Syntax zu beobachten ist, werden auch morphosyntaktische Bildungsweisen hier jeweils mit einbezogen.

2.1 Nominale Kategorien

Als „nominale Kategorien" werden grammatische Kategorien verstanden, die typischerweise an Substantiven, an Pronomina oder auch an Adjektiven, kurz: an nominalen Wortarten, markiert werden können. Dazu gehört der sprachliche Ausdruck

- der Zahl (Numerus),
- des Kasus,
- der Definitheit und
- der nominalen Kategorie (z. B. Genus)

2.1.1 Numerus

Unter Numerus (von lat. *numerus* ‚Zahl', Plural: Numeri, engl. *number*) versteht man den Ausdruck der Zahl mit grammatischen Mitteln. Dabei ist Numerus keineswegs auf Substantive, Pronomina und Adjektive beschränkt, sondern kann ebenso an Verben markiert werden, wie dies beispielsweise auch im Deutschen der Fall ist. Grundsätzlich lässt sich aber sagen: Wenn eine Sprache Numerus mit grammatischen Mitteln ausdrückt, dann findet sich dieser Ausdruck auf jeden Fall im nominalen Bereich; dass auch andere Wortarten markiert werden, ist möglich, aber nicht notwendig der Fall. Beim Vergleich der Ausdrucksmöglichkeiten in verschiedenen Sprachen zeigt sich eine interessante Hierarchie der Wörter und Wortarten, die Numerus markieren können:

Wenn eine Sprache nur an einer einzigen Stelle in ihrem System Numerus ausdrückt, dann ist es stets die pronominale 1. Person, also der Unterschied zwischen ‚ich' und ‚wir', der markiert wird. Bei zwei Möglichkeiten tritt als nächstes die 2. Person hinzu, dann die 3. Wenn im nächsten Schritt der pronominale Bereich verlassen wird und Numerus auch an Substantiven auftritt, sind es zuerst die Wörter, mit denen Verwandtschaft ausgedrückt wird (also Wörter wie *Schwester* oder *Sohn*), die Numerus aufweisen. Danach kommen Wörter, die generell Menschen bezeichnen (also Wörter wie *Frau* oder *Kind*), und schließlich alles, was belebt ist. Unbelebtes steht in dieser mit dem englischen Begriff auch als **Animacity Hierarchy** bezeichneten Hierarchie an letzter Stelle. Insgesamt sieht sie somit folgendermaßen aus:

▶ **Zum Begriff**
Animacity Hierarchy (Corbett 2000: 56)
speaker > addressee > 3rd person > kin > human > animate > inanimate

Aus dieser Hierarchie geht hervor, dass eine Sprache wie das Deutsche, die Numerus auch bei Unbelebtem ausdrückt, in allen Bereichen der Skala links davon notwendig ebenfalls Numerus aufweisen muss. Umgekehrt kann man aber aus der Tatsache, dass es beispielsweise bei Ausdrücken für Menschen einen Plural gibt, nicht schließen, dass es auch einen für Wörter geben muss, die Tiere benennen, denn diese stehen in der Hierarchie auf einer tieferen Stufe. Tatsächlich sind Sprachen, die bei der Kategorie ‚Mensch' sozusagen einen Schlussstrich ziehen, gar nicht selten. Ein Beispiel für eine solche Sprache, in der man zwar ‚Kinder' sagen kann, nicht aber ‚Hunde' oder gar ‚Steine', wäre beispielsweise das Chinesische.

Das Deutsche gehört zu den Sprachen, die die gesamte Skala abdecken und Numerus in allen Bereichen verwendet. Dafür verfügt es aber anders als andere Sprachen nur über zwei Numeri: den **Singular** (‚eins'; von lat. *singularis* ‚einzeln', engl. *singular*) und den **Plural** (‚mehr als eins'; von lat. *pluralis* ‚zu mehreren', engl. *plural*). Diese Einteilung ist keineswegs selbstverständlich, und auch in früheren Formen des Deutschen gab es neben Singular und Plural noch einen dritten Numerus, den **Dual** (von lat. *duo* ‚zwei', engl. *dual*) zum Ausdruck von genau zwei Lebewesen oder Gegenständen. Duale sind in den Sprachen der Welt weit verbreitet, was man vermutlich damit erklären kann, dass Menschen aufgrund des doppelten Vorhandenseins vieler Teile des Körpers die „Zweiheit" direkt an sich selbst erfahren. Dabei verändert sich mit der Existenz eines Duals automatisch die Bedeutung des Plurals: Er hat dann nicht mehr die Bedeutung ‚mehr als eins', sondern ‚mehr als zwei':

slov.   hodiva   v kino
        gehen-DUAL1P   ins Kino
        ‚Wir (beide) gehen ins Kino'
        hodimo   v kino
        gehen-PL1Pi   ins Kino
        ‚Wir gehen ins Kino' (mehr als zwei Personen)

Manche Sprachen begnügen sich nicht mit der Unterscheidung in Singular, Dual und Plural, sondern treffen noch weitere Unterscheidungen. Im Bereich der kleineren Mengen gibt es in einigen Sprachen auch einen **Trial** (‚Dreizahl'; von lat. *tres* ‚drei', engl. *trial*); ob es darüber hinaus auch einen **Quadral** (‚Vierzahl'; von lat. *quattuor* ‚vier', engl. *quadral*) gibt, ist hingegen umstritten (cf. Corbett 2000: 26 f.). Die sprachlichen Unterscheidungen im Bereich der kleinen Zahlen decken sich mit einem Phänomen, das mit dem englische Wort **Subitizing** (abgeleitet von lat. *subito* ‚plötzlich', auf Deutsch auch: **Spontanerfassung**) bezeichnet wird: Alle Menschen sind in der Lage, die Anzahl der Objekte bei kleinen Mengen von bis zu vier Gegenständen, gelegentlich auch fünf, spontan zu erfassen, ohne dafür zählen zu müssen – eine Fähigkeit, die sie mit verschiedenen Tierarten teilen (cf. z. B. Clements/Sarama/McDonald 2018). Wenn man spontan erfassen kann, welche Menge vorliegt, kann man auch ohne weiteres Nachdenken automatisch den korrekten Numerus verwenden. Demgegenüber wären Numeri für Mengen, die man nur durch Zählen erfassen kann, also etwa ein Numerus für sieben, naturgemäß nicht sehr sinnvoll.

Aber auch bei größeren Mengen, also allem, was im Deutschen ebenfalls mit dem Plural ausgedrückt wird, nehmen manche Sprachen weitergehende Unterscheidungen vor. So gibt es beispielsweise den **Paukal** (von lat. *pauci* ‚wenige', engl. *paucal*) für eine kleinere Anzahl steht und dessen Bedeutung man etwa mit ‚einige' übersetzen könnte. Gelegentlich gibt es zusätzlich auch einen sog. **größeren Paukal** (engl. *greater paucal*) für etwas größere, aber immer noch keine Mengen. Um sich diesen Unterschied zu verdeutlichen, kann sich etwa vorstellen, dass an der Bushaltestelle drei-vier Menschen warten (Paukal), im Bus selbst dann aber schon so um die zwölf Personen sitzen, was man dann vielleicht eher mit einem größeren Paukal ausdrücken würde.

Darüber hinaus gibt es auch einen Unterschied zwischen einem Plural und einen sog. **größeren Plural** (engl. *greater plural*), der für sehr große Mengen steht (cf. Corbett 2000: 30–35). Man kann sich diese Unterscheidung vielleicht verdeutlichen, wenn man an einen Hörsaal voller Studierende (Plural) gegenüber einem Ameisenhaufen mit unzähligen Ameisen denkt (größerer Plural) – dass der Ameisenhaufen mehr einzelne Individuen umfasst als der Hörsaal, ist intuitiv erkennbar und kann daher auch problemlos versprachlicht werden.

Numeri in den Sprachen der Welt			
Singular (1)	Dual (2)	Trial (3)	(Quadral (4))
Paucal	Greater Paucal	Plural	Greater Plural

Es gibt allerdings keine Sprache, in der alle aufgeführten Numeri gleichzeitig vorkommen (cf. Corbett 2000: 39–50).

Im Deutschen mit seinen zwei Numeri sind die hier beschriebenen weitergehenden Ausdrucksmöglichkeiten offensichtlich nicht gegeben. Interessant ist aber, dass es für die Zweiheit eine Reihe von speziellen Ausdrücken wie *beide* oder *Paar* gibt und dass in einigen Fällen wie etwa beim Wort *Hose(n)* ein Plural verwendet wird, auch wenn nur ein einzelner Gegenstand gemeint ist: Der Satz *Ich hatte zum Glück Hosen an* bedeutet nicht, dass von mehr als einem Kleidungsstück die Rede ist. In solchen Fällen ersetzt der Plural den ursprünglichen Dual. Noch deutlicher wird das im Englischen, wo zweiteilige Objekte wie *trousers* ‚Hose(n)‘, *spectacles* bzw. *glasses* ‚Brille‘ oder *scissors* ‚Schere‘ regelmäßig im Plural stehen; ebenso *Jeans* und *Shorts*, wo der Plural auch in den Fremdwörtern im Deutschen erhalten ist. Alte Duale stehen historisch auch hinter den Pluralen serb. *vrata* ‚Tür‘ oder russ. *вopoтa* [vorota] ‚Tor‘, hinter denen sich offenbar zweiflüglige Einrichtungen verbergen. Dass es der Plural ist, der den Dual im Singular/Plural-System verschiedener Sprachen ersetzt, ist dabei nur logisch: Die Bedeutung ‚mehr als eins‘ umfasst automatisch auch die Bedeutung ‚zwei‘.

Nicht nur im Deutschen werden Wendungen mit kleinen Zahlen wie *zwei-drei* oder auch ein Ausdruck wie *ein paar* verwendet, um kleine Mengen zu bezeichnen (z. B. *Ein paar Gäste waren schon gegangen* oder *Es standen nur zwei-drei Leute an der Haltestelle*). Das passt zu der Beobachtung, dass sich Paukale in verschiedenen Sprachen aus Dualen oder Trialen entwickelt haben (cf. Corbett 2000: 25 f.). Zugleich verdeutlicht dieses Phänomen aufs Neue, dass die auf den ersten Blick so verschiedenen Numerussysteme auf ein und derselben, allen Menschen gemeinsamen Wahrnehmung basieren.

Morphologie
Gelegentlich wird diskutiert, ob es eine universelle Tendenz gibt, Numeri ikonisch in der Sprache abzubilden. Damit ist gemeint, dass eine größere Zahl auch mit einem Mehr an Wortmaterial einhergeht, so dass z. B. eine Pluralform regelmäßig länger wäre als ein Singular. Das ist zwar oft der Fall, aber es handelt sich dabei nicht um eine universelle Eigenschaft der Sprachen (cf. z. B. Trask 2015: 112). Auch im Deutschen sind zwar viele Plurale wie *Frau > Frauen, Mann > Männer, Wand > Wände* oder *Uhu > Uhus* länger als der Singular. Aber Plurale wie *Koffer > Koffer* oder *Ferkel > Ferkel* sind gegenüber dem Singular völlig unverändert,

2.1 Nominale Kategorien

und auch ein Plural wie *Äpfel* zeigt zwar eine Veränderung gegenüber dem Singular an, ist aber keineswegs länger als *Apfel*.

Dryer (2013a) stellte bei den von ihm untersuchten 1066 Sprachen folgende Verteilung der Mittel zur Pluralbildung fest:

Verfahren	Anzahl Sprachen
Präfix	126
Suffix	513
Änderung des Stamms	6
Änderung des Tons	4
Vollständige Reduplikation des Stammes	8
Morphologische Veränderung anderer Art	60
Eigenes Wort	170
Eigenes Klitikon	81
Keine Pluralbildung	98

Ein Klitikon (auch: Klitikum, von griech. *enklitikon* ‚anlehnend', Plural Klitika, engl. *clitic*) ist ein stets unbetontes Morphem, das nicht allein stehen kann und sich stets an ein anderes Wort „anlehnen" muss. Oft handelt es sich dabei um verkürzte Formen wie in serb. *ću* ‚will/werde' zur Langform *hoću*. Vergleichbare Phänomene finden sich im gesprochenen Deutsch, z. B. *-n* in dt. *Sie hat'n nicht gesehen* (statt: *Sie hat ihn nicht gesehen*). Klitika sind keine grammatischen Morpheme, auch wenn der Übergang zwischen Klitika und grammatischen Morphemen im Einzelfall fließend sein kann.

In sehr unterschiedlichem Maße machen Sprachen von der Möglichkeit Gebrauch, Numerus ggf. mehr als einmalig zu markieren. So wird im Türkischen der Numerus im Normalfall nur am Substantiv markiert, und Adjektive oder Verben sind davon nicht betroffen:

türk.	*eski*	*arkadaşlar*	*çay*	*içti*
	alt	Freund-PL	Tee	trink-PAST

‚[die] alten Freunde tranken Tee'

Demgegenüber wird Numerus im Deutschen im nominalen Bereich gleichermaßen an Pronomina, Substantiven, Adjektiven (incl. attributiv verwendeter Partizipien) und Artikeln markiert und zeigt sich zudem auch am Verb. Bei aufeinander bezogenen Elementen erfolgt die Numerusmarkierung an jedem einzelnen:

| dt. | *die*-PL | *alten*-PL | *Freunde*-PL | *tranken*-PL | *Tee* |

Es gibt im Bereich der Substantive des Deutschen nur ganz wenige semantische Gruppen, die keinen Plural ausdrücken können. Dabei handelt es sich vor allem um Abstrakta wie *Hass, Hunger, Trost* oder *Wut* sowie um Kollektiva (Sammelbezeichnungen) wie *Laub, Obst* oder *Müll*, denen allen gemeinsam ist, dass sie unzählbar sind. Solche Substantive werden auch als **Singulariatantum** (Singular: **Singularetantum**, lateinisch für ‚nur im Singular'; engl. gelegentlich auch: *singulative*) bezeichnet. Sobald man einen Plural von ihnen bildet, was in einzelnen Fällen möglich ist, ändert sich die Bedeutung vom Abstrakten zum Konkreten. So wird mit dem Plural von *Liebe* (etwa in: *die Lieben meines Lebens*) nicht die Vielheit eines Gefühls, sondern es werden konkrete einzelne Ereignisse oder Personen bezeichnet. Dieser Effekt ist nicht auf das Deutsche beschränkt, und man spricht dann auch von **Rekategorisierung** (engl. *recategorization*, cf. Corbett 2000: 85 f.)

Umgekehrt gibt es auch Substative, die ausschließlich im Plural verwendet werden können und die daher als **Pluraliatantum** (Singular: **Pluraletantum**, lateinisch für ‚nur im Plural'; engl. gelegentlich auch: *pluralitive*) bezeichnet. Wörter dieser Art bezeichnen Personen oder Objekte, die von Natur aus mehr als eine Person/einen Gegenstand umfassen, so etwa *Eltern, Ferien, Leute* oder *Pocken*. Hierher gehören auch geografische Namen wie *die Abruzzen, die Dolomiten, die Malediven* oder *die Tropen*, die ebenfalls als mehrteilig zu verstehen sind.

Singulariatantum (‚nur Singular') (Singular: Singularetantum)	Pluraliatantum (‚nur Plural') (Singular: Pluraletantum)
Beispiele: dt. *Obst, Mut* engl. *clothing, strength* russ. *храбрость* [chrabrost'] ‚Tapferkeit' *капуста* [kapusta] ‚Kohl'	Beispiele: dt. *Ferien, Alpen* engl. *goggles, odds* russ. *ворота* [vorota] ‚Tor', *санки* [sanki] ‚Schlitten'

In manchen Sprachen gibt es außer den Numeri auch so etwas wie eine in Bezug auf Numerus nicht markierte Form, die man als **general number** oder **Transnumeral** bezeichnet (cf. Corbett 2000: 10 f.). Im Deutschen kann in sehr seltenen Ausnahmefällen der Singular diese Aufgabe übernehmen. In einem Satz wie

| dt. | *Im ganzen Haus roch es stark nach Katze.* |

wird trotz des Singulars nicht unbedingt impliziert, dass nur eine einzelne Katze die Urheberin des Geruchs war – vermutlich wird man spontan sogar eher annehmen, dass dort mehr als eine Katze heimisch ist. Eine konkrete Aussage zur Anzahl ist in dem Satz somit trotz des verwendeten Singulars nicht enthalten.

2.1 Nominale Kategorien

Im Bereich der Numerusmarkierung weist das Deutsche eine große Zahl unterschiedlicher morphologischer Markierungen auf. Im Pronominalsystem zeigen sich dabei auch Suppletivstämme, d. h. Formen, die nicht miteinander verwandt sind wie *ich* > *wir* oder *du* > *ihr*. Anders als in anderen Sprachen wird also nicht etwa eine Pluralendung an das Singularpronomen angefügt. Letzteres ist beispielsweise im Chinesischen der Fall:

chin.　　我 [wǒ]　　我们 [wǒ men]
　　　　 ‚ich',　　　 ‚wir'

Die im Singular in der 3. Person auftretenden Genusunterschiedungen werden im Plural aufgehoben (*er/sie/es* > *sie*), da es im Deutschen nur im Singular Genera gibt (siehe zu den Genera ausführlicher Abschn. 2.1.4). Wie dies für flektierende Sprachen typisch ist, drücken die Formen neben dem Numerus immer auch den Kasus aus, so dass sich folgendes Pluralparadigma ergibt:

wir	*ihr*	*sie*	(NOM)
unser	*euer*	*ihrer*	(GEN)
uns	*euch*	*ihnen*	(DAT)
uns	*euch*	*sie*	(AKK)

Zu den auffälligen Synkretismen (Formenzusammenfällen), die hier zu beobachten sind, siehe ausführlicher Abschn. 2.1.2.4.

Bei Substantiven werden die Endungen -(*e*)*n*, -*e*, -Ø, -*er* und -*s* eingesetzt, wobei Bildungen auf *e*, -*er* und -Ø zusätzlich einen Umlaut aufweisen können:

-(*e*)*n*	-*e*	-Ø	-*er*	-*s*
Frau > Frauen *Bauer > Bauern*	*Tag > Tage*	*Esel > Esel*	*Kind > Kinder*	*Uhu > Uhus*
	Hand > Hände	*Apfel > Äpfel*	*Wald > Wälder*	

Darüber, ob die verschiedenen Pluralendungen und die Regeln, nach denen sie eingesetzt werden, einer zugrundeliegenden Systematik folgen oder ob Kinder sie beim Erwerb des Deutschen als Muttersprache sozusagen auswendig lernen müssen, gibt es verschiedene Ansichten, die wiederum mit unterschiedlichen Auffassungen darüber zusammenhängen, wie Sprachen generell organisiert sind. Es handelt sich hier also um eine Frage, die nicht einfach nur die Morphologie des Deutschen, sondern sprachliche Universalien betrifft. Autoren wie Steven Pinker, der sich stark an der Theorie Noam Chomskys orientiert, vertreten dabei die Ansicht, dass nur die seltenste aller Pluralformen des Deutschen, der -*s*-Plural, regelhaft ist und dass alle anderen Formen in der Tat auswendig gelernt werden müssen (cf. Pinker 1999: 247–253). Dagegen spricht allerdings, dass die -*en*-Plurale sehr produktiv sind und auch häufig bei der Integration von Fremdwörtern ins Deutsche verwendet werden. Beispiele hierfür wären Wörter wie *Pizza*, das im Italienischen den Plural *pizze* bildet (der zunächst teilweise im Süden des deutschen Sprachgebiets übernommen wurde), im Deutschen phasenweise den Plural *Pizzas* zeigt, aber schließlich als *Pizzen* in das Sprachsystem integriert wird:

ital.   *pizza > pizze*
dt.   *Pizza > [Pizze] > Pizzas > Pizzen*

Vergleichbares lässt sich auch für andere Wörter wie *Konto* zeigen, dessen Plural *Konti* (italienisch: *conti*) in der Schweiz noch gebräuchlich ist, das aber ebenfalls über den sog. Notplural *Kontos* als *Konten* integriert wurde (zu weiteren Beispielen sowie einer ausführlicheren Diskussion des Phänomens cf. Wegener 2003).

ital.   *conto > conti*
dt.   *Konto > Konti > Kontos > Konten*

Köpcke (1993) hat schon früh gezeigt, dass der Pluralbildung deutscher Substantive zwar keine starren Regeln zugrunde liegen, wohl aber gut nachvollziehbare Schemata (cf. Köpcke 1993: 88). So gesehen erfolgt die Zuordnung zu einem Pluraltyp nach Prototypen, die sich im Laufe der sprachgeschichtlich bedingten Veränderungen anstelle der alten Deklinationsklassen herausbilden. Eine ausführliche Diskussion der verschiedenen Ansätze findet sich bei Gaeta (2008).

Die Pluralendungen von Adjektiven unterscheiden wie die der Pronomina keine Genera, richten sich aber wie die Adjektivendungen des Singulars nach dem Artikelgebrauch. Bei Gebrauch des bestimmten Artikels sowie beim Gebrauch von Possessiva oder des Negators *kein* lauten sie durchweg *-en* (sog. schwache Adjektivdeklination) und sind unabhängig vom Kasus:

dt.   *die/keine klein<u>en</u> Kinder* (NOM)
        der/keiner klein<u>en</u> Kinder (GEN)
        den/keinen klein<u>en</u> Kindern (DAT)
        die/keine klein<u>en</u> Kinder (AKK)

Steht kein Artikel, so zeigen Adjektive in stärkerem Maße als Substantive zusätzlich noch den Kasus an. Während bei Substantiven im Plural nur noch der Dativ – und auch dieser nur bei *-e*, *-Ø* und *-er*-Pluralen – mit der Endung *-n* markiert wird (z. B. *mit den Händ<u>en</u>, in den Wälder<u>n</u>*), sind bei Adjektiven ohne Artikel (sog. starke Adjektivdeklination) nur Nominativ und Akkusativ gleichlautend:

dt.   *klein<u>e</u> Kinder* (NOM)

     klein<u>er</u> Kinder (GEN)

     klein<u>en</u> Kindern (DAT)

     klein<u>e</u> Kinder (AKK)

Hierbei handelt es sich aber natürlich nicht um ein Numerus-, sondern um ein Kasusphänomen, das ausführlicher in Abschn. 2.1.2.4 behandelt wird.

Numeruskongruenz
Im Deutschen erfolgt im Numerus stets **Kongruenz** (von lat. *congruere* ‚übereinstimmen', engl. *agreement*), d. h. alle aufeinander bezogenen Elemente, vom Artikel über das attributive Adjektiv bis zum Verb, müssen denselben Numerus ausdrücken. Ein und dieselbe Information ‚Plural' wird daher mitunter fünf oder sechs Mal im selben Satz gegeben. Dies ist für flektierende Sprachen typisch, während sich insbesondere agglutinierende Sprachen normalerweise damit begnügen, den Numerus nur einmal zu markieren und den Rest des Satzes unmarkiert zu lassen. Der türkische Satz

türk.   *Küçük*   *çocuk<u>lar</u>*   *zaten*   *uyuyor*

      Klein   Kind-PL   schon   schlaf-3P

      ‚Die kleinen Kinder schlafen schon'

enthält nur an einer Stelle, nämlich am Substantiv *çocuk* ‚Kind' eine Pluralmarkierung (*-lar*); das Adjektiv *küçük* ‚klein' und das Verb *uyu-* ‚schlafen' wiederholen diese Information nicht noch ein weiteres Mal. Demgegenüber wiederholt der entsprechende deutsche Satz gleich vier Mal, darunter auch am Verb, dass es sich um einen Plural handelt:

dt.   *<u>Die</u> klein<u>en</u> Kind<u>er</u> schlaf<u>en</u> schon.*

Von dieser Numeruskongruenz gibt es im Deutschen zwei Ausnahmen: Zum einen werden Adjektive, die im Prädikat stehen, regelmäßig nicht flektiert, sondern bleiben stets endungslos. Es handelt sich dabei entweder um ein sog. Prädikatsnomen (ein Adjektiv, das bei einem Kopulaverb wie *sein* steht) wie in:

dt.   *Ich bin/wir sind gesund.*

oder auch um ein prädikatives Attribut zum Subjekt oder Objekt, das Eigenschaften des Subjekts oder Objekts beschreibt:

dt.   *Ich bin/wir sind gesund angekommen.*

Hier unterscheidet sich das Deutsche von vielen anderen, auch nah verwandten flektierenden Sprachen, die prädikative Adjektive ebenfalls an den Numerus (wie auch das Genus) des Bezugsworts anpassen, so etwa:

ital.	*Sono*	*stanco*	*siamo*	*stanchi*
	[ich] bin	müde-M-SG	[wir] sind	müde-M-PL
	Sono arrivata	*sana e salva*		
	[ich] bin angekommen	gesund-F-SG und munter-F-SG		

Die Regel, dass das Verbs Kongruenz mit dem Numerus des Subjekts aufweisen muss, kann in bestimmten Fällen aufgehoben werden; man spricht dann von **constructio ad sensum** (‚Konstruktion nach dem Sinn'; englisch auch *agreement ad sensum*, cf. Corbett 2006: 155, oder *notional agreement*). Dabei handelt es sich um Sätze wie die folgenden:

dt.	*Die Hälfte der Befragten konnten mit dem Begriff nichts anfangen.*
engl.	*The committee are devided on this point.*

Die formalen Subjekte stehen hier im Singular, aber auftretende Genitivattribute wie *der Befragten* verweisen auf eine größere Anzahl Personen, was sich dann in der Numeruswahl des Verbs spiegelt. Dieses Phänomen ist nicht nur im Deutschen, sondern auch in zahlreichen anderen Sprachen anzutreffen, und kommt sowohl in Bezug auf Numerus als auch auf Genus (s. Abschn. 2.1.) sowohl in indoeuropäischen als auch in anderen Sprachen vor (cf. z. B. Lettinga 2017: 230 für das Hebräische oder Woodard 2008: 27 für das Hetitische).

Außer der hier besprochenen Numeruskongruenz gibt es noch eine ganze Reihe weiterer Kongruenzphänomene, in denen sich syntaktische Zusammenhänge spiegeln. Sie werden zusammenfassend in Abschn. 3.7 besprochen.

2.1.2 Kasus

In Kasus liegt die zweite nominale Kategorie vor, die hier behandelt werden soll. Mit dem Begriff „Kasus" wird die Markierung syntaktischer Funktionen bezeichnet, die mit morphologischen Mitteln erfolgt (cf. Blake 2001: 1). Markierungen, die mit freien grammatischen Morphemen vorgenommen werden wie in franz. *à mon amie* ‚meiner Freundin' werden hingegen nicht als Kasus betrachtet.

2.1.2.1 Was ist ein Kasus?

In jeder Sprache muss die Funktion, die ein Wort in einem Satz innehat – seine syntaktische Rolle – in irgendeiner Weise gekennzeichnet werden. Hat der Mann den Hund gebissen oder umgekehrt der Hund den Mann? Das ist ja ein gewichtiger Unterschied, und man möchte schon gern wissen, was davon zutrifft, und das ggf. auch mitteilen können.

Das einfachste Mittel, um solche syntaktischen Rollen auszudrücken, ist die Satzstellung. Man kann sich z. B. darauf einigen, dass zuerst die handelnde Person

2.1 Nominale Kategorien

(das Agens) und dann erst das Ziel der Handlung (das Patiens) genannt wird. Diese Regel findet sich in vielen Sprachen, und sie gilt auch im Deutschen, sobald man keine zusätzlichen Merkmale zur Verfügung hat, also beispielsweise im sog. Telegrammstil: *Mann beißt Hund* bedeutet ganz klar, dass der Mann der Täter und der Hund das Opfer der Handlung ist. Interessanterweise ist die Reihenfolge „zuerst Agens (Subjekt), dann Patiens (Objekt)" unabhängig von den sonstigen Regeln der Satzstellung zugleich die häufigste, die man in den Sprachen der Welt finden kann; nur 14 von 1377 Sprachen, für die Dryer (2013d) die Abfolge von Subjekt, Objekt und Verb untersucht hat, stellen das Objekt vor das Subjekt.

Auch wenn es nicht nur zwei, sondern drei Rollen zu verteilen gibt, also typischerweise bei einer Handlung mit einem Verb in der Bedeutung von ‚geben', kann man durch die Reihenfolge festlegen, welcher Bestandteil des Satzes welche dieser Rollen übernimmt. So besagt im Deutschen der Telegrammstilsatz *Kind gibt Hamster Haselnuss* klar, dass der Hamster hier der Empfänger (der Rezipient) ist.

Statt sich nur auf die Reihenfolge zu verlassen, kann man aber auch andere Mittel zum Einsatz bringen, entweder zusätzlich oder auch alternativ. Dafür kommen sowohl freie als auch gebundene Morpheme in Frage. Die Verwendung von freien Morphemen zur Kennzeichnung des Rezipienten lässt sich beispielsweise im Englischen und im Französischen beobachten, wo hierfür die Adpositionen *to* bzw. *à* verwendet werden. Interessanterweise lässt dabei das Englische in vielen Fällen alternativ auch die Verwendung der Satzstellung als Markierungsmittel zu:

engl.   *The girl gives her hamster a hazelnut.*
        The girl gives a hazelnut to her hamster.

Im Französischen ist dies hingegen nicht möglich:

franz. *La fillette donne une noisette à son hamster.*

Diese Art der Markierung mit freien Morphemen ist in den Sprachen der Welt sehr häufig zu finden, und sie kommt auch in deutschen Dialekten vor, wo Dativ etwa mit *in* oder *an* bzw. deren dialektalen Äquivalenten markiert werden (so etwa bair. *in da muata* ‚der Mutter'; cf. Seiler 2003: 102). Darüber hinaus gibt es aber natürlich auch die Möglichkeit, gebundene statt der freien Morpheme zu benutzen. Sie ist für das Deutsche typisch, aber auch für zahlreiche andere Sprachen wie das Türkische, das Russische, das Mongolische und viele mehr.

Obgleich sich die gebundenen Morpheme unter funktionalen Gesichtspunkten nicht von den freien unterscheiden und obwohl man zudem zeigen kann, dass sie historisch aus freien entstanden sind (cf. z. B. Heine/Kuteva 37 f., 54, 153 f. für den Dativ in den verschiedensten Sprachen), hat es sich eingebürgert, dass man den Begriff „Kasus" nur dann verwendet, wenn eine Sprache für die Markierung syntaktischer Rollen gebundene Morpheme einsetzt (cf. Blake 2001: 1).

▶ **Zum Begriff**

Der Begriff **Kasus** wird normalerweise nur verwendet, wenn syntaktische Rollen morphologisch, also durch gebundene Morpheme oder durch Wurzelflexion, markiert werden.

Diese Art der Unterscheidung von Sprachen mit oder ohne Kasus ist natürlich einigermaßen willkürlich, zumal die Übergänge vom freien zum gebundenen Morphem im Einzelfall fließend sein können. Man kann das Problem gut am Beispiel des Türkischen illustrieren: In dieser Sprache gibt es eine Adposition *ile* ‚mit', die dem deutschen *mit* entspricht, aber im Unterschied dazu nach- und nicht vorangestellt wird:

türk.	kahve	şeker	ile
	Kaffee	Zucker	mit
	‚Kaffee mit Zucker'		

Allerdings kann man statt dieser Formulierung auch einfach sagen:

türk.	kahve	şekerli
	Kaffee	Zucker-mit
	‚Kaffee mit Zucker'	

Hier wurde mit *li* eine verkürzte Form von *ile* verwendet. Der Unterschied hier liegt nun aber darin, dass die verkürzte Form zum einen fest an das Bezugswort gebunden wird und zum anderen der sog. Vokalharmonie folgt, also klar ein gebundenes Morphem vorliegt. Die für agglutinierende Sprachen typische Vokalharmonie, bei der sich ein Vokal nach dem vorangehenden richtet, umfasst im vorliegenden Fall vier Varianten: *-li, -lü, -lı* und *-lu*. Man findet also beispielsweise:

türk.	şekerli	sütlü	baklavalı	kuskuslu
	Zucker-mit	Milch-mit	Baklava-mit	Kuskus-mit
	‚mit Zucker'	‚mit Milch'	‚mit Baklava'	‚mit Couscous'

Auf dieser Grundlage kann man postulieren, dass hier ein Kasus vorliegt und dass es im Türkischen folglich einen Komitativ, also einen eigenen Kasus zum Ausdruck von Begleitumständen, gibt (cf. Dirim/Auer 2004: 87). Man kann aber auch annehmen, dass es sich einfach nur um eine verkürzte Form der Adposition *ile* handelt, für die keine weiteren Einordnungen nötig sind (cf. Lewis ²2000: 84). In solchen Fällen ist oft nicht einfach zu entscheiden, welche der beiden Sichtweisen die richtige ist.

2.1.2.2 Kasus-Asymmetrie

Die Antwort auf die Frage, ob eine Sprache Kasus hat, wird aber noch durch einen weiteren Umstand erschwert. So können möglicherweise zwar freie Morpheme verwendet werden, wenn es um Substantive geht, im Bereich der Pronomina müssen aber morphologische Veränderungen vorgenommen werden. Ein Beispiel hierfür wäre das Französische. In dem Satz

> franz.   *La fillette donne une noisette à son hamster*
> ,Das Mädchen gibt seinem Hamster eine Haselnuss'

werden die syntaktischen Rollen zum einen durch Satzstellung (*la fillette, une noisette*) zum andere durch das freie Morphem *à* ausgedrückt (*à son hamster*). Dies ändert sich jedoch komplett, sobald man die Substantive durch Pronomina ersetzt, und es entsteht plötzlich eine Konstruktion, in der alle drei Rollen morphologisch realisiert sind:

> franz.   *Elle* [NOM] *la* [AKK] *lui* [DAT] *donne*
> ,Sie gibt sie ihm'

Solche Asymmetrien zwischen den beiden Wortklassen finden sich in den Sprachen der Welt sehr häufig, wobei die morphologischen Markierungen stets im Pronominalsystem auftreten (cf. hierzu die Arbeit von Iggesen 2005). Auch im Deutschen kann man zeigen, dass die Markierungen am Substantiv selbst nur sehr schwach ausgeprägt sind. Feminina können gar nicht verändert werden; Maskulina und Neutra weisen im Genitiv sowie im Dativ eine morphologische Markierung auf, wobei letztere aber im Abbau begriffen ist. Im Plural wird der Dativ markiert:

	Femininum	Maskulinum	Neutrum	Plural
NOM	*die Frau*	*der Mann*	*das Kind*	*die Kinder*
GEN	*der Frau*	*des Mannes*	*des Kindes*	*der Kinder*
DAT	*der Frau*	*dem Mann(e)*	*dem Kind(e)*	*den Kinder**n***
AKK	*die Frau*	*den Mann*	*das Kind*	*die Kinder*

Hingegen ist im Bereich der Personalpronomina zwar bei Feminina und Neutra sowie im Plural jeweils der Akkusativ mit dem Nominativ gleichlautend, aber alle anderen Kasus unterscheiden sich deutlich voneinander:

	Femininum	Maskulinum	Neutrum	Plural
NOM	*sie*	*er*	*es*	*sie*
GEN	*ihrer*	*seiner*	*seiner*	*ihrer*
DAT	*ihr*	*ihm*	*ihm*	*ihnen*
AKK	*sie*	*ihn*	*es*	*sie*

Man kann die weit verbreitete Asymmetrie im Bereich der Kasusmarkierungen darauf zurückführen, dass Pronomina mehr grammatische Informationen kodieren müssen als Substantive, damit man sie auch ohne die zugehörige autosemantische Information des Wortes, auf das sie sich beziehen, im Kontext eindeutig zuordnen kann.

2.1.2.3 Definition und Benennung der Kasus

Neben der Definition eines Kasus als der morphologischen Markierung einer syntaktischen Rolle gibt es auch noch andere Definitionsansätze, bei denen die auszudrückenden Rollen selbst, die „case relations" (Blake 2004: 1074), im Vordergrund stehen. Sie liegen, wie das Beispiel *Mann beißt Hund* vs. *Den Hund beißt der Mann* zeigt, als grundsätzliche Konzeptualisierungen unabhängig von der Art vor, wie sie in der jeweiligen Sprache ausgedrückt werden. Dabei kann man zwei verschiedene Basistypen von Kasus unterscheiden: die sog. **Kernkasus** (*core cases* oder *direct cases*, ibd.: 1081), mit denen wie im *Mann-beißt-Hund*-Beispiel Relationen im syntaktischen Kernbereich ausgedrückt werden, und die übrigen, die nicht zu diesem Kern gehören. Die Bezeichnungen für die Nicht-Kern-Kasus sind recht uneinheitlich; man findet neben **indirekte Kasus** (cf. ibd.) häufig auch den Begriff **oblique Kasus**, der allerdings mehrdeutig ist: In der traditionellen Grammatikschreibung bezeichnet er alle Kasus außer dem Nominativ (der dann als *casus rectus* bezeichnet wird). „Indirekte" Kasus dieser Art wären beispielsweise der Lokativ (Kasus zum Ausdruck des Ortes, im Deutschen durch Präpositionen und Dativ ausgedrückt: *im Garten*, *in der Schweiz*), der Instrumental (Kasus zum Ausdruck des Mittels, der im Deutschen ebenfalls durch Präpositionen und Dativ ausgedrückt wird: *mit dem Beil*), der Komitativ (Kasus zum Ausdruck einer Begleitperson oder eines Begleitumstandes, im Deutschen durch *mit* und Dativ ausgedrückt: *mit Vergnügen*) und andere mehr. Die folgende Tabelle zeigt die Zugehörigkeit der indoeuropäischen Kasus zu den beiden Kasustypen:

Kernkasus (direkte Kasus)	indirekte (oblique) Kasus
Nominativ	Genitiv
Akkusativ	Lokativ
Dativ	Instrumental
	Ablativ

Nicht mit aufgeführt ist hier der Vokativ (siehe hierzu im Folgenden), da er keine syntaktische Rolle erfüllt.

Die Kernkasus

Um erfassen zu können, mit welchen Mitteln (und ggf. mit welchen Kasus im morphologischen Sinne) syntaktische Beziehungen in einer Sprache ausgedrückt werden, muss man in einem ersten Schritt die Beziehungen selbst übereinzelsprachlich definieren. Denn ohne eine solche grundlegende Definition

2.1 Nominale Kategorien

wären Aussagen über Ähnlichkeiten und Verschiedenheiten der Sprachen in Bezug auf die Kasusverwendung naturgemäß vollkommen sinnlos: Wenn ich nicht festlege, was unter einem Nominativ oder einem Dativ genau zu verstehen ist, kann ich auch nichts darüber sagen, ob eine Sprache über einen solchen Kasus verfügt.

Um diese Art von Definition vornehmen zu können, werden zunächst alle **syntaktischen Rollen**, die in einem Satz potentiell zugeteilt werden können, sorgfältig unterschieden. Man beginnt dabei mit der einfachsten Konstruktion, nämlich einem Satz mit einem intransitiven Verb – also einem Satz, in dem es nur ein Argument und damit nur eine mögliche Rolle gibt. Beispiele hierfür wären Sätze wie:

dt.   *Der Bär knurrt.*
        Das Kind lacht.
        Der Hamster schläft.

Die Rolle, die in Sätzen mit einem intransitiven Verb vergeben werden kann, bezeichnet man in Anlehnung an den Begriff **Subjekt** mit **S**, denn wenn man den Begriff „Subjekt" in so einem Satz verwenden wollte, hätte man ja in der Tat keine andere Wahl als eben dieses eine Element. Man bekäme also:

dt.   *Das Kind* [Subjekt] *lacht.*

Wenn der Satz hingegen ein transitives Verb enthält und damit zwei syntaktische Stellen öffnet, ist es nicht mehr so einfach:

dt.   *Mann beißt Hund.*
        Der Hamster verspeist die Haselnuss.
        Das Kind liest ein Buch.

Um keine Vorab-Urteile über diese Rollen zu fällen und um Verwechslungsmöglichkeiten mit intransitiven Konstruktionen zu vermeiden, werden die beiden in transitiven Konstruktionen auftretenden Rollen mit A und P bezeichnet. Dabei steht **A** für **Agens** und **P** für **Patiens**, denn zumindest im prototypischen Fall liegt bei transitiven Konstruktionen ja auch ein Agens und ein Patiens vor (cf. hierzu ausführlicher Comrie ²2001: 11, Croft ²2006: 143):

dt.   *Mann* [Agens] *beißt Hund* [Patiens]

Darüber hinaus gibt es auch ditransitive Konstruktionen, also solche mit drei zu verteilenden Rollen. Sie liegen typischerweise bei Verben vor, die eine ‚geben'-Relation ausdrücken, also etwa *geben, schenken, schicken, senden* etc.:

dt. *Das Kind gibt seinem Hamster eine Haselnuss.*
Sara schenkt ihrer Freundin ein Buch.
Die Behörde schickt den Anwohnern ein Schreiben.

Hier entstehen nun neben dem Agens zwei neue Rollen: die des Rezipienten und die des übergebenen Gegenstandes. Man bezeichnet letzteren mit **T** (für engl. *theme*), ersteren mit **G** (für engl. *goal*).

dt. *Das Kind gibt seinem Hamster* [Rezipient/*goal*] *eine Haselnuss* [*theme*].

> Auch im Fall von *goal* ist die Terminologie nicht ganz einheitlich und es besteht in der Folge eine Verwechslungsmöglichkeit: In Modellen der funktionalen Grammatik (engl. *functional grammar*) wird der Begriff *goal* für das Patiens verwendet (cf. Halliday/Matthiessen [4]2014: 226).

Insgesamt ergeben sich damit die in der nachfolgenden Tabelle zusammengefassten syntaktischen Rollen:

Syntaktische Rollen: S, A, P, T, G	
Intransitive Konstruktion: **S**	*Der Bär* [S] *schnarcht.*
Transitive Konstruktion: **A** und **P**	*Mann* [A] *beißt Hund* [P].
Ditransitive Konstruktion: **A**, **T** und **G**	*… gibt seinem Hamster* [G] *einen Keks* [T].

Diese Rollen können in den Sprachen der Welt sehr unterschiedlich realisiert werden, aber dass es für alle fünf jeweils verschiedene Kasus gibt, scheint nicht vorzukommen. Stattdessen werden typischerweise einzelne Kasus für mehr als eine Rolle verwendet. So dient im Deutschen ein und derselbe Kasus gleichzeitig zum Ausdruck von S und A, während P durch einen eigenen Kasus ausgedrückt wird, was im folgenden Beispiel an den Artikeln erkennbar ist:

dt. *Der Wolf* [S] *heult.*
Der Jäger [A] *schießt den Wolf* [P].

Wenn ein Kasus sowohl für S als auch für A verwendet wird, spricht man von einem Nominativ; dagegen wird ein Kasus, der für P vorgesehen ist, als Akkusativ bezeichnet. Sprachen mit diesem Kasusmuster nennt man Akkusativsprachen (seltener auch: Nominativsprachen), und auch das Deutsche zählt zu ihnen.

2.1 Nominale Kategorien

▶ **Zum Begriff**

Einen Kasus, der für S und A verwendet wird, nennt man **Nominativ** (von lat. *nominare* ‚nennen', engl. *nominative*).
Einen Kasus zum Ausdruck von P nennt man **Akkusativ** (von lat. *accusare* ‚anklagen', engl. *accusative*).
Eine Sprache mit diesem Kasusmuster wird als **Akkusativsprache** (seltener: Nominativsprache) bezeichnet.

Dass nicht notwendig S und A mit demselben Kasus ausgedrückt werden müssen, sondern dass auch andere Zuteilungen möglich sind, zeigen die sog. Ergativsprachen. In solchen Sprachen wird für S und P derselbe Kasus verwendet, den man dann **Absolutiv** nennt, während A einen eigenen Kasus hat, der als **Ergativ** bezeichnet wird. Eine solche Sprache ist beispielsweise das in Australien heimische Dyirbal, das bereits in Abschn. 1.3 erwähnt wurde (Bspe. nach Faarlund 1988: 201):

dyirb.	nguma	banaganyu	
	Vater-**Absolutiv**	zurückkam	
	S		
	‚Vater kam zurück'		

	nguma	yabungu	buran
	Vater-**Absolutiv**	Mutter-**Ergativ**	sah
	P	A	
	‚Mutter sah Vater'		

▶ **Zum Begriff**

Einen Kasus, der für S und P verwendet wird, nennt man **Absolutiv** (engl. *absolutive*).
Einen Kasus zum Ausdruck von A nennt man **Ergativ** (engl. *ergative*).
Eine Sprache mit diesem Kasusmuster wird als **Ergativsprache** (manchmal auch: Absolutivsprache) bezeichnet.

Auch die Entscheidung darüber, welcher Kasus die beiden Rollen T und G repräsentieren soll, wird nicht in allen Sprachen in derselben Weise getroffen. Im Deutschen gibt es wie in vielen anderen Sprachen einen eigenen Kasus, der für den Ausdruck von G (also dem Rezipienten) verwendet wird; einen solchen Kasus nennt man **Dativ**. Für T hingegen wird der Akkusativ benutzt, der somit in ditransitiven Konstruktionen neben P auch noch eine weitere Rolle übernimmt:

dt.	Das Kind gibt	seinem Hamster	einen Keks.
		G	T

Wenn Sprachen diese Art von Verteilung aufweisen, spricht man auch von einem direkten Objekt (dem durch den Akkusativ repräsentierten T) und einem indirekten Objekt (dem durch den Dativ repräsentierten G; cf. Croft ²2006: 152).

▶ **Zum Begriff**
Einen Kasus, der den Rezipienten einer ditransitiven Konstruktion ausdrückt, nennt man **Dativ** (von lat. *dare* ‚geben', engl. *dative*). Das durch ihn markierte Objekt wird als **indirektes Objekt** bezeichnet.
Wenn das Argument T einer ditransitiven Konstruktion durch denselben Kasus ausgedrückt wird wie das Objekt P einer transitiven Konstruktion, spricht man von einem **direkten Objekt**.

Manche Sprachen haben stattdessen einen eigenen Kasus für T, also das Objekt, das übergeben wird, im obigen Beispiel also den Keks. Sie verwenden dafür denselben Kasus, der in transitiven Konstruktionen für P steht, auch für den Rezipienten in ditransitiven Konstruktionen (im Beispiel also den Hamster). In diesem Fall spricht man von einem primären und einem sekundären Objekt.
  Zusammenfassend lässt sich auf dieser Grundlage sagen, dass das Deutsche eine Akkusativsprache ist und dass es direkte und indirekte Objekte unterscheidet. Zugleich sind damit auch schon drei der vier im modernen Deutschen erhaltenen Kasus definiert: Nominativ als Kasus für S und A, Akkusativ als Kasus für P und T sowie Dativ als Kasus für G.

Die Begriffe „transitiv" und „intransitiv" werden in der traditionellen Grammatikschreibung anders gebraucht als in der Typologie. Nach der traditionellen Definition ist ein Verb transitiv, wenn es einen Akkusativ regiert, der bei einer Passivtransformation zum Subjekt wird wie in

Ich mähe den Rasen > *Der Rasen wird (von mir) gemäht.*

Intransitive Verben sind dann diejenigen, bei denen eine solche Umformung nicht möglich ist, also sowohl Verben mit nur einem Argument wie *schlafen* als auch Verben mit einem Dativ als einzigem Objekt wie z. B. *helfen*

Ich helfe dir > **Du wirst (von mir) geholfen.*

Demgegenüber geht es in der Typologie um die Anzahl der Argumente, die ein Verb hat. Daher würde dt. *helfen* ebenso wie franz. *aider* oder ital. *aiutare* als transitives Verb gewertet, auch wenn es im Deutschen einen Dativ verlangt.

Indirekte Kasus
Noch nicht erfasst ist damit der **Genitiv**. Bei ihm handelt es sich indessen nicht um einen Kernkasus, sondern er gehört zur Kategorie der indirekten oder, je nach Terminologie, obliquen Kasus, denn er erfüllt keine der bisher besprochenen Funktionen. Zwar kann er im Deutschen bei einigen Verben als Objektskasus vorkommen (etwa: *sich jemandes entsinnen, einer Sache entbehren*), aber

dabei handelt es sich um eine von seiner eigentlichen Bedeutung abgeleitete sekundäre Funktion. Seine primäre Funktion besteht darin, Beziehungen zwischen Substantiven herzustellen, indem er Zugehörigkeit markiert. Dabei drückt er normalerweise den Possessor aus (cf. Lander 2011: 581): *das Haus meiner Großeltern* (‚das Haus gehört meinen Großeltern'). Darüber hinaus kann der Genitiv auch benutzt werden, um eine Teil-von-Relation zu erfassen: *der Schwanz des Geckos* (‚der Schwanz ist Teil des Geckos'). Einige Sprachen wie das Finnische haben hierfür allerdings einen speziellen Kasus, den man dann als **Partitiv** bezeichnet (cf. Blake 2001: 151). Im Deutschen, aber auch in vielen anderen Sprachen, erfüllt der Genitiv beide Funktionen, er ist Possessiv und Partitiv in einem.

Historisch gab es im Deutschen bzw. seinen Vorläufersprachen mehr als nur vier Kasus, und auch viele andere Sprachen weisen einen umfangreicheren Bestand an Kasus aus. Besonders typisch und auch sprachübergreifend am besten untersucht (cf. Haspelmath 2019: 316) sind dabei Kasus, die zur Angabe lokaler Relationen dienen, und hier wiederum in erster Linie solche, die für die Angabe des Wo, des Woher und des Wohin verwendet werden. Einen Kasus, der einen statischen Ort bezeichnet (Wo?), nennt man üblicherweise **Lokativ** (von lat. *locus* ‚Ort', engl. *locative*); einen, der auf die Frage „Woher?" antwortet, nennt man **Ablativ** (von lat. *aufere* ‚wegtragen', engl. *ablative*), und einen zur Angabe des Wohin **Direktiv** (von lat *dirigere* ‚eine Richtung nehmen', engl. *directive*) oder **Allativ** (von lat. *affere,* Partizip *allatum* ‚herbeibringen', engl. *allative*).

Grundlegende lokale Kasus	
lokale Relation	Kasus
Woher?	Ablativ
Wo?	Lokativ
Wohin?	Allativ/Direktiv

Allerdings ist mit diesen Bezeichnungen nicht immer dasselbe gemeint. Mit „Ablativ" und „Allativ" kann auch jeweils ein spezifischer Kasus aus dem Bereich innerhalb des Woher bzw. Wohin gemeint sein. Das hängt damit zusammen, dass manche Sprachen die drei genannten Basisunterscheidungen mit zusätzlichen Angaben zur Art der räumlichen Beziehung kombinieren, etwa damit, ob ein ‚in', ein ‚auf' oder ein ‚bei' vorliegt. Auf diese Weise ergeben sich neun verschiedene lokale Kasus, wie sie beispielsweise das Ungarische (cf. Rounds 2001: 98–102) aufweist:

Lokale Kasus im Ungarischen			
	‚in'	‚auf'	‚bei'
Wo?	Inessiv	Superessiv	Adessiv
Woher?	Elativ	Delativ	Ablativ
Wohin?	Illativ	Sublativ	Allativ

Wie man sieht, bezeichnen die Kasusnamen „Ablativ" und „Allativ" in einem solchen Kontext dann spezifische Arten des Wo und des Wohin, die sich auf die allgemeine Nähe zu einem Bezugsort beziehen, beispielsweise ‚vom Gebäude her' oder ‚zum Gebäude hin'.

Für das Awarische, eine im Kaukasus gesprochene Sprache, ist über diese neun hinaus sogar noch eine ganze Reihe weiterer lokale Kasus dokumentiert. Zum einen gibt es jeweils zusätzlich zu den Kasus für ‚in', ‚auf' und ‚bei' auch einen Kasus, der die Position ‚unter' ausdrückt; zum anderen gibt es für alle diese vier Positionen auch je einen Kasus, der den Verlauf des Wegs, das ‚durch' (engl. *path*) bezeichnet (cf. Creissels 2011: 617). Zudem unterscheidet diese Sprache auch zwei Arten von ‚in': ein Kasus steht für das Befinden innerhalber einer Menge oder Gruppe (z. B. *im Wald*), ein anderer für das Befinden innerhalb eines Hohlraums (z. B. *in der Schachtel*). Solche komplexen lokalen Kasussysteme sind allerdings selten, und die Unterscheidung von Postposition und Kasusmarker ist nicht immer einfach (cf. hierzu auch Blake 2001: 153).

> Die mit *-essiv* gebildeten Kasusbezeichnungen wurden aus dem lateinischen Verb *esse* ‚sein' und den lateinischen Präpositionen/Präfixen *in* ‚in', *super* ‚über', *ad* ‚bei' abgeleitet.
>
> Die Kasusbezeichnungen aus *-lativ* verknüpfen eine Ableitung aus dem lateinischen Partizip *latum* ‚getragen' mit lateinischen Präpositionen/Präfixen: *e(x)* ‚aus', *de* ‚von herab', *ab* ‚von weg', *il* (eine an den Folgekonsonanten angepasste Nebenform zu *in*) ‚in', *sub* ‚unter' und *al* (eine Nebenform zu *ad*) ‚bei'.

Die indoeuropäischen Sprachen, zu denen das Deutsche gehört, haben solche feinen Unterscheidungen auch in der Vergangenheit nicht vorgenommen und stattdessen nur das Woher, das Wo und das Wohin unterschieden. Sie kannten einen Ablativ und Lokativ; ob sie auch einen Direktiv hatten, ist umstritten.

> Für die Existenz eines Direktivs im Indoeuropäischen gibt es nur Belege aus dem Hethitischen, wobei der Kasus aber auch hier offenbar nur im Singular und bei Unbelebtem auftreten konnte (zum hethitischen Nominalsystem cf. Lühr 2002).

2.1 Nominale Kategorien

Sicher ist, dass in den Sprachen dieser Familie normalerweise der Akkusativ die Funktion Richtungsangabe übernimmt, wie er das auch im Deutschen nach lokalen Präpositionen tut: *in den Wald* (cf. hingegen die Ortsangabe *im Wald*). Typisch für lokale Kasus ist, dass sie nicht nur für räumliche Angaben im wörtlichen Sinne, sondern auch zur Angabe von Zeitpunkten und -räumen verwendet werden können; man spricht dann auch von der **Raum-Zeit-Metapher**. Im Deutschen werden für lokale Angaben keine Kasus, sondern Präpositionen benutzt, aber auch sie werden sowohl für den Raum als auch für die Zeit eingesetzt, z. B. *in der Mittagszeit, zu später Stunde* etc.

Die indoeuropäischen Sprachen wiesen – und weisen teilweise heute noch – zwei weitere indirekte Kasus auf: den Instrumental (Kasus des Mittels) und den Vokativ (Kasus der Anrede). Der **Instrumental** dient zum Ausdruck des Mittels, mit dem eine Handlung vollzogen wird, z. B.

russ.	*Она*	*открывает*	*дверь*	*ключом*
	Ona	otkryvayet	dver'	ključom
	Sie	öffnet	Tür	Schlüssel-INS

‚Sie öffnet die Tür mit einem Schlüssel'

Zugleich kann der Instrumental in indoeuropäischen Sprachen aber auch dazu dienen, einen Begleitumstand oder eine Begleitperson auszudrücken. Historisch gab es hier keinen Unterschied; in den modernen slawischen Sprachen, die diesen Kasus noch haben, wird der Begleitumstand jedoch meist durch eine zusätzliche Präposition mit der Bedeutung ‚mit' markiert. Die folgenden beiden Beispiele, in denen der Instrumental einmal das Mittel, einmal die Umstände der Handlung ausdrückt, können das verdeutlichen:

russ.	*Она*	*убила*	*его*	*топором*
	Ona	ubila	ego	toporom
	Sie	tötete	ihn	Axt-INSTR

‚Sie erschlug ihn mit der Axt'

In der Funktion eines Komitativs:

russ.	*она*	*убила*	*его*	*с*	*удовольствием*
	Ona	ubila	ego	s	udovol'stviem
	Sie	tötete	ihn	mit	Vergnügen-INS

‚Sie erschlug ihn mit Vergnügen'

Noch deutlicher wird der Unterschied zwischen Instrument und Begleitumstand oder -person in Sprachen gemacht, die für beide Angaben jeweils einen eigenen Kasus aufweisen: einmal einen Instrumental, einmal einen sog. **Komitativ** (von lat. *comitari* ‚begleiten', engl. *comitative*). Einen Komitativ gibt es z. B. im Mongolischen, aber je nach Sichtweise liegt er auch im Türkischen in Beispielen wie *şekerli* ‚mit Zucker' vor.

Anders als bei allen bisher besprochenen Kasus handelt es sich beim **Vokativ** (von lat. *vocare* ‚rufen', engl. *vocative*) um einen Kasus, der keine syntaktische Rolle im Satz erfüllt. Das Element, das im Vokativ steht – gewöhnlich ein Name oder eine Anredeform – bildet für sich alleine eine Äußerung. Der Vokativ findet sich z. B. im Lateinischen, wo er etwa in der religiösen Anrede *domine deus* erhalten ist (auf Deutsch etwa: ‚Herr, mein Gott'). Man kann die Funktion dieses Kasus im Deutschen am ehesten nachempfinden, wenn man sich den Gebrauch von Personalpronomina zusammen mit Eigennamen (*du, Conny, kannst du mal...*) oder auch Schimpfwörtern (*du Trottel*) vor Augen hält: Diese Art von Markierung soll ebenfalls deutlich machen, dass jeweils eine Anrede vorliegt. Infolge seiner syntaktischen Isoliertheit sowie aufgrund der Tatsache, dass solche speziellen Formen für die Anrede auch in Sprachen vorkommen, die sonst keine Kasus kennen, wird der Vokativ allerdings nicht von allen Autoren als Kasus anerkannt (cf. Blake 2001: 8).

Neben dem bereits erwähnten Komitativ und den verschiedenen lokalen Kasus, wie sie z. B. oben für das Ungarische beschrieben wurden, kommen in den Sprachen der Welt noch weitere Kasus vor. Dazu gehört z. B. der Abessiv (von lat. *abesse* ‚abwesend sein', engl. *abessive*), auch Privativ (von lat. *privare* ‚berauben', engl. *privative*) oder Karitiv (von lat. *carere* ‚entbehren', engl. *caritive*) genannt, der die Abwesenheit von etwas ausdrückt und im Deutschen durch die Präposition *ohne* wiedergegeben werden kann, so z. B. (Bsp. nach Karlsson [4]2000: 142):

finn. *rahatta ja passitta*
Geld-ABESS und Pass-ABESS
‚ohne Geld und ohne Pass'

Weitere Kasus wären der Essiv (von lat. *esse* ‚sein', engl. *esssive*), mit dem ein Zustand zugeschrieben wird (im Deutschen meist mit *als* wie in *Als Kind war ich oft krank* ausgedrückt); der Terminativ (von lat. *terminare* ‚beenden', engl. *terminative*), der das Ende einer Bewegung beschreibt (z. B. in einem Ausdruck wie *bis hierher und nicht weiter*); oder der Translativ (von lat. *transfere* ‚übertragen', Partizip *translatum,* engl. *translative*), der den Übergang von einem Zustand in einen anderen markiert. Letzteres wird im Deutschen durch das Verb *werden* ausgedrückt wie in *Sie wurde eine berühmte Autorin*. Die Aufzählung ist nicht abschließend.

2.1.2.4 Die Kasus des Deutschen im Vergleich

Von den ursprünglich acht oder – so man einen Direktiv ansetzen will – sogar neun Kasus des Indoeuropäischen sind im Laufe der Sprachgeschichte im Deutschen vier (bzw. fünf) verlorengegangen. Das bedeutet zugleich, dass die Funktionen von Ablativ, Lokativ, Instrumental, Vokativ und einem möglichen Direktiv durch andere Kasus übernommen werden mussten. Bei der Richtungsangabe ist dies wie bereits erwähnt der Akkusativ, der auch in allen anderen indo-

2.1 Nominale Kategorien

europäischen Sprachen diese Aufgabe übernimmt; falls es je einen Direktiv gab, ist dieser Kasus schon sehr früh im Laufe der Sprachgeschichte abgebaut worden. Beim Vokativ, der in einigen indoeuropäischen Sprachen noch erhalten ist, wird in den anderen Sprachen und ebenso auch im Deutschen der Nominativ als Ersatz verwendet. Die Aufgabe der anderen Kasus, von denen vor allem Instrumental und Lokativ sich in einigen Sprachen auch heute noch finden, wurden im Deutschen vom Dativ übernommen; allerdings kann hier anders als bei Richtungsangaben oder der Anrede nie der reine Kasus stehen, sondern es muss stets auch eine Präposition vorkommen.

In Fällen, in denen Kasus zusammenfallen, so dass eine Form die Funktion mehrerer zuvor unterschiedlicher Kasus übernimmt, spricht man von **Kasussynkretismus** (von griech. *synkretizein* ‚vereinigen', engl. *case syncretism*).

Anders als die Standardsprache, die noch vier Kasus aufweist, haben die meisten Dialekte des Deutschen das System bereits weiter abgebaut. So ist der Genitiv bis auf wenige Ausnahmen wie etwa *s*-Genitive bei Eigennamen oder Verwandtschaftsbezeichnungen (z. B. in *Papas Auto*) in den Dialekten nicht mehr erhalten. Bei den anderen Kasus zeichnen sich je nach Region zwei unterschiedliche Phänomene ab: Entweder ist ein oft als „Akkunominativ" bezeichneter formaler Zusammenfall von Nominativ und Akkusativ (so im alemannischen Sprachraum; cf. Dal Negro 2004: 102) oder ein Zusammenfall von Dativ und Akkusativ zu beobachten (sog. Akkudativ, niederdeutscher Sprachraum und Berlin; cf. Stevenson 1997: 74).

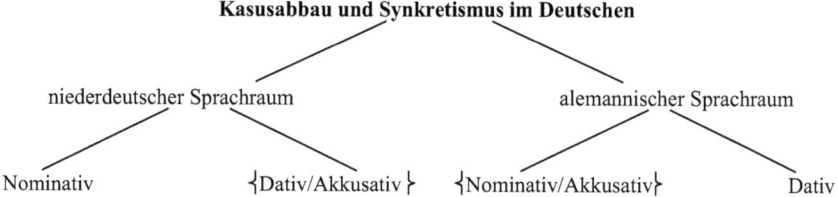

Beim Zusammenfall von Nominativ und Akkusativ fallen die Formen von Substantiven, Artikeln und Pronomina, falls letztere ebenfalls betroffen sind, meist auf die Form, die bisher den Nominativ ausgedrückt hat. Wenn Dativ und Akkusativ zusammenfallen, kommt es oft dazu, dass Pronomina und Substantive mit Artikeln jeweils eine andere Form bevorzugen: den (ehemaligen) Dativ bei den Pronomina, den (ehemaligen) Akkusativ bei den Substantiven. Man sagt dann also in den entsprechenden Dialekten z. B. so etwas wie

alem.	*Ig gseh dr Horizont nid*	
	wörtlich: ‚Ich sehe der Horizont nicht'	
ndt. (Berlin)	*Ick liebe dir*	*mit die Kinder*
	‚Ich liebe dich'	‚mit den Kindern'

Interessanterweise ist es nur der Zusammenfall von Nominativ und Akkusativ (bzw., in Ergativsprachen, von Ergativ und Absolutiv), der von Autoren wie Baerman/Dunstan (2013) unter der Rubrik „Synkretismus der Kernkasus" betrachtet wird; der Zusammenfall von Dativ und Akkusativ, wie ihn das Niederdeutsche, aber auch z. B. das Pronominalsystem des Englischen zeigen, wird dabei nicht berücksichtigt.

Während in indoeuropäischen Sprachen ein umfassender Kasussynkretismus im Bereich der indirekten Kasus (Ablativ, Lokativ, Instrumental, Vokativ sowie, falls man ihn ansetzen will, Direktiv) erfolgt ist, betrifft er in Sprachen, die nicht zu dieser Familie gehören, offenbar vorwiegend die Kernkasus Nominativ/Akkusativ bzw. Ergativ/Abolutiv (cf. ibd.).

Im Folgenden werden die Funktionen der vier im Standarddeutschen noch verbliebenen Kasus kurz besprochen.

Nominativ
Greenberg (1963: 75) schreibt zum Thema der Markierung von Kasus in den Sprachen der Welt Folgendes:

> The unmarked category of case systems are the subject case in non-ergative systems and the case which expresses the subject of intransitive and the object of transitive verbs in ergative systems. Hence we have the following universal:
>
> Universal 38. Where there is a case system, the only case which ever has only zero allomorphs is the one which includes among its meanings that of the subject of the intransitive verb.

Genau dies ist im Deutschen der Fall. Am besten lässt sich das am Beispiel der Maskulina zeigen, wo noch die meisten Endungen auftreten. Neben dem nach der Terminologie von Jacob Grimm als „stark" bezeichneten Deklinationstyp, der ein -(e)s im Genitiv Singular (*des Mannes*) und gelegentlich sogar noch ein -e im Dativ aufweist (z. B. *in diesem Sinne*), gibt es hier auch die sog. schwache Deklination, bei der alle Kasus außer einem, eben dem **Nominativ** (von lat. *nominare* ‚nennen', engl. *nominative*), markiert werden müssen:

	„stark"	„schwach"
NOM	[der] Mann∅ ←	[der] Polizist∅ ←
GEN	[des] Mannes	[des] Polizisten
DAT	[dem] Mann(e)	[dem] Polizisten
AKK	[den] Mann∅ ←	[den] Polizisten

In der traditionellen Grammatikschreibung wird der Nominativ oft als *casus rectus* (wörtlich: ‚aufrechter Kasus') bezeichnet, dem die anderen Kasus als „oblique" (*casus obliqui*, ‚schräge Kasus') gegenüberstehen.

Das Deutsche hat im Nominativ einen Kasus, der das Subjekt des intransitiven und das Agens des transitiven Satzes ausdrückt. Dies ist die Definition des Nominativs, die übereinzelsprachlich gültig ist, und es ist seine zentrale Funktion.

2.1 Nominale Kategorien

Darüber hinaus hat der Nominativ im Deutschen noch eine Reihe von weiteren Funktionen, die er zwar ebenfalls auch in zahlreichen anderen, aber eben nicht in allen anderen Sprachen übernimmt, die einen Nominativ aufweisen. Eine dieser Funktionen besteht darin, die Aufgabe des Vokativs zu übernehmen, der im Laufe der Sprachentwicklung verloren gegangen ist. Auch das kann man gut am Beispiel der schwachen Maskulina aufzeigen. Wenn man beispielsweise einen Polizisten ansprechen will, kann man das mit dem Nominativ *Herr Polizist*, nicht aber mit einem der anderen Kasus (**Herrn Polizisten*) tun. Ebenso kann man jemandem sagen: *Stell dich nicht so an, du Angsthase!*, nicht aber **Stell dich nicht so an, dich Angsthasen!* Das Phänomen, dass der Nominativ die Aufgabe des Vokativs übernimmt, lässt sich auch in anderen indoeuropäischen Sprachen beobachten. So ist etwa im Russischen der Vokativ nur in wenigsten festen Wendungen wie z. B. dem Ausruf *Bože moj!* („Mein Gott!"; der Nominativ von *bože* lautet *bog*) erhalten, während andere Anreden wie *sudar'* („mein Herr") oder *tovarišč* („Genosse") formal mit dem Nominativ identisch sind.

Eine weitere Funktion des Nominativs zeigt sich bei seinem Gebrauch als sog. Gleichsetzungsnominativ, i. e. als Kasus des Prädikativums, wie er nach den Kopulaverben *sein*, *bleiben* und *werden* auftritt: *Herr Meier* [NOM] *ist ein erstaunlich netter Polizist* [NOM]. Auch diese Eigenschaft teilt das Deutsche mit vielen, aber keineswegs mit allen anderen Sprachen. Dennoch kann man auch im Deutschen beim Gebrauch von Personalpronomina zunehmend beobachten, dass der Gleichsetzungsnominativ durch einen Akkusativ ersetzt wird wie z. B. in *Wenn ich dich wäre, würde ich...* Dieses Phänomen, das ebenso in anderen Sprachen auftritt (cf. Draye 2009: 256), geht mit hoher Wahrscheinlichkeit darauf zurück, dass zwei Pronomina im selben Kasus die Unterscheidung von Subjekt und Prädikativum erschweren. Wenn nur ein Pronomen steht, wird es automatisch zum Subjekt und bestimmt auch über den Numerus des Prädikats: *Sie* [PL] *sind* [PL] *die Gewinnerin* [SG]/*Die Gewinnerin* [SG] *sind* [PL] *Sie* [PL]. Bei zwei Pronomina entsteht hingegen so etwas wie eine Konkurrenzsituation, und wenn dann noch dazu wie in *Wenn ich du wäre* beide auf am Gespräch beteiligte Personen verweisen, scheint die Markierung des Prädikativums durch einen Kasus, der nie beim Subjekt gebraucht wird, eine gute Möglichkeit zu sein, um Missverständnisse zu vermeiden.

Eine weitere Funktion des Kasus wird von Brugmann (1904/1970: 444) folgendermaßen beschrieben: „Der Nom. ist allgemeinidg. die Form, die gebraucht wird, wenn ein Nominalbegriff nur genannt wird, z. B. in Überschriften, bei Aufzählung in Inventarien". Entsprechend ist er die Form, die in Wörterbüchern verwendet wird. Aber auch, wenn man flucht oder schimpft, indem man Negatives oder Tabuwörter benennt, wird der Nominativ verwendet (z. B. *Verdammter Mist!*).

Nominative treten auch in parenthetischen Einschüben auf, die in der deutschen Grammatikschreibung (z. B. Duden ^{9}2016: 907) als Ellipsen aufgefasst und als „absoluter Nominativ" bezeichnet werden. Als Begründung für diese Sichtweise wird angeführt, dass man die Konstruktion vervollständigen könne, indem man „zusätzlich ein Pronomen als Subjekt sowie das Verb *sein* [einfügt]"; der absolute Nominativ wäre dann ein „elliptischer prädikativer Nominativ" (ibd.), und die Konstruktion wird insgesamt als „Satzapposition" bezeichnet. Ob man bei einem Beispiel wie *Der ganze See war – ein seltenes Ereignis – von einer dünnen Eisschicht bedeckt* (nach ibd.) wirklich von einem verkürzten Einschub *das ist ein seltenes Ereignis* ausgehen muss oder ob es sich hier um eine grundlegende Funktion des Nominativs im Sinne Brugmanns handelt, kann dahingestellt bleiben.

Dem Anschein nach Nominative, da endungslos, von der Funktion her aber nicht damit gleichzusetzen sind Formen wie *Wein* oder *Kaffee* in Konstruktionen wie *ein Glas Wein, ein Becher Kaffee*. Dabei handelt es sich um partitive Konstruktionen: Die Attribute *Wein* bzw. *Kaffee* geben die Substanz an, von der sich ein Teil im genannten Behälter (*Glas, Becher*) befindet. In Grammatiken des Deutschen wird diese Art von Attribut gelegentlich als „partitive Apposition" bezeichnet (cf. Duden ^{9}2016: 1013). Allerdings versteht man unter einer Apposition normalerweise ein Attribut, das mit anderen Worten noch einmal dasselbe bezeichnet wie sein Bezugswort (also z. B. *Paff, der Zauberdrachen*), was bei *Glas* und *Wein* ja nicht der Fall ist. Tatsächlich handelt es sich hier auch nicht um eine Funktion des Nominativs, auch wenn die Form auf den ersten Blick so aussehen mag. Sobald ein Adjektiv hinzutritt, erkennt man leicht, dass der Kasus des Attributs sich im Normalfall nach dem Bezugswort richtet: *Sie brachte mir einen Becher heißen Kaffee* (nicht: **heißer Kaffee*). Zur syntaktischen Einordnung solcher Konstruktionen siehe ausführlicher Abschn. 3.5.1.

> Historisch wurde für Konstruktionen wie *ein Becher heißer Kaffee* der partitive Genitiv benutzt. Dieser Gebrauch ist aber heute nur noch in Ausnahmefällen und bei gehobenem Stil üblich (*ein Pokal edlen Weines*).

Akkusativ
Wenn eine Sprache einen Nominativ hat, hat sie auch einen **Akkusativ** (von lat. accusare ,anklagen', engl. *accusative*) – und umgekehrt, wobei der Unterschied durchaus darin bestehen kann, dass der Nominativ endungslos ist, der Akkusativ hingegen markiert wird. Die beiden Kasus bedingen sich gegenseitig: Während der Nominativ das Subjekt des intransitiven und das Agens des transitiven Satzes markiert, kennzeichnet der Akkusativ das Patiens des transitiven Satzes. Sobald sich in einer Sprache andere Zuteilungen finden – etwa ein gemeinsamer Kasus für das Subjekt des intransitiven und das Patiens des transitiven Satzes – finden die Begriffe „Nominativ" und „Akkusativ" keine Anwendung mehr. Oft werden Sprachen nach ihrer Kasusverteilung klassifiziert; dann spricht man von Akkusativ- und Ergativsprachen (bzw. Nominativ- und Absolutivsprachen). Sie werden dabei jeweils nach demjenigen der beiden Kasus benannt, der nur eine der drei Rollen S, A und P kennzeichnet, nämlich in einem Fall das Agens (Ergativ), im anderen das Patiens (Akkusativ).

2.1 Nominale Kategorien

Das Deutsche ist also eine Akkusativsprache. Allerdings ist die Markierung dieses Kasus im Laufe der Zeit schon sehr weitgehend abgebaut worden, und er unterscheidet sich nur noch im Singular vom Nominativ, und auch da nur noch bei den Maskulina. Demgegenüber ist er bei Feminina und Neutra sowie im Plural mit dem Nominativ zusammengefallen. Dieser Kasussynkretismus zeigt sich sowohl bei Substantiven als auch beim Personalpronomen der 3. Person:

Nominativ			Akkusativ	
Der Polizist	*er*	beißt/beißen den Hund	*Der Hund beißt*	**den Polizisten**	**ihn**
Die Studentin	*sie*			*die Studentin*	*sie*
Das Kind	*es*			*das Kind*	*es*
Die Polizisten	*sie*			*die Polizisten*	*sie*

Maskulina wie *der Polizist*, die der sog. schwachen Deklination angehören, sind zugleich die einzigen, bei denen der Unterschied Nominativ/Akkusativ noch am Substantiv selbst sichtbar wird. Allerdings gibt es auch hier eine Einschränkung: Es ist nur der Nominativ, der sich von den übrigen Kasus unterscheidet, indem er als einziger Kasus keine Endung aufweist; alle anderen Kasus und auch der Plural enden auf -(e)n. Sichtbar gemacht wird der Unterschied bei diesen wie bei allen anderen Maskulina im Singular aber am Artikel; hier ist die Markierung (*der* vs. *den* bzw. *ein* vs. *einen*) klar.

Auch bei den Personalpronomina der 1. und 2. Person ist der Unterschied zwischen Akkusativ und Nominativ noch erhalten, wobei allerdings im Plural ein Zusammenfall von Akkusativ und Dativ erfolgt ist (z. B. *Sie hat uns/euch ein Paket geschickt*; siehe hierzu ausführlicher im Folgenden):

	Akkusativ	Nominativ	
Der Hund beißt	**mich**	**ich**	*beiße den Hund*
	dich	**du**	*beißt den Hund*
	uns	**wir**	*beißen den Hund*
	euch	**ihr**	*beißt den Hund*

Im Süden des Sprachgebiets, konkret in den alemannischen Dialekten, geht der Akkusativ-Abbau sogar noch weiter und betrifft auch die Artikel. So heißt es z. B. im Berndeutschen

brndt. *Dr Hung biist dr Maa*
(wörtlich: ‚Der Hund beißt der Mann')

Erhalten ist der Kasus aber auch hier nach wie vor beim maskulinen Personalpronomen:

brndt. *Är biist nä*
(‚Er beißt ihn'; cf. Hentschel 2010: 25)

Genauer betrachtet betrifft der Abbau des Akkusativs bzw. sein Zusammenfall mit dem Nominativ im Grunde aber nur das Femininum. Im Neutrum gab es in den indoeuropäischen Sprachen nie einen Unterschied zwischen den Kasus. Man kann dies damit erklären, dass die Unterscheidung zwischen Nominativ und Akkusativ ja dazu dient, die verschiedenen Rollen in einer transitiven Konstruktion zu markieren: Wer ist im konkreten Fall Agens, wer Patiens, also: Wer hat wen gebissen? Aber dieser Unterschied ist nur bei Lebewesen relevant, denn nur diese können als Handelnde tätig werden. Da das Neutrum von seiner Basisbedeutung her, die ja für Sexloses und damit für Unbelebtes steht, im Grunde nicht für selbständig handelnde Lebewesen vorgesehen ist, kann es im transitiven Satz eigentlich nur als Patiens auftreten und muss somit nicht mit einer eigenen Endung markiert werden. Ähnliches findet sich auch in Form einer Markierung des Kasus, die nur bei Belebtem, nicht aber bei Unbelebtem angewendet wird, in Sprachen wie Quechua (cf. Haspelmath 2019: 314; er spricht von „asymmetric coding").

Neben seiner syntaktischen Basisfunktion, das Patiens zu bestimmen, kann der Akkusativ noch eine Reihe weiterer Aufgaben übernehmen, zu denen in vielen Sprachen auch eine zusätzliche syntaktische Rolle gehört. Sätze mit drei Argumenten wie

dt. *Sie gab ihrem Hamster eine Haselnuss*
                      G   T

werden in nicht in allen Sprachen gleich kodiert. Wenn das mit G (*goal*) symbolisierte Argument wie im Deutschen mit einem eigenen Kasus (Dativ) markiert wird, wird T (*theme*) in der Mehrheit der Fälle durch denselben Kasus repräsentiert wie das Patiens, also mit dem Akkusativ. Bei einer solchen Aufteilung der Kasusfunktionen spricht man bei dem durch den Akkusativ markierten Element von einem **direkten Objekt**.

In einer Reihe von Sprachen zählt zu den Funktionen des Akkusativs ferner auch die Richtungsangabe. Man kann das als logische Weiterentwicklung aus der syntaktischen Funktion des Kasus interpretieren: Eine transitive Handlung (wie das Beißen im obigen Beispiel) richtet sich auf ein Ziel; also gibt der Kasus die Richtung dieser Handlung an. Daraus kann sich die allgemeine Funktion einer Richtungsangabe leicht ableiten lassen. Im Deutschen wird diese Bedeutung nach lokalen Präpositionen wie *an, auf, in, neben, unter* etc. genutzt, um den Unterschied zwischen Richtung (Akkusativ) und Ort (Dativ) zu markieren: *Der Hund lief auf die Straße* gibt die Richtung Laufens an, *Der Hund lief auf der Straße* hingegen den Ort, an dem sich das Laufen vollzieht. Diese Bedeutung des Akkusativs kann man in allen indoeuropäischen Sprachen beobachten, die noch einen als solchen markierten Akkusativ kennen, so z. B. im Serbischen:

serb.	*Pas*	*je*	*trčao*	*na*	*ulicu*
	Hund-NOM	ist	gerannt	auf	Straße-AKK

‚Der Hund rannte auf die Straße'

serb.	*Pas*	*je*	*trčao*	*na*	*ulici*
	Hund-NOM	ist	gerannt	auf	Straße-LOK

‚Der Hund rannte auf der Straße'

Als Weiterentwicklung der Bedeutung ‚Richtung' lässt sich die Bedeutung ‚Ausdehnung' interpretieren, die der Akkusativ in vielen indoeuropäischen Sprachen, so auch im Deutschen, ebenfalls übernommen hat: Eine von A auf B gerichtete Handlung setzt ja voraus, dass es zumindest eine kleine oder auch eine größere Distanz zwischen A und B gibt. Entsprechend steht der Akkusativ immer dann, wenn eine Ausdehnung in Raum oder Zeit ausgedrückt werden soll, z. B.:

lokaler Akkusativ:

dt. *Sie unterhielten sich den ganzen Weg nach Hause.*
Ich rannte den letzten Kilometer.
Die Kiste war einen Meter lang und einen Dezimeter tief.

temporaler Akkusativ:

dt. *Er schläft den lieben langen Tag.*
Ich habe das ganze Wochenende gearbeitet.
Wir treffen uns jeden Freitag.
Wir waren einen Monat lang verreist.

In einem Fall wie *jeden Freitag* entsteht die Ausdehnung in der Zeit durch die Wiederholung: Es sind mehrere sukzessive Punkte auf dem Zeitstrahl involviert, die zusammen eine Strecke bilden. In einigen Fällen ist der Zeitraum auf einen einzelnen Tag reduziert, wie dies ja auch schon in *den lieben langen Tag* der Fall ist, z. B. *Wir treffen uns nächsten Dienstag.* Manche Grammatiken (cf. z. B. Duden ^{9}2016: 828) folgern daraus, dass der Akkusativ auch zur Angabe eines Zeitpunktes verwendet werden kann. Dagegen kann man allerdings einwenden, dass Zeitangaben ohne Ausdehnung – also etwa Uhrzeiten, die ja punktuell sind – nicht im Akkusativ auftreten.

Auch diese temporale Funktion des Akkusativs findet sich nicht nur im Deutschen, sondern auch in anderen Sprachen, so z. B. im Serbischen:

serb.	*celu*	*nedelju*
	ganze-AKK	Woche-AKK

‚die ganze Woche'

serb. *svaku*   *sredu*
       jeden-AKK   Mittwoch-AKK
       ‚jeden Mittwoch'

In jedem Fall ist die syntaktische Funktion solcher Akkusative, die von anderen Elementen im Satz unabhängig sind, adverbial: Sie bilden lokale oder temporale Adverbiale.

In der Grammatikschreibung des Deutschen werden Akkusative in solchen Fällen daher auch als „adverbiale Akkusative" (z. B. Duden ^{9}2016: 828) beschrieben. Hierzu zählen auch alle Akkusative, die bei Dimensionsadjektiven wie *lang, breit, hoch, tief* oder auch *schwer, leicht* etc. sowie nach Verben wie *kosten* oder *dauern* auftreten (z. B. *Das dauert mindestens einen Monat*). Auch hier finden sich leicht Parallelen in anderen indoeuropäischen Sprachen, z. B.

serb. *dug*   *jednu*   *milju*
       lang   eine-AKK   Meile-AKK
       ‚eine Meile lang'

Akkusative können nicht nur als lokale oder temporale, sondern auch als modale Adverbiale verwendet werden, so etwa in *den Kopf gesenkt* oder *den Hut in der Hand*. In der deutschen Grammatikschreibung werden solche Konstruktionen als „absolute Akkusative" bezeichnet. Sie können als eine Weiterentwicklung aus dem lokalen und temporalen Gebrauch des Kasus angesehen werden. Vergleichbare Ausweitungen der Gebrauchsmöglichkeiten lassen sich auch beim adverbialen Gebrauch des Genitivs beobachten, wo etwa das Genitiv-*s* (z. B. *eines Abends*) sich zu einem Adverbialmarker entwickelt hat, der in der Folge auch bei Substantiven wie *Nacht* (> *nachts*) eingesetzt wird, die keinen *s*-Genitiv bilden können. Grammatiken wie der Duden (^{9}2016: 907) betrachten Akkusativ-Konstruktionen dieser Art jedoch als Ellipsen, obgleich sich auch dort selbst ein Einwand gegen diese Sichtweise findet:

> [...] die daraus resultierenden Konstruktionen wirken allerdings sehr künstlich und sind standardsprachlich nicht üblich:
> [Die Füße auf dem Tisch], blätterte er lustlos in einem Heft.
> → ?[Die Füße auf dem Tisch habend], blätterte er lustlos in einem Heft. (ibd.)

In der Tat findet sich die vollständige Konstruktion, die der Ellipse zugrunde liegen müsste, weder im modernen Sprachgebrauch noch in der Vergangenheit, und schon Grimm (1889/1989: 1103 f.) hat aufgezeigt, dass sich die These einer Ellipse nicht halten lässt. Aber auch unter typologischen Gesichtspunkten ist es viel naheliegender, hier eine Kasusfunktion anzunehmen. Absolut – also nicht in Abhängigkeit von einem anderen Satzteil – gebrauchte Kasus gibt es in vielen indoeuropäischen Sprachen, so im Altgriechischen Genitiv und Akkusativ oder im Lateinischen den Ablativ.

2.1 Nominale Kategorien

Eine weitere Funktion, die der Akkusativ in indoeuropäischen Sprachen wahrnehmen kann, ist die des sog. **AcI**, eine Abkürzung für lat. *accusativus cum infinitivo* ‚Akkusativ mit Infinitiv'. Während der AcI z. B. im Lateinischen nach Verben des Sagens, Denkens und Wahrnehmens (*verba sentiendi et dicendi*) steht, kommt er im Deutschen nur bei Verben der sinnlichen Wahrnehmung wie *hören* oder *sehen* vor: *Ich habe dich gar nicht kommen hören. Ich sehe da ein Problem auf uns zukommen.* Parallele Konstruktionen finden sich nicht nur im klassischen Latein, sondern auch z. B. im modernen Englisch: *I didn't hear him come.* In solchen Sätzen repräsentiert der Akkusativ gleichzeitig sowohl das Objekt des übergeordneten Satzes als auch das Subjekt des Infinitivs. Man kann das sichtbar machen, indem man den Infinitiv in einen finiten Satz umwandelt: *Ich sehe da ein Problem auf uns zukommen → Ich sehe da ein Problem; das Problem kommt auf uns zu.* Der Konstruktionstyp scheint in dieser Form nur in den indoeuropäischen Sprachen vorzukommen.

Außer bei lokalen Präpositionen, wo er zum Ausdruck der Richtung dient (*Der Hund lief auf die Straße*) und dabei dem Dativ als Ausdruck des Ortes (*auf der Straße*) gegenübersteht, kommt der Kasus auch bei einigen Adpositionen vor, ohne dass eine Wahlmöglichkeit bestünde. Dazu gehören Präpositionen wie *durch* und *für*, die per se schon eine Richtung beinhalten. Hierzu finden sich auch in anderen indoeuropäischen Sprachen Parallelen, z. B. russ. *skvoz' les* [durch Wald-Akkusativ] ‚durch den Wald'. Die Postposition *entlang* (*den Fluss entlang*) steht hingegen nur in dieser Position mit Akkusativ; als Präposition verlangt sie den Genitiv (*entlang des Flusses*; seltener kann in beiden Fällen auch der Dativ stehen).

Dativ

Von einem Dativ (von lat. *dare* ‚geben', engl. *dative*) spricht man immer dann, wenn bei Prädikaten mit drei Argumenten (sog. ditransitiven Konstruktionen) wie in dem schon angeführten Beispiel:

dt.	Sie	gab	ihrem Hamster	eine Haselnuss
			G	T

das Argument G (für engl. *goal* ‚Ziel') durch einen eigenen Kasus markiert wird; dabei wird T meist mit demselben Kasus gekennzeichnet, der auch für das Patiens P in transitiven Konstruktionen steht. Das mit dem Dativ markierte Argument wird dann zugleich als **indirektes Objekt** bezeichnet, während T das direkte Objekt darstellt. Nicht alle Sprachen wählen diese Art der Zuordnung; manche kennzeichnen T mit einem eigenen Kasus und verwenden für den Rezipienten G denselben Kasus, der in einer einfachen transitiven Konstruktion das Patiens kennzeichnet. Dann würde man bei G von einem primären und bei T einem sekundären Objekt sprechen.

Das Deutsche hat wie zahlreiche andere, auch nicht-verwandte, Sprachen einen Dativ. Seine Basisfunktion, die sich auch in seinem Namen spiegelt, wird bereits im obigen Beispielsatz deutlich: Er kennzeichnet den Empfänger, den **Rezipienten** (engl. *recipient*). Diese Funktion leitet sich aus seiner Definition ab, und sie ist ihm daher in allen Sprachen eigen, die über einen Dativ verfügen. Da der Rezipient in den meisten Fällen auch einen Nutzen von der Handlung hat (wie der Hamster, der die Haselnuss bekommt), ist die Funktion des ‚Nutznießers', des **Benefizienten** (engl. *beneficiary*), mit der des Rezipienten verknüpft. Wenn die Gabe eher zum Nachteil als zum Nutzen des Empfängers ist (z. B. *Sie verpasste dem Angreifer einen Kinnhaken*), spricht man hingegen auch von einem **Malefizienten** (engl. *maleficiary*). Beide Funktionen sind der Grundfunktion des Dativs naturgemäß inhärent, denn Rezipienten sind in jedem Fall in der einen oder anderen Weise von der Handlung betroffen.

Von besonderem Interesse sind die beiden semantischen Rollen daher nur dann, wenn der Dativ bei Verben auftritt, die nicht ditransitiv sind. Beispiele hierfür wären Sätze wie *Sie legte dem Musiker einen Geldschein in den Hut* oder *Er träufelte seinem Opfer K.-o.-Tropfen in den Cocktail*. In der Tradition der lateinischen und in der Folge auch deutschen Grammatikschreibung spricht man dann von einem **Dativus commodi** (lat. ‚Dativ des Vorteils') bzw. **incommoci** (‚des Nachteils'). Auch in anderen als indoeuropäischen Sprachen lässt sich diese Funktion des Dativs beobachten, so beispielsweise im Türkischen (Bsp. nach Göksel/Kerslake 2011: 159; für weitere Beispiele cf. auch Özbek/Kuribayashi 2009: 55):

türk.	*Bütün*	*hediyeler*	*banaymış*
	Alle	Geschenke	ich-Dativ-anscheinend
	‚Die Geschenke scheinen alle für mich zu sein'		

> Tatsächlich handelt es sich bei der im türkischen Beispiel an den Dativ *bana* angefügten Endung *-imiş* (im Beispiel wegen des vorangehenden Vokals in der Form *-ymiş*) um eine verbale sog. Inferenz-Markierung, die dem Ausdruck einer Annahme dient; die Übersetzung mit *anscheinend* ist also sehr frei.

Wenn das, was die im Dativ stehende Person erhält, kein Gegenstand, sondern eine Empfindung ist, bezeichnet man diese Dativ-Funktion mit dem aus dem Englischen übernommenen Begriff **Experiencer**. Beim Experiencer kann es sich ganz einfach um das indirekte Objekt eines ditransitiven Verbs handeln, wie dies z. B. bei engl. *It gave me goosebumps* der Fall ist; eine solche Funktion kann der Dativ aber auch bei anderen Verben oder sogar bei Konstruktionen mit einer Kopula übernehmen (z. B. *mir ist langweilig*). Diese Art von Bedeutung, die sich ebenfalls leicht aus der Basisfunktion des Dativs erklären lässt, kommt nicht nur

2.1 Nominale Kategorien

in indoeuropäischen (z. B. italienisch *non mi è chiaro* ‚mir ist nicht klar'), sondern auch in anderen Sprachen vor (cf. z. B. Kunduracı 2009: 129 für das Georgische).

Ebenfalls in vielen Sprachen vertreten ist der Dativ als Kasus der Besitzanzeige (cf. Blake 2001: 143 und 149; Iggesen 2005: 95), der auch als **Dativus possessivus** (von lat. *possidere* ‚besitzen') oder **Pertinenzdativ** (von lat. *pertinere* ‚sich erstrecken', engl. *pertinence dative*) bezeichnet wird. Diese Funktion erklärt sich daraus, dass ein Gegenstand, der übergeben wird, in den Besitz der empfangenden Person übergeht, der Dativ also zugleich den (neuen) Besitzer kennzeichnet. Im Deutschen ist der possessive Dativ nur noch rudimentär erhalten und kommt nur bei Körperteilen sowie bei eng mit diesen verbundenen Kleidungsstücken vor, z. B. *Sie klopfte ihm auf die Schulter* (‚auf seine Schulter') oder *Er starrte ihr auf die Bluse* (‚auf ihre Bluse').

Die fließenden Übergänge zwischen den Dativtypen können an folgendem russischen Beispiel illustriert werden:

russ.	кому	билеты?
	[*komu*	*bilety?*]
	wem	Fahrkarten

etwa: ‚wer bekommt die Fahrkarten?'

Diese Äußerung, die etwa beim Weitergeben einer abgestempelten Fahrkarte in einem vollen Bus fallen könnte, ließe sich statt mit ‚Wer bekommt die Fahrkarten?' (hier vertritt im Deutschen das Subjekt die Rolle des Rezipienten) auch mit ‚Wem gehören die Fahrkarten?' oder ‚Wessen Fahrkarten sind das?' übersetzen, also mit einer possessiven Konstruktion. Interessant ist dabei, dass vergleichbare Konstruktionen durchaus auch in deutschen Dialekten zu beobachten sind, so etwa im Rheinhessischen oder im Thüringischen, wo man *Wem ist (...)?* sagen kann (cf. atlas-alltagssprache.de). Erwähnenswert sind in diesem Zusammenhang auch die im gesamten Sprachgebiet anzutreffenden „doppelten" Possessivkonstruktionen wie in *Wem sein Auto ist das?*, wo die Zugehörigkeit sowohl durch das Possessivum *sein* als auch durch den possessiven Dativ *wem* ausgedrückt wird.

Als „ethischer Dativ" oder **Dativus ethicus** wird der Gebrauch des Kasus bezeichnet, der eine im weitesten Sinne am Geschehen beteiligte Person markiert. Brugmann (1904/1970: 432) bezeichnete das, was dieser Gebrauch des Genitivs ausdrückt, in seiner vergleichenden Grammatik der indoeuropäischen Sprachen als „gemütliche Beteiligung"; heute würde man vermutlich eher von einer „emotionalen Beteiligung" sprechen. Der ethicus wird typischerweise durch ein Personalpronomen realisiert. Im Deutschen handelt es sich dabei vorzugsweise um das Personalpronomen der 1. Person (meist im Singular, gelegentlich auch im Plural: *Komm mir ja nicht zu spät! Du bist uns gerade der rechte!*; Bspe. nach Hentschel/Weydt [5]2021: 177), seltener auch in der 2. Person (*Das ist dir aber einer!* Bsp. nach Mollica 2014: 350). Auch in anderen Sprachen findet sich dieser Dativ der involvierten Person, so etwa im Serbischen (hier: 2. Person Plural als Anredeform):

serb. *Šta vam je ovo?*
      was euch ist dies
      etwa: ‚Was ist das denn?'

Sehr eng mit dem ethicus verwandt ist der **Dativus iudicantis** (von lat. *iudicare* ‚urteilen'). Als ‚Dativ der urteilenden Person' drückt er typischerweise bei Adjektiven mit *zu* oder *genug*, aber auch mit solchen der sinnlichen Wahrnehmung aus, aus wessen Sicht ein Sachverhalt gegeben ist: *Mir ist kalt. Hier ist es ihm zu langweilig. Ist dir das bequem genug?* Wie der ethicus ist auch dieser Dativ ebenso in anderen indoeuropäischen Sprachen zu finden und beispielsweise für das Lateinische gut beschrieben, z. B.:

lat. *suum cuique pulchrum est*
     seiniges jedem schönes ist
     ‚Jeder findet seines schön'
     (Cicero)

Eine in anderen Sprachen aufzufindende, für das Deutsche aber veraltete Funktion des Dativs ist der Ausdruck der Finalität (sog. finaler Dativ oder **Dativus finalis**). Auch diese Bedeutung lässt sich leicht aus der Grundfunktion des Kasus ableiten, der ja den Rezipienten und damit das Ziel einer Übergabehandlung kodiert. Zu den wenigen Beispielen, die hier immer wieder für das Deutsche angeführt werden, gehört der Satz *Er lebt nur seiner Arbeit*. Man kann allerdings vermutlich darüber diskutieren, ob das nicht eine metaphorische Verwendung des commodi ist (im Sinne von: davon, dass er lebt, profitiert nur seine Arbeit). Für das Lateinische sind finale Dative hingegen gut belegt:

lat. *honori/saluti/usui esse*
     Ehre-DAT/Heil-DAT/Nutzen-DAT sein
     ‚zur Ehre gereichen, zur Rettung/zum Nutzen dienen'

Während bei transitiven Verben der Akkusativ das Ziel der Handlung und damit zugleich die Richtung angibt, in der die sich das Geschehen bewegt (*Mann beißt → Hund*), übernimmt diese Funktion bei ditransitiven Verben der Dativ (*Ich gebe → meinem Hamster (eine Haselnuss)*). Je nachdem, welches dieser beiden Muster man zugrunde legt, kann entweder wie in den indoeuropäischen Sprachen der Akkusativ zur Richtungsangabe dienen – oder aber der Dativ. Letzteres ist beispielsweise in den Turksprachen der Fall, z. B.:

türk. *İstanbul'a gidiyoruz*
     Istanbul-DAT wir gehen
     ‚Wir gehen nach Istanbul'

2.1 Nominale Kategorien

Ein Satz wie *Ich habe meiner Freundin zum Geburtstag ein Buch geschenkt* impliziert, dass das im Akkusativ stehende Objekt (hier: das Buch) seinen Besitzer und damit auch den Ort gewechselt hat, an dem es sich befindet (das Buch ist nicht mehr bei mir, sondern bei meiner Freundin). Wenn man sich das vor Augen hält, wird leichter nachvollziehbar, warum der Dativ in manchen Sprachen, so etwa im Mongolischen, der Ortsangabe dient (Bsp. nach Bat-Ireedui/Sanders 2014: 221):

    mong.   *rəpm* [*ger-t*]
                 Jurte-DAT
                 'in der Jurte' (*rəp* = 'Jurte')

Auch im Deutschen wird der Dativ zur Ortsangabe verwendet; allerdings braucht es dazu stets zusätzlich eine lokale Präposition. Dieser Typ von Präposition kann in vielen Fällen auch zur Angabe der Richtung verwendet werden und wird dann mit dem Akkusativ verbunden, während zur Angabe des Ortes der Dativ steht:

    dt.   *auf/hinter/neben/über/unter dem Tisch* (Ort)

vs.

    dt.   *auf/hinter/neben/über/unter den Tisch* (Richtung)

Hier liegt aber keine ursprüngliche Funktion des Dativs vor, sondern der Kasus hat die Aufgabe des nicht mehr erhaltenen Lokativs übernommen. In gleicher Weise hat der Dativ auch den Instrumental ersetzt (*mit dem Auto, mit meiner Freundin*); auch hier ist aber stets eine zusätzliche Präposition nötig, der Kasus alleine kann diese Aufgabe, anders als bei den im Vorigen beschriebenen Funktionen (wie Benefizient, Experiencer oder ethicus) nicht wahrnehmen. Darüber hinaus ersetzt der Dativ zusammen mit der Präposition *von* zunehmend den Genitiv (mehr dazu im Folgenden).

Genitiv
Anders als die bisher besprochenen Kasus Nominativ, Akkusativ und Dativ übernimmt der Genitiv (von lat. *genus* 'Geschlecht, Art', engl. *genitive*) keine syntaktische Basisfunktion, ist also kein Kernkasus, sondern übernimmt andere Funktionen. Seine Grundbedeutung ist die Angabe der Zugehörigkeit, sowohl als Besitz als auch als Teil eines Ganzen: *die Büchse der Pandora* (Besitz), *zwei der acht Spinnenaugen* (Teil eines Ganzen). In manchen Sprachen werden diese beiden Bedeutungstypen auch mit verschiedenen Kasus ausgedrückt; dann spricht man im ersten Fall von einem Genitiv, im zweiten von einem Partitiv. Einen Partitiv findet man beispielsweise im Finnischen (Bsp. nach Lutz 2001: 60):

finn. *näetkö ihmisiä*
siehst-INTERR Menschen-PTV
‚siehst du (irgendwelche) Menschen?'

Das Deutsche verwendet wie viele anderen Sprachen denselben Kasus, nämlich den Genitiv, für beide Bedeutungsvarianten.

Aufgrund seiner Bedeutung besteht die syntaktische Funktion des Genitivs primär darin, als Attribut bei einem Substantiv aufzutreten, wie das ja auch in den obigen Beispielen der Fall ist. Diese attributiven Genitive werden in der traditionellen Grammatikschreibung in eine unterschiedlich große Anzahl verschiedener semantischer Typen unterteilt.

Von einem **Genitivus possessivus** (von lat. *possedere* ‚besitzen', engl. *possessive genitive*) ist die Rede, wenn der Kasus eine allgemeine Zugehörigkeit (nicht notwendig einen Besitz im wörtlichen Sinne) ausdrückt: *die Studierenden dieser Universität* gehören ihr zwar nicht, aber sie gehören zu ihr. Von einem **Genitivus partitivus** (von lat. *pars* ‚Teil', engl. *partitive genitive*) ist hingegen die Rede, wenn der Kasus die zweite seiner Grundbedeutungen übernimmt, wenn er also das Ganze bezeichnet, von dem ein Teil genommen wurde. Diese Funktion ist im Deutschen nur noch rudimentär vorhanden und kommt vor allem nach Begriffen vor, die selbst die Bedeutung ‚Teil' im weitesten Sinne tragen: *die Hälfte der Anwesenden, schon eine kleine Prise des Giftes* etc. In anderen indoeuropäischen Sprachen ist der partitive Genitiv hingegen noch sehr lebendig und kommt dann auch bei leeren Mengen vor, also wenn nichts von einem Ganzen genommen wurde; man spricht dann auch vom Genitiv der Negation oder **Genitivus negationis** (von lat. *negatio* ‚Negation', engl. *genitive of negation*), wie er etwa im Russischen zu finden ist:

russ. Чая нет
Čaja net
Tee-GEN NEG
‚Es gibt keinen Tee'

Im Deutschen wird in allen diesen Fällen stattdessen eine Konstruktion mit *von* verwendet, die auch sonst häufig den Genitiv ersetzt:

dt. *Vom Kuchen war nichts übrig geblieben*

Neben partitiven und possessiven Genitiven werden in der traditionellen Grammatikschreibung auch andere Typen unterschieden. Ihnen allen ist gemeinsam, dass sie im weitesten Sinne eine Zugehörigkeit des Bezugswortes zu dem ausdrücken, was im Genitiv benannt wird. Von einem „Genitiv des Subjekts" (**Genitivus subiectivus**) spricht man, wenn sich der Genitiv bei einer Umwandlung des Bezugswortes in ein Verb in ein Subjekt, von einem „Genitiv

2.1 Nominale Kategorien

des Objekts" (**Genitivus obiectivus**), wenn es sich beim gleichen Vorgang in ein Objekt verwandelt:

dt. *der Sieg Sultan Mehmets* → *Sultan Mehmet siegt* = Genetiv des Subjekts
  die Eroberung Konstantinopels → [*Sultan Mehmet II*] *erobert Konstantinopel* = Genitiv des Objekts

Diese Konstruktionstypen finden sich nicht nur in indoeuropäischen Sprachen, sondern ganz genau so auch in anderen, z. B. im Türkischen:

türk. *Sultan Mehmet'in zaferi*
  Sultan Mehmet-GEN Sieg-sein
  ‚Sultan Mehmets Sieg'

türk. *Konstantiniyye'nin fethi*
  Konstantinopel-GEN Eroberung-seine
  ‚die Eroberung Konstantinopels'

Auch eine Reihe weiterer Genitive, die in den Grammatiken des Deutschen unterschieden werden, finden sich ebenso in anderen, nicht mit dem Deutschen verwandten Sprachen. Hierzu gehört etwa der sog. **Genitivus auctoris** (‚Genitiv des Urhebers'), wie er in *das Werk Rembrandts* vorliegt. Er unterscheidet sich vom Genitiv des Subjekts nur dadurch, dass das Bezugswort (*Werk*) sich nicht auf ein Verb zurückführen lässt, so dass eine direkte Umformung in einen Satz, in dem der Genitiv das Subjekt darstellt, nicht möglich ist. Ähnliches gilt für den „Genitiv des dargestellten Objekts" wie in *das Bild des Babys* oder den „Genitiv des Eigenschaftsträgers" wie in *die Ausmaße der Veranda* (cf. Helbig/Buscha 2011: 498).

Der **Genitivus qualitatis** (‚Genitiv der Eigenschaft', von lat. *qualitas* ‚Eigenschaft', engl. *qualitative genitive*) liegt in Wendungen wie *eine Frau mittleren Alters* oder *alle Menschen guten Willens* vor und beschreibt, wie sein Name schon sagt, eine Eigenschaft. Dieser Genitivtyp kommt auch prädikativ vor: *Sie war guten Willens; Dieses Wort ist lateinischen Ursprungs*. Eine solche Verwendung ist beim **Genitivus explicativus** (‚erklärender Genitiv') und beim **Genitivus definitivus** (‚definierender Genitiv') nicht möglich. Beide Begriffe werden oft synonym gebraucht; wenn man sie unterscheiden will, dann bezeichnet der explicativus ein ‚X bedeutet Y'-Verhältnis (bekanntestes Bsp.: *der Strahl der Hoffnung* → ‚der Strahl bedeutet Hoffnung'), während der definitivus eine Gleichsetzung ausdrückt: *die Plage der Bandwurmwörter* → ‚Bandwurmwörter sind eine Plage'. Alle diese Genitive gehören der gehobenen Stilebene an. Ob man sie auch für andere, außereuropäische Sprachen ansetzen kann, hängt sehr stark von der Definition ab. So führt Poppe (1953: 97), der den Genitivus qualitatis als eine mit „Was für ein?" erfragbare Konstruktion erklärt, Beispiele für qualitative Genitive im Mittelmongolischen wie *ödür düliyin namazin čaq*, wörtlich ‚die

Zeit des Gebets des Mittags' an, die man aber durchaus auch als possessiv interpretieren könnte.

Insgesamt ist zu sagen, dass die Definition von Genitivtypen nach semantischen, aber auch nach syntaktischen Kriterien nicht unproblematisch ist. Zum einen sind die Grenzen nicht immer klar zu ziehen, und auch obiectivus und subiectivus sind oft nur anhand des Kontexts zu unterscheiden, wofür *der Besuch ihrer Freundin* (‚ihre Freundin besucht sie'/‚sie besucht ihre Freundin') ein Beispiel wäre. Zum anderen haben die festgestellten Bedeutungsunterschiede keinerlei Einfluss auf die Form selbst, sondern nur auf Möglichkeiten der Umformulierung. Aber dasselbe gilt auch im Bereich der Wortbildung, wo etwa ein Kompositum wie *Sandkuchen* bedeutet, dass der Kuchen ein sandartiges Aussehen hat, während ein *Kirschkuchen* darauf verweist, dass er Kirschen enthält, ein *Teekuchen* zum Tee gereicht wird und ein *Hundekuchen* für Hunde gedacht ist. Hier sind semantische Feinunterscheidungen jedoch eher nicht üblich, und man kann sich fragen, warum sie bei attributiven Genitiven gemacht werden.

Insbesondere in der gesprochenen, aber auch zunehmend in der geschriebenen Sprache werden attributive Genitive zudem mehrheitlich durch Konstruktionen mit *von* ersetzt. Hier gleicht sich das Deutsche an Nachbarsprachen wie das Englische oder das Französische an, die den Genitiv entweder schon gänzlich (Französisch) oder weitgehend (Englisch) durch Konstruktionen mit *de* bzw. *of* ersetzt haben:

dt.	*aus der Sicht meines Vaters*
	vs. *aus der Sicht **von** meinem Vater*
engl.	*in my father's view*
	vs. *in view **of** the mountains*
franz.	*selon l'avis **de** mon père*

Obgleich der Genitiv ein Attributskasus ist, kommt er auch in anderen Funktionen vor: im Deutschen als Objekt, in anderen Sprachen auch als Subjekt. Die Basis dafür ist die partitive Bedeutung des Kasus, was man gut sichtbar machen kann, wenn man im Deutschen die Ersatzformen für den Genitiv mit *von* verwendet oder die französischen Konstruktionen mit *de* zum Vergleich heranzieht:

| dt. | *Gib mir bitte von dem Brot.* |
| franz. | *Donne-moi du pain, s'il te plaît.* |

Insbesondere beim Vorliegen einer Negation ist dieser auch als Genitivus negationis (s. o.) bezeichnete Gebrauch in der Slavia weit verbreitet:

poln.	*Chleba*	*już nie*	*było*
	Brot-GEN	nicht mehr	es war
	‚Es war kein Brot mehr da'		

2.1 Nominale Kategorien

Auch im Deutschen entspringt der Genitiv als Objekt, wie er bei einigen sehr wenigen Verben wie *sich einer Sache entsinnen* sowie einigen Adjektiven wie *sich einer Sache bewusst sein* auch heute noch erhalten ist, aus der partitiven Bedeutung des Kasus. Brugmann (1904/1970: 440) beschreibt dies folgendermaßen: „Als Grundzug seines Wesens als adverbaler Kasus [gemeint ist: Kasus des Objekts bei einem Verb] lässt sich etwa abstrahieren, dass in ihn der Nominalbegriff kommt, wenn der Verbalbegriff nicht auf seinen vollen Umfang bezogen, sondern der Nominalbegriff als Sphäre vorgestellt wird, die von der Handlung gleichsam nur berührt wird." Ein Satz wie *Ich entsinne mich dessen* würde damit sozusagen implizit das Eingeständnis beinhalten, dass man nicht den gesamten Sachverhalt, aber doch Teile davon im Gedächtnis behalten hat. Im modernen Deutsch ist die Anzahl der Verben, bei denen noch ein Genitivobjekt stehen kann, allerdings extrem begrenzt. Bei Verben wie *jemanden einer Sache berauben* oder *einer Sache entbehren* (inzwischen mehrheitlich mit Akkusativ: *etwas entbehren*), zeigt sich dabei auch noch eine andere, ebenfalls aus der partitiven Bedeutung abgeleitete Funktion: der sog. privative Genitiv oder **Privativ** (von lat. *privare* ‚berauben'), der ‚Fehlen' oder ‚Abwesenheit' bezeichnet.

Eine dritte Funktion des Genitivs besteht schließlich darin, die Abhängigkeit eines Substantivs oder Pronomens von einer Adposition zu markieren. Dazu gehören Präpositionen wie *anlässlich* (*anlässlich des Gipfeltreffens*), Postpositionen wie *halber* (*der Umstände halber*) oder Zirkumpositionen wie *um – willen* (*um des lieben Friedens willen*). In der Vergangenheit wurde anhand von Beispielen wie *wegen* (früher nur mit Genitiv, heute auch mit Dativ) oft angenommen, dass der Genitiv in solchen Fällen nach und nach vollständig durch den Dativ verdrängt werden würde. Wie Di Meola (2000, 2004) aufgezeigt hat, lässt sich aber auch eine gegenläufige Tendenz feststellen: Der Genitiv verdrängt den Dativ etwa bei *außer, entgegen, getreu, neben* u. a. m. Di Meola erklärt dieses Phänomen als Grammatikalisierungsprozess: Bei Wörtern, die ursprünglich keine Präpositionen sind, wird der Übergang in diese Wortart dadurch gekennzeichnet, dass das von der neuen Präposition regierte Wort im Genitiv steht. Dies würde erklären, dass Präpositionen mitunter auch in anderen Sprachen einen Genitiv bei sich haben, wo er inhaltlich nicht zu erklären ist, z. B.

russ.	возле	города	Пекина
	[*vozle*	*goroda*	*Pekina*]
	daneben	Stadt-GEN	Peking-GEN
	‚bei der Stadt Peking'		

Hier ist aus dem Adverb mit der Bedeutung ‚daneben', ‚nebenan' eine Präposition entstanden, und dieser Wortartwechsel wird durch den Genitiv markiert.

Als vierte und letzte Funktion, die der Genitiv übernehmen kann, bliebe noch sein Gebrauch als Adverbial zu besprechen. Er kommt mit temporaler, aber auch mit modaler sowie in lokaler Bedeutung vor: *eines Tages, erhobenen Hauptes, woher des Weges?* Aus solchen Genitiven haben sich im Deutschen Adverbien wie *abends, flugs, jederzeit* oder *keineswegs* entwickelt. Das den Genitiv im Maskulinum und Neutrum markierende *-s* kam dabei auch bei Feminina wie *Nacht* (→ *nachts*) als Wortbildungsmittel zum Einsatz. Heute sind adverbiale Genitive im Deutschen nur noch sehr begrenzt gebräuchlich und beschränken sich auf mehr oder minder feste Wendungen. Das Phänomen des temporalen Genitivs selbst findet sich jedoch ganz genauso auch in anderen Sprachen, hier ein Beispiel aus dem Serbischen:

serb.   *jedne*   *letnje*   *noći*
        ein-GEN   sommerlich-GEN   Nacht-GEN
        ‚in einer Sommernacht'

2.1.3 (In)Definitheit

Unter Definitheit versteht man eine semantische (und in der Folge grammatische) Kategorie, die so etwas wie ‚Bekanntheit' oder ‚Identifizierbarkeit' ausdrückt: Der Gebrauch eines Definitheit-Markers, also z. B. des bestimmten Artikels, impliziert die Annahme, dass dem Gegenüber bereits bekannt ist oder es zumindest anhand des Kontexts identifizieren kann, wovon die Rede ist. Ein Satz wie *Die Buchhandlung ist sonntags geschlossen* kann beispielsweise gegenüber einer Person geäußert werden, die sich gerade auf den Weg zu einer ihr bekannten Buchhandlung machen will; er kann aber auf einem Schild an der Tür einer Buchhandlung stehen, die damit klar als die gemeinte gekennzeichnet ist. Mit anderen Worten: Der Satz funktioniert nur, wenn man beim Hören oder Lesen weiß, von welcher Buchhandlung die Rede ist. Umgekehrt impliziert Indefinitheit die Annahme, dass von etwas Neuem und dem Gegenüber bisher nicht Bekanntem, also nicht ohne Weiteres Identifizierbarem, die Rede ist. Ein Beispiel hierfür wäre das Satz *Ich kann dir eine gute Buchhandlung empfehlen.*

In vielen Sprachen ist die bevorzugte Ausdrucksform für Definitheit der Artikel, aber das ist nicht notwendig so. Man kann jedoch annehmen, dass alle Sprachen über Demonstrativa sowie über Personalpronomina (oder zumindest über als solche verwendete Lexeme, cf. z. B. Attaviriyanupap 2004) verfügen, die ja ebenfalls Definitheit ausdrücken. Insofern kann man bei der semantischen Eigenschaft ‚Definitheit' vermutlich von einer Universalie ausgehen (cf. Lyons 1999: 48). Darüber hinaus können auch Elemente wie Possessiva (z. B. *meine Freundin*) Definitheit implizieren.

Im Deutschen ist der Artikel sprachgeschichtlich noch relativ jung; er hat sich erst im Althochdeutschen herausgebildet (zur Geschichte des Artikels im Deutschen cf. die Beiträge in Szczepaniak/Flick 2020). Die Ausgangsbasis für den bestimmten Artikel bildete dabei das Demonstrativum ‚dieser', die für den Artikel zum Ausdruck der Indefinitheit das Zahlwort ‚eins' (cf. hierzu ausführlich

2.1 Nominale Kategorien

Demske 2020). Diese Art der Herkunft der beiden Artikeltypen und lässt sich in vielen Sprachen beobachten; man kann die beiden grundlegenden Elemente, Demonstrativum und Zahlwort, als prototypischen Ausgangspunkt für Artikel ansehen. Während das Lateinische noch keinen Artikel kannte, haben sich in der Folge in den romanischen Sprachen aus dem lateinischen Demonstrativum *ille/illa* (‚dieser/diese') und aus dem Numerale *unus/una* (‚einer/eine') Artikel entwickelt, so z. B. der französische bestimmte Artikel *le/la* und der unbestimmte Artikel *un/une*. Dieselbe Entwicklung findet sich auch in zahlreichen Sprachen, die nicht zur indoeuropäischen Sprachfamilie gehören, so etwa im Baskischen oder im Ungarischen (cf. Heine/Kuteva 2002: 109 f., 220 f.; Schlachter 2020); hier zeigt sich also ein grundlegendes Muster.

Während der Artikel im Deutschen ein freies Morphem ist, das vor dem Substantiv (*der/ein Nachbar*) oder auch vor einer längeren Nominalphrase steht (*die/eine kürzlich erst zugezogene neue Nachbarin*), tritt er in anderen Sprachen als gebundenes Morphem auf, das an das Substantiv, gelegentlich auch an das Adjektiv angehängt wird. Ein gebundenes Morphem ist der bestimmte Artikel beispielsweise im Mazedonischen, im Rumänischen oder im Schwedischen:

maz.	студентот [*studentot*]	
rum.	*studentul*	
schwed.	*studenten*	
	Student-DEF	
	‚der Student'	

Definitheit kann nicht nur am Substantiv, sondern auch am Adjektiv ausgedrückt werden. Beispiele hierfür bieten slawische Sprachen wie das Russische oder noch ausgeprägter das Serbische, aber auch das Litauische (cf. Lyons 1999: 83). Hier wird Definitheit bzw. Indefinitheit durch die Endung des verwendeten Adjektivs ausgedrückt:

serb.	*mlad pas*	‚ein junger Hund'
	mladi pas	‚der junge Hund'

Darüber hinaus ist auch argumentiert worden, dass Sprachen mit einem Aspektsystem, das Perfektivität (PERF) und Imperfektivität (IMPERF) unterscheidet, Definitheit eines Objekts durch den Gebrauch des perfektiven, Indefinitheit durch den Gebrauch des imperfektiven Aspekts markieren können. Der semantische Faktor ‚Abgeschlossenheit' des perfektiven Aspekts impliziert dabei, dass es sich um eine festgelegte, also definierbare und damit definite Größe handelt, während die fehlende Abgeschlossenheit beim imperfektiven Aspekt das Gegenteil beinhaltet (Bsp. nach Leiss 2000: 12):

russ.	*Он*	*колол*	*дрова*
	On	*kolol*	*drova*
	Er	gespaltet-IMPERF	Brennholz

‚Er hat Brennholz gespaltet'

	Он	*расколол*	*дрова*
	On	*raskolol*	*drova*
	Er	gespaltet-PERF	Brennholz

‚Er hat das Brennholz gespaltet'

Auch der Kasusgebrauch kann zur Markierung von Definitheit verwendet werden, so etwa im Türkischen, wo die unmarkierte, mit dem Nominativ identische Form dem definiten Akkusativ als Merkmal eines definiten Objekts gegenübersteht:

türk.	*gazete*	*aldı*
	Zeitung-Ø	kaufte

‚Er/sie kaufte eine Zeitung/Zeitungen'

	gazeteyi	*aldı*
	Zeitung-AKK	kaufte

‚Er/sie kaufte die Zeitung'

Nicht alle Sprachen, die über Artikel verfügen, weisen sowohl definite als auch indefinite Artikel auf. Das oben angeführte Mazedonische kennt beispielsweise zwar den bestimmten Artikel, aber nicht den unbestimmten, während umgekehrt das Persische (Farsi) zwar einen indefiniten, aber keinen definiten Artikel hat. Insgesamt sind mehr Sprachen nachgewiesen, die über einen bestimmten, als solche, die über einen unbestimmten Artikel verfügen (cf. Dryer 2013b und 2013c). Eine denkbare Erklärung dafür wäre, dass es wichtiger ist, etwas als ‚bekannt' zu markieren, um so die Identifizierung des Gemeinten zu erleichtern, als einen Hinweis darauf zu geben, dass es sich um ein dem Gegenüber noch nicht bekanntes Objekt handelt.

Im Deutschen kann man neben dem bestimmten und dem unbestimmten noch einen dritten Artikel ansetzen: den Nullartikel. Der Begriff soll zum Ausdruck bringen, dass das Fehlen eines Artikels, das in anderen Sprachen mit Artikeln wie beispielsweise dem Französischen ungrammatisch sein kann, hier ebenfalls eine Bedeutung hat. In Anlehnung an Bickerton (1981: 247–250) kann man die Funktionen der drei Artikel folgendermaßen zu illustrieren versuchen (Tabelle nach Hentschel/Weydt ^{5}2021: 221):

2.1 Nominale Kategorien

	spezifisch	nicht spezifisch
	bestimmter Artikel	**Nullartikel**
identifizierbar	*das Buch* (*das ich meine Freundin geschenkt habe*)	(*Man braucht*): *Butter, Mehl, Milch*...
	unbestimmter Artikel	
nicht identifizierbar	*ich schenke meiner Freundin wieder ein Buch* (*ich habe es schon gekauft*)	*ich schenke meiner Freundin wohl wieder ein Buch* (*ich weiß noch nicht, welches*)

Wie sich zeigt, werden hier einerseits Identifizierbarkeit, andererseits Spezifität als semantische Merkmale vorausgesetzt, auf deren Grundlage man die Artikelfunktionen beschreiben muss. Tatsächlich kann man zeigen, dass in Sprachen ohne Nullartikel wie dem Französischen nicht-spezifische, aber identifizierbare Objekte entweder mit dem bestimmten Artikel oder aber mit dem sog. partitiven Artikel (aus *de* plus Artikel) ausgedrückt werden: deutsch *Man braucht Butter, Mehl, Milch und Zucker* wird auf Französisch zu *Il faut du beurre, de la farine, du lait et du sucre*.

Im Deutschen übernimmt der Artikel neben den bisher aufgeführten semantischen Unterscheidungen, die seine Grundfunktion sind und damit auch die Basis der Definition der Wortart bilden, zusätzlich noch andere Aufgaben: Er kongruiert in Numerus, Kasus und Genus mit seinem Bezugswort und ist dann häufig das einzige Element, an dem diese Kategorien sichtbar werden. Auch wenn Kasus- und Numerusmarkierungen am Substantiv nicht mehr vorhanden sind, können diese Kategorien oft aus dem Artikel abgeleitet werden, und auch das Genus geht meist aus ihm hervor: z. B. *der Biber, dem Biber, den Biber*; *die Biber* etc. Allerdings sind auch beim Artikel bereits viele Formen zusammengefallen (sog. Formensynkretismus), und nur eine einzige Form ist eindeutig in dem Sinne, dass sie nur ein einziges Mal vorkommt (*einen* kann nur Akkusativ Singular Maskulinum sein). Klarer als nach Genus sind die Artikel dabei aber nach Kasus und Numerus unterschieden: *des* und *eines* sind stets Genitiv Singular, *dem* und *einem* stehen für Dativ Singular (jeweils Maskulinum und Neutrum).

	Singular			Plural
	Maskulinum	Femininum	Neutrum	
NOM	*der*	*die*	*das*	*die*
GEN	*des*	*der*	*des*	*der*
DAT	*dem*	*der*	*dem*	*den*
AKK	*den*	*die*	*das*	*die*

	Maskulinum	Femininum	Neutrum	
NOM	*ein*	*eine*	*ein*	–
GEN	*eines*	*einer*	*eines*	–
DAT	*einem*	*einer*	*einem*	–
AKK	*einen*	*eine*	*ein*	–

Das Prinzip, dass Unterscheidungen nach Genus am Artikel kenntlich gemacht werden, kennen auch andere Sprachen, so etwa die romanischen (cf. franz. *le/la, un/une*). Hingegen enthält der Artikel in Sprachen wie dem Englischen (*the, a*) oder dem Türkischen (*bir*) keinerlei zusätzliche Informationen.

In der deutschen Grammatikschreibung findet sich außer dem Begriff „Artikel" auch der Ausdruck „Artikelwort". Darin sind je nach Autor unterschiedlich viele zusätzliche Kategorien mit eingeschlossen, so etwa bei Eisenberg (2020a: 179) Possessiva (z. B. *mein*), Demonstrative (z. B. *dieser*), indefinite Pronomina (z. B. *einige*) und der Negator *kein*. Ähnliches findet sich beispielsweise auch schon bei Helbig/Buscha (^{7}2011: 320–329). Das zugrundliegende Argument ist dabei, dass sich der Gebrauch dieser Wörter und der des Artikels gegenseitig ausschließen (man kann also z. B. nicht sagen **die/eine meine Freundin*) sie insofern also eine einzige, gemeinsame Stelle im Syntagma besetzen. Allerdings ist das bei näherem Hinsehen ein sehr sprachspezifisches Argument und unter typologischen Gesichtspunkten wenig hilfreich: ital. *la/una mia amica* (wörtlich: ‚die/eine meine Freundin') ist ebenso korrekt wie türkisch *bir arkadaşım* (wörtl. ‚ein mein Freund' oder ‚eine meine Freundin'), und noch im Mittelhochdeutschen war dieser Konstruktionstyp auch im Deutschen möglich (cf. Sonderegger 1979: 266).

Üblicher ist demgegenüber, eine andere übergeordnete Klasse anzusetzen, nämlich die der **Determinierer** oder **Determinative** (von lat. *determinare* ‚bestimmen', engl. *determinatives* oder *determiners*). Hierzu zählen alle Elemente, die zusammen mit einem Substantiv stehen, um es zu „determinieren", es also identifizierbar zu machen, als spezifisch zu kennzeichnen oder deiktisch darauf zu verweisen („to add Definiteness, Specificity and Deixis to noun phrases"; Guillemin 2011: 47). Die Klasse umfasst neben Artikeln, Demonstrativa und Possessiva auch Numeralia und Quantoren wie *alle* oder *einige*.

2.1.4 Nominale Klassifikation: Genus

Substantive machen einen quantitativ sehr großen Teil des Wortschatzes aus. Es liegt daher eigentlich nahe, dass sie nach verschiedenen Prinzipien in Gruppen und Klassen eingeteilt, dass sie sozusagen geordnet werden, und tatsächlich ist das auch in vielen Sprachen der Fall. Man kann dabei grundsätzlich zwischen zwei Ordnungssystemen unterscheiden: dem Einsatz von sog. Klassifikatoren und der Einteilung der Substantive in Genera.

Ein **Klassifikator** (engl. *classifier*; auf Deutsch manchmal auch als „Zähleinheitswort" bezeichnet) ist ein freies Morphem, dessen Gebrauch in gewissen syntaktischen Kontexten erforderlich ist, so etwa nach der Verwendung von Demonstrativa oder von Numeralia. Klassifikatoren finden sich beispielsweise im Japanischen, im Koreanischen oder im Chinesischen, z. B.

chin. 一 本 书
　　　yì *běn* *shū*
　　　ein KLASS Buch
　　　‚ein Buch'

2.1 Nominale Kategorien

Der Klassifikator in diesem Beispielsatz hat etwa die Bedeutung ‚Band', man sagt also so etwas wie ‚ein Band Buch'. Hier wie auch meistens sonst hängt die Wahl des Klassifikators von äußeren Eigenschaften eines Gegenstandes ab: 本[*shū*] ‚Buch' gehört zur Gruppe der ‚gebundenen' Objekte, zu denen auch beispielsweise Zeitschriften, nicht aber Zeitungen gehören.

Im Deutschen gibt es zwar keine Klassifikatoren im eigentlichen Sinne, aber es gibt durchaus vergleichbare Phänomene, so etwa, wenn man *ein Blatt Papier* (statt: *ein Papier*) oder *ein Stück Kreide* (statt: *eine Kreide*) sagt; allerdings ist das Vorkommen solcher Klassifikator-ähnlichen Lexeme auf einige wenige Bereiche beschränkt. Nübling (2018: 21) sieht auch in Fällen wie dt. *zwei Laib Brot* oder *zwei Kopf/Köpfe Salat* eindeutig Klassifikatoren (bei ihr: „Classifier") und rechnet selbst übereinzelsprachlich gebräuchliche Mengenangaben wie *Liter* oder *Kilo* in diese Klasse, was sonst aber nicht üblich ist.

Auch wenn es um Gruppen von Tieren geht, treten Regeln in Kraft, die in gewisser Weise mit dem Einsatz von Klassifikatoren vergleichbar sind: Es muss eine spezifische Bezeichnung gebraucht werden, die sich strikt nach der Gattung der Tiere richtet und nicht austauschbar ist. So muss man von *einem Rudel Wölfe*, *einem Schwarm Fische*, *einer Herde Kühe*, *einer Rotte Wildschweine* etc. sprechen und nicht von **einem Schwarm Wölfe* oder **einer Herde Fische*. Noch ausgeprägter ist dieses Phänomen im Englischen, wo für unzählige Tierarten eigene Gruppenbegriffe existieren wie *a gaggle of geese, a murder of crows, a pride of lions* etc. und es Sammlungen mit über 2000 Lexemen dieser Art gibt (z. B. Studios/Sacher 2013). Solche Begriffe für Tiergruppen werden in der englischen Grammatikschreibung jedoch nicht als Klassifikatoren eingeordnet, sondern als eine Untergruppe der Kollektiva („collective nouns"; cf. Gardelle 2019: 83).

Im Unterschied zu Klassifikatoren, die Substantive offen sprachlichen Kategorien zuweisen (Grinevald 2004: 1016 spricht von einer „overt linguistic categorization of nominals"), ist das **Genus** (von lat. *genus* ‚Geschlecht', Plural: Genera, engl. (*grammatical*) *gender*) einem Substantiv inhärent und anders als der Klassifikator auch nicht davon abhängig, in welchen Zusammenhängen das Wort gebraucht wird. Die Anzahl der Genera in einer Sprache ist dabei anders als bei Klassifikatoren, von denen es ohne weiteres eine dreistellige Zahl geben kann, sehr begrenzt; gewöhnlich gibt es zwischen zwei (wie etwa im Italienischen) und fünf, in selteneren Fällen auch noch mehr Genera (cf. Corbett 2013: 5).

Dass eine Sprache über Genus verfügt, lässt sich an zwei verschiedenen Merkmalen erkennen: zum einen an der pronominalen Wiederaufnahme (im Deutschen: *er, sie, es*), zum anderen an der Kongruenz abhängiger Elemente, die das Genus des Substantivs spiegeln (*die nette Nachbarin*). Wenn eine Sprache nur in den Pronomina Genus unterscheidet, wie dies z. B. im Englischen der Fall ist, wird dies meist nicht als grammatisches Genus betrachtet. Dennoch handelt es sich auch hier um eine grammatische Kategorie, die im pronominalen System realisiert ist und die einem Substantiv im Einklang mit bestimmten semantischen Eigenschaften zugeteilt werden muss; so sind etwa Schiffe incl. U-Boote und

Raumschiffe stets Femininum (cf. Jarvis/Pavlenko 2008: 133). In anderen Sprachen wie z. B. dem Türkischen, dem Ungarischen oder dem Chinesischen fehlt diese Kategorie hingegen gänzlich, so dass man auch im Pronominalsystem keine Unterscheidung etwa nach ‚sie' vs. ‚er' vornehmen kann.

> Obwohl es im Chinesischen kein Genus gibt und man folglich beim Sprechen keinen Unterschied zwischen ‚er', ‚sie' und ‚es' machen kann – die Äquivalenz zu allen dreien wäre *tā* –, kennt die geschriebene Sprache drei verschiedene Zeichen: 他 ‚er', 她 ‚sie' und 它 ‚es'.

Zu den Sprachen, die Kongruenz und damit eindeutig grammatisches Genus aufweisen, gehören die meisten indoeuropäischen Sprachen.

▶ **Zum Begriff**
Genus manifestiert sich
- in der Kongruenz abhängiger Elemente
- bei der pronominalen Wiederaufnahme

Auf den ersten Blick kann die Zuordnung der Substantive einer Sprache zu einem Genus willkürlich erscheinen. Es liegt ihr aber immer ein semantisches Prinzip zugrunde, das zugleich ihren Kern bildet. Ein typisches semantisches Prinzip dieser Art ist etwa die Unterscheidung zwischen ‚vernunftbegabt' (Menschen und Gottheiten) und ‚nicht vernunftbegabt' (Tiere, Pflanzen, Unbelebtes). Bei den vernunftbegabten Wesen kann dann auch zusätzlich nach dem natürlichen Geschlecht (Sexus) unterschieden werden. Ein Genussystem dieser Art findet sich beispielsweise im Tamil (cf. Corbett 1991: 8 f.):

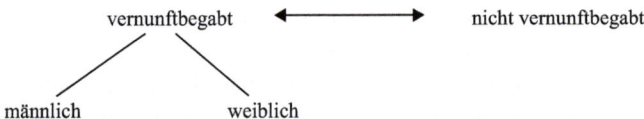

Ein in ähnlicher Weise semantisch zunächst zweiteiliges System wird für die indoeuropäischen Sprachen, zu denen auch das Deutsche gehört, angenommen. Für das Proto-Indoeuropäische wird eine ursprüngliche Aufteilung in ‚belebt' vs. ‚unbelebt' angesetzt, aus der sich erst später das dreifach gegliederte System Maskulinum-Femininum-Neutrum entwickelt hat. Zur Art und Weise, wie diese Entwicklung genau vor sich gegangen ist, gibt es unterschiedliche Hypothesen (cf. die Diskussion in Luraghi 2011).

Neben solchen strikt semantischen Systemen gibt es solche, die außer ja/nein-Unterscheidungen wie ‚vernunftbegabt'/‚nicht vernunftbegabt' oder ‚belebt'/‚unbelebt' auch assoziative Zuordnungen zulassen. Ein Beispiel hierfür wäre die

2.1 Nominale Kategorien

australische Sprache Dyirbal, in der die vier folgenden Genus-Klassen unterschieden werden können (nach Corbett 1991: 16):

Genus I: männliche Menschen, nicht-menschliche Lebewesen
Genus II: weibliche Menschen, Wasser, Feuer, Kampf
Genus III: nicht aus Fleisch bestehendes Essbares
Genus IV: alles andere

Was auf den ersten Blick arbiträr erscheint, hat seine Ursachen im Weltbild der Kultur, in der diese Sprache gesprochen wird. So ist beispielsweise die Sonne eine weibliche Gottheit, und die mit ihr assoziierten Phänomene Licht und Feuer werden daher derselben Kategorie zugeordnet. Da Feuer gefährlich ist, werden in der Folge auch andere gefährliche Dinge hier eingeordnet – was Lakoff (1987) dazu gebracht hat, sein Buch über menschliches Denken und semantische Kategorien mit dem Titel *Women, Fire, and Dangerous Things* zu versehen.

Eine solche im weitesten Sinne assoziative Zuordnung zu einer Kategorie kann nicht nur aus semantischen, sondern auch aus morphologischen oder phonotaktischen Gründen erfolgen, und in der Folge können sich dann morphologische oder phonologische Genussysteme herausbilden, die jedoch alle einen semantischen Kern haben.

Da Sprachen sich im Laufe der Geschichte stark verändern können, ist es nicht immer einfach, die ursprünglich zugrundeliegenden Strukturen in einer modernen Sprache noch zu erkennen. Die Veränderung kann einerseits das System selbst betreffen – so haben die modernen romanischen Sprachen eines der ursprünglich drei Genera verloren, die sich im Lateinischen noch klar zeigen – oder andererseits die der Zuordnung zugrundeliegenden Merkmale eines Worts. So war etwa im Lateinischen die Zugehörigkeit eines Wortes zu einer der Deklinationklasse ausschlaggebend. Man kann sich leicht vorstellen, dass sich um semantische Kerne wie ‚Mutter' oder ‚Mann' herum Klassen von Substantiven herausbilden, die demselben Flexionsparadigma angehören und daher dann in Bezug auf Kongruenz und pronominale Wiederaufnahme genauso wie diese Wörter behandelt werden. Wenn diese Paradigmen aber verloren gehen, so wie die lateinischen Deklinationsklassen in den modernen Nachfolgesprachen nicht mehr erhalten sind, müssen sich andere Regeln herausbilden – etwa solche, die außerhalb des semantischen Kerns eine Zuordnung nach phonotaktischen Merkmalen vornehmen. Solche phonotaktischen Zuordnungsprinzipien lassen sich beispielsweise für das moderne Französische nachweisen (cf. Corbett 1991: 57–61).

▶ **Zum Begriff**

Genussysteme haben immer einen semantischen Kern.
Sie können darüber hinaus an morphologischen und/oder phonotaktischen Merkmalen ausgerichtet sein.

Das Deutsche hat ein Genussystem, das in seinem Kern nach Sexus gegliedert ist und dabei drei Klassen unterscheidet: Maskulinum (‚männlich'), Femininum (‚weiblich') und Neutrum (von lat. *neutrum* ‚keines von beiden'). Bei der

Zuordnung macht es von allen drei in Frage kommenden Prinzipien Gebrauch: vom zentralen semantischen Prinzip, das sich insbesondere im Genus von Menschen und Nutztieren spiegelt; vom morphologischen Prinzip, das etwa allen Diminutiva ein Neutrum zuweist, und vom phonologischen Prinzip, das beispielsweise bei monosyllabischen Substantiven eine große Rolle spielt (cf. Köpcke/ Zubin 2009 sowie Corbett 1999: 84 und die dort angegebene Literatur).

Semantisches Prinzip
Beim Genus von Wörtern, die Menschen, wichtige Nutztiere und teilweise auch jagdbares Wild bezeichnen, erfolgt die Genuszuweisung ganz klar dort, wo es relevant ist, nach dem natürlichen Geschlecht:

Tiergattung	weiblich	männlich	kastriert	Jungtier
das Huhn	die Henne	der Hahn	der Kapaun	das Küken
das Pferd	die Stute	der Hengst	der Wallach	das Fohlen
das Rind	die Kuh	der Stier	der Ochse	das Kalb
das Schwein	die Sau	der Eber	der Bork	das Ferkel
das Reh	die Ricke	der Bock	–	das Kitz
das Wildschwein	die Bache	der Keiler	–	[der Frischling]

Wie man sieht, wird der Gattung als solcher – die ja Tiere jeglichen Geschlechts umfasst – Neutrum zugeordnet, und dasselbe gilt für Jungtiere, die noch nicht geschlechtsreif sind. Hingegen bleibt das natürliche Geschlecht auch bei kastrierten männlichen Tieren für die Genuszuweisung ausschlaggebend.

Ein ganz ähnliches System lässt sich auch bei den Bezeichnungen für Menschen feststellen, obgleich sich hier auch einige interessante Besonderheiten zeigen:

Gattung	weiblich	männlich	noch klein
der Mensch	die Frau, die Dame	der Mann, der Herr	das Kind
	das Weib, das Mädchen	der Junge, der Knabe, der Bub(e)	der Säugling

Bei *das Mädchen* (ursprünglich ein Diminutivum zu *Magd*) und *der Säugling* lässt sich ebenso wie bei *der Frischling* in der obigen Tabelle mit Tierbezeichnungen das Genus jeweils auf dasselbe morphologische Prinzip zurückführen: das sog. Letztglied-Prinzip (siehe hierzu im Folgenden). Die Bildung der Diminutiva auf *-chen* oder *-lein* führt in jedem Fall dazu, dass das diminuierte Substantiv im Neutrum steht, und in gleicher Weise führt Wortbildung auf *-ling* dazu, dass ein Maskulinum zugeordnet werden muss. Als Ausnahmen im eigentlichen Sinne können daher nur der Gattungsbegriff *Mensch* und das Wort *Weib* angesehen werden. In ersterem Fall lässt sich das Maskulinum aus der Herkunft des Wortes erklären: Das Wort ist „aus einer Substantivierung des in ahd. *mennisc* (um 800), mhd. *mennisch* ‚menschlich, mannhaft' […] vorliegenden Adjektivs

[…] hervorgegangen, einer Ableitung von dem unter *Mann* (s. d.) behandelten Substantiv" (DWDS s. v. *Mensch*). Der prototypische Mensch ist also, wenn man so will, ein Mann. Bei *Weib* lässt sich hingegen nicht wirklich eine Erklärung für das Neutrum finden, und auch die Etymologie des Wortes ist nicht geklärt (zu den verschiedenen Ansätzen cf. DWB s. v. *weib*). Interessant ist in diesem Zusammenhang, dass auch das Wort *Mensch* im Neutrum eine Frau bezeichnet: „Das im Mhd. auftretende Neutrum […] bezeichnet jedoch seit dem 15. Jh. häufig eine ‚weibliche Person', besonders die ‚Magd', und wird seit dem 18. Jh. durchgehend abwertend gebraucht […]" (DWDS s. v. *Mensch*).

Die Rolle der Semantik bei der Zuordnung von Genus zu Wörtern, die menschliche Wesen bezeichnen, zeigt sich auch bei pejorativen Ausdrücken wie *Schwuchtel* oder *Tunte*. Diese Wörter bezeichnen zwar eindeutig männliche Menschen, die aber der Klasse der Feminina zugeordnet werden, ebenso wie umgekehrt *der Vamp* der Klasse der Maskulina zugeordnet wird.

Außerhalb der Bezeichnung von Lebewesen spielt die Semantik eine wichtige Rolle bei der Zuweisung von Genus innerhalb von Wortfeldern. Mithilfe der Semantik lassen sich diese Felder ordnen: Gewöhnlich ist der Oberbegriff Neutrum, während die Basisbegriffe Maskulinum oder Femininum sind und die Unterbegriffe sich nach dem Genus des Basisbegriffs richten (cf. auch Köpcke/ Zubin 2009: 137 f.). Ein Beispiel dafür ist das Wortfeld ‚Obst': Während *das Obst* ein Neutrum ist, sind alle Obstsorten mit Ausnahme von *Apfel* und *Pfirsich*, die ihr hergebrachtes Genus behalten haben, Feminina, und auch neu hinzukommende „exotische" Obstsorten sind es: *die Ananas, die Dattel, die Feige, die Kumquat, die Litschi* etc. Dass Unterbegriffe das Genus des Basisbegriffs übernehmen, kann man gut am Beispiel der Getränke aufzeigen: Der Basisbegriff *der Wein* führt dazu, dass Weinsorten wie *der Barbera, der Chardonnay, der Müller-Thurgau* etc. ebenfalls Maskulina sind. Im Bereich der Fahrzeuge hilft die semantisch bedingte Genuszuweisung, zwischen Autos und Motorrädern zu unterscheiden: *der BMW* ist ein Auto, *die BMW* hingegen ein Motorrad.

Morphologische und phonologische Prinzipien
Das wichtigste Prinzip im Bereich der Morphologie ist das sog. Letztglied-Prinzip (cf. z. B. Köpcke/Zubin 2009: 139). Es besagt, dass das letzte Element eines Wortes ausschlaggebend dafür ist, welches Genus zugewiesen wird. Dabei kann es sich entweder um ein Wortbildungsmorphem handeln, wie es bei *-chen* in *Mädchen* oder bei *-ling* in *Säugling* vorliegt, oder um das letzte Element eines zusammengesetzten Substantivs wie bei *Flaschenpfand*. Beispiele für Wortbildungsmorpheme, die ein Femininum nach sich ziehen, wären *-heit, -keit, -ung* oder *-erei*: *die Gelassenheit, die Heiterkeit, die Verwendung, die Schreinerei*. Eine gewisse Ausnahme von dieser Regel sind Bildungen auf *Ge-*, die zwar in vielen, aber nicht in allen Fällen auf *-e* enden, so dass hier das Präfix der entscheidende Faktor für die Zuordnung zum Neutrum wird: *Gebirge, Gefälle, Geräusch*. Das Letztglied-Prinzip gilt bei abgeleiteten Substantiven daher nur für die synchrone Wortbildung. Historisch waren auch andere morphologische Prinzipien wirksam;

so sind etwa endungslos aus Verbwurzeln gebildete Substantive durchweg Maskulina (*der Blick, der Gang, der Lauf, der Stand* etc.).

Morphologische Regeln dieser Art finden sich in zahlreichen Sprachen. So sind beispielsweise im Italienischen auf *-zione* abgeleitete Wörter (z. B. *intervenzione* ‚Intervention', *preparazione* ‚Vorbereitung' oder *situazione* ‚Situation') immer feminin, solche auf *-tore* (z. B. *oratore* ‚Redner', *viaggiatore* ‚Reisender' oder *vincitore* ‚Sieger') hingegen immer maskulin.

Für das moderne Deutsche spielt das Letztglied-Prinzip aber ganz besonders bei der Bildung von Komposita eine zentrale Rolle für die Genuszuweisung: *die Autobahn, das Autodach, der Autoschlüssel* etc.

Eher phonologische Prinzipien sind hingegen wirksam, wenn es um die Genuszuweisung bei einsilbigen Wörtern geht; hier gibt die phonematische Struktur den Ausschlag. So ist etwa /kn/ im Onset mit Maskulinum verknüpft, siehe *Knall, Knast, Knirps, Knopf* etc.; die einzige Ausnahme von dieser Regel bildet das Wort *Knie*. Anhand von Experimenten mit Kunstwörtern konnten Köpcke/Zubin (1996: 478) nachweisen, dass sich das Genus eines monosyllabischen Worts je nach der vorliegenden Silbenstruktur mit einer Treffsicherheit von 66–88 % vorhersagen lässt.

▶ **Zum Begriff**

Das **Letztglied-Prinzip** besagt, dass das letzte Element eines Wortes dafür ausschlaggebend ist, welches Genus es hat. Außer Suffixen betrifft dies im Deutschen insbesondere die synchrone Wortbildung und hier besonders die Bildung von Komposita, bei denen immer das am weitesten rechts stehende Wort genusbestimmend ist.

Während morphologische Prinzipien im Deutschen stärker sind als semantische und daher z. B. *Mädchen* trotz des eindeutigen Bezugs auf ein weibliches Lebewesen ein Neutrum ist, ist es in vielen anderen Sprachen genau umgekehrt: Die Bedeutung ist ausschlaggebend dafür, welches Genus zugewiesen wird. Das lässt sich schon im Lateinischen für Substantive wie *agricola* ‚Bauer' oder *nauta* ‚Seemann' zeigen, die formal zur sog. *a*-Deklination der Feminina gehören, aber Maskulina sind. Aber auch beispielsweise im modernen Russischen kann das morphologisch aufgrund seiner Deklinationsklassenzugehörigkeit maskuline *врач* [*vrač*] ‚Arzt' mit femininer Kongruenz verwendet werden und damit die Bedeutung ‚Ärztin' vermitteln, die im Deutschen durch die sog. Movierung des Ausgangsworts (*Arzt > Ärztin*) ausgedrückt werden muss.

Der Begriff **Movierung**, der interessanterweise schon auf das 16. Jahrhundert zurückgeht (zur Begriffsgeschichte cf. Doleschal 2002: 43), bezeichnet ein Wortbildungsverfahren, das zur Veränderung des Genus bei Bezeichnungen für Lebewesen verwendet wird. Dabei wird etwa bei Wörtern, die Berufe, Ämter oder auch Tiere bezeichnen, durch Anfügen des Suffixes *-in* ein Femininum gebildet, das das explizit weibliche Wesen bezeichnet: *Student > Studentin, Kanzler > Kanzlerin, Löwe > Löwin*. Umgekehrt ist insbesondere bei Tieren auch die Movierung eines Femininums zu einem Maskulinum möglich, um ein männliches Lebewesen zu bezeichnen, z. B. *Maus > Mäuserich, Unke > Unkerich*; cf. auch *Hexe > Hexerich* (neben: *Hexer*). Dieses letztere Verfahren wird aber nur selten angewandt, und es finden sich entsprechend nur wenige Beispiele. Auch andere Sprachen mit Genus verfügen über Wortbildungsmittel zur Movierung. So kann man beispielsweise im Englischen zu *actor > actress*, zu *author > authoress* bilden (wobei diese Formen aber mittlerweile unüblich sind), im Italienischen zu *sindaco > sindaca* ‚Bürgermeister(in)' oder zu *professore > professoressa*. Allen Movierungen ist gemeinsam, dass sie das natürliche Geschlecht des damit bezeichneten Individuums festlegen: Eine Ärztin ist immer eine Frau, ein Mäuserich immer ein Männchen. Das ist beim Ausgangswort nicht der Fall, da hier ein sog. **generisches Maskulinum** vorliegen kann: Die *Ärztekammer* vertritt Ärztinnen und Ärzte, während eine *Ärztinnenkammer* nur Ärztinnen vertreten würde. Zu den hiermit verbundenen Problemen siehe ausführlicher im Folgenden (s. u. Exkurs zur Genus-Sexus-Diskussion).

Genus ist zwar eine dem Substantiv inhärente Kategorie, aber sie spiegelt sich wie bereits erwähnt in abhängigen Elementen wie Artikel, attributivem Adjektiv oder bei der pronominalen Wiederaufnahme. Darüber hinaus hat Genus in vielen Sprachen auch Einfluss auf die Form des Verbs. Hier wären romanische Sprachen wie das Italienische zu nennen, wo das Partizip bei Formen wie dem mit *essere* gebildeten *passato prossimo* oder dem Passiv das Genus des Subjekts wieder aufnehmen muss, wie die folgenden Beispiele zeigen:

    ital.   *sono arrivata*

             ich bin angekommen (es spricht eine Frau)

             verrò vaccinato

             ich werde geimpft werden (es spricht ein Mann)

Dieselben Prinzipien zeigen sich auch in slawischen Sprachen.

Abweichungen von der Genuskongruenz kommen im Deutschen dann vor, wenn sich das Genus vom Sexus unterscheidet. Dann kann bei der pronominalen Wiederaufnahme das natürliche Geschlecht den Vorrang übernehmen (sog. *constructio ad sensum*, ‚Konstruktion nach dem Sinn'), auch wenn das grammatisch „falsch" ist. Das kommt umso öfter vor, je weiter das Pronomen vom Bezugswort entfernt ist:

    dt.   *Es war einmal <u>ein kleines Mädchen, das</u> hieß Rotkäppchen. Auf dem Weg zur Großmutter begegnete <u>sie</u> im Wald dem Wolf.*

Wie der lateinische Begriff für das Phänomen vermuten lässt, finden sich Beispiele dafür bereits in der Antike, und tatsächlich ist *constructio ad sensum* für Genus, aber auch für Numerus, sowohl für das Altgriechische als auch für das Lateinische belegt. Der Konstruktionstyp findet sich aber auch in nicht-indoeuropäischen Sprachen wie dem Hebräischen (cf. Lettinga 2017: 230) oder dem Hetitischen (cf. Woodard 2008: 27).

Exkurs: Genus-Sexus-Diskussion
Während Nominalklassen bzw. Genera (zur Terminologie und den möglichen Feinunterscheidungen in diesem Bereich cf. Corbett 1991: 4–6 und Hellinger/ Bußmann 2001: 6) in manchen Sprachen auf Unterscheidungen wie ‚belebt'/ ‚unbelebt' oder ‚vernunftbegabt'/‚nicht vernunftbegabt' basieren, liegt dem Genus in anderen Sprachen im Kern eine Sexus-Unterscheidung zugrunde. Zu diesem letzteren Sprachtyp gehört auch das Deutsche. Da grammatisches Genus stets markiert werden muss, kann man auch über Menschen nur sprechen, indem man ihnen ein Genus zuweist: *die Frau, der Mann*. Was zunächst einfach zu sein scheint, wird schwierig, wenn man nicht nur über eine konkrete Person sprechen möchte. Feminine Formen wie *die Studentin* oder *die Chemikerin* können nur zur Bezeichnung von weiblichen Personen verwendet werden, während mit Maskulina sowohl nur Männer (*der Diplom-Chemiker, den wir neu eingestellt haben*) als auch beide Geschlechter (*als Diplom-Chemiker muss man ein Studium absolviert haben*) bezeichnet werden können. In letzterem Fall spricht man von einem **generischen Maskulinum** oder einer **Neutralisation**. Der Begriff „Neutralisation" kommt ursprünglich aus dem Strukturalismus und drückt aus, dass der Gegensatz zweier zueinander in Opposition stehender Elemente unter bestimmten Bedingungen aufgehoben werden kann. Das beste Beispiel für eine solche Neutralisation ist die sog. Auslautverhärtung im Deutschen: Statt /hʊnd/ spricht man das Wort *Hund* als /hʊnt/ aus, da die Opposition zwischen [d] und [t] im Silbenauslaut zugunsten des merkmallosen (nicht stimmhaften) Phonems aufgehoben wird (anders im Plural: /hʊndə/). Man spricht dann auch von einem **Archiphonem**, das stellvertretend für beide Phoneme stehen kann. Dasselbe Phänomen lässt sich auch auf der Ebene des Wortschatzes beobachten: Wörter wie *Tag* und *Nacht* oder *alt* und *jung* stehen zueinander in Opposition, die aber in bestimmten Kontexten neutralisiert werden kann: *Ich war 14 Tage verreist* schließt das Wort *Tage* die zugehörigen Nächte mit ein, und bei *Das Baby ist zwei Wochen alt* ist der Gegensatz zwischen *alt* und *jung* aufgehoben. In solchen Fällen ist dann parallel zum Begriff „Archiphonem" von einem **Archilexem** die Rede.

Phänomene dieses Typs lassen sich in vielen Sprachen aufzeigen, und auf dieser Grundlage kann man maskuline Personenbezeichnungen als neutralisierbare Formen betrachten und argumentieren, dass *Chemiker* in gleicher Weise weibliche Personen einschließt, wie *Tag* auch *Nacht* inkludieren kann. Das Problem hierbei ist allerdings, dass es immer vom Kontext abhängt, ob ein Wort als neutralisiert zu verstehen ist, und diese Kontexte sind oft alles andere als eindeutig. Darauf, dass Frauen daher nie sicher sein können, ob sie mitgemeint sind oder nicht, hat schon Pusch (1984: 102) hingewiesen. Man kann dies leicht auch an aktuellen Beispielen illustrieren: Wenn in der *Bundesverfassung der Schweizerischen Eidgenossenschaft* in Artikel 59.1 zu lesen ist: „Jeder Schweizer ist verpflichtet, Militärdienst zu leisten", sind damit nur Männer gemeint; es handelt sich also nicht um einen generischen Gebrauch. Aber wenn auf den Webseiten des für diese Wehrpflicht in der Praxis zuständigen Eidgenössischen Departementes für Verteidigung, Bevölkerungsschutz und Sport (VBS 2020) steht: „Als volljähriger Schweizer haben Sie die einzigartige Chance, in der Armee oder im Zivilschutz

2.1 Nominale Kategorien

Dienst zu leisten", dann schließt *volljähriger Schweizer* auch Frauen ein; hier liegt also generischer Gebrauch vor. Um erkennen zu können, ob eine maskuline Personenbezeichnung generisch gebraucht wird, muss man somit über zusätzliche Informationen zum Kontext und zu den Geltungsbedingungen einer Äußerung haben; an der sprachlichen Form selbst ist es nicht erkennbar.

Ein weiteres Problem zeigt sich beim Gebrauch von Pluralformen: Wenn es ausschließlich um Frauen geht, steht das Femininum; kommt ein Mann zur Gruppe hinzu, muss dagegen notwendig das Maskulinum gewählt werden. Mit den *Studentinnen der Universität Zürich* sind nur die dort studierenden Frauen gemeint, mit den *Studenten der Universität Zürich* hingegen normalerweise beide Geschlechter. *Studenten* kann aber auch nur Männer bezeichnen, wie sich beispielsweise in einem Satz wie *In den Naturwissenschaften sind mehr Studenten als Studentinnen immatrikuliert* zeigt. Dasselbe Phänomen lässt sich nicht nur im Deutschen, sondern auch in romanischen, slawischen und anderen Sprachen beobachten.

Nun zeigen aber zugleich Experimente in verschiedenen Sprachen, dass der Gebrauch maskuliner Personenbezeichnungen einen starken Einfluss auf die dadurch ausgelösten Vorstellungen hat: Es werden damit primär Männer – und eben nicht gemischte Gruppen oder gar Frauen – assoziiert (cf. z. B. Braun/Sczesny/Stahlberg 2005, Doleschal/Schmid 2001, Irmen/Kurovskaja 2010, Frank 1992: 130–135 sowie die dort angegebene Literatur). Man kann sich das leicht vergegenwärtigen, wenn man überlegt, wie man auf eine Quiz-Aufgabe wie „Nennen Sie zwei französische Sänger" antworten würde. Vermutlich würde man eher nicht mit „Juliette Gréco und Edith Piaf" und auch nicht mit einer beide Geschlechter umfassenden Antwort wie „Charles Aznavour und Mireille Mathieu" reagieren, sondern zwei Männer benennen, denn das ist das erste, was mit *Sänger* assoziiert wird.

Nicht nur für das Deutsche, sondern auch für andere Sprachen gibt es schon seit geraumer Zeit unterschiedliche Ansätze, um Frauen in der Sprache besser sichtbar zu machen. Dazu gehören:

- die **Doppelnennung** (auch: Splitting) wie in dt. *Leserinnen und Leser*, ital. *le lettrici e i lettori*, russ. читательницы и читатели [*čitatel'nici i čitateli*] etc.
- der Gebrauch **gruppenzusammenfassender Substantive** wie dt. *die Belegschaft*, ital. *il personale*, serb. *osoblja* etc.
- der Gebrauch **genusneutraler Substantive** (engl. *epicene*, cf. Corbett 1999: 67 f.) wie dt. *die Person*, ital. *la persona*, russ. особа [*osoba*] etc.

Vor allem im Deutschen finden sich über die genannten hinaus auch weitere Lösungsansätze. Hierher gehört zum einen der Gebrauch von Partizipien wie in *die Studierenden* (zur Bedeutung dieser Partizipien s. Abschn. 2.2.6.2). Zum anderen wären hier das seit den 1980er Jahren verwendete Binnen-I wie in *StudentInnen* oder aber das Gender-Sternchen, das auch als Gender-Gap oder als Doppelpunkt geschrieben werden kann, zu nennen: *Student*innen* bzw. *Student_innen* oder *Student:innen*. Mit diesen Schreibweisen sollen auch Menschen mit einbezogen werden, die sich nonbinär weder als Mann noch als Frau definieren.

2.1.5 Graduierung (Diminution, Augmentation, Komparation)

Sowohl Substantive als auch Adjektive und in vielen Sprachen zudem auch Verben können graduiert werden, indem der in ihnen ausgedrückte semantische Gehalt als besonders stark vorhanden oder umgekehrt als nur wenig gegeben markiert wird. Dabei handelt es sich um das Verfahren der Diminuierung bzw. Augmentierung, bei Adjektiven auch um Komparation. Bei Verben wären zudem Intensiva und evtl. auch Iterativa zu nennen. Die Voraussetzung dafür, dass das entsprechende Verfahren angewandt werden kann, liegt primär in der Semantik der betroffenen Wörter: Sie müssen graduierbare Bedeutungselemente enthalten. Dieses Prinzip lässt sich gut an Adjektiven wie *tot* oder *rechteckig* illustrieren: Die in ihnen enthaltene Bedeutung ist entweder gegeben oder nicht gegeben, aber sie kann nicht ‚mehr' oder ‚weniger' gegeben sein. Über diese semantische Grundlage hinaus können auch einzelsprachliche morphologische Bedingungen vorliegen, d. h. bestimmte phonotaktische Strukturen können die Graduierung ausschließen (cf. Klimaszewska 1983: 22 f., zitiert nach Bakema/Geeraerts 2004: 1046).

Diminutiva

Als Diminutiva (von lat. *diminuere* ‚vermindern'; eng. *diminutive*) bezeichnet man Substantive, Adjektive oder Verben, bei denen durch eine morphologische Veränderung ausgedrückt wird, dass das Bezeichnete im weitesten Sinne als ‚klein' oder ‚wenig' angesehen wird, also Wörter wie *Bächlein*, *Kindchen* oder *ein bisschen*. Das ebenso mögliche Verfahren, die ‚Kleinheit' analytisch auszudrücken und stattdessen so etwas wie *der kleine Bach* zu sagen, wird gewöhnlich nicht als Diminuierung aufgefasst. Es ist zudem normalerweise mit Diminutiven kombinierbar (cf. *das kleine Bächlein*).

Die Möglichkeit, Diminutive zu bilden, existiert in sehr vielen Sprachen. Dabei können die unterschiedlichsten Bildungsweisen zur Anwendung kommen:

- Präfigierung (z. B. im Japanischen, cf. Körtvélyessy 2014: 312)
- Infigierung (z. B. im Quileute, einer nordamerikanischen Sprache; cf. Moravcsik 2000: 547)
- Suffigierung (wie im Deutschen)
- Reduplikation (z. B. im Malaiischen, cf. Bakema/Geeraerts 2004: 1045)
- submorphemische Verfahren, etwa die Veränderung von Konsonanten (z. B. im Baskischen, cf. Hualde/Ortiz de Urbina 2003: 39).

Bei den sog. submorphemischen Verfahren handelt es sich um Veränderungen innerhalb des Wortes selbst. Ein Beispiel für letzteres Verfahren wäre bask. *zerri* ‚Schwein' > *txerri* ‚Schweinchen' (Bsp. nach Bakema/Geeraerts 2004: 1045). Im Deutschen werden für die Diminuierung Suffixe verwendet. Dabei handelt es sich um *-chen* und das seltenere *-lein*, in verschiedenen Dialekten auch um Varianten davon (*-le*, *-li*, *-el* etc.).

Ob die morphologischen Veränderungen, die bei der Diminuierung erfolgen, als Wortbildungsverfahren oder aber als Flexion anzusehen sind, ist in der Literatur umstritten. In der deutschen Grammatikschreibung werden sie gewöhnlich als Wortbildungsverfahren betrachtet (cf. hierzu auch Hentschel/Weydt ^{5}2021: 189). Indessen geben Bakema/Geeraerts (2004: 1047 f.) zu bedenken, dass nicht nur die in einer Reihe von Sprachen auftretenden submorphemischen Verfahren, sondern auch an die zugrundeliegende Wortart geknüpften Bildungsverfahren sowie der häufig zu beobachtende systematische Genuswechsel eher auf Flexion schließen lassen.

Unabhängig von den morphologischen Prozessen, die bei der Diminuierung zum Tragen kommen und die sich von Sprache zu Sprache sehr unterscheiden können, ist allen Diminutiva gemeinsam, dass sich ihre Bedeutung nicht auf ‚klein' beschränkt, sondern dass sie zugleich eine wertende Komponente enthalten. Hier wäre in erster Linie so etwas wie ‚Zuwendung' zu nennen: Dardano/ Trifone (^{12}2014: 538) sprechen von einem ‚positiven Wert' („un valore positivo"). Ein gutes Beispiel hierfür wäre etwa das Diminutiv *Mäuschen* gegenüber dem Basiswort *Maus*. Während Letzteres Schädlinge bezeichnen kann (cf. *Wir haben Mäuse im Speicher*), kann die diminuierte Form dafür nicht eingesetzt werden (cf. **Wir haben Mäuschen im Speicher*); dagegen ist *Mäuschen* als Koseform verwendbar. Seltener ist ein aus der semantischen Komponente ‚klein' abgeleiteter pejorativer Gebrauch zu beobachten, etwa in einem abwertenden Satz wie *Der hat bestenfalls zwei Aufsätzchen geschrieben*. Bakema/Geeraerts (2004: 1048) setzen darüber hinaus auch Approximation (Bsp. bei ihnen: ndl. *kilootje* ‚etwa ein Kilo') und Relativierung (Bsp. bei ihnen: ndl. *cadeautje* ‚Geschenklein' im Sinne von ‚ein bescheidenes Geschenk') als mögliche Bedeutungsaspekte an. Dass die positive Konnotation überwiegt, zeigt sich aber auch in der Tatsache, dass man in den meisten Sprachen keine oder höchstens ironisch gemeinte Diminutiva von gefährlichen Gegenständen (cf. $^?$*Atombömbchen*) oder Schädlingen (cf. $^?$*Küchenschäbchen*) bilden kann.

Auch von Adjektiven und Verben lassen sich Diminutiva bilden. Solche Diminuierungen sind jedoch seltener zu beobachten, und sie gehören eindeutiger als bei Substantiven in den Bereich der Wortbildung. Beispiele im Bereich der Adjektive wären Farbadjektive wie dt. *grünlich* ‚ein bisschen grün' oder ital. *rossastro* ‚rötlich'. Bei Verben kann man sich das Verfahren im Deutschen an synchron nicht mehr bildbaren Formen wie *husten* > *hüsteln* ‚ein bisschen husten' oder *tanzen* > *tänzeln* ‚ein bisschen tanzen' verdeutlichen. In anderen Sprachen ist auch synchron noch eine Bildung von diminutiven Verben mithilfe verschiedener Affixe möglich, so etwa im Italienischen (z. B. *cantare* ‚singen' > *cantichiare*, etwa: ‚vor sich hinsingen', ‚ein bisschen singen').

Augmentativa

Augmentativa (von lat. *augmentare* ‚vermehren', engl. *augmentative*) bilden den Gegenpol zu Diminutiva: Sie transportieren das semantische Element ‚groß'. Meist wird der Begriff ausschließlich auf entsprechend gebildete Substantive angewendet. Wie bei den Diminutiva kann man die intendierte Bedeutung auch mit analytischen statt morphologischen Mitteln ausdrücken, indem man Adjektive wie ‚riesig‘, im Deutschen auch Wortbildungselemente wie *riesen-* (z. B.: *ein Riesenberg Arbeit*) zu Hilfe nimmt.

Augmentativa im eigentlichen Sinne kennt das Deutsche nicht, sie sind jedoch in anderen indoeuropäischen Sprachen wie beispielsweise dem Italienischen oder dem Serbischen häufig zu beobachten, cf. z. B. serb. *majmun* ‚Affe‘ > *majmunčina*, etwa: ‚Riesenaffe‘ oder *kuća* ‚Haus‘ > *kućetina*, etwa: ‚Riesenhaus‘. Im Italienischen gibt es sogar mehrere unterschiedliche Bildungsmöglichkeiten für Augmentativa, die teilweise miteinander kombinierbar sind, teilweise aber auch verschiedene Funktionen haben, indem sie etwa eine deutlich pejorative Konnotation aufweisen. Zu den Augmentativsuffixen gehören hier beispielsweise (cf. Dardano/Trifone [12]2014: 539 f.):

- *-one* (z. B. *libro* > *librone*, etwa: ‚dickes Buch‘),
- *-accio* (stets pejorativ, z. B. *libro* > *libraccio*, etwa: ‚Machwerk‘),
- *-astro* (pejorativ, z. B. *poeta* > *poetastro*, etwa: ‚Dichterling‘)
etc.

> Das italienische Suffixes *-astro* ist ein gutes Beispiel für die Polyfunktionalität grammatischer Morpheme in flektierenden Sprachen. Seine Funktion ist abhängig von der Wortart, bei der es verwendet wird: Bei Adjektiven wirkt das Suffix weder steigernd noch pejorativ, sondern umgekehrt im weitesten Sinne diminutiv, indem es die Bedeutung abschwächt (cf. z. B. *rosso* > *rossastro* ‚rötlich‘).

Augmentativa scheint übereinzelsprachlich gemeinsam zu sein, dass sie eher eine negative als eine positive Bedeutungskomponente beinhalten. Im Deutschen gibt es nur einige wenige Formen auf *Un-*, die man als Augmenativa im eigentlichen Sinne ansehen kann: *Unmenge, Unsumme, Untiefe*. Im Fall von *Untiefe* ist dabei neben ‚große Tiefe‘ auch die Bedeutung ‚flache Stelle (im Wasser)‘ möglich, die auf der eigentlichen Bedeutung des ursprünglich negierenden Präfixes *un-* beruht. Auch die Präfigierung mit *un-* ist nur bei Adjektiven (*gut* > *ungut*) und Partizipien (*ausgeschlafen* > *unausgeschlafen*) noch produktiv, bei Substantiven zeigen aber Formen wie *Unmensch, Untier* o. Ä. die inhaltliche Nähe der Negation zu einer pejorativen Bedeutung.

Als augmentierte Verben kann man Intensiva und Iterativa (von lat. *iterare* ‚wiederholen‘) auffassen. Dabei handelt es sich um Aktionsarten des Verbs, die einmal eine besonders intensive, einmal eine wiederholte Ausführung der Handlung beinhalten, wobei diese beiden Bedeutungsaspekte ineinander übergehen können. Auch hier sind im Deutschen synchron keine Formen bildbar; historisch handelt es sich aber bei einem Verb wie *schnitzen* (zu *schneiden*, eigentlich:

2.1 Nominale Kategorien

‚intensiv schneiden') um eine solche Bildung. Ein Beispiel für das Lateinische wäre etwa *visitare* ‚besichtigen' (zu *vedere* ‚sehen'), das im deutschen Lehnwort *Visite* enthalten ist.

Als Augmentation im weitesten Sinne kann man auch das in malaiischen Sprachen zu beobachtende Verfahren ansehen, die Bedeutung eines Wortes durch Reduplikation zu verstärken, so z. B.

    tag.   *galit* ‚verärgert' > *galit na galit* ‚wütend'

            mahal ‚lieb haben' > *mahal na mahal* ‚sehr lieb haben'

Komparation

Wenn die Bedeutung eines Adjektivs eine Steigerung erfährt, liegt gewöhnlich eine Komparation (von lat. *comparare* ‚vergleichen', engl. *comparison*) vor. Dabei unterscheidet man den **Komparativ** (die Vergleichsstufe, z. B. *klein > kleiner*, engl. *comparative*) vom **Superlativ** (von lat. *gradus superlativus*, von lat. *gradus* ‚Grad', *super* ‚oben' und *latus* ‚getragen', engl. *superlative*), der höchsten Steigerungsform (z. B. *klein > kleinste*). Die Komparation der im Adjektiv enthaltenen Bedeutung ist in allen Sprachen möglich, sie wird aber mit sehr unterschiedlichen Mitteln durchgeführt. Grundsätzlich gibt es zum Ausdruck des Komparativs folgende typische Möglichkeiten:

- Ein Verb mit der Bedeutung ‚vergleichen' wird verwendet. Dies ist z. B. im Chinesischen der Fall:

    chin.   孩子   比   我   小

            háizi   *bǐ*   *wǒ*   *xiǎo*

            Kind   vergleichen   ich   klein

            ‚Das Kind ist kleiner als ich'

Man könnte diesen Beispielsatz daher sinngemäß auch übersetzen als: ‚Verglichen mit mir ist das Kind klein'.

- Eine Konstruktion mit Ablativ, so dass sich ein Satz mit folgender Bedeutung ergibt: ‚Von mir aus [gesehen] ist das Kind klein'. Diesen Konstruktionstyp findet man beispielsweise im Mongolischen (cf. Gaunt/Bayarmandakh 2004: 163) oder im Türkischen:

    türk.   *çocuk*   *benden*   *küçük*

            Kind   ich-ABL   klein

            ‚Das Kind ist kleiner als ich'

- Beim Adjektiv wird ein freies Morphem mit der Bedeutung ‚mehr' und beim Vergleichsgegenstand wird eine subordinierende Konjunktion („conjonction de subordination", Grevisse [16]2016: 1384) ähnlich dem deutschen *als* eingesetzt, also ‚Das Kind ist mehr klein als ich', so etwa im Französischen:

franz.	*l'enfant*	*est*	*plus*	*petit*	*que*	*moi*
	das Kind	ist	mehr	klein	als	ich

‚Das Kind ist kleiner als ich'

- Das Adjektiv wird morphologisch verändert, beim Vergleichsgegenstand steht ein verknüpfendes Morphem. Dies ist auch das im Deutschen verwendete Verfahren:

dt. *Das Kind ist kleiner als ich.*

Wenn kein Komparativ, sondern ein Superlativ gebildet werden soll, kommt in den meisten Sprachen ein freies Morphem zum Einsatz, so etwa chin. 最 [*zuì*] oder türk. *en*. Aber auch der Artikel kann in Kombination mit dem Komparativ zum Ausdruck bringen, dass ein Superlativ vorliegt, cf. franz. *le plus petit enfant*. Dem stehen morphologische Verfahren gegenüber, wie das Deutsche sie mit *das kleinste Kind* verwendet.

Es kommt auch vor, dass Sprachen zwei verschiedene Formen für die Bildung von Komparativen oder Superlativen verwenden: ein synthetisches und ein analytisches Verfahren. Dabei kann eine von morphologischen oder phonotaktischen Faktoren abhängige Aufteilung vorliegen, so wenn etwa im Englischen die Silbenstruktur für die Wahl des Verfahrens ausschlaggebend ist (cf. *pretty > prettier* vs. *beautiful > more beautiful*). Es kommt aber auch vor, dass beide Bildungsweisen möglich sind und dann ein semantischer Unterschied besteht. Hierfür ist der Superlativ im Italienischen ein Beispiel. Sätze wie *Il bambino è (il) più piccolo* (‚das Kind ist am kleinsten') drücken einen realen Vergleich aus: Es wird Bezug genommen auf andere Kinder, unter denen das beschriebene Kind das kleinste ist. Dem steht *Il bambino è piccolissimo* (etwa: ‚das Kind ist ganz klein') gegenüber, das keinen konkreten Vergleich beinhaltet und nur zum Ausdruck bringt, dass das Kind besonders klein ist. Diese Form wird auch „absoluter Superlativ" genannt (cf. Serianni [23]2019: 212). Im Deutschen spricht man bei der Verwendung eines Superlativs ohne Vergleichsgegenstand von einem **Elativ** (von lat *efferre* ‚erheben', engl. *elative*). Dieser Gebrauch ist im Deutschen eher selten, kommt aber in Kontexten wie *liebste Mutter* oder *mit den besten Wünschen* vor.

2.1.6 Nominale Wortbildung

Die Bildung neuer Wörter aus bereits vorhandenem Wortmaterial spielt im Bereich der sog. offenen Wortarten – offen deshalb, weil hier leicht neue Lexeme in den bestehenden Wortschatz eingefügt werden können – und damit naturgemäß bei den Substantiven und Adjektiven eine bedeutende Rolle. Neben der Übernahme von Wörtern aus anderen Sprachen, wie sie etwa bei *Computer* oder *orange* vorliegt, ist sie die zentrale Quelle zur Erweiterung des Wortschatzes. Daher soll hier kurz auf die Möglichkeiten der Wortbildung in diesem Bereich eingegangen werden. Die dafür grundsätzlich zur Verfügung stehenden Mittel sind:

- Affigierung
- Komposition
- Konversion
- Reduplikation
- Verkürzung (Kurzwortbildung)

Diese Verfahren werden nicht in allen Sprachen im gleichen Umfang genutzt, und auch das Deutsche macht nicht von allen gleichermaßen Gebrauch.

Zur Affigierung zählt neben der Präfigierung und der Suffigierung auch die Infigierung, die für das Deutsche normalerweise ausgeschlossen wird – es sei denn, man interpretiert den seltenen Fall eines ins Wort eingefügten negierenden *-un-* wie z. B. in *ver-un-reinigen* so. Fugenelemente, wie sie z. B. bei *verantwortung-s-los* oder *Arbeit-s-amt* auftreten, werden gewöhnlich nicht als Infixe, sondern als Interfixe angesehen und damit als Elemente, die ausschließlich der Wortbildung dienen und keine eigene Bedeutung tragen (cf. hierzu auch Hentschel 2020: 22). Insgesamt lässt sich aber sagen, dass Infixe in der Mehrheit der Sprachen gegenüber den anderen Affixen eine eher untergeordnete Rolle spielen (cf. Harris/Xu 2006); wenn sie auftreten, scheinen sie mehrheitlich eher der Flexion bzw. Agglutination zu dienen als der Wortbildung. Ein Beispiel für den Gebrauch eines Infixes zur Bildung von Diminutiven im Quileute (einer nordamerikanischen Sprache) beschreibt Blevins (2014: 141).

Der Standardfall im Bereich der Affigierung ist indessen die Verwendung eines Prä- oder Suffixes oder gelegentlich eine Kombination aus beiden (sog. Zirkumfix).

> Da der Übergang zwischen einem Lexem und einem Affix fließend sein kann, findet sich für Affixe mit synchron noch deutlich erkennbarer lexematischer Bedeutung wie z. B. *haupt* in *Hauptsache* oft noch der zusätzliche Begriff „Affixoid" oder „Halbpräfix".

Präfixe werden in vielen Sprachen, so auch im Deutschen, vor allem zur **Modifikation** (von lat. *modificare* ‚umformen', engl. *modification*) verwendet. Damit sind Veränderungen gemeint, bei denen die Wortart erhalten bleibt, aber eine neue Bedeutung entsteht. Beispiele hierfür wären etwa *Wort* > *Vorwort* oder *funktional* > *dysfunktional*. Wie das Beispiel *dysfunktional* zeigt, können auch entlehnte Morpheme zur Wortbildung eingesetzt werden.

Demgegenüber können Suffixe sowohl zur Modifikation (wie in dt. *grün > grünlich* oder mongol. *nogoon > nogoonohon* (‚grün > grünlich', Bsp. nach Gaunt/ Bayarmandakh 2004: 186) als auch zur **Derivation** (von lat. *derivare* ‚ableiten', engl. *derivation*) verwendet werden, also zur Bildung neuer Wörter bei gleichzeitiger Veränderung der Wortart. Je nachdem, welche Wortart in welche andere überführt werden soll, stehen dafür zahlreiche, auf die jeweilige Veränderung spezialisierte Suffixe zur Verfügung. So leitet beispielsweise im Deutschen unter anderem das Suffix *-ig*, im Italienischen das Suffix *-oso* aus Substantiven Adjektive ab: *Creme > cremig, crema > cremoso*. Umgekehrt können Suffixe wie *-heit* oder *-ezza* aus Adjektiven Substantive bilden, z. B. *schön > Schönheit, bello > bellezza*. Aber natürlich sind auch Derivationen aus anderen Wortarten in Substantive, Verben oder Adjektive möglich, cf. z. B. türk. *güldürmek* ‚zum Lachen bringen' > *güldürücü* ‚witzig' oder *okumak* ‚lesen' > *okuyucu* ‚Leser/in' etc.

Eine eigene Klasse stellen in diesem Kontext Suffixe zur Bildung von Adverbien dar. Während im Deutschen adverbial gebrauchte Adjektive endungslos sind und damit auch die Wortart unverändert bleibt, wird die syntaktische Funktion in vielen anderen Sprachen durch eine entsprechende Endung markiert, die das Adjektiv zugleich in die Klasse der Adverbien überführt. Beispiele hierfür wären etwa engl. *nice > nicely*, franz. *douce > doucement* oder türk. *iyi > iyici* ‚gut'.

Eng verwandt mit der Affigierung ist das Verfahren der **Komposition** (von lat. *componere* ‚zusamensetzen', engl. *composition*). Der Unterschied besteht nur darin, dass im Fall der Affigierung ein Element mit synsemantischer Bedeutung angefügt wird, während es bei der Komposition ein Element mit lexikalischer Bedeutung ist. Der Übergang zwischen Lexem und Affix kann allerdings fließend sein, so dass man nicht immer eine klare Grenze ziehen kann. Aber die Komposition im Sinne einer einfachen Zusammenfügung selbständiger Wörter wie z. B. *Wahl* und *Kampf* zu *Wahlkampf*, *Wahlkampf* und *Plakat* zu *Wahlkampfplakat* etc., die für das Deutsche so typisch ist, ist in vielen Sprachen nicht möglich. Stattdessen müssen syntaktische Konstruktionen gewählt werden, indem das Determinans (das Element, das das andere genauer bestimmt, z. B. *Wahl* in *Wahlkampf*) beispielsweise als Adjektiv realisiert wird (z. B. franz. *campagne électorale*). Es kann aber auch ein zweites Substantiv mit einer Präposition angefügt werden (z. B. franz. *affiche de campagne électorale*) oder es können grammatische Affixe zum Einsatz kommen (z. B. türkisch *seçim kampanyası*, wörtlich: ‚Wahl Kampagne-ihre').

Die einfachste Methode der Wortbildung besteht in der **Konversion** (von lat. *convertere* ‚verwandeln', engl. *conversion*). Unter Konversion im engeren Sinne versteht man die Umwandlung einer Wortart in eine andere, ohne dass dabei morphologische Veränderungen vorgenommen werden müssen. Naturgemäß ist das in isolierenden Sprachen, die ohnehin keine morphologischen Veränderungen vornehmen, besonders einfach, so dass man mitunter bei einem einzelnen Wort nicht immer sagen kann, welcher Wortart es primär angehört. Im Englischen ist

Konversion ein häufiges Verfahren der Wortbildung, wobei es sich meist um die Konversion von Substantiven zu Verben handelt (cf. *bomb > to bomb, to walk > walk* etc.). Aber auch in Sprachen wie dem Deutschen lassen sich Konversionen beobachten. So ist beispielsweise *essen* in *Das Essen ist fertig* ganz sicher kein Verb mehr, sondern ein Substantiv, auch wenn es sich in der Form nicht vom Infinitiv des Verbs unterscheidet. Insbesondere die Konversion von Verben zu Substantiven findet sich auch in anderen Sprachen, so etwa im Italienischen (z. B. *essere* ‚sein' > *un essere umano* ‚ein menschliches Wesen').

Unter **Reduplikation** (von lat. *reduplicare* ‚verdoppeln', engl. *reduplication*) versteht man die Verdoppelung von Wörtern und Silben, wobei möglicherweise auch Veränderungen im Vokalismus oder Konsonantismus auftreten. Im Deutschen finden sich nur wenige Beispiele dafür, dass dieses Verfahren zur Wortbildung angewandt wird; hierher gehören *Krimskrams*, *Wirrwarr* oder *Zickzack*. Aber in den Sprachen der Welt ist das Verfahren durchaus häufig anzutreffen. Es kann dabei verschiedene Funktionen übernehmen und sowohl der Modifikation als auch der Derivation dienen (cf. Rubino 2005: 19–22), darüber hinaus aber auch grammatische Funktionen wie etwa die der Pluralbildung übernehmen (cf. Rubino 2013).

Verkürzungen aller Art stellen schließlich eine weitere Möglichkeit dar, die allerdings im Standardfall voraussetzt, dass zuvor schon ein komplexes Wort oder auch ein Syntagma vorhanden war. Die wohl am weitesten verbreitete Art der Verkürzung ist das **Akronym** (auch: Initialwort), das aus den Anfangsbuchstaben der Basis gebildet wird wie z. B. NATO/OTAN für *North Atlantic Treaty Organization* bzw. *Organisation du traité de l'Atlantique Nord*. Gelegentlich werden auch nur Teile der Basis reduziert, wie dies etwa im deutschen Wort *U-Bahn* (für *Untergrundbahn*) der Fall ist. Daneben ist aber auch die **Trunkierung** weit verbreitet, ein Verfahren, bei dem entweder der Anfang (z. B. dt. *Autobus > Bus*; cf. das ebenso gebildete engl. bzw. ital. *bus*) oder das Ende eines Wortes (z. B. engl. *limousine > limo*) weggelassen werden. Als **Kontamination** bezeichnet man schließlich die aus Verkürzungen hervorgehende Verschmelzung von zwei oder mehr Wörtern wie z. B. in ital. *postale + telegrafico + telefonico > postelegrafonico* ‚posttelegrafisch'.

2.2 Verbale Kategorien

Verben können in Sprachen, die an ihren Wörtern morphologische Veränderungen vornehmen, oft eine sehr große Zahl an grammatischen Kategorien ausdrücken: die meist mit dem Numerus verknüpfte Kategorie ‚Person', die Einordnung des zeitlichen Verlaufs des Ereignisses (Tempus), die Art des Geschehens (Aspekt), die Gültigkeitsbedingungen (Modus) und die Anzahl und Rolle der beteiligten Argumente (Genus Verbi). Darüber hinaus sind auch Verbformen weit verbreitet, in denen die Kategorie ‚Person' nicht realisiert ist (infinite Verbformen).

2.2.1 Person und Numerus

Die Kategorie ‚Person' bezieht sich auf die sprechende, die angesprochene und die sog. dritte Person, über die gesprochen wird. Diese drei Personen können auch durch Pronomina ausgedrückt werden, und in manchen Sprachen muss das Verb dann keine weiteren Veränderungen mehr vornehmen. Ebenso kann es aber sein, dass das Pronomen verzichtbar ist und die Person nur durch das Verb ausgedrückt wird – und schließlich gibt es auch den Fall, dass beides nötig ist oder dass umgekehrt weder ein Pronomen noch eine morphologische Veränderung des Verbs immer notwendig ist (s. Abschn. 1.3 zu Pro-Drop). Letzteres wäre etwa im Chinesischen der Fall, während der regelmäßige Verzicht auf das Pronomen sich beispielsweise im Serbischen oder auch im Italienischen beobachten lässt (cf. z. B. serb. *mislim*, ital. *penso* ‚[ich] denke'). Im Deutschen ist hingegen sowohl die Markierung des Verbs als auch der Gebrauch des Pronomens obligatorisch.

Die Markierung der Person kann sich auch bei den Verbformen fest mit dem Numerus verbinden, so dass die Anzahl der Formen für eine Person davon abhängt, wie viele Numeri es in der jeweiligen Sprache gibt. Entsprechend haben beispielsweise Sprachen mit einem Dual für jede Person drei verschiedene Verbformen. Als Beispiel kann etwa das Slowenische angeführt werden, wo zwischen Singular (beispielsweise in der 1. Person: *hočem* ‚ich will'), Dual (z. B. *hočeva* ‚wir beide wollen') und Plural (z. B. *hočemo* ‚wir [mehr als zwei] wollen') unterschieden werden muss.

Insbesondere für flektierende Sprachen ist es auch typisch, dass die Personalendungen der Verben nicht in allen Tempora gleich sind; aber auch in agglutinierenden Sprachen kommt so etwas vor. Im Deutschen hat beispielsweise die 3. Person Singular im Präsens ein *-t* (z. B. *kommt*), während sie im Präteritum endungslos ist (*kam*). Im Türkischen wird die 1. Person Plural in den meisten Tempora mit *-iz*, in einem Vergangenheitstempus aber mit *-ik* ausgedrückt. Hier zeigt sich, dass nicht nur Person und Numerus, sondern auch Person und Tempus miteinander verknüpft sein können.

2.2.2 Tempus

Als **Tempus** (Plural: Tempora, von lat. *tempus* ‚Zeit', engl. *tense*) bezeichnet man den Ausdruck zeitlicher Verhältnisse mithilfe eines Verbs. Nicht alle Sprachen sehen diese Art von Markierung vor, denn man kann die zeitlichen Relationen ja auch durch Adverbien wie z. B. *vorher, jetzt* oder *danach* zum Ausdruck bringen, ohne dafür das Verb zu verändern. Wenn Veränderungen am Verb erfolgen, so gibt es dafür zwei Möglichkeiten: Sie können synthetisch sein, also durch Veränderungen der grundlegenden Verbform vorgenommen werden, oder mithilfe zusätzlicher Elemente wie etwa Hilfsverben und damit analytisch (auch: morphosyntaktisch) gebildet werden. Ein Beispiel für synthetische Tempusbildung im Deutschen wäre *sprang*, eines für analytische Tempusbildung *bin gesprungen*.

2.2 Verbale Kategorien

Man kann innerhalb der Tempusbildung nicht nur nach formalen Kriterien (wie eben synthetisch vs. analytisch), sondern auch auf der Basis verschiedener semantischer Aspekte differenzieren. Hierzu gehört die grundlegende Unterscheidung zwischen absoluten und relativen Tempora.

absolutes Tempus	relatives Tempus
nimmt Bezug auf den Sprechzeitpunkt	nimmt Bezug auf einen anderen Zeitpunkt

Absolutes Tempus
Ein absolutes Tempus stellt einen Bezug zwischen dem im Gesagten ausgedrückten Ereitnis und dem Zeitpunkt dar, zu dem es geäußert wird; man nennt diesen Zeitpunkt auch **S** (für **Sprechzeitpunkt**). In einem Satz wie *Sie sagte: „Ich bin krank"* wird das Ereignis ‚Kranksein' automatisch auf den in *sagte* enthaltenen Sprechzeitpunkt bezogen, also auf einen Zeitpunkt in der Vergangenheit. Das Präsens ist somit ein absolutes Tempus, bei dem der Zeitpunkt des Ereignisses (der **Ereigniszeitpunkt E**) mit dem Sprechzeitpunkt S zusammenfällt.

Ein absolutes Tempus muss aber natürlich keinen Zusammenfall von Ereigniszeitpunkt E und Sprechzeitpunkt S ausdrücken; es kann auch sein, dass E vor oder nach S stattfindet. Wenn E vor S liegt, so spricht man meist unter Verwendung des englischen Begriffs von *absolute past* (etwa: ‚**absolute Vorzeitigkeit**'). Man kann diese Relation mithilfe eines Zeitstrahls folgendermaßen darstellen:

————E————S————>

Ein Beispiel für so ein Tempus im Deutschen ist das Präteritum. Aus einem Satz wie *Wir frühstückten ausgiebig* kann man ableiten, dass das Frühstück zu dem Zeitpunkt, als darüber gesprochen wird, bereits in der Vergangenheit liegt. Ob davor, danach oder auch gleichzeitig noch andere Ereignisse stattfanden, ist dafür irrelevant.

Demgegenüber spricht man von *absolute present* (**absoluter Gleichzeitigkeit**), wenn über ein Ereignis gesprochen wird, das zum Zeitpunkt des Sprechens gerade stattfinden. Auf dem Zeitstrahl fallen E und S dann zusammen:

————E simul S————>

(Das lateinische Wort *simul* bedeutet ‚gleichzeitig'.)

Wie bereits weiter oben gesagt wurde, ist auch das deutsche Präsens hierfür ein Beispiel. Der Satz *Ich bin krank* bedeutet, dass das Kranksein zum Sprechzeitpunkt vorliegt, unabhängig davon, zu welchem Zeitpunkt die Äußerung gemacht wird.

Absolute Nachzeitigkeit (*absolute future*) schließlich liegt bei einem Tempus vor, mit dem über ein Ereignis gesprochen wird, bevor es stattfindet. Die Darstellung auf dem Zeitstrahl sieht entsprechend so aus:

————S————E————>

Im Deutschen steht für diese Art der zeitlichen Bezugnahme das Futur zur Verfügung. In einem Satz wie *Wir werden ja sehen* kommt klar zum Ausdruck, dass das Ereignis (das Sehen) erst nach dem Sprechzeitpunkt stattfinden wird.

Relatives Tempus
Anders liegt der Sachverhalt bei einem relativen Tempus. Ein solches Tempus stellt einen Bezug zwischen dem Ereignis E und einem anderen Zeitpunkt dar, der meist mit **B** (für **Bezugszeitpunkt**, manchmal auch: Betrachtzeitpunkt) oder auch mit **R** (für engl. *reference point*) abgekürzt wird. Ob das Ereignis dabei vor, nach oder gleichzeitig mit dem Bezugszeitpunkt stattfindet, ist damit noch nicht festgelegt und hängt vom konkreten Tempus in der jeweiligen Sprache ab. Auch dieser Tempustyp findet sich im Deutschen, wo etwa das Plusquamperfekt oder auch das Futur II zum Ausdruck bringen, dass ein Ereignis vor einem Bezugszeitpunkt stattgefunden hat:

Alle hatten längst zu Abend gegessen [*als ich endlich ankam*].
[*Bis ich endlich ankomme*] *werden bestimmt alle längst zu Abend gegessen haben.*

Hier drückt das Tempus aus, dass das Ereignis ‚Abendessen' zeitlich vor einem anderen Ereignis (im Beispiel der Ankunft der sprechenden Person) stattgefunden hat. Dabei liegt der Sprechzeitpunkt im Plusquamperfekt nach, im Futur II vor den beiden anderen Punkten, während der Bezugszeitpunkt B (im Beispiel: die Ankunft der sprechenden Person) stets nach dem Ereignis E (dem Abendessen) liegt.

Plusquamperfekt:

Futur II:

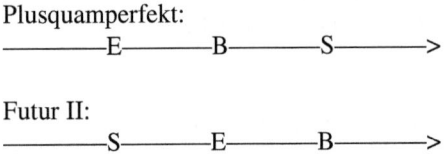

Vergangenheits-, Gegenwarts- und Zukunftstempora
Eine weitere semantische Unterscheidungsmöglichkeit von Tempora besteht darin, sie nach der in ihnen ausgedrückten Zeit zu kategorisieren: Beziehen sie sich auf Gegenwärtiges, Vergangenes oder Zukünftiges? Dabei ist interessant zu beobachten, dass viele Sprachen in ihren Tempora eine grundlegende Unterscheidung in zwei Bereiche vornehmen, die entweder eine Trennung zwischen Vergangenheit und Nicht-Vergangenheit oder zwischen Zukunft und Nicht-Zukunft betrifft. Die Verbform sagt dann beispielsweise nur etwas darüber aus, ob das Ereignis in der Gegenwart oder aber zu einem anderen Zeitpunkt, also zuvor bzw. danach stattfindet; entsprechend kann umgekehrt ein „Nicht-in-der-Zukunft"-Tempus sowohl etwas beschreiben, was in der Gegenwart passiert, als auch etwas aus der Vergangenheit (cf. hierzu ausführlicher Vellupilai/Hentschel 2009: 428). Hingegen nehmen die Tempora anderer Sprachen, so auch die des Deutschen, komplexere Unterscheidungen vor.

Wenn man die Tempora des Deutschen danach kategorisiert, auf welchen Zeitraum sie jeweils Bezug nehmen, erhält man die folgenden Zuordnungen:

2.2 Verbale Kategorien

Gegenwartstempus	Vergangenheitstempus	Zukunftstempus
Präsens	Präteritum	Futur
	Perfekt	Futur II
	Plusquamperfekt	
	Doppelperfekt	
	Doppelplusquamperfekt	

Diese Tempora sind sprachgeschichtlich unterschiedlich alt. Am ältesten sind Präsens und Präteritum, deutlich jünger sind Perfekt und Plusquamperfekt sowie die Doppelformen Doppelperfekt und Doppelplusquamperfekt. Auch die beiden Futurformen sind sprachgeschichtlich noch sehr jung (zur Geschichte des Futurs cf. Bogner 2009).

Präsens
Viele, aber nicht alle Tempora des Deutschen haben Entsprechungen in anderen Sprachen. Ein sprachübergreifend besonders häufig anzutreffendes Tempus ist das bereits erwähnte absolute Präsens, das Gleichzeitigkeit mit dem Sprechzeitpunkt ausdrückt; auch das deutsche Präsens (von lat. *praesens* ‚gegenwärtig') fällt in diese Kategorie. Ein relatives Präsens kennt das Deutsche hingegen nicht, zumindest nicht als finite Verbform. Jedoch kann das Partizip Präsens auch Gleichzeitigkeit mit anderen Zeitpunkten als dem Sprechzeitpunkt ausdrücken, so etwa in einem Satz wie *Er lief lachend in sein Verderben*: Hier findet das Lachen gleichzeitig mit dem Laufen statt, das durch das Präteritum in einer Vergangenheit verankert ist, über die von einem späteren Zeitpunkt aus gesprochen wird.

Auch wenn die Grundbedeutung des Präsens ‚Gleichzeitigkeit mit dem Sprechzeitpunkt' ist, wird es in vielen Sprachen darüber hinaus auch zum Ausdruck der Vergangenheit oder der Zukunft verwendet. Die Funktion des Tempus ist dann, dass ein vergangenes oder auch ein künftiges Ereignis als ‚zum Sprechzeitpunkt gültig' markiert werden soll. Dem deutschen

dt.   *Der Zug geht morgen um 10*

entspricht daher:

engl.   *The train leaves tomorrow at 10*
ital.   *Il treno parte domani alle 10*
serb.   *Voz polazi sutra u 10*
türk.   *Tren yarın 10'da kalkıyor*
etc.

In allen diesen Sprachen wird gleichermaßen ein Präsens für das mit *morgen* (bzw. *tomorrow, domani, sutra, yarın*) ja eindeutig als zukünftig markierte Geschehen verwendet.

Umgekehrt kann auch vergangenes Geschehen, etwa ein historisches Ereignis, durch den Gebrauch des Präsens als zum Sprechzeitpunkt noch gültig markiert werden, so etwa in:

dt. *Amelia Erhart überfliegt 1931 als erste Frau den Atlantik.*

Möglich ist auch, dass die sprechende Person das Geschehen im Interesse einer besonders lebendigen Schilderung in die Gegenwart verlagert, indem sie das Präsens verwendet: *Komm' ich da gestern nach Hause...* Auch diese Funktionen sind keineswegs auf das Deutsche beschränkt, sondern kommen ebenso in anderen Sprachen vor, z. B.

engl. *Amelia Erhart becomes the first woman to fly solo across the Atlantic Ocean.*

Präteritum und Imperfekt
Ein **Präteritum** (von lat. *praeteritum* ‚das Vergangene'; im Englischen als *past tense* bezeichnet), wie es in vielen Sprachen zu finden ist, ist ein „E vor S"-Tempus. Es zeigt an, dass das beschriebene Ereignis vor dem Sprechzeitpunkt liegt. Im Deutschen sind Präteritum und Präsens die sprachgeschichtlich ältesten Tempora, und mit der zunehmenden Verdrängung des Präteritums durch das Perfekt (siehe hierzu ausführlicher im Folgenden) hat sich das Präteritum in vieler Hinsicht zu einem Tempus entwickelt, das in der gesprochenen Sprache nur noch regional gebräuchlich und ansonsten vor allem als Erzähltempus für die geschriebene Sprache typisch ist: Der Sprechzeitpunkt ist dann zugleich der Betrachtzeitpunkt, von dem aus die Geschichte als ‚vergangen' geschildert wird.

Wichtig ist die Unterscheidung zwischen Präteritum und **Imperfekt** (engl. *imperfect*, von lat. *imperfectum* ‚unvollendet', engl. *imperfect*). Unter dem Einfluss der lateinischen Grammatikschreibung wurde das Präteritum des Deutschen in der Vergangenheit oft als „Imperfekt" bezeichnet, ohne dabei der Tatsache Rechnung zu tragen, dass es sich bei den beiden Tempora – dem lateinischen Imperfekt und dem deutschen Präteritum – keineswegs um denselben Typ von Tempus handelt. Ein Imperfekt, wie es beispielsweise in auch in modernen romanischen Sprachen zu finden ist, ist zwar ebenfalls ein Vergangenheitstempus mit der Grundbedeutung ‚E vor S'. Jedoch enthält es darüber hinaus noch eine wichtige aspektuelle Bedeutung: Es besagt, dass das Ereignis zu dem Zeitpunkt, als es stattfindet, nicht abgeschlossen ist. Daher muss beispielsweise in einem Satz wie *Als wir frühstückten, klingelte es an der Tür*, der im Deutschen zweimal ein Präteritum enthält, in romanischen Sprachen wie z. B. im Französischen einmal ein Imperfekt, einmal ein Perfekt stehen: *Alors que nous prenions* [Imperfekt] *le petit-déjeuner, on a sonné* [passé composé] *à la porte*. Während der zu diesem Zeitpunkt andauernden, nicht abgeschlossenen Handlung des Frühstückens findet ein weiteres Ereignis statt.

Perfekt
Das Tempus **Perfekt** (von lat. *perfectum* ‚vollendet', engl. *perfect*) ist grundsätzlich dadurch definiert, dass es weder als absolutes noch als relatives Tempus eingeordnet werden kann, sondern so etwas wie ein Hybrid aus beidem ist: Es beschreibt Ereignisse, die vor einem anderen Zeitpunkt (Sprech- oder Bezugszeitpunkt) stattgefunden haben, aber zu diesem Zeitpunkt noch relevant sind und die sich damit, wenn man so will, zugleich auch auf diesen zweiten Zeitpunkt erstrecken. Bybee/Perkins/Pagliuca (1994: 54) haben für diese Art von Tempus die Bezeichnung **Anterior** gewählt. Wegen dieser andauernden Gültigkeit des Ereignisses oder seiner Folgen wird das Perfekt gelegentlich auch als **resultatives Tempus** bezeichnet. Daneben lässt es aber auch eine **experientielle** Lesart zu (cf. hierzu ausführlicher Dahl/Velupillai 2013), bei der das Tempus sich auf einen bestimmten Typ von Ereignis bezieht wie etwa in *I've seen worse things in my life* (Bsp. nach ibd.).

Gut erkennbar ist der aspektuelle Bedeutungsaspekt des Perfekts in Sprachen, die neben dem Perfekt auch ein anderes, nicht imperfektives Vergangenheitstempus haben, das dieselbe Relation von S und E beinhaltet. Dies ist beispielsweise im Italienischen der Fall, wo neben dem *passato prossimo* (dem italienischen Perfekt) auch das *passato remoto* existiert. Während das *passato prossimo* „einen abgeschlossenen Sachverhalt in der Vergangenheit ausdrückt, der aber noch eine Beziehung zur Gegenwart hat, oder weil das beschriebene Ereignis in die Gegenwart andauert", gilt für das *passato remoto*, das es „eine in der Vergangenheit abgeschlossene Handlung anzeigt, unabhängig von ihren möglichen Bezügen zur Gegenwart" (Dardano/Trifone [12]2014: 322; im Original: „[…] esprime un fatto compito nel passato, ma che ha una qualche relazione con il presente, o perché l'evento descritto perdura nel presente" und „[…] indica un'azione conclusa nel passato, prescindendo dai suoi eventuali rapporti con il presente").

In vielen Sprachen, so auch im Deutschen, sind die Verhältnisse zwischen dem Perfekt und den anderen Vergangenheitstempora indessen nicht so eindeutig. Im Deutschen hängt dies damit zusammen, dass das sprachgeschichtlich deutlich jüngere Perfekt schon seit geraumer Zeit dabei ist, das ältere Präteritum zu verdrängen und es auch schon in großen Teilen des deutschen Sprachraums erfolgreich verdrängt hat. Südlich einer gedachten Grenze, die oft als Präteritumslinie (auch: Präteritalgrenze oder Präteritumschwundlinie) bezeichnet wird und die sich etwa auf der Höhe von Frankfurt von Westen nach Osten durch Deutschland zieht, existiert das Präteritum in der gesprochenen Sprache entweder gar nicht mehr oder nur noch bei einzelnen, besonders frequenten Verben; aber auch nördlich davon wird es seltener gebraucht als das Perfekt (cf. hierzu ausführlich Fischer 2018). Das Phänomen, dass sich das Perfekt zu einem einfachen Vergangenheitstempus entwickelt, ist dabei keineswegs auf das Deutsche beschränkt, sondern lässt sich ganz ähnlich auch in anderen Sprachen wie Französisch oder Italienisch und auch nicht-verwandten Sprachen wie Türkisch beobachten (cf. Bybee/Perkins/Pagliuca 1994: 52; Lehmann 1995: 29; Haan 2011: 456–457).

Entstehung des Perfekts in indoeuropäischen Sprachen
Wenn man die analytische Perfektbildung im Deutschen und in verwandten Sprachen näher betrachtet, stellt man ein einheitliches Muster fest: Das Tempus wird entweder mit dem Verb für ‚sein' oder dem für ‚haben' und einem Partizip

gebildet; in einigen Sprachen werden auch beide Verben benutzt. Dabei ist die Entstehung der Perfektbildung mit ‚sein', die z. B. in slawischen Sprachen die einzige Möglichkeit darstellt, leicht zu erklären: Man sagt so etwas wie ‚Sie ist eine weggegangene' oder ‚der Brief ist ein angekommener', verwendet also zusammen mit dem Verb ein Partizip Perfekt Aktiv. Entsprechend kongruieren die Partizipien in diesen Fällen mit Numerus und Genus des Subjekts, cf. serb. *pismo je stiglo* ‚der Brief ist angekommen' oder ital. *Monia se n'è andata* ‚Monia ist weggegangen'. Wie sich zeigt, wird in diesen beiden Beispielen auch im Deutschen das Verb *sein* zur Perfektbildung verwendet.

Daneben gibt es aber auch die Perfektbildung mit ‚haben', wie sie in ital. *l'ho vista* oder der deutschen Entsprechung *ich habe sie gesehen* vorliegt. Hier ist der Entstehungshintergrund der Form eine anderer: Sie ist aus einer transitiven Konstruktion entstanden. Ursprünglich war hier also die Existenz eines Objekts Voraussetzung. Oft wird zur Erläuterung des der Entstehung der Form zugrundeliegenden Vorgangs das lateinische Beispiel *habeo epistolam scriptam* ‚ich habe einen Brief geschrieben' angeführt, das man wörtlich als ‚ich habe einen geschriebenen Brief' übersetzen kann. Der Zusammenhang zwischen Partizip und Objekt wird dabei auch an der Form sichtbar: Das Partizip kongruiert mit dem Objekt (hier: Akkusativ Singular Femininum, ausgedrückt durch die Endung *-am*). In modernen romanischen Sprachen ist diese Kongruenz noch partiell erhalten: Immer dann, wenn das Objekt ein Pronomen ist, das dann stets dem Verb vorangestellt wird, kongruiert das Partizip in Genus und Numerus, cf.

ital.	(*La lettera*)	*l'ho*	*scritta*	
	(den Brief-F)	ich-habe	geschrieben-F	
franz.	(*La lettre*)	*je*	*l'ai*	*écrite*
	(den Brief-F)	ich	habe	geschrieben-F

In Sprachen wie dem Deutschen oder dem Englischen hat das *haben*-Perfekt das *sein*-Perfekt weitgehend oder auch so gut wie ganz (so im Englischen, wo sich nur noch Formen wie *she is gone* finden) verdrängt und kommt daher nicht nur bei transitiven Konstruktionen vor. Diese anscheinend besonders in den europäischen Sprachen verbreitete Art der Perfektbildung findet sich sonst selten, hat aber offenbar eine Parallele im Kantonesischen (cf. Heine/Kuteva 2002: 245).

Für das Deutsche lässt sich zeigen, dass bei semantisch als perfektiv gelesenen intransitiven Verben wie *aufwachen*, *erblühen*, *platzen*, *sterben* oder *sinken* systematisch anstelle des *haben*- das *sein*-Perfekt gebraucht wird. Das wird besonders bei Verben deutlich, die unterschiedliche Aspekte desselben Vorgangs ausdrücken, cf. z. B. *ich bin aufgewacht* vs. *ich habe gewacht, die Tulpe ist erblüht* vs. *hat geblüht, das Haus ist verbrannt* vs. *hat gebrannt* etc. Darüber hinaus findet *sein* auch bei hochfrequenten Verben wie *sein* und *werden* Verwendung, wo sich somit die ältere Bildungsweise erhalten hat, und ebenso bei der Mehrheit der Bewegungsverben. Auch im letzteren Fall kann man aber zeigen, dass semantische Faktoren insbesondere bei weniger frequenten Verben eine ausschlaggebende

Rolle für die Wahl des Hilfsverbs spielen, cf. *Sie ist quer über die Bühne getanzt* (abgeschlossene Handlung) vs. *Sie hat die ganze Nacht getanzt* (andauernde Handlung; cf. hierzu ausführlicher Hentschel/Weydt ⁵2021: 49–51).

Plusquamperfekt und Doppeltempora
Das moderne **Plusquamperfekt** (von lat. *plus quam perfectum* ‚mehr als abgeschlossen', engl. *pluperfect* oder *past perfect*) wird in den indoeuropäischen Sprachen fast durchweg analytisch gebildet, oft sogar „superkomponiert" (cf. Dahl 2008: 287), also mit mehr als einem Hilfsverb. Historisch gab es jedoch auch synthetische Formen, wie sie sich im Lateinischen finden und die teilweise, so etwa im Rumänischen oder im Portugiesischen, noch erhalten sind (cf. ibd.). Aber auch einige nicht-indoeuropäische Sprachen wie z. B. das Türkische kennen ein Plusquamperfekt.

Unabhängig von der Bildungsweise ist dem Plusquamperfekt in allen Sprachen gemeinsam, dass es sich um ein relatives Tempus handelt, das ein Ereignis E vor dem Sprechzeitpunkt S sowie vor einem anderen, ebenfalls vergangenen Bezugspunkt B verankert:

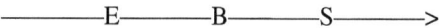

Das analytische Plusquamperfekt kann auf zwei verschiedene Arten gebildet werden: Parallel zum Perfekt, indem das Tempus des finiten Verbs, das im Perfekt ja ein Präsens ist, in ein synthetisches Vergangenheitstempus umgewandelt wird, oder aber indem zwei Partizipien verwendet werden, das des Hilfsverbs und das des Vollverbs bzw. anders ausgedrückt: indem das Hilfsverb in ein analytisches Vergangenheitstempus gesetzt wird (im Französischen auch als *passé surcomposé* bezeichnet). So entstehen Formen wie die Folgenden (die deutschen, französischen und serbischen Sätze haben jeweils dieselbe Bedeutung):

Plusquamperfekt (Hilfsverb in synthetischem Vergangenheitstempus):

dt.	*Das hatte sie ihm gesagt.*
franz.	*Elle le lui avait dit.*
serb.	*To mu beše rekla.*

Doppelperfekt (Hilfsverb in analytischem Vergangenheitstempus):

dt.	*Das hat sie ihm gesagt gehabt.*
franz.	*Elle le lui a eu dit.*
serb.	*To mu je bila rekla.*

Insbesondere in der gesprochenen Sprache und meist eher als Substandard angesehen kennen auch andere Sprachen solche Formen, so z. B. das Italienische.
Neben den mit dem Perfekt des Hilfsverbs gebildeten Formen sind auch solche mit dem Präteritum oder Imperfekt beobachten, so etwa:

dt. *Das hatte sie ihm gesagt gehabt.*
franz. *Elle le lui avait eu dit.*

Für das Deutsche wurden solche Formen lange Zeit als „inkorrekt" angesehen und dem Substandard zugerechnet. Dass es so einfach nicht sein kann, zeigt aber u. a. eine vielzitierte Textstelle aus Goethes *Wilhelm Meisters Lehrjahre*, in der ein Doppelplusquamperfekt vorliegt: „Mignon hatte sich versteckt gehabt [...]". Insgesamt können **Doppeltempora** im Deutschen bereits im 16. Jahrhundert nachgewiesen werden (cf. Eroms 2009: 79), und moderne Grammatiken des Deutschen verzeichnen sie mittlerweile meist als ganz normale Tempusformen.

Zur Entstehung und Funktion solcher Formen gibt es verschiedene Ansichten. Sicher ist, dass sie im Zusammenhang mit der Ersetzung synthetischer durch analytische Formen entstanden sind, die im Rahmen von Grammatikalisierungsprozessen eine normale Entwicklung darstellt und die ja auch den Ursprung des deutschen Perfekts oder des französischen Futurs kennzeichnet. Für den äußersten Süden des deutschen Sprachgebiets kann man darüber hinaus feststellen, dass der komplette Schwund der Präteritumsformen, wie sie für das „einfache" Plusquamperfekt erforderlich sind (*war gekommen/hatte gegessen*), ein mit dem Perfekt gebildetes Doppeltempus nötig macht: *bin gekommen gewesen/habe gegessen gehabt*. Damit wäre allerdings nicht zu erklären, warum es auch Doppelplusquamperfekt-Formen wie das oben zitierte *hatte sich versteckt gehabt* gibt, und tatsächlich sind die Doppeltempora ja nicht auf den oberdeutschen Sprachraum beschränkt. Offenbar erfüllen sie noch weitere Funktionen, zu denen aspektuelle wie z. B. die Hervorhebung der Abgeschlossenheit eines Vorgangs, aber auch solche der inhaltlichen Gliederung des Satzes, etwa die Fokussierung auf das Prädikat, gehören (cf. hierzu ausführlicher Zybatow/Weskott 2018).

Futur
Als **Futur** (von lat. *futurum* ‚das Zukünftige', engl. *future tense*) bezeichnet man ein Tempus, das ein Ereignis als nachzeitig kennzeichnet, entweder bezogen auf den Sprechzeitpunkt (absolutes Futur) oder auf einen beliebigen anderen Bezugspunkt (relatives Futur). Das Futur des Deutschen ist absolut, es markiert ein Ereignis also als etwas, was sich nach dem Sprechzeitpunkt vollzieht:

———S———E——>

Das absolute Futur unterscheidet sich dadurch von anderen Tempora, als es ein Ereignis beschreibt, das zum Sprechzeitpunkt noch nicht eingetreten ist und über das genau genommen eigentlich noch keine konkreten Aussagen möglich sind. Dies ist zugleich der Grund, warum das Futur nicht nur zum Ausdruck der Zukunft, sondern auch für Vermutungen und Annahmen verwendet werden kann. Um es mit den Worten von Bybee/Dahl (1989: 103) auszudrücken: „[...] the future differs epistemologically – and maybe also ontologically – from the present and the past [...]". Daher ist wenig überraschend, dass Dahl (1985: 103–112) für 64 verschiedene Sprachen, die unterschiedlichen Sprachfamilien angehören, einen modalen Gebrauch des Futurs nachgewiesen hat, wie er in dt. *Das wird der Postbote sein [der da klingelt]* vorliegt.

In Sprachen, die über ein Futur verfügen, wird das Tempus besonders häufig dann verwendet, wenn eine Aussage über die Intention des Subjekts gemacht werden soll (cf. ibd.: 105). Dennoch kommen Bybee/Dahl (1989: 106) bei ihrer Untersuchung zahlreicher nicht miteinander verwandter Sprachen zu dem Ergebnis, dass der von ihnen mit FUT gekennzeichnete zeitliche Bezug und nicht der Ausdruck einer Absicht das zentrale semantische Merkmal des Tempus darstellt.

Wie alle anderen Tempora kann das Futur sowohl synthetisch (so etwa im Italienischen oder im Türkischen) als auch analytisch (wie im Englischen oder im Deutschen) gebildet werden. Die analytischen Formen sind dabei in den indoeuropäischen Sprachen naturgemäß immer die sprachgeschichtlich jüngeren, und in manchen Sprachen ist das Futur überhaupt erst in jüngerer Vergangenheit entstanden, so auch im Deutschen (cf. Bogner 2009). Interessant ist, dass das Tempus offenbar besonders „anfällig" für Grammatikalisierungsprozesse zu sein scheint: Heine/Kuteva (2002: 331) listen alleine zwölf verschiedene Quellen für die Entstehung eines solchen Tempus in den Sprachen der Welt auf. Dazu gehören Bildungen mit einer als „come to" übersetzen Form (cf. ibd.: 75–78), die etwa im Zulu, im Tamilischen und in zahlreichen anderen Sprachen die Basis für das Futur darstellen, eine Kopula (so im Russischen und Mongolischen, cf. ibd.: 96 f.) oder auch Konstruktionen mit einem Verb, das ‚wünschen' oder ‚wollen' bedeutet (cf. ibd. 310 f.). Letzteres findet sich beispielsweise auch im Englischen (z. B. *She will tell you the same*). Im Deutschen wird das Futur aus dem Verb *werden*, dessen ursprüngliche Bedeutung einmal ‚drehen', ‚wenden' war, und dem Infinitiv des Vollverbs gebildet: *wir werden sehen*. Historisch lag dem aller Wahrscheinlichkeit nach ein *wir werden [zu] sehenden* zugrunde (cf. hierzu ausführlicher Bogner 2009: 98 f.).

Den Ablauf von Grammatikalisierungsprozessen beim Futur kann man besonders gut am Französischen beobachten. Historisch lag hier eine synthetische Form vor, z. B. lat. *cantabo* ‚ich werde singen'. Sie wurde nach und nach von einer Konstruktion mit ‚haben' abgelöst, *cantare habeo* ‚ich habe zu singen'. *Habeo* und *cantare* verschmolzen dann zu einer Form, wie man noch gut am italienischen Futur *canterò* ‚ich werde singen' erkennen kann und woraus im Französischen *[je] chanterai* entstanden ist. Vorwiegend im gesprochenen modernen Französisch, aber nicht nur dort, schickt sich nun eine weitere Konstruktion an, die Form *chanterai* zu verdrängen: *je vais chanter*, wörtlich ‚ich gehe singen'. Denselben Bildungstyp kann man parallel auch im Englischen beobachten: *I'm going to sing* drückt ebenfalls eine zukünftige Handlung aus.

Im Unterschied zum bisher beschriebenen Tempus, das im Deutschen auch als Futur I bezeichnet wird, handelt es sich beim sog. **Futur II** oder **Futurum exactum**, wie es in *Bis dahin werde ich das erledigt haben* vorliegt, um ein relatives Tempus: Es stellt einen Bezug eines Ereignisses E in der Zukunft zu einem Bezugspunkt B her, der zeitlich danach liegt. Dabei liegen sowohl B also auch E nach dem Sprechzeitpunkt S.

―――――S―――――B―――――E―――――>

Rein temporaler Gebrauch des Futurs II ist relativ selten; das Tempus wird nicht nur im Deutschen noch häufiger als das Futur I zum Ausdruck von Vermutungen verwendet, wie etwa das folgende Beispiel aus dem Französischen illustriert (Boylesve, zitiert nach Grevisse [16]2016: 1299):

franz. *J'aurai*   *laissé*   *mes lunettes en haut.*
haben-FUT-1PS   gelassen   meine Brille oben
‚Ich werde meine Brille oben liegen lassen haben'

Neben einem relativen Futur, das sich auf Ereignisse in der Zukunft bezieht, gibt es aber auch eine meist als „Zukunft in der Vergangenheit" bezeichnete Möglichkeit: Ein Ereignis, das sich erst nach einem Bezugspunkt in der Vergangenheit vollziehen sollte, während der Sprechzeitpunkt nach beiden liegt:

―――――B―――――E―――――S―――――>

Im Deutschen werden solche Bezüge meist mit dem Modalverb *sollen*, gelegentlich auch mit dem Konjunktiv von *werden* ausgedrückt:

dt.   *Er sollte/würde erst später erfahren, dass Patrick sein Bruder war.*

Möglich ist auch die Verwendung eines Modus, wie er etwa im italienischen Konditional vorliegt, der in solchen Fällen steht:

it.   *Avrebbe*   *appreso*   *solo più tardi che Patrick era suo fratello.*
Haben-KOND-3PS   erfahren-PART   erst später dass Patrick war sein Bruder
‚Er sollte erst später erfahren, dass Patrick sein Bruder war'

Eine sozusagen wörtliche Wiedergabe der Tatsache, dass sowohl Zukunft als auch Vergangenheit ausgedrückt werden sollen, findet sich demgegenüber im Türkischen, wo in einer Form wie *öğrenecekti* (‚er/sie sollte erfahren') eine Kombination aus einem Suffix für Futur (*-ecek*) und einem für Vergangenheit (*-ti*) verwendet wird.

2.2.3 Aspekt

Im Gegensatz zu einem Tempus, das der zeitlichen Einordnung eines Ereignisses entweder in Bezug auf den Sprechzeitpunkt oder in Bezug auf einen Referenzpunkt dient, sagt ein **Aspekt** (von lat. *aspectus* ‚Gesichtspunkt', engl. *aspect*) etwas über die Art und Weise aus, wie ein Ereignis sich vollzogen hat: Ist es abgeschlossen oder nicht (perfektiv/imperfektiv), dauert es an (progressiv), wird es gewohnheitsmäßig vollzogen (habituell) oder handelt es sich um eine Erfahrung (experientiell) etc. In den romanischen Sprachen ist der Aspekt mit dem Tempus verknüpft, so dass es verschiedene Vergangenheitstempora zum Ausdruck abgeschlossener bzw. nicht abgeschlossener Vorgänge gibt: Imperfekt für nicht-Abgeschlossenheit, andere Tempora wie das französische *passé simple* oder das italienische *passato remoto* für Abgeschlossenheit.

In manchen Sprachen ist der Aspekt lexikalisiert, so dass (fast) jedes Verb bereits eine entsprechende Information enthält: Die russischen Verben говорить [*govorit'*] und сказать [*skazat'*] bedeuten beide ‚sagen', aber das erste ist imperfektiv, das zweite perfektiv. Im Unterschied zur sog. **Aktionsart**, wie man im Lexikoneintrag des Verbs bereits fixierte Informationen zur Art des Ereignisses normalerweise nennt, hat diese Unterscheidung in slawischen Sprachen einen systematischen Einfluss auf den Formenbestand und die Gebrauchsmöglichkeiten des Verbs. So drückt im Russischen das (formale) Präsens perfektiver Verben (z. B. von сказать: он скажет [*on skažet*] ‚er wird sagen') Futur aus, während das Futur imperfektiver Verben mithilfe eines Hilfsverbs gebildet werden muss (z. B. von говорить: он будет говорить [*on budet govorit*], etwa: ‚er wird reden'). Solche systematischen Auswirkungen hat die Aktionsart bei deutschen Verben wie *auftauchen*, *erröten* oder *verblühen* nicht, obwohl auch hier eine perfektive Semantik vorliegt – es wird der Beginn oder das Ende eines Vorgangs ausgedrückt –, die zudem Einfluss auf die Wahl des Hilfsverbs haben kann.

Ein Aspekt, den es auch im Deutschen gibt, ist demgegenüber der **Progressiv** (von lat. *progredi* ‚weitergehen', engl. *progressive*), wie er beispielsweise in *Ich war gerade am Arbeiten* oder *Ich bin am Verhungern!* vorliegt. Man kann darüber diskutieren, in welchem Umfang die auch als *am*-Progressiv bezeichnete Form bereits grammatikalisiert ist; hier gibt es mit Sicherheit noch einen beträchtlichen Unterschied zum Englischen (cf. hierzu ausführlicher Krause 2002). Dennoch lässt sich auch im Deutschen beobachten, wie sich die aus *am* plus substantiviertem Infinitiv und damit völlig parallel zur englischen Konstruktion gebildete Form zunehmend einen festen Platz im Formenbestand erobert. In Fällen wie *ich bin am Verhungern* zeigt sich auch, dass eine Ersetzung des Progressivs durch ein einfaches Tempus plus *gerade* keineswegs immer möglich ist (cf. **ich verhungere gerade*), was für die Herausbildung einer eigenen Form spricht (cf. Hentschel/Weydt [5]2021: 40). Vollständig grammatikalisiert, müsste der Progressiv auch regelmäßig den Anschluss von Objekten wie in *Ich war gerade die Post am Sortieren* zulassen. Dieser Konstruktionstyp scheint aber noch nicht im gesamten Sprachgebiet verbreitet zu sein (cf. Flick/Kuhmichel 2013).

> Der englische Progressiv geht ebenfalls auf Konstruktionen mit ‚an' (engl. *at*) und einem substantivierten Infinitiv (genauer: einem Gerundium) zurück (cf. Lehmann 1995: 30; Baugh/Cable 2002: 290 f.).

Eine Form, über deren Einordnung keine Einigkeit besteht, ist der sog. **Absentiv**. Der Terminus „Absentiv" (ursprünglich engl.: *absentive*) wurde von Groot (2000) geprägt, um Formen wie die folgenden zu bezeichnen:

dt. *Monia ist einkaufen*
     Silvan ist schwimmen

Absentive bestehen aus einer finiten Form des Verbs *sein* bzw. seiner Entsprechung in der jeweiligen Sprache und einem Infinitiv; sie drücken aus, dass das Subjekt an einem anderen Ort ist, um dort die im Infinitiv bezeichnete Tätigkeit auszuüben. Absentiv-Konstruktionen sind nicht auf das Deutsche beschränkt, sondern lassen sich in 26 von 36 europäischen Amtssprachen nachweisen (cf. Vogel 2009). Auch über die genaue Definition des Absentivs – insbesondere die Frage, ob er dann vorliegt, wenn außer dem Infinitiv noch lokale Adverbiale im Satz stehen (z. B. *Silvan ist in der Aare schwimmen*) – besteht keine Einigkeit. Seine Entstehung wird mehrheitlich auf Formen mit *gehen* zurückgeführt (also: *ist schwimmen gegangen* > *ist schwimmen*), wenngleich es auch die Annahme gibt, dass er aus dem Progressiv (*ist am Schwimmen*) hervorgegangen sein könnte (cf. zu diesen Fragen ausführlicher Hentschel/Weydt ^{5}2021: 129 f.) Unabhängig davon, wie man die Form im Einzelnen beurteilt, wäre sie insgesamt am ehesten bei den Aspekten einzuordnen, wo man sie als Sonder- oder Unterform des Progressivs betrachten kann.

2.2.4 Modus

Unter **Modus** (von lat. *modus* ‚Art und Weise', engl. *mode*) versteht man den Ausdruck der Geltungsbedingungen einer Aussage: Ist das ausgedrückte Geschehen real, hypothetisch, nur vom Hörensagen bekannt, erwünscht, denkbar, unmöglich? All diese Bedingungen für die Gültigkeit des Gesagten können natürlich auch auf andere Weise ausgedrückt werden, so etwa durch Adverbiale wie *vielleicht*, *mit Sicherheit*, *hoffentlich*, *angeblich* etc. Von einem Modus als grammatischer Kategorie spricht man daher nur dann, wenn dafür eine eigene Verbform genutzt wird. Grundsätzlich kann man dabei die folgenden Modi unterscheiden, wobei die nachfolgende Aufzählung alphabetisch geordnet ist und keinen Anspruch auf Vollständigkeit erhebt:

• Adhortativ	• Konjunktiv	• Quotativ
• Imperativ	• Necessitativ	• Realis
• Indikativ	• Optativ	• Reportativ
• Irrealis	• Potentialis	
• Konditional	• Prohibitiv	

Die neutralste Verbform bezeichnet man als **Indikativ** (von lat. *indicare* ‚aussagen', engl. *indicative*), gelegentlich auch als **Realis** (engl. *realis mood*). Der Indikativ als stellt insofern eine unmarkierte Verbform dar, als durch ihn keine zusätzlichen Geltungsbedingungen angegeben werden. Wenn damit die Aussage zugleich ohne Einschränkungen als ‚gültig' gekennzeichnet wird, dann nur, falls er in Kontrast mit anderen Modi steht, die zum Ausdruck bestimmter Geltungsbedingungen verwendet werden müssen.

In Sprachen wie dem Deutschen kann man den Indikativ beispielsweise auch dann benutzen, wenn man etwas nur aus zweiter Hand weiß. Man kann z. B. sagen: *Auf Sizilien ist es zu schweren Überschwemmungen gekommen*, auch wenn man sich selbst an einem völlig anderen Ort befindet und diese Aussage daher nicht aus eigener Anschauung machen kann, sondern nur aufgrund der Nachrichten, die man gehört oder gelesen hat. Das ist aber nicht notwendig so, und in manchen Sprachen muss man kennzeichnen, dass man etwas nicht mit eigenen Augen gesehen hat. So muss man beispielsweise im Türkischen in solchen Fällen die Endung *-miş* verwenden und damit eine Form, die auch als **Reportativ** (engl: *reportative*) bezeichnet wird (cf. Gül 2009; Schaaik 2020: 277): Das ist der Modus des Berichts aus zweiter Hand, ein ‚ich habe gehört/gelesen, dass'. Eng mit dem Reportativ verwandt ist der **Quotativ** (engl. *quotative*, von *to quote* ‚zitieren'), ein Modus, mit dem man markiert, dass man die Äußerung einer anderen Person wiedergibt. Gelegentlich werden die beiden Termini auch synonym gebraucht (zu einer Diskussion hierzu cf. Vanderbiesen 2014: 169–173); es spricht aber vieles dafür, sie getrennt zu betrachten. Während es im Deutschen keinen verbalen Modus gibt, mit dem man Aussagen als etwas markiert, was man nicht mit eigenen Augen gesehen hat, kann man wiedergegebene Rede klar kennzeichnen. Der folgende Dialog kann das illustrieren: *Was für eine Antwort hast du denn von der Behörde bekommen? – Man werde sich um die Angelegenheit kümmern.* Hier wird durch den **Konjunktiv** (von lat. *modus coniunctivus* ‚verbindender Modus', engl. *conjunctive*) *werde kümmern* klar erkennbar, dass die Aussage einer dritten Person wiedergegeben wird. In dieser Funktion, die den Quotativ anderer Sprachen ersetzt, wird der Modus im Deutschen als „Konjunktiv der indirekten Rede" bezeichnet. Um Vorzeitigkeit, Gleichzeitigkeit oder Nachzeitigkeit auszudrücken, muss dabei das gewählte Tempus spezifischen Regeln folgen, und zwar:

	(beide unten aufgeführten Varianten sind jeweils möglich)	
Gleichzeitigkeit	**Konjunktiv Präsens**	**Konjunktiv Präteritum**
[*sie sagt(e)*]	sie habe Hunger	sie hätte Hunger
Vorzeitigkeit	**Konjunktiv Perfekt**	**Konjunktiv Plusquamperfekt**
[*sie sagt(e)*]	sie habe Hunger gehabt	sie hätte Hunger gehabt
Nachzeitigkeit	**Konjunktiv Futur**	[*würde*-Umschreibung]
[*sie sagt(e)*]	sie werde Hunger haben	[*sie würde Hunger haben*]

Die Tempuswahl hängt hier also offensichtlich nicht von der Bedeutung des entsprechenden Tempus im Indikativ ab: Das Präteritum kann im Indikativ keine Gleichzeitigkeit mit dem Sprechzeitpunkt ausdrücken, sondern bezeichnet stets Vorzeitigkeit. Die Wahl der Form folgt hier offenbar anderen Gesetzen, die man vereinfacht ausgedrückt als „Modus vor Tempus" zusammenfassen könnte.

Konjunktiv Präsens und Präteritum drücken gleichermaßen Gleichzeitigkeit aus, und Konjunktiv Perfekt und Plusquamperfekt zeigen keinen Bedeutungsunterschied im Hinblick auf einen Bezugspunkt, den das Plusquamperfekt im Indikativ impliziert. Anders als in anderen Sprachen, wo die Tempusbedeutung ebenfalls hinter dem Modus zurücktritt, liegt hier aber keine **Consecutio Temporum** (‚Zeitenfolge') vor. Dieser aus der lateinischen Grammatik entlehnte Begriff bedeutet, dass das Tempus im Nebensatz von dem im Hauptsatz abhängig ist, wie dies etwa im Italienischen der Fall ist. Hier hängt die Tempuswahl beim Konjunktiv (ital. *congiuntivo*) nicht nur von der zeitlichen Relation zum Sprechzeitpunkt ab, sondern ebenso vom Tempus im Hauptsatz (deutsche Übersetzungen hier im Indikativ, um das gewählte Tempus zu verdeutlichen; Bspe. nach Dardano/Trifone [12]2014: 430):

ital.

gleichzeitig:	*penso*	*che tu*	*finisca* – Präsens
	[ich] denke	dass du	aufhörst
	pensavo	*che tu*	*finissi* – Imperfekt
	[ich] dachte	dass du	aufhörst
vorzeitig:	*penso*	*che tu*	*abbia finito* – Perfekt
	[ich] denke	dass du	aufgehört hast
	pensavo	*che tu*	*avessi finito* – Plusquamperfekt
	[ich] dachte	dass du	aufgehört hast

Gleichzeitigkeit wird hier wie im Deutschen durch eine synthetische, Vorzeitigkeit durch eine analytische Form ausgedrückt, aber die Wahl des konkreten Tempus ist jeweils vom Tempus im übergeordneten Satz abhängig. Im Deutschen hat das Tempus des übergeordneten Satzes hingegen keinen Einfluss auf die Tempuswahl beim Konjunktiv der indirekten Rede im Nebensatz. Unabhängig davon, ob der übergeordnete Satz im Präsens (*sie sagt*), in einem Vergangenheitstempus (*sie sagte, sie hat/hatte gesagt*) oder im Futur (*sie wird sagen*) steht, erfolgt der Ausdruck der Gleichzeitigkeit wahlweise im Konjunktiv Präsens oder Präteritum: *sie sei müde* oder *sie wäre müde*. Der Unterschied zwischen diesen beiden Formen ist vorwiegend stilistischer Natur (cf. Hentschel/Weydt [5]2021: 109) und folgt keinen grammatischen Regeln der Verknüpfung mit dem Hauptsatz.

Nun hat der Konjunktiv im Deutschen nicht nur die Funktion, indirekte Rede zu markieren, sondern nimmt darüber hinaus noch eine ganze Reihe weiterer Aufgaben wahr: Er dient auch als Adhortativ, teilweise als Imperativ, als Optativ, als

Potentialis und als Irrealis – alles Funktionen, für die in vielen Sprachen eigene Modi zur Verfügung stehen. Sie werden im Folgenden in alphabetischer Reihenfolge besprochen.

Der **Adhortativ** (von lat. *adhortare* ‚ermahnen', engl. *adhortative* oder auch *hortative*) ist ein Modus der Aufforderung und insofern eng mit dem Imperativ (siehe weiter unten) verwandt. In dieselbe Kategorie gehören auch der **Jussiv** (von lat. *iussum* ‚Befehl', engl. *jussive*) und der **Kohortativ** (von lat. *cohortatio* ‚Ermunterung', engl. *hortative*), wobei diese Begriffe oft synonym gebraucht werden. Im Unterschied zum Imperativ richten sich der Adhortativ oder der Jussiv nicht an die 2., sondern an die 1. Person Plural (Adhortativ) oder an die 3. Person (Jussiv).

Einigkeit besteht darüber, dass ein **Imperativ** (von lat. *imperare* ‚befehlen', engl. *imperative*) dann vorliegt, wenn es eine spezifische Verbform gibt, mit der man Aufforderungen an eine oder mehrere direkt angesprochene Personen, also an die zweite Person im Paradigma, äußert: *Sieh mal! Seht mal!* Imperative sind eine in den Sprachen der Welt weit verbreitete Verbform: Von 548 untersuchten Sprachen wiesen bei Auwera et al. (2013) nur 122 keine eigne morphologische Form dafür auf. Dabei können Sprachen jeweils eine eigene Form für den Imperativ Singular wie für den des Plurals besitzen, unter Umständen aber auch nur über eine von beiden verfügen oder auch ein und dieselbe Form in beiden Funktionen verwenden. In vielen Sprachen besteht der Imperativ Singular aus dem reinen Verbstamm, wie dies auch im Deutschen mehrheitlich der Fall ist: *Komm! Setz dich!*

> Deutsche Verben mit *e-i*-Wechsel bilden den Imperativ der 2. Person Singular mit *-i-*: *Iss! Lies! Gib her!* – wobei sich allerdings insbesondere in der gesprochenen Alltagssprache beobachten lässt, dass diese Formen regelmäßig durch solche mit *-e-* ersetzt werden: *Les! Ess! Geb her!* Dies entspräche einem in vielen Sprachen zu beobachtenden Verfahren, demzufolge einfach der Verbstamm als Imperativ der 2. Person Singular verwendet wird.

Eine Besonderheit stellt die Verwendung einer eigenen Form für den verneinten Imperativ dar, die dann auch als **Prohibitiv** (von lat. *prohibere* ‚verhindern', engl. *prohibitive*) bezeichnet wird. In indoeuropäischen Sprachen existiert eine solche Form nicht, es lässt sich aber beobachten, dass statt einer einfachen Negation des Imperativs wie im Deutschen (*Iss das nicht!*) eine andere Konstruktion gewählt wird. So verwendet das Italienische anstelle der Negation des Imperativs der 2. Person Singular einen negierten Infinitiv (*Non mangare!*), den man auch im Deutschen in dieser Funktion findet (*Nicht essen!*), und das Lateinische sah Umschreibungen mit *noli* (vom Verb *nolle* ‚nicht wollen': *noli edere* ‚wolle nicht essen') oder dem Konjunktiv Perfekt vor (*non ederis* ‚iss nicht!*). Der Rückgriff auf den Konjunktiv erfolgt typischerweise auch bei Höflichkeitsanreden, die der

Form nach mit der 3. Person identisch sind, so z. B. dt. *Seien Sie doch bitte so nett und...* oder ital. *entri* (‚treten Sie ein!').

Sobald eine Aufforderung sich an eine andere als die zweite Person richtet, gehen die Bezeichnungen dafür teilweise weit auseinander. Während manche Grammatikschreibungen einen Imperativ der 1. und/oder 3. Person ansetzen, sprechen andere dann vom Adhortativ (1. Person Plural) oder Jussiv (3. Person); auch der Terminus Voluntativ (*voluntative*) findet sich, um Aufforderungen zu kennzeichnen, die an die 1. Person Singular gerichtet sind (cf. Campbell 2015: 36 f.). Unter diesen Möglichkeiten ist der Adhortativ am weitesten verbreitet, so dass er in vielen Grammatiken auch ganz regulär als Imperativ im Paradigma aufgeführt wird (so z. B. bei Dardano/Trifone [12]2014: 290 für das Italienische; cf. auch Nevskaya 2009: 421–424 für die Turksprachen). Es handelt sich um Formen wie ital. *andiamo* oder serb. *idimo* ‚lasst uns gehen'. Als Imperativ der 3. Person wird hingegen der Jussiv oft in grammatischen Beschreibungen des Türkischen behandelt, wo eine eigene Form für Aufforderungen an die 3. Person besteht, z. B. *gelsin* ‚er soll kommen' (cf. Kerslake/Goksel 2014: 148). Seltener finden sich Imperative der 1. Person Singular, die dann oft – so etwa für das Türkische – auch als Optative (cf. Dobrushina 2008: 126) oder als „imperative-hortative" (Auwera/Dobrushina/Goussev 2013) eingeordnet werden. Vermutlich sind Aufforderungen der sprechenden Person an sich selbst aber in der Praxis eine eher seltene Erscheinung.

Für all diese Funktionen gibt es im Deutschen keine eigene Form, so dass sie mit anderen Mitteln ausgedrückt werden müssen: entweder durch den Konjunktiv oder mithilfe eines Modalverbs. So kann der Adhortativ unter Zuhilfenahme des Verbs *lassen* (*lasst uns gehen*) oder mit dem Konjunktiv (*seien wir ehrlich*) umschrieben werden. Auch den Jussiv kann der Konjunktiv ersetzen (*man bedenke*), aber auch eine Konstruktion mit dem Modalverb *sollen*, gelegentlich auch *mögen*, ist möglich (*er soll hereinkommen; sie möge bitte noch einen Moment warten*). Diese letzteren Formen werden auch zur Wiedergabe von Imperativen in der indirekten Rede verwendet (*Komm rein! – Was hat er gesagt? – Er hat gesagt, du sollst reinkommen*). Für den seltenen Fall einer Aufforderung an die 1. Person Singular schließlich steht *wollen* zur Verfügung (*na, dann will ich mal anfangen*).

Keine Aufforderung, sondern eine Notwendigkeit wird in Verbformen ausgedrückt, die als **Necessitativ** (von lat. *necessario* ‚notwendig', engl. *necessitative mood*) bezeichnet wird. Solche Formen gibt es etwa im Armenischen oder im Türkischen, wo man eine Form *gitmeleyim* ‚ich muss gehen' bilden kann. Wie die Übersetzung zeigt, wird die Bedeutung, die dieser Modus vermittelt, im Deutschen durch das Modalverb *müssen* ausgedrückt.

Als **Optativ** (von lat. *optare* ‚wünschen', engl. *optative*) bezeichnet man einen Modus, der dem Ausdruck des Wunsches dient: *Wäre das Unwetter doch vorbei!* Wie das Beispiel zeigt, wird er im Deutschen normalerweise durch den Konjunktiv Präteritum ausgedrückt, in manchen Fällen auch durch den Konjunktiv Präsens (*Die Königin lebe hoch!*), wahlweise auch durch eine Umschreibung

2.2 Verbale Kategorien

mit *mögen* im Konjunktiv (*Möge er in Frieden ruhen*) oder *sollen* im Indikativ (*Hoch soll sie leben!*). Ein eigener Modus steht dafür anders als in anderen Sprachen nicht zur Verfügung. Demgegenüber beschreiben etwa Grammatiken des Türkischen einen Optativ als eigene Form, wie sie in *okuyayım* ‚ich will lesen' oder *gidelim* ‚lass uns gehen' vorliegt. Die semantische Überschneidung mit dem als Adhortativ bezeichneten Modus ist nicht zu übersehen und illustriert zugleich die Schwierigkeiten bei der korrekten Benennung der Modi in verschiedenen Sprachen.

Ein Modus zum Ausdruck der Möglichkeit ist der **Potential** (auch: Potentialis, engl. *potential mood*, von lat. *posse* ‚können', daraus spätlat. *potentialis* ‚nach Vermögen'). Er wird sprachabhängig in Einzelsprachgrammatiken auch als **Konditional** (auch: Konditionalis, engl. *conditional mood*, von lat. *conditio* ‚Bedingung') bezeichnet, da er typischerweise in Konditionalsätzen auftritt. Er dient dem Ausdruck eines nicht realen, aber denkbaren, möglichen Ereignisses. So fragt z. B. ital. *Potrebbe...?* oder serb. *Da li biste mogli...?* ‚Könnten Sie...?' nach der Möglichkeit, dass die angesprochene Person das Gewünschte tun kann, und verwendet daher den Konditional. Wie die Übersetzung zeigt, benutzt das Deutsche in solchen Fällen den Konjunktiv Präteritum *könnten*. In einer etwas anderen Bedeutung wird der Begriff „Potential" beispielsweise in der Grammatikschreibung der Turksprachen benutzt: Hier bezeichnet er einen Modus, der ‚die Möglichkeit haben' bedeutet und im Deutschen durch das Modalverb *können* ausgedrückt werden muss. So kann man beispielsweise im Türkischen aus dem Verb *gelmek* kommen eine modale Form *gelebilmek* ableiten, die ‚kommen können' bedeutet.

Anders als der Potential drückt der **Irrealis** (engl. *irrealis mood*) als Gegenteil eines gelegentlich angesetzten **Realis** eine Möglichkeit aus, die zwar bestanden hat, aber nicht eingetreten ist: *Wenn du mir Bescheid gesagt hättest, wäre ich gekommen*. Hier drückt der im Deutschen für den Ausdruck des Irrealis zuständige Konjunktiv Plusquamperfekt aus, dass sowohl die Möglichkeit des Bescheidsagens als auch die des Kommens zwar bestanden haben, dass jedoch beide nicht eingetreten sind. Ein solcher Sachverhalt wird nicht nur im Deutschen, sondern auch in anderen indoeuropäischen Sprachen typischerweise durch den Konjunktiv Plusquamperfekt ausgedrückt; cf. das berühmte lateinische Zitat *si tacuisses, philosophos mansisses* wörtlich ‚wenn du geschwiegen hättest, wärst du ein Philosoph geblieben', in dem ebenfalls zweimal ein Konjunktiv Plusquamperfekt vorliegt. Während man sich in der Grammatikschreibung der indoeuropäischen Sprachen durchweg einig ist, dass ein Irrealis vorliegt, wenn diese Art von Bedeutung ausgedrückt wird, ist dies bei der Beschreibung außereuropäischer Sprachen nicht notwendigerweise der Fall. So führt Bhat (1999: 66 f.) für das Muna, eine austronesische Sprache, einen Unterschied zwischen Realis und Irrealis an, wobei der Irrealis hier auch zukünftiges Geschehen ausdrücken kann (cf. auch McGregor/Wagner 2006, die den Irrealis im Nyulnyulan, einer westaustralischen Sprache, ganz genauso beschreiben).

Modalverben
Wie sich an verschiedenen Stellen gezeigt hat, wird im Deutschen vieles, was in anderen Sprachen durch einen eigenen Modus ausgedrückt wird, durch ein Modalverb wiedergegeben. Das ist nicht ungewöhnlich; Modalverben oder auch Modaladjektive (wie etwa russ. *должно* [*dolžno*] oder *нужно* [*nužno*], die etwa dt. *sollen* und *müssen* entsprechen) übernehmen diese Funktion sehr häufig. Modalverben und -adjektive gehören allerdings zum Lexikon einer Sprache und werden daher hier nicht näher behandelt. Ein Blick auf Sprachen wie das Türkische zeigt dabei aber, dass der Übergang zwischen einem Modalverb und einem Modus fließend sein kann: Das türkische Verb *bilmek* ‚wissen' bildet die historische Grundlage des Morphems *-ebil-*, mit dem der Potentialis gebildet wird.

2.2.5 Diathese

Unter **Diathese** (von griech. *diáthesis* ‚Zustand'), auch als **Genus Verbi** (‚Genus des Verbs', beides engl. *voice*) bezeichnet, versteht man die im Verb ausgedrückte Richtung der Handlung. Mit „Richtung" ist die Antwort auf die Frage gemeint, welche Argumente im Satz in welcher Weise am Geschehen beteiligt sind, also von wo eine Handlung ausgeht und auf wen (oder was) sie zielt. So geht beispielsweise die Handlung im Satz *Der Löwe frisst den Großwildjäger* vom Löwen aus und ist auf den Großwildjäger gerichtet; bei *Der Löwe wurde erschossen* ist die Handlung hingegen auf den Löwen gerichtet, ohne dass eine Aussage über die handelnde Person gemacht wird.

Bei Sprachen wie dem Deutschen (sog. Akkusativsprachen) kann man gewöhnlich ein Aktiv, ein Passiv und gelegentlich noch ein Medium unterscheiden. Dabei wäre das Passiv eine Form, die gegenüber dem Aktiv ein Argument weniger impliziert: Das Agens ist nicht mehr Subjekt und kann nur noch fakultativ in Form eines Adverbials hinzugefügt werden. Eine etwas weiter gefasste Definition der Diathese nimmt auch den umgekehrten Fall mit auf, dass nämlich nicht ein Argument eingespart, sondern im Gegenteil zusätzlich ein weiteres hinzugefügt wird. Dies ist bei kausativen Konstruktionen der Fall, die zusätzlich zu einer Handlung oder einem Vorgang auch den Verursacher dieser Handlung benennen, z. B. *Sie tränkten die Pferde* (‚sie veranlassten, dass die Pferde tranken').

	Genera Verbi:	
Aktiv	Medium	Passiv
	Kausativ	

Passiv bei transitiven Verben
Die unmarkierte Form, bei der weder synthetische noch analytische Veränderungen der Verbform vorgenommen werden, ist das **Aktiv** (engl. *active voice*). Es gibt sozusagen die prototypische Situation bei einem transitiven Verb wieder: Die Handlung geht von einem **Agens** (von lat. *agens* ‚der/die Handelnde',

2.2 Verbale Kategorien

eng. *agent*) aus und ist auf ein **Patiens** (von lat. *patiens* ‚der/die Erduldende', engl. *patient*) ausgerichtet:

dt.	*Die Löwen*	*fressen*	→	*den Jäger*
	Agens	Verb im Aktiv		Patiens

Diese Ausrichtung der im Verb ausgedrückten Handlung ändert sich, wenn das Agens aus seiner Position im Satzrahmen entfernt wird: Um es in die Rolle eines Adverbials zu verbannen oder es gar nicht erst zu nennen, steht das **Passiv** (engl. *passive voice*) zur Verfügung. Dabei handelt es sich um eine Verbform, die im Standardfall morphologisch markiert ist, um die Veränderung der Argumentstruktur und damit die Richtungsänderung des Verbs zum Ausdruck zu bringen:

dt.	*Der Jäger*	←	*wird gefressen*	(←	*von den Löwen*)
	Patiens		Verb im Passiv		(Agens)

Da es zur Funktion des Passivs gehört, das Agens aus dem Fokus zu nehmen und weglassbar zu machen, ist das Vorliegen eines Agens im Aktivsatz zugleich die Bedingung dafür, dass ein Verb passiviert werden kann. Denn nur wenn es ein Agens gibt, hat eine Form einen Sinn, mit der man es defokussieren kann. In Sprachen wie dem Deutschen ist es möglich, das Agens auch im Passivsatz auszudrücken; es wird dann als Adverbial (im Beispiel: *von den Löwen*) eingefügt. Dies ist aber keineswegs in allen Sprachen der Fall, so dass der Gebrauch des Passivs das Agens auch vollständig zum Verschwinden bringt (cf. Siewierska 2013).

Die Existenz eines Passivs konnte von Siewierska (2013) in weniger als der Hälfte, konkret in 162 der 373 von ihr untersuchten Sprachen nachgewiesen werden. Bei dieser Erhebung wurde „Passiv" im Detail folgendermaßen definiert:

1. it contrasts with another constuction, the active;
2. the subject of the active corresponds to a non-obligatory oblique phrase of the passive or is not overtly expressed;
3. the subject of the passive, if there is one, corresponds to the direct object of the active;
4. the construction is pragmatically restricted relative to the active;
5. the construction displays some special morphological marking of the verb (ibd.)

Seltener finden sich Definitionen, die von diesem primär syntaktisch-morphologischen Ansatz abweichen und stattdessen einen eher semantischen Zugang wählen, indem auch Sätze mit generischem Agens wie *man* als Passiv angesehen werden (so etwa bei Givón 2001: 136 für engl. *one* oder generisch gebrauchtes *they*). Die Begründung dafür ist dabei sinngemäß, dass ein generisches Agens im Grunde semantisch leer sei und somit der Abwesenheit des Agens in einem typischen Passivsatz entspreche.

Diskutieren kann man auch über die Notwenigkeit einer morphologischen Markierung, denn in manchen Sprachen gibt es Fälle, in denen die Interpretation eines Satzes als Aktiv oder Passiv ausschließlich vom Kontext abhängt. Ein häufig zitiertes Beispiel für dieses Phänomen ist der chinesische Satz:

chin.	鸡	吃	了
	jī	chī	le
	Huhn	essen	PART (PERF)

‚Das Huhn hat/ist gegessen'

Dieser Satz kann sowohl ausdrücken, dass das Huhn sein Futter zu sich genommen hat, als auch, dass es seinerseits verspeist worden ist, etwa in gebratener Form und von Menschen. An der Form ist nicht erkennbar, was gemeint ist; man muss es aus dem Kontext erschließen. Insgesamt scheinen solche Fälle aber eher selten aufzutreten, und auch im Chinesischen gibt es die Möglichkeit, eine Passivkonstruktion klar als solche zu markieren und so mögliche Missverständnisse auszuschließen.

> Im Chinesischen kann ein Passiv durch den Einsatz des Passivmarkers 被 [*bèi*] gebildet werden, der nach dem Patiens steht. Haspelmath (1990: 27) betrachtet *bèi* in dieser Funktion sogar als Hilfsverb. Ein Beispiel wäre:
>
> | chin | 他 | 被 | 打 | 了 |
> |---|---|---|---|---|
> | | *tā* | ***bèi*** | *dǎ* | *le* |
> | | er | PASS | schlagen | PART (PERF) |
>
> ‚Er wurde geschlagen'

Wie die Übersetzung ‚ist gegessen' gegenüber dem ‚wird gefressen' von weiter oben zeigt, gibt es im Deutschen mehr als eine Möglichkeit, Passiv auszudrücken. Solche Alternativen finden sich in manchen Sprachen, die ein analytisches Passiv haben. Während die Verwendung eines grammatischen Morphems normalerweise wenig Spielraum für alternative Möglichkeiten bietet, kann beim Einsatz von Hilfsverben durchaus mehr als ein Verb in Frage kommen. Ein synthetisches Passiv findet sich beispielsweise im Türkischen, wo es durch Einfügen des grammatischen Morphems *-il-* oder *-in-* gebildet wird (cf. Lewis ²2000: 152 f.), oder im Mongolischen, wo *-gd-* in den Verbstamm eingefügt wird (cf. Gaunt/ Bayarmandakh 2004: 146). Demgegenüber kennt beispielsweise das Urdu nur ein analytisches Passiv, das mit dem Verb *jānā* ‚gehen' gebildet wird (cf. Schmidt 1999: 130 f.). Gleich mehrere Möglichkeiten zur Passivbildung gibt es im Italienischen, wo für das Passiv sowohl das Hilfsverb *venire* (‚kommen') als auch

2.2 Verbale Kategorien

essere (,sein') zur Verfügung stehen, und ganz parallel dazu besteht im Deutschen eine Auswahlmöglichkeit zwischen *sein* und *werden*.

> Im Italienischen gibt es außer den beiden Bildungen mit *venire* und *essere* auch die Möglichkeit einer Passivierung mit *andare* ,gehen', die dann aber zusätzlich eine modale Bedeutung (,sollen') hat, sowie das sog. *se passivante* (siehe hierzu im Folgenden).

Da es der Sprachökonomie widersprechen würde, auf Dauer mehrere Formen für ein und dieselbe identische Bedeutung zu haben, werden mit den verschiedenen Hilfsverben normalerweise auch unterschiedliche Bedeutungen ausgedrückt. Dabei geben die mit ,sein' gebildeten Formen normalerweise eher einen Zustand wieder. So drücken dt. *ich bin geimpft* ebenso wie ital. *sono vaccinata* oder serb. *ja sam vakcinisana* aus, dass die Impfung erfolgt ist. Wenn alternative Formen wie *ich werde geimpft*/*vengo vaccinata* existieren, drücken diese demgegenüber dem eher resultativen und damit statischen ,sein'-Passiv meist ein dynamisches Geschehen aus.

Das ,sich'-Passiv und das Medium

Im Russischen würde der Satz *Ich bin geimpft* folgendermaßen wiedergegeben:

russ.	Я	вакцинирована
	Ja	vakcinirovana
	Ich	geimpft (Es spricht eine Frau)

Hier fehlt zwar das Verb ,sein', das im Russischen im Präsens nicht steht, aber die Konstruktion ist identisch mit den entsprechenden deutschen, italienischen oder serbischen Sätzen. Das ändert sich, wenn man versucht, eine dem Satz *ich werde geimpft* entsprechende Form zu bilden:

russ.	я	вакцинируюсь
	ja	vakcinirujus'
	ich	impfe-1P-REFL

Hier liegt eine reflexive Konstruktion vor, die man wörtlich mit ,ich impfe mich' übersetzen müsste. Tatsächlich entspricht dieser Konstruktionstyp aber der Standardform eines nicht-resultativen Passivs im Russischen. Derselbe Konstruktionstyp findet sich auch in anderen slawischen Sprachen, aber ebenso auch z. B. im Italienischen, wo die Grammatiken sogar eine eigene Rubrik „*si passivante*" (,passvierendes *sich*', z. B. Serianni [23]2019: 385) aufführen, und darüber hinaus in zahlreichen außereuropäischen Sprachen (cf. Heine/Kuteva 2002: 252 f.). Dabei bilden solche reflexiven Formen oft zugleich den Übergang zum Passiv – so dass sie also, wie im Russischen, letztendlich ein Passiv werden – oder sie dienen als Medium.

Das **Medium** (von lat. *medium* ‚Mitte', engl. *middle voice*) stellt so etwas wie einen Mittelweg zwischen Aktiv und Passiv dar und lässt sich auch im Deutschen in vielen Fällen durch eine reflexive Konstruktion ausdrücken. Während die in der deutschen Grammatikschreibung als „unecht reflexiv" bezeichneten Verben die Identität von Subjekt und Objekt zum Ausdruck bringen wie z. B. bei *er wäscht sich* (gegenüber Sätzen wie *er wäscht das Kind*), ist das Reflexivum bei sog. „echt reflexiven" Verben ein Teil des Lexikoneintrags, z. B. *er schämt sich* (**er schämt das Kind*). Bei einem medialen Gebrauch des Reflexivums ist das anders. In Sätzen wie

dt.   *Vor dem Eingang bildete sich eine Schlange.*

liegt weder ein „echt" reflexives Verb wie bei *sich schämen* noch ein „unecht" reflexiver Gebrauch wie bei *sich waschen* vor: Die Schlange ist ja nicht ein Agens, das an sich selbst die Handlung des Bildens vollzieht. Zugleich unterscheidet sich diese Form aber von den aktiven bzw. passiven Alternativen:

dt.   Aktiv: *Die Wartenden bildeten eine Schlange.*
        Passiv: *Von den Wartenden wurde eine Schlange gebildet.*

Das Medium drückt einen Vorgang zwischen diesen beiden Alternativen aus: Die Handlung geht in gewisser Weise von der Schlange aus und ist auf die Schlange als Ziel gerichtet, aber ohne dass die Schlange wirklich die Rolle eines Agens und Patiens innehätte. Ähnliche Konstruktionen liegen vor in *Das Buch verkauft sich gut* oder *Das sagt sich so leicht*.

Unpersönliches Passiv
Auch intransitive Verben können in vielen Sprachen ein Passiv bilden, und die Funktion der Konstruktion zeigt sich bei intransitiven Verben im Grunde am deutlichsten. Da es hier kein Objekt gibt, das in die Position des Subjekts gehoben werden könnte, bleibt nur die im Verb ausgedrückte Handlung übrig, die nun allein im Fokus der Aussage steht:

dt.   *Gestern wurde viel gelacht.*

Ein Subjekt kann es in solchen Fällen naheliegenderweise nicht geben. Im Deutschen wird das fehlende Subjekt bei entsprechender Satzstellung daher durch das semantisch leere *es* vertreten:

dt.   *Es wurde viel gelacht.*

Man spricht daher auch von einem **unpersönlichen Passiv** (engl. *impersonal passive*), und auch dieser Konstruktionstyp tritt nicht nur im Deutschen auf. Interessant ist dabei, dass auch transitive Verben ein solches Passiv bilden können. Dabei muss das Objekt nicht notwendig weggelassen werden wie in

dt.   *Hier wird wohl nie geputzt!*

sondern kann auch erhalten bleiben. Die Setzung eines Objekts in einem unpersönlichen Passiv ist im Deutschen selten und führt oft zu nicht eindeutig akzeptablen Formen, kommt aber in Sprachen wie dem Litauischen oder dem Kannada (einer in Indien gesprochenen Sprache; cf. Siewierska 2013) regelmäßig vor. Eine Konstruktion dieses Typs läge im Deutschen in einem Satz wie dem folgenden vor:

dt.   *Es wurde den ganzen Abend Karten gespielt.*

Vogel (2006: 236 f.) vermutet, dass diesem Konstruktionstyp, bei dem die Objekte typischerweise indefinit sind, im Deutschen Präsentativsätze (also Sätze des Typs *Es kamen drei Männer auf uns zu*) zugrunde liegen.

Passiv bei ditransitiven Verben
Bei ditransiven Verben besteht in manchen Sprachen die Möglichkeit, bei der Passivbildung nicht nur das direkte Objekt, sondern auch das indirekte, den Rezipienten, in die Subjektposition anzuheben. Ein Beispiel hierfür ist das Englische:

engl.   *I've been told a story.*

Gelegentlich werden solche Konstruktionen auch als **Rezipientenpassiv** (auch Dativ-Passiv) bezeichnet. Im Deutschen muss man, um diesen Konstruktionstyp auszudrücken, das Hilfsverb wechseln und statt *werden* oder *sein* das Verb *bekomme*n (umgangssprachlich auch *kriegen*, selten und nur bei entsprechender Stilebene auch *erhalten*) verwenden, weswegen sich in der deutschen Grammatikschreibung auch der Ausdruck „*bekommen*-Passiv" findet:

dt.   *Ich habe eine Geschichte erzählt bekommen.*

Dass eine Auswahl zwischen verschiedenen Hilfsverben besteht, kann als Zeichen dafür angesehen werden, dass die Grammatikalisierung der Form noch nicht vollständig abgeschlossen ist. Allerdings geht man inzwischen davon aus, dass insbesondere das mit *bekommen* gebildete Rezipientenpassiv bereits als weitestgehend grammatikalisiert angesehen werden kann (cf. Askedal 2009: 383–385).

Antipassiv
In Ergativsprachen gibt es, sozusagen als Gegenstück zum Passiv der Akkusativsprachen, ein sog. **Antipassiv**. Auch beim Antipassiv wird eine ursprünglich transitive Konstruktion „detransitiviert" („detransitivized", cf. Polinsky 2013b), das heißt eines der Argumente wird eliminiert. Während dies beim Passiv das Agens ist, ist es beim Antipassiv das Patiens. Das folgende Beispiel aus dem Tschuktschen, einer paläosibirischen Sprache, illustriert das (Bsp. nach Kozinsky et al. 1988: 652, zitiert nach Polinsky 2013b; Interlinearversion stark vereinfacht):

tsch.   ʔaaček-a   kimitʔ-ən   ne-nlʔetet-ən
        youth-ERG   load-ABS   carried-PL
        'The young men carried away the/a load.' (Aktiv)

        ʔaaček-ət   ine-nlʔetet-gʔe-t   kimitʔ-e
        youth-ABS   carries-ANTI-SG   load-INSTR
        'The young men carried away the/a load.' (Antipassiv)

Ob das Antipassiv auf Ergativsprachen beschränkt ist oder auch in anderen Sprachen vorkommen kann, ist umstritten. Polinsky (2013b) fand bei ihrer Untersuchung von 194 Sprachen keine solche Beschränkung, sondern konnte es auch in Akkusativsprachen nachweisen. Allerdings scheint es insgesamt keine sehr häufig auftretende Konstruktion zu sein: Nur in 48 der untersuchten Sprachen fand sich ein Antipassiv.

Kausativ
Im Unterschied zum Passiv erfolgt beim **Kausativ** (von lat. *causa* ‚Ursache', engl. *causative*) keine Reduktion der Argumente, indem das Agens getilgt wird, sondern es wird im Gegenteil ein Agens als zusätzliches Argument hinzugefügt. Bildungen dieser Art existieren im modernen Deutschen nicht mehr; dass sie einmal möglich waren, zeigen aber Verben wie *fällen* (zu *fallen*), *tränken* (zu *trinken*) oder *senken* (zu *sinken*).

Ereignis:		Der Baum	fällt	
+ Verursacher:	Ich		fälle	den Baum

In zahlreichen anderen Sprachen sind kausative Konstruktionen hingegen Teil der synchronen Morphologie oder Morphosyntax (cf. Song 2013a und 2013b). So finden sich synthetische Bildungsmöglichkeiten für Kausativa beispielsweise im Japanischen, im Türkischen oder im Mongolischen; Song (2013a) konnte diesen Bildungstyp für 287 von insgesamt 310 untersuchte Sprachen nachweisen.

Periphrastische Konstruktionen finden sich demgegenüber bei Song (2013b) in 118 Sprachen. Möglich sind solche Bildungen auch in nah verwandten Sprachen wie im Englischen (z. B. *I made him go away*) oder im Französischen (*Je l'ai fait sortir*). Demgegenüber sind Bildungen mit *machen* im Deutschen zwar verständlich, aber in den meisten Fällen völlig unidiomatisch. Sie kommen nur selten vor und erfordern dann einen Nebensatz: *Mach, dass er weggeht!* ?*Ich habe gemacht, dass er weggeht.* Konstruktionen mit *lassen* können diese Lücke im Diathese-System des Deutschen nur teilweise füllen, da sie sowohl ‚zulassen' als auch ‚veranlassen' bedeuten können: *Ich lasse ihn arbeiten* erlaubt sowohl die kausative Interpretation ‚ich mache, dass er arbeitet' als auch die permissive ‚ich lasse zu, dass er arbeitet'.

2.2.6 Infinite Verbformen

Als „infinit" werden Verbformen bezeichnet, wenn sie die Kategorie ‚Person' nicht enthalten, die wiederum für das Vorliegen eines finiten Verbs Voraussetzung ist. Da diese Kategorie in vielen Sprachen nicht (z. B. in isolierenden Sprachen) oder nicht durchgehend (z. B. im Englischen) markiert ist, wird für die Definition eines finiten Verbs oft auch eine syntaktische Grundlage angesetzt, indem Finitheit als Eigenschaft eines Satzes (cf. Bisang 2001: 1400; Givón 2001: 25) angesehen wird. Daneben gibt es auch den funktionalen Ansatz, Finitheit als Verhältnis zwischen Thema und Proposition (cf. Dimroth/Lasser 2002: 648) zu bestimmen. Unabhängig vom gewählten Ansatz kann man sagen, dass Finitheit einem Verb immer dann zukommt, wenn es in einem unabhängigen Satz – im prototypischen Fall wäre das ein Hauptsatz des Typs Deklarativsatz – das Prädikat bildet (cf. Koptjevskaja-Tamm 1994: 1245). Damit ist natürlich keineswegs ausgeschlossen, dass auch andere Satztypen, insbesondere Nebensätze, ein finites Verb aufweisen können. Es ist bei dieser Definition aber auch möglich, dass ein infinites Verb diese Aufgabe im Nebensatz übernimmt, was in vielen Sprachen der Fall ist.

Damit sind im Umkehrschluss somit Verbformen, die nicht das Prädikat eines Hauptsatzes des Typs Deklarativsatz bilden können, als infinite Verbformen definiert. Unter ihnen kann man grundsätzlich drei Basistypen unterscheiden:

▶ **Zum Begriff**
Typen **infiniter Verbformen**:
- Verbalnomen: Verbformen, die substantivische Eigenschaften aufweisen
- Partizipien: Verbformen, die adjektivische Eigenschaften aufweisen
- Konverben: Verbformen, die adverbiale Eigenschaften aufweisen

2.2.6.1 Verbalnomen

Das Verbalnomen *par excellence* ist der **Infinitiv** (von lat. *modus infinitivus*, etwa: ‚unbestimmte Art', engl. *infinitive*). Dabei handelt es sich um eine infinite Verbform, die neben verbalen Aufgaben – etwa der, ein Objekt an sich zu binden –

auch nominale Aufgaben übernehmen kann, genauer: die Aufgaben eines Substantivs. So kann ein Infinitiv die Funktion eines Subjekts im Satz übernehmen, z. B.:

dt. *Lesen bildet.*
türk. *Okumak eğitir.*

Entsprechend können Infinitive in Sprachen mit Artikeln mit ebendiesen versehen werden:

dt. Das Lesen von Büchern
ital. Il leggere dei libri

Je nach Sprache können Infinitive unterschiedliche Tempora, Genera Verbi und/oder Modi ausdrücken. Im Deutschen sind Infinitive nur in zwei Tempora (Präsens und Perfekt) sowie im Aktiv und Passiv möglich, wobei alle Formen außer dem Infinitiv Präsens Aktiv analytisch gebildet werden:

	Präsens	Perfekt
Aktiv	*impfen*	*geimpft haben*
Passiv	*geimpft werden/geimpft sein*	*geimpft worden sein/geimpft gewesen sein*

In anderen Sprachen können sowohl im Hinblick auf das Genus Verbi als auch auf den Modus weitere Möglichkeiten bestehen. So kennt etwa das Türkische einen Infinitiv im Kausativ (z. B. türk. *döndürmek* ‚drehen machen' zu *dönmek* ‚drehen') oder im Potentialis (z. B. türk. *gelebilmek* ‚kommen können' zu *gelmek* ‚kommen'; zu türkischen Infinitiven cf. ausführlicher z. B. Lewis ²2000: 168–174). Aber auch andere Sprachen verfügen über mehr als ein Verbalsubstantiv, wobei der Übergang zur Wortbildung – also zur Ableitung „echter" Substantive aus einem Verb wie z. B. *Drehung* aus *drehen* – fließend sein kann.

Der Übergang vom Verb zur Klasse der Substantive kann sich auch darin manifestieren, dass Infinitive Kasusendungen annehmen, so etwa:

türk. *ekmek* *almağı* *unuttum*
Brot kaufen-AKK ich vergaß
‚ich habe vergessen, Brot zu kaufen'

Hier besteht allerdings insofern eine terminologische Uneinheitlichkeit, als Infinitive mit Kasusendung in der traditionellen Grammatikschreibung für das Lateinische nicht als Infinitive, sondern als Gerundien bezeichnet werden (siehe hierzu im Folgenden).

Dass Infinitive zwischen Verb und Substantiv changieren, wird im Deutschen gut sichtbar, wenn man Objekte oder auch Adverbiale daran anschließen möchte.

2.2 Verbale Kategorien

Zum einen gibt es bei Objekten die für Substantive typische Möglichkeit, Genitivattribute oder solche mit *von* zu verwenden:

dt. *Das Schreiben der Seminararbeit war mühsam.*
dt. *Das Schreiben von Seminararbeiten ist oft mühsam.*

Zum andern aber findet man insbesondere in der gesprochenen Sprache auch die Möglichkeit, das Objekt ohne zusätzliche Markierungen voranzustellen:

dt. *Seminararbeiten-Schreiben ist mühsam.*

Dies ist interessanterweise ein Konstruktionstyp, der für Sprachen wie das Türkische typisch ist (cf. hierzu ausführlicher Hentschel 2017).

Demgegenüber lassen mit *zu* erweiterte Infinitive wie *Seminararbeiten zu schreiben ist mühsam* keinen Anschluss von Genitiv- oder *von*-Attributen mehr zu und weisen damit wiederum deutlich stärker verbale als nominale Eigenschaften auf.

Infinitive beinhalten stets ein unausgesprochenes, aber impliziertes Subjekt, das in der Tradition der Generativen Grammatik als PRO dargestellt wird. Es kann im Deutschen insbesondere bei Konstruktionen mit *zu* leicht sichtbar gemacht werden:

dt. *Ich bitte dich$_i$, PRO$_i$ nicht wieder zu spät zu kommen.*

Wie die Indizierung mit dem tiefgestellten i anzeigen soll, ist das Subjekt des Infinitivs hier mit dem Objekt des übergeordneten Satzes referenzidentisch:

dt. *Ich bitte <u>dich</u>, dass <u>du</u> nicht wieder zu spät kommst.*

Nicht alle Sprachen verfügen über Infinitive; so kennen etwa unter den indoeuropäischen Sprachen das Bulgarische, unter den nicht-indoeuropäischen Sprachen das Arabische sowie viele nordamerikanische und afrikanische Sprachen keinen Infinitiv. Während Sprachen mit Infinitiv die Form meist als Lexikoneintrag verwenden („Nennform"), werden bei Sprachen ohne Infinitiv finite Formen wie beispielsweise die 1. oder die 3. Person Singular Präsens zu diesem Zweck eingesetzt.

Neben dem Infinitiv wird in der traditionellen europäischen Grammatikschreibung noch ein zweites Verbalsubstantiv angesetzt, das **Gerundium** (von lat. *gerundium* ‚das Auszuführende', engl. *gerund*). In der Typologie wird derselbe Begriff allerdings in einer anderen Bedeutung verwendet und bezeichnet ein Konverb oder Adverbialpartizip (cf. hierzu im Folgenden sowie Hentschel 2009: 180 und die dort angegebene Literatur). Gerundien im traditionellen Sinne – also in der Definition, die für das klassische Latein konzipiert wurde – implizieren im Unterschied zu Infinitiven kein Subjekt mehr. Im Deutschen entspräche dem

Gerundium am ehesten ein substantivierter Infinitiv wie in *Das Wandern ist des Müllers Lust*, aber im eigentlichen Sinne gibt es die Form im Deutschen nicht. Demgegenüber verfügt das Englische mit auf *-ing* gebildeten Verbformen über eine Konkurrenzform zum Infinitiv, die dort dem progressiven Aspekt zugrunde liegt; die Entwicklung verlief über Formen mit *on* und *a*, z. B. *I am on working > I am a-working > I am working.* (cf. Lehmann 1995: 30, Baugh/Cable 2002: 290 f.). Insofern ist diese Form abermals mit den substantivierten, mit Artikel versehenen Infinitiven in progressiven Konstruktionen des Deutschen vergleichbar ist (z. B. *Ich war noch am Arbeiten*). Die nahe Verwandtschaft von Infinitiven und Gerundien zeigt sich auch darin, dass das Gerundium in manchen Kontexten fakultativ anstelle des Infinitivs gebraucht werden kann, so z. B. bei *to intend to do something* vs. *to intend doing something* (cf. Huddleston/Pullum 2002: 1241). Im Lateinischen ist das Gerundium im Nominativ und Akkusativ formengleich mit dem Infinitiv, während die anderen Kasus eigene Formen aufweisen. Ein Beispiel hierfür wäre der Genitiv des Gerundiums in *ars amandi* ‚die Kunst des Liebens'.

> Das Lateinische verfügte noch über weitere nominale Verbformen, die sog. Supina. Unter einem Supinum versteht man gewöhnlich ein Verbalnomen im Akkusativ (Richtungsakkusativ), das „seit uridg. Zeit bei Verba der Bewegung zur Angabe des Ziels oder Zwecks [...] gebraucht wurde" (Brugmann 1904/1970: 606). Im Lateinischen werden zwei Supina unterschieden, von denen das eine auf den beschriebenen Fall eines Akkusativs (z. B. *cubitum ire* ‚zur Ruhe gehen'), das andere vermutlich auf einen finalen Dativ zurückgeht (z. B. *horribile dictu*); zu den Supina des Lateinischen cf. auch Hentschel (2009: 183).

Dass Verbalsubstantive dekliniert werden können, ist indes an sich nichts Ungewöhnliches und findet sich auch im Türkischen oder im Finnischen, um nur zwei Beispiele zu nennen.

2.2.6.2 Partizipien

Im Unterschied zu Infinitiven handelt es sich bei einem **Partizip** (von lat. *particeps* ‚teilnehmend', engl. *participle*) nicht um ein Verbalsubstantiv, sondern um ein Verbaladjektiv, also um eine Verbform, die die Funktion eines Adjektivs übernehmen kann. Shagal (2019: 41) definiert das Partizip als „a deranked verb form that can be employed for adnominal modification". Mit „deranked" ist gemeint, dass die entsprechende Verbform nicht als Prädikat eines unabhängigen Deklarativsatzes verwendet werden kann, mit anderen Worten: dass es sich um eine infinite Verbform handelt. Aus der Fähigkeit zur Attribuierung folgt, dass Partizipien je nach Sprache in Kongruenz mit dem Bezugswort auch Kasus,

Numerus und Genus ausdrücken können. Grundsätzlich weisen Partizipien die folgenden Eigenschaften auf (cf. Shagal 2018: 25):

- Sie sind Bestandteil des verbalen Paradigmas, gehören also fest zur Formenbildung des Verbs in der jeweiligen Sprache;
- sie können in vielen Sprachen Relativsätze bilden;
- sie können nicht als Prädikat eines unabhängigen Deklarativsatzes fungieren.

Wie Infinitive können Partizipien verschiedene Tempora, Genera Verbi und in manchen Sprachen auch Modi ausdrücken.

Grundsätzlich sind Partizipien in allen in einer Sprache vorhandenen Tempora und Genera Verbi möglich. Das Deutsche kennt aber nur zwei Partizipien, nämlich ein Partizip Präsens (*lachend*), das stets Aktiv ist, und ein Partizip Perfekt, bei dem das Genus Verbi vom zugrundeliegenden Verb abhängt, so dass es sowohl Aktiv (z. B. (*ist*) *verblüht*) als auch Passiv (z. B. (*wird*) *gelesen*) sein kann.

Präsenspartizipien
Das Partizip Präsens drückt ‚Gleichzeitigkeit' in Abhängigkeit vom umgebenden Satz aus: Das im Partizip ausgedrückte Geschehen ist gleichzeitig mit dem im umgebenden Satz Geäußerten gültig. Dabei kann es sich sowohl um zeitlich begrenztes Geschehen wie in *Sie nickte lachend* handeln, das zugleich mit dem im finiten Verb ausgedrückten Vorgang stattfindet, als auch um ein allgemeineres, wie es z. B. in *die Liebenden*, *die Trauernden*, *die Andersdenkenden* oder *die arbeitende Bevölkerung* ausgedrückt wird. In solchen Fällen wird nicht postuliert, dass das im Partizip ausgedrückte Geschehen zum Sprechzeitpunkt oder zum Zeitpunkt des im übergeordneten Satz ausgedrückten Tempus aktuell stattfindet, weswegen ein Satz wie *Die arbeitende Bevölkerung schläft sicher längst* ohne inneren Widerspruch möglich ist. In manchen Sprachen finden sich gelegentlich auch Präsens-Partizipien, die ein bereits vergangenes Ereignis anzeigen, das aber für den Sprechzeitpunkt von großer Relevanz ist, so etwa türk. *yeni doğan çocuk* ‚neu geborenes Kind' (wörtlich etwa: ‚entstehendes', ‚geboren werdendes'); der Sinn lässt sich auf Deutsch etwa mit der Partizipialkonstruktion *ein neu zur Welt kommendes Kind* nachbilden.

Partizipien im Präsens Passiv, wie man sie in diversen Sprachen finden kann, gibt es im Deutschen nicht. Man kann sie nur höchst unidiomatisch umschreiben, indem man z. B. für russ. *читываемый* (*čityvaemyj*) oder finn. *luettava* so etwas wie dt. *gelesen werdend* einsetzt.

Präsenspartizipien können sowohl attributiv (z. B. dt. *die arbeitende Bevölkerung*) gebraucht werden als auch die Funktion eines prädikativen Attributs zum Subjekt (z. B. dt. *Sie nickte lachend*) oder Objekts (z. B. dt. *Sie fand ihn schlafend vor*) übernehmen. Ebenso können sie substantiviert werden, woraus sich dann auch verfestigte Substantivierungen entwickeln können wie z. B. lat. *studens* ‚der/die Studierende' oder dt. *die Andersdenkenden*. Sie können jedoch nur in Ausnahmefällen selbst prädikativ verwendet werden. Dann gehen sie in die Klasse der Adjektive über und verlieren dabei ihre verbalen Eigenschaften, können also anders als attributiv gebrauchte Partizipien auch keine Objekte mehr an sich binden, wie das folgende Beispiel zeigt:

dt. *Der an Gicht leidende König*
     Er war seit Jahren leidend
     **Er war an Gicht leidend*

Dass Partizipien normalerweise nicht das Prädikat eines unabhängigen Deklarativsatzes bilden können, ist, wie oben angeführt wurde, Teil ihrer übereinzelsprachlichen Definition. Trotzdem kommen wie im Deutschen auch in anderen Sprachen gelegentlich Ausnahmen vor, indem das Partizip mit einem Kopulaverb verwendet wird. Dies ist etwa beim französischen Buchtitel *Le lendemain, elle etait souriante* (Simone Signoret) oder beim lateinischen Beispielsatz *Servus domino dicto audiens sit* (etwa: ‚Der Slave sei seinem Herrn gehorsam'; Bsp. nach Rubenbauer/Hofmann 1995: 212) der Fall. Dabei geht die Form mehr oder minder stark in die Klasse der Adjektive über (cf. ibd.). Die Grenzen sind fließend, aber der Gebrauch als Prädikativum ist für ein Partizip stets untypisch. Auch die im Englischen mit *-ing* und Kopula gebildeten Verbformen wie in *I'm reading* enthalten trotz der ins Auge springenden Formengleichheit kein Partizip, sondern einen substantivierten Infinitiv (ein Gerundium; cf. Lehmann 1995: 30; Baugh/Cable 2002: 290 f.).

Partizipien der Vergangenheitstempora
Auch bei den Vergangenheitstempora können Partizipien in verschiedenen Genera Verbi auftreten; zusätzlich kann es je nach Sprache auch mehr als ein Vergangenheitspartizip geben. So finden sich beispielsweise im Türkischen sowohl Partizipien des Aorist als auch solche des *miş*- und des *di*-Vergangenheitstempus, so dass hier insgesamt drei Vergangenheitspartizipien zur Verfügung stehen, die jeweils unterschiedliche Verhältnisse zum Sprechzeitpunkt ausdrücken können (cf. Lewis 2000: 162–165). Im Deutschen gibt es nur ein Vergangenheitspartizip, das meist als Partizip Perfekt, manchmal – vor allem in älteren Texten – auch als Partizip Präteritum bezeichnet wird. Die Bezeichnung „Partizip Perfekt" passt insofern besser, als das Partizip auch bei eher durativ konnotierten Verben wie *blühen*, *schlafen* oder *lesen* normalerweise nicht einfach nur Vergangenheit ausdrückt, sondern eine Bedeutungskomponente ‚Abgeschlossenheit' enthält.

Wie beim Präsens können auch Partizipien der Vergangenheitstempora weiter nach Aktiv und Passiv unterschieden werden. So kennt etwa das Russische ein Vergangenheitspartizip im Aktiv (z. B. *умерший* [*umeršij*] ‚gestorbener') sowie ein Vergangenheitspartizip im Passiv (z. B. *избран(ный)* [*izbran(nyj)*] ‚gewählt') mit jeweils eigener Formenbildung, wobei diese Partizipien zudem auch stets für beide Aspekte, perfektiv wie imperfektiv, gebildet werden und entsprechend ein abgeschlossenes oder andauerndes Geschehen ausdrücken können.

> Partizipien wie *избран(ный)* [*izbran(nyj)*] ‚gewählt' haben im Russischen wie Adjektive zwei verschiedene Formen: eine Kurz- und eine Langform, was semantisch sehr vereinfacht gesagt einer definiten (Langform) und einer indefiniten (Kurzform) Bedeutung entspricht, im weitesten Sinne vergleichbar mit dem Gebrauch des bestimmten bzw. unbestimmten Artikels im Deutschen.

Demgegenüber gibt es jedoch in einer Reihe indoeuropäischer Sprachen, so z. B. im Italienischen, im Englischen oder auch im Deutschen, keinen Unterschied bei der Bildung aktiver und passiver Vergangenheitspartizipien: Welches von beiden jeweils vorliegt, hängt von der Verbbedeutung und ggf. dem Kontext ab. Die Partizipien transitiver (incl. ditransitiver) Verben sind dabei stets passiv, z. B. ital. *spiegato*, engl. *explained*, dt. *erklärt*. Die Partizipien intransitiver Verben hingegen sind aktiv, z. B. ital. *partito*, engl. *left*, dt. *gegangen*. Wenn Verben transitiv und intransitiv gebraucht werden können, entscheidet der Kontext, so z. B. bei franz. *monté*, das sowohl im aktiven Sinne ‚hinaufgestiegen' als auch im passiven ‚hinaufbefördert' bedeuten kann. Nicht alle dieser Partizipien können gleichermaßen attributiv gebraucht werden, und insbesondere bei den aktiven Partizipien gibt es hier in den Sprachen u. U. weitreichende Einschränkungen. So können etwa im Deutschen nur solche Partizipien Perfekt Aktiv als Attribut verwendet werden, die eine perfektive Semantik aufweisen: *die verblühte Rose* vs. **die geblühte Rose*. Dies hängt vermutlich auch damit zusammen, dass sie eine Rolle in der Formenbildung der Verben spielen.

Im Unterschied zu Präsenspartizipien, die nicht an der Bildung analytischer Verbformen beteiligt sind, sind die Perfektpartizipien in indoeuropäischen Sprachen sowohl in die Bildung von Tempora als auch von Genera Verbi involviert. Bei der Perfektbildung geschieht dies einerseits durch die Verwendung des Partizips mit dem ursprünglichen Kopulaverb ‚sein', das dann zum Auxiliar wird: ital. *sono arrivata*, serb. *stigla sam*, dt. *ich bin angekommen* (wörtlich in den anderen Sprachen: ‚ich bin eine angekommene', es spricht eine Frau). Auf der anderen Seite hat sich in einigen Sprachen bei transitiven Verben das Verb ‚haben' zum Auxiliar für die Tempusbildung entwickelt. Das folgende italienische Beispiel illustriert das Verfahren gut:

ital.	*La donna,*	*non*	*l'ho*	*vista*
	Die Dame	nicht	sie'habe	gesehen-F
	‚Die Frau habe ich nicht gesehen' wörtlich: ‚Ich habe sie nicht [als eine] gesehene'			

Dieses Verfahren scheint vor allem für indoeuropäische Sprachen typisch zu sein (cf. Heine/Kuteva 2002: 245), aber auch da kommt es nicht in allen vor, so etwa nicht in den slawischen. Umgekehrt hat es beispielsweise im Englischen die Bildungsweisen mit ‚sein' so gut wie vollständig verdrängt.

Auch im Bereich der Genera Verbi spielt das Partizip Perfekt in den indoeuropäischen Sprachen eine bedeutende Rolle, indem es zusammen mit finiten Formen anderer, zu Hilfsverben grammatikalisierten Verben wie ‚sein', ‚kommen', dt. *werden* u. a. m. Passivformen bildet. Beispiele für das am weitesten verbreitet Verb ‚sein' wären: engl. *He was killed*, serb. *ubijen je*, ital. *fu ucciso* etc. Alle diese Konstruktionsmöglichkeiten setzen jeweils die Existenz der entsprechenden Partizipien voraus.

Futur- und modale Partizipien
In einigen Sprachen existieren auch Partizipien des Futurs und/oder solche mit modaler Bedeutung, wobei die Grenzen hier fließend sein können, was sich ja auch bei den finiten Formen zeigt. So kennt das Türkische mit dem Futurmarker *-ecek* gebildete Verbformen, die als Partizipien fungieren und sowohl aktiv (wie in *gelecek haber* ‚Nachricht, die kommen wird') als auch passiv (wie in *okunacak bir kitap* ‚ein Buch, das gelesen werden wird') vorkommen. Sie können, wie das für Partizipien typisch ist, auch substantiviert gebraucht und dann beispielsweise pluralisiert werden (wie in *gelecek* ‚der/die kommen wird' > *gelecekler* ‚die kommen werden'). Auch das Lateinische kannte ein Partizip Futur; ein oft zitiertes Beispiel dafür ist der an den römischen Imperator Claudius gerichtete Gruß *morituri te salutant* ‚die, die sterben werden, grüßen dich', was meist mit ‚die Todgeweihten grüßen dich' übersetzt wird.

Das Deutsche verfügt ebenfalls über ein Partizip des Futurs, das aber neben dem Zukunftsbezug stets eine modale Bedeutung hat. Die Art der Modalität ist dabei nicht festgelegt: Sie kann entweder ‚können' oder ‚müssen' sein. Die Form ist gleichlautend mit dem Partizip Präsens, zu dem zusätzlich noch ein *zu* hinzutritt: *die leicht zu lösende Aufgabe* (‚die leicht gelöst werden kann'); *die bis morgen zu erledigende Aufgabe* (‚die erledigt werden muss'). Sie wird in der deutschen Grammatikschreibung meist als Gerundiv(um) bezeichnet.

2.2.6.3 Konverben

Bei **Konverben** (engl. *converbs*) handelt es sich um infinite Verbformen, die adverbiale Funktionen übernehmen (cf. z. B. Haspelmath 1995). Sie sind besonders, aber keineswegs nur, in agglutinierenden Sprachen anzutreffen, wo sie typischerweise zur Bildung von Nebensätzen verwendet werden. Bei den indoeuropäischen Sprachen finden sich Konverben in der Romania, beispielsweise im Französischen oder im Italienischen. Ein Beispiel hierfür ist die italienische Form *crescendo*, die bei der Notation von Musik verwendet und deutsch mit einem Partizip Präsens wiedergegeben werden muss (wörtlich ‚wachsend'; in der Musiknotation meist: *allmählich lauter werdend*). Im Unterschied zum deutschen Partizip *wachsend* können Formen wie *crescendo*, die in der italienischen Grammatikschreibung als *gerundio* bezeichnet werden, jedoch nicht attributiv, sondern nur adverbial verwendet werden und weisen entsprechend auch keine Kongruenz auf (cf. Serianni (^{23}2019: 484–486;). Im Französischen ist das Konverb (in der französischen Grammatikschreibung als *gérondif* bezeichnet) formgleich mit dem Partizip Präsens, wird aber gewöhnlich mit *en* eingeleitet (cf. Grevisse ^{16}2016: 1152 f.). Ein Beispiel wäre der Titel des Theaterstücks *En attendant Godot*, der auf Deutsch zwar *Warten auf Godot* lautet, der im Französischen aber keinen Infinitiv, sondern eben ein Konverb enthält und sinngemäß am ehesten mit ‚Beim Warten auf Godot' wiedergegeben werden könnte.

Während das Französische oder das Italienische jeweils über ein Konverb mit je zwei Tempusformen (zum Ausdruck von Gleichzeitigkeit bzw. Vorzeitigkeit) verfügen, ist der Formenbestand in anderen Sprachen wesentlich größer. So listet beispielsweise Lewis (2000: 175–189) für das Türkische 36 verschiedene von ihm als „gerunds" bezeichnete Verbformen auf. Sie alle dienen dazu, Adverbiale verschiedener Art auszudrücken, und können in Sprachen wie dem Deutschen oft durch adverbiale Nebensätze wiedergegeben werden. Der folgende türkische Satz illustriert das (Bsp. nach ibd.: 185; der Autor führt die hier zitierte Form unter „gerund-equivalents" (ibd.: 184) auf, da sie auf der Basis von Partizipien gebildet werden):

türk.	*gittiğimiz*	*zaman*	*o*	*kaldı*
	gehen-PAST-unser	Zeit	er/sie	blieb
	‚Als wir gingen, blieb er'			

Interessanterweise gibt es im Deutschen insbesondere in der gesprochenen Sprache bzw. im entsprechenden Register Hinweise darauf, dass sich Infinitive zu vergleichbaren adverbialen Konstruktionen – also als Ersatz für finite Nebensätze – entwickeln. Man kann das etwa in den folgenden Beispielen zeigen (zitiert nach Hentschel 2017, Schreibweise jeweils nach dem Original):

dt.	*als wäre ich beim Unter-Der-Bettdecke-Lesen erwischt worden*
	(vs. *als wäre ich dabei erwischt worden, wie ich unter der Bettdecke lese*)
	Durch das vergewaltigt Werden
	(vs. *Dadurch, dass sie vergewaltigt wurde*)
	Geht es euch bei Geschenken nicht um das etwas geschenkt bekommen?
	(vs. *Geht es euch bei Geschenken nicht darum, dass ihr etwas geschenkt bekommt?*)

Auch wenn solche Konstruktionen natürlich bei weitem noch nicht den Konverben in Sprachen wie dem Türkischen oder dem Mongolischen entsprechen, illustrieren sie die Funktion solcher komplexer, nicht finiter verbaler Konstruktionen gut: Sie bilden Adverbiale, die sich einfacher als der entsprechende vollständige Nebensatz in das Satzgefüge integrieren lassen.

2.2.7 Wortbildung des Verbs: Partikelverben

Grundsätzlich sind bei der Wortbildung des Verbs dieselben Verfahren möglich, die bereits bei der Wortbildung nominaler Wortarten in Abschn. 2.1.6 besprochen wurden. In diesem Zusammenhang gibt es im Bereich der Modifikation aber noch ein besonderes Phänomen, das besonders für das Deutsche typisch ist und daher an dieser Stelle kurz behandelt werden soll: die sog. Partikelverben. Dabei handelt es sich um Verben, die ein trennbares Morphem enthalten, bei dem es sich in vielen Fällen um ein Element handelt, das auch als Präposition vorkommt. Während in der traditionellen Grammatikschreibung hier meist von „trennbaren Präfixen" die Rede war, hat sich inzwischen eingebürgert, nur untrennbar mit dem Verb verbundene Elemente als Präfixe einzuordnen und bei den trennbaren von „Verbpartikeln" zu sprechen.

Elemente, die zwar fest zum Lexikoneintrag eines Verbs gehören, die aber morphologisch nicht fest damit verbunden sind, gibt es nicht nur im Deutschen, sondern auch in anderen germanischen Sprachen (cf. Los 2012, Thim 2012). Man kann das gut durch einen Vergleich zwischen dem Englischen und dem Deutschen illustrieren, wenn man Sätze einander gegenüberstellt wie:

dt. *Ich gebe auf!* (Verb: *aufgeben*)
engl. *I give up!* (Verb: *to give up*)

Während das zusätzliche Morphem, mit dem die Bedeutung des einfachen Verbs verändert wird, im Englischen immer nach dem Verb steht, ist es im Deutschen morphologisch stärker integriert und kann sowohl initial – und dann gebunden – als auch als frei und dann nachgestellt auftreten. Im letzteren Fall ist es normalerweise am Satzende positioniert.

Verbpartikel, gebunden: *aufgeben, aufgegeben*
Verbpartikel, frei: *gebe auf, gab auf*

Eine zusätzliche Besonderheit des Deutschen besteht darin, dass bei der Verbindung der Morpheme *durch*, *über*, *um*, *unter* und *wider/wieder* sowie das veraltete *ob* mit ein und demselben Verb sowohl trennbare als auch untrennbare Ergebnisse entstehen können. Dabei hängt die Trennbarkeit nicht von der jeweiligen Bedeutung der so gebildeten Verben, sondern ausschließlich von phonotaktischen Gegebenheiten ab: Ist das Morphem betont, dann ist das Verb trennbar, wenn nicht, ist es untrennbar (cf. hierzu ausführlicher Hentschel 2021: 193–197; Bspe. nach ibd.):

dt. *Das Baby schläft schon durch.* *Er durchschlief die ganze Aufregung.*
Sie umschrieb das Verfahren. *Sie hat den Text umgeschrieben.*
Ich habe den Stoff wiederholt. *Ich habe das Diebesgut wiedergeholt.*

Trennbare und untrennbare Verben repräsentieren dabei, wenn man so will, so etwas wie verschiedene Grade der Verschmelzung von Präposition und Verb.

Dass Präpositionen ohne „zugehöriges" Substantiv oder Pronomen und stattdessen in enger semantischer Verbindung mit einem Verb gebraucht werden können, zeigt sich gelegentlich auch in anderen Sprachen, so z. B.:

franz.   *faire avec* (wörtlich: ‚machen mit'): ‚sich mit etwas arrangieren'

Auch hier zeigt sich eine Weiterentwicklung weg von der Grundbedeutung der beiden Bestandteile und damit eine deutliche Parallele zu den Partikelverben des Deutschen und Englischen.

2.3 Varia

2.3.1 Wortarten

Bisher war zwar von Substantiven, Adjektiven oder Verben die Rede; es fehlte aber eine Definition dessen, was darunter genau zu verstehen ist und wie man die jeweilige Wortart in einer beliebigen Sprache erkennen könnte. Eine solche Definition ist allerdings keineswegs trivial. Wenn es in flektierenden Sprachen zumindest bei Wortarten wie Verb oder Substantiv gewöhnlich noch relativ einfach ist, eine Zuordnung auf morphologischer Grundlage vorzunehmen, ist dies logischerweise bei isolierenden Sprachen nicht möglich. Aber auch in flektierenden Sprachen kann man bei der Unterscheidung von Wörtern wie *wenn*, *und* oder *auf*, die man vermutlich intuitiv nicht derselben Wortart zuordnen würde, nicht auf die Morphologie zurückgreifen, so dass man hier andere Mittel finden muss. Zudem muss man sich insbesondere, aber keineswegs nur, im Hinblick auf polysynthetische Sprachen fragen, ob nur selbständige Morpheme als „Wörter" in Frage kommen oder auch gebundene Morpheme berücksichtigt werden sollen.

Eine einfache Lösung für das Problem gibt es nicht. Man kann jedoch die folgenden **Kriterien** anwenden, um zumindest grobe sprachübergreifende Raster zu erstellen:

- Semantik
- Syntax
- Morphologie

Semantik
Auf der Basis von Semantik kann man zunächst Wörter mit **kategorematischer** (von griech. *kategoria* ‚das Ausgesagte', engl. *categorematic*), auch: **autosemantischer** (von griech. *autos* ‚selbst' und *sēma* ‚Zeichen', engl. *autosemantic*) Bedeutung von denen mit anderen Bedeutungsarten unterscheiden. Bei Kategorematika oder Autosemantika handelt es sich um Wörter, die etwas aus der

außersprachlichen Wirklichkeit bezeichnen – etwa einen Gegenstand, eine Handlung, eine Eigenschaft oder eine Vorstellung. Es gibt sie in allen Sprachen, und sie machen zugleich naheliegenderweise den größten Teil des Wortschatzes aus sowie zugleich den Teil, der am einfachsten erweitert werden kann, etwa wenn ein neues Artefakt (z. B. *Internet*) oder eine bisher nicht bekannte Pflanze (z. B. *Kumquat*) bezeichnet werden sollen. Oft werden dann wie in den genannten Beispielen Wörter aus anderen Sprachen übernommen, oder aber es kommen Mittel der Wortbildung innerhalb der Sprache zum Einsatz (z. B. *Sternfrucht*). Wegen ihrer großen Offenheit für Neues wird diese Art von Wörtern auch als „offene Klasse" bezeichnet (so vermutlich erstmalig bei Schachter 1985/2007).

Der zweite Bedeutungstyp ist die **Deixis** (von griech. *deiknymi* ‚zeigen', engl. *deixis*). Eine deiktische Bedeutung haben Wörter, die auf etwas verweisen, indem sie es im Redekontext positionieren, z. B. *jetzt* auf den Zeitpunkt des Sprechens, *hier* auf den Ort, an dem die sprechende Person sich befindet, oder *ich* als Verweis auf die Person selbst. In der Folge von Bühler (1934/1999: 121–139) unterscheidet man dabei drei Typen von Deixis: Die **Demonstratio ad oculos (et ad aures)** (etwa: ‚Zeigen vor den Augen (und Ohren)'), die **Deixis am Phantasma** und die **Anapher** (von griech. *anaphero* ‚hinauf-'/‚vorwärtstragen'). Bei der Demonstratio ad oculos handelt es sich um einen Verweis auf etwas, was für die Gesprächsbeteiligten unmittelbar wahrnehmbar ist. Demgegenüber zeigt die Deixis am Phantasma auf etwas, was beispielsweise in der Vergangenheit liegt oder aber nur erdacht ist und was man sich daher in seiner Phantasie vorstellen muss. Die Anapher schließlich stellt einen Verweis innerhalb des Textes dar, wie dies beispielsweise *die* in *Es war einmal eine Königin, die hatte drei Töchter* tut. Theoretisch könnte eine Sprache auf Deiktika verzichten und stattdessen immer Autosemantika verwenden (um beim Beispiel zu bleiben, also zu sagen: *Die Königin hatte drei Töchter*). Dass es Sprachen gibt, die wirklich durchgehend so verfahren, ist allerdings nicht anzunehmen, auch wenn in einzelnen Sprachen durchaus Autosemantika beispielsweise zur Personenreferenz üblich sind (cf. hierzu z. B. Attaviriyanupap 2004).

Beim dritten Bedeutungstyp handelt es sich um **Synsemantika** oder **Synkategorematika** (von griech. *syn* ‚mit', engl. *synsemantic, syncategorematic*). Damit sind Wörter gemeint, die ihre Bedeutung „zusammen" mit anderen entwickeln, indem sie sie in verschiedener Weise miteinander verknüpfen. Beispiele hierfür wären etwa die deutschen Wörter *und* (*Stadt und Land*), *auf* (*auf dem Tisch*) oder *weil* (*weil ich müde bin*).

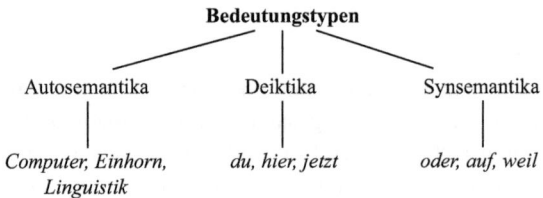

Syntax

Bei der Anwendung syntaktischer Kriterien wird untersucht, welche Funktionen ein Wort in einem Satz typischerweise übernimmt. Ist es dafür prädestiniert, ein Prädikat, ein Subjekt oder ein Attribut zu bilden? Ein Problem dabei ist natürlich, dass Wörter oft mehr als eine dieser Funktionen übernehmen können. So kann beispielsweise ein Substantiv im Deutschen sowohl als Subjekt (*Blumen blühen*) als auch als Objekt (*ich pflücke Blumen*), als Prädikat (*das sind Blumen*) oder als Attribut (*der Duft der Blumen*) fungieren. Zwar muss man hier bei prädikativem Gebrauch zusätzlich eine Kopula (hier: *sind*), verwenden, aber in vielen Sprachen ist das nicht der Fall, der Satz lautet dann also nur ‚Das – Blumen'. Und auch die attributive Verwendung, die im Deutschen durch den Genitiv markiert wird, muss nicht unbedingt in jeder Sprache mit einem zusätzlichen Morphem gekennzeichnet sein. Wenn man auf syntaktischer Basis Definitionen vornehmen will, muss man daher so etwas wie den prototypischen Gebrauch eines Wortes zugrunde legen. Dabei sind Verben als die Wortart konzipiert, die für die Bildung von Prädikaten prädestiniert ist, während Substantive die idealen Argumente für diese Prädikate darstellen. Das folgende Schema zeigt das für die vier Sprachen Deutsch, Serbisch, Türkisch und Chinesisch, wobei die Subjekte der ersten Hälfte der Tabelle in der zweiten die Objekte bilden. Morphologische Änderungen in Bezug auf Numerus und/oder Kasus, die dafür je nach Sprache zur Integration in das syntaktische Gefüge nötig sind, finden dabei keine Berücksichtigung:

	Subjekt	Prädikat	Objekt
dt.	*Fische*	*schwimmen*	
serb.	*ribe*	*plivaju*	
türk.	*balıklar*	*yüzer*	
chin.	鱼(儿) [*yú (er)*]	游泳 [*yóuyǒng*]	
dt.	*Pinguine*	*fressen*	*Fische*
serb.	*pingvini*	*jedu*	*ribu*
türk.	*penguenler*	*yer*	*balık*
chin.	企鹅 [*qǐ'é*]	吃 [*chī*]	鱼 [*yú*]

Indem man überprüft, welche Wörter sich am besten für welche Spalte eignen, kann man Hypothesen darüber aufstellen, um welche Wortart es sich handelt (cf. hierzu ausführlicher auch Hengeveld 2013).

> Die Aufeinanderfolge der Wörter in der obigen Tabelle entspricht den in der jeweiligen Spalte genannten syntaktischen Funktionen und stimmt daher nicht in jedem Fall mit der Wortstellung im entsprechenden konkreten Satz überein. So wäre die korrekte Wortstellung im Türkischen S-O-V, der Satz würde also *Penguenler balık yer* lauten.

Bei den sog. **Hauptwortarten** (Verb, Substantiv, auch Adjektiv – eben solche mit autosemantischer Bedeutung) ist meist relativ leicht festzustellen und dann auch gut übereinzelsprachlich vergleichbar, welche syntaktischen Funktionen sie übernehmen können. Auch Deiktika lassen sich meist an entsprechenden Stellen in einem Satzmuster einfügen und zeigen damit ihre Nähe zum jeweiligen prototypischen „Platzhalter" im Paradigma an, beispielsweise als Pronomen an der Stelle eines Substantivs. Hingegen ist es bei Synkategorematika sehr viel schwieriger, belastbare Kriterien zu finden. Man kann zwar Definitionen wie „verknüpft Sätze und/oder Satzteile" ansetzen, die auch in vielen Fällen sehr hilfreich sind. Aber wenn die lateinische Abkürzung *SPQR* für *senatus populusque romanus* steht, was ‚der römische Senat und das [römische] Volk' bedeutet – kann man dann das lateinische Klitikon *que* ‚und', das an *populus* angehängt wurde, in gleicher Weise als „Konjunktion" einordnen wie das deutsche *und* der Übersetzung? Oder: Soll man die ungarische Markierung für den Inessiv wie in *házban* (‚im Haus', zu *ház* ‚Haus') ebenso wie dt. *in* als Adposition betrachten – oder nicht doch als Kasusendung? In solchen Fällen muss man offenbar auch auf morphologische Eigenschaften zurückgreifen, um zu einem sinnvollen Ergebnis zu kommen.

Morphologie
In der Grammatikschreibung des Deutschen gibt es die Tradition, zwischen flektierbaren und unflektierbaren Wortarten zu unterscheiden, wobei letztere oft als **Partikeln** zusammengefasst wurden. Dass die Tatsache, dass ein Wort unveränderlich ist, nicht unbedingt etwas über seine Zugehörigkeit zu einer Wortart aussagt, zeigt sich aber schnell, wenn man deutsche Wörter wie *Milch, Post, Gesundheit* oder *barfuß, lila, pleite* betrachtet: Sie alle sind indeklinabel, lassen sich aber unter syntaktischen und semantischen Gesichtspunkten problemlos in die Klasse der Substantive (*Milch, Post, Gesundheit*) bzw. Adjektive (*barfuß, lila, pleite*) einordnen.

Dennoch ergibt sich bei flektierenden, agglutinierenden und polysynthetischen Sprachen immer auch die Möglichkeit, Rückschlüsse aus dem morphologischen Verhalten der einzelnen Wörter zu ziehen. So kann man beispielsweise vermuten, dass Tempus- und Aspektmarkierungen primär bei Verben vorkommen und sonst nicht oder nur höchst beschränkt eingesetzt werden können. Kasusmorpheme können hingegen oft gleichermaßen bei Verben wie bei Substantiven auftreten, wenn beispielsweise infinite Verbformen flektiert werden. Dies zeigt sich schon bei deutschen Partizipien, z. B. *einem geschenkten Gaul*, und hier muss man offenkundig genauer unterscheiden. Auch Morpheme zum Markieren einer Person wie ‚ich' oder ‚du' sind häufig nicht auf eine Wortart festgelegt, sondern können sowohl bei Verben als auch bei nominalen Wortarten vorkommen, wo sie dann etwa Possessivität (‚mein', ‚dein') ausdrücken, z. B.:

türk.	*gelirim*
	gehe-Aorist-ich
	‚ich gehe'
	kitabım
	Buch-mein
	‚mein Buch'

Man kann aber umgekehrt ansetzen und z. B. postulieren:

- Wenn eine Sprache Tempusmarkierungen hat, müssen Wörter, die als Verben eingeordnet werden sollen, in der Lage sein, sich mit ihnen zu verbinden.
- Wenn eine Sprache Kasusmarkierungen hat, müssen Wörter, die als Substantive eingeordnet werden sollen, sie annehmen können.

Dabei kann man problemlos zulassen, dass ein Wort mehr als einer Wortart angehört, wie dies z. B. bei engl. *walk* ‚Spaziergang'/‚spazieren gehen' der Fall ist.

Oft kann man in der Tat nur auf der Basis aller drei Kriterien entscheiden, wie man eine Wortart innerhalb einer Sprache definieren möchte. Autoren wie Haspelmath (2012) gehen sogar davon aus, dass man Wortarten überhaupt nicht sprachübergreifend definieren kann. Insbesondere im Fall polysynthetischer Sprachen kann die Entscheidung, welcher Wortart ein Wort angehört, auch in Bezug auf Verben und Substantive gelegentlich in der Tat sehr schwer zu treffen sein. Aufgrund solcher Schwierigkeiten wurde beispielsweise für irokesische Sprachen postuliert, dass sie keine Substantive kennen und ausschließlich Verben verwenden – also sinngemäß statt *Dort ist ein Teich* so etwas sagen wie *Dort teicht es*. Mithun (2000) konnte aber nachweisen, dass man bei Berücksichtigung verschiedener Kriterien durchaus einen Unterschied zwischen Verben und Substantiven in diesen Sprachen aufzeigen kann; es gibt also doch Substantive in den irokesischen Sprachen.

Insgesamt kann man somit feststellen, dass Wortarten existieren und vor allem im Bereich der sog. Hauptwortarten auch eine inhärente Semantik haben. Ein berühmtes Beispiel ist dabei die auf Brinkmann (1971: 199) zurückgehende Unterscheidung zwischen dt. *Blut*, *bluten* und *blutig*. Man kann damit ein- und dasselbe Phänomen in der außersprachlichen Wirklichkeit beschreiben, indem man beispielsweise entweder *An meiner Hand ist Blut*, *Meine Hand blutet* oder *Meine Hand ist blutig* sagt, aber die Art der sprachlichen Erfassung ist jeweils eine andere: Als Gegenstand, als Vorgang oder als Eigenschaft.

„Kleine" Wortarten
Noch größer werden die Probleme, wenn man nicht den Bereich der Hauptwortarten, sondern andere Teile des Wortschatzes ordnen möchte. In einigen wenigen Fällen wird dafür nur ein Kriterium angewandt, so etwa, wenn man die Klasse der Zahlwörter (**Numeralia**) allein auf der Basis ihrer Bedeutung, eben dass sie Zahlen ausdrücken, von anderen Wörtern unterscheidet. Das ergibt zwar eine gut nachvollziehbare Wortklasse, und tatsächlich scheint es sogar im Gehirn einen eigenen Bereich zu geben, der für Zahlen zuständig und vom mentalen Lexikon der jeweiligen Sprache(n) einer Person unabhängig ist (cf. Shum 2013) – aber die Eigenschaften der Wörter, mit denen diese Zahlen versprachlicht werden, sind damit ja nicht erfasst. Sprachübergreifend betrachtet scheinen sich kleinere Zahlen wie *eins* oder *zwei* grundsätzlich eher wie Adjektive zu verhalten, während große wie *Tausend* oder *Million* eher substantivische Eigenschaften haben (cf.

Hurford 1987: 187 und die dort angegebene Literatur). Aber auch das hängt natürlich davon ab, ob und wie man die entsprechenden Wortklassen in der jeweiligen Sprache definieren kann. Entscheiden muss man ferner auch, ob man eine Klasse der „unbestimmten Zahlwörter" (wie dt. *einige, ein paar*) als Untergruppe der Numeralia zulassen möchte oder ob solche Mengenbezeichnungen anders einzuordnen sind.

Semantische Kriterien bilden auch die Grundlage für die Einordnung von **Onomatopoetika** (von griech. *onomatopoiein* ‚mit einem Namen versehen', engl. *onomatopoeia*) und **Interjektionen** (von lat. *intericere* ‚dazwischen werfen', engl. *interjections*). Beides sind sehr heterogene Klassen. Als Onomatopetika werden Wörter bezeichnet, die Geräusche nachahmen, so etwa tierische Lautäußerungen (*wau, quack, grrr*), aber auch andere (*tick-tack, rickeracke, wums*). Interjektionen hingegen sind menschliche Äußerungen, die emotiven (*aua! igitt!*), phatischen (*hallo!, he!*) oder appellativen Charakter haben können (*psst! pfui!*). Sie existieren in allen Sprachen und stehen häufig ein Stück außerhalb des Wortschatzes, indem bei ihnen beispielsweise die sonst gültigen phonotaktischen Regeln außer Kraft gesetzt sind wie z. B. bei dt. *hui* oder *psst*.

> Die hier verwendete Terminologie mit Begriffen wie „phatisch" oder „appellativ" lehnt sich an Jakobson (1960) an, der u. a. zwischen emotiver (die eigene Gefühlslage thematisierender), appellativer (bei ihm auch: konativer), also an das Gegenüber gerichteter, sowie phatischer Kommunkation unterschieden hat. Letztere dient der Aufrechterhaltung des Kontakts. Cf. hierzu ausführlicher auch Hentschel/Weydt (^{5}2021: 295 f.).

Syntaktische Kriterien sind besonders hilfreich, wenn man **Synsemantika** sinnvoll unterscheiden möchte. So kann man etwa festlegen, dass Morpheme, die zur Subordination von Substantiven dienen, in die Klasse der Adpositionen einzuordnen sind, während solche, die Nebensätze einleiten, als Konjunktionen anzusehen sind. Das funktioniert in Sprachen wie dem Deutschen oder in anderen indoeuropäischen Sprachen oft recht gut, führt aber in anderen Sprachen zu Problemen:

dt.	*mit*	Zucker	
srb.	*sa*	šećerom	
türk.		şeker	*ile*
		şeker*li*	
		‚Zucker mit'	

Nicht nur wird die Adposition im Türkischen anders als im Deutschen oder Serbischen nicht vor-, sondern nachgestellt; sie kann in diesem Fall auch mit dem Substantiv verschmelzen und damit Anlass zu der Frage geben, ob hier eine Adposition oder ein Kasusmorphem für den Komitativ vorliegt. Dieselbe Frage stellt sich auch in Fällen wie ungar. *házban* ‚im Haus', wo das gebundene Morphem *-ban* die Bedeutung des deutschen *in* übernimmt. Normalerweise wird die Antwort lauten, dass gebundene Morpheme, die regelmäßig in einer bestimmten Funktion auftreten (hier: zum Ausdruck von Komitativ, Inessiv), als Kasusmorpheme eingeordnet werden sollten. Dies gilt insbesondere dann, wenn sie die für agglutinierende Sprachen typische Vokalharmonie aufweisen.

Generell lässt sich sagen, dass auch Adpositionen selbst normalerweise nicht zum primären Wortschatz einer Sprache gehören, sondern ihrerseits aus Wörtern mit kategorematischer Bedeutung hervorgehen. Das können Verben sein wie im Chinesischen, wo sich beispielsweise aus dem Verb 上 [*shàng*] ‚steigen', das auch nach wie vor in dieser Funktion und Bedeutung verwendet wird (z. B. 上 山 [*shàng shān*] ‚auf den Berg steigen'), ein Wort zum Ausdruck von ‚auf' entwickelt hat:

chin.	在	桌子	上
	zài	*zhuōzi*	*shàng*
	EXI	Tisch	steigen/oben
‚auf dem Tisch'			

Es kann sich aber ebenso um Substantiv handeln, die solche Funktionen übernehmen. Ein Beispiel hierfür wäre das Türkische, wo Substantive wie *üst* ‚Oberseite', *alt* ‚Unterseite' oder *yan* ‚Seite', ‚Flanke' das ausdrücken, was auf Deutsch mit *auf*, unter oder *neben* gesagt wird, z. B.

türk.	*caminin*	*yanında*
	Moschee-GEN	Seite-POSS–LOK
wörtlich etwa ‚[an] der Moschee Seite': ‚neben der Moschee'		

Für das Deutsche lässt sich zeigen, dass sich die Präpositionen historisch mehrheitlich aus Adverbien entwickelt haben (z. B. *unten > unter*), aber auch Substantive lassen sich als Ursprung aufzeigen (z. B. *Mitte > mit*). Diese Grammatikalisierungsprozesse können dann in einzelnen Sprachen noch weitergeführt werden und schließlich zu Kasusendungen führen, wie sie etwa im Ungarischen vorliegen.

Mit einer Kombination aus semantischen und syntaktischen Kategorien kann man Frage- und Antwortpartikeln definieren. **Fragepartikeln** (auch: Interrogativpartikeln, engl. *interrogative particles*) wie russ. ли [*li*], türk. *-mi-* oder chin. 吗 [*ma*] dienen dazu, einen Satz als Entscheidungsfrage zu kennzeichnen und können gebundene oder freie Morpheme sein. Im Deutschen gibt es diese Wortart, die so etwas wie ein gesprochenes Fragezeichen darstellt, nicht. Generell können Entscheidungsfragen in den Sprachen der Welt in sehr unterschiedlicher Weise markiert werden, und zwar:

- mittels Wortstellung, cf. dt. *Jana schläft > Schläft Jana?*
- Mittels *dummy verb*, cf. engl. *You like it > Do you like it?*
- durch Fragepartikeln, cf. türk. *geliyorsun > geliyor musun?* [komm-PRÄS INTER-2P] ‚Kommst du?'
- durch negiere Wiederholung der Proposition, cf. chin. 你吃不吃? [*nǐ chī bù bù chī*, wörtlich: ‚du essen nicht essen?'], ‚Hast du gegessen?'
- durch Intonation, cf. ital. *Monia è in casa > Monia è in casa?* ‚Ist Monia zu Hause?'

Einige Sprachen lassen auch alternativ verschiedene Arten der Markierung zu, so etwa das Chinesische, das sowohl über eine Fragepartikel als auch über die Möglichkeit verfügt, eine Frage durch die negierte Wiederholung der Aussage zu kennzeichnen. Eine ausführlichere Beschreibung des Satzmodus „Interrogativsatz" findet sich im Folgenden in Abschn. 3.7.1.

Bei **Antwortpartikeln** (engl. *response particles*) handelt sich um eine Wortart, die als positive oder negative Antwort auf eine Entscheidungsfrage (engl. *polar question*) benutzt wird und dabei eine selbständige Äußerung bildet. Gelegentlich werden auch andere Wörter, die wie z. B. dt. *natürlich* oder *klar* als Ein-Wort-Äußerungen zur Beantwortung einer Frage verwendet werden können, zu dieser Gruppe gezählt. Im engeren Sinne handelt es sich bei Antwortpartikeln aber nur um Partikeln, die in einer Sprache spezifisch dafür vorgesehen sind, eine Antwort auf eine Entscheidungsfrage zu geben.

Antwortpartikeln gibt es nicht in allen Sprachen, und wo es sie gibt, ist ihre Anzahl nicht gleich groß. So kennen etwa das Deutsche und das Französische mit *doch* bzw. *si* jeweils eine Antwortpartikel, mit der man auf eine negierte Frage antworten kann, um damit auszudrücken, dass der positive Sachverhalt zutrifft: *Kommst du nicht mit? – Doch!* Andere, auch nah verwandte Sprachen wie beispielsweise das Englische oder das Italienische verfügen hingegen nicht über so eine Partikel. Man kann die möglichen Antworten auf positive und negative Fragen folgendermaßen systematisieren (cf. Servidio 2018: 158):

	positive Frage (PF)	negative Frage (NF)
positive Antwort (PA)	PA–PF	PA-NF
negative Antwort (NA)	NA-PF	NA-NF

Entsprechend stellen Sprachen wie Englisch oder Italienisch nur zwei Antwortpartikeln zur Verfügung, die jeweils eine positive bzw. eine negative Antwort ausdrücken, während Sprachen wie Französisch oder Deutsch als dritte eine „specialized reverse positive particle" (Servidio 2018: 158) zur Verfügung stellen, mit der eine negative Frage negiert und damit der positive Sachverhalt als richtig markiert wird. Eine Sonderform stellen ‚Umkehrpartikeln' („specialized reverse particles", ibd.) dar, wie sie das Rumänische oder das Ungarische kennen. Sie stehen vor der Antwortpartikel, um die Antwort als Ablehnung des negativen

Sachverhalts zu kennzeichnen (Roelofsen/Farkas 2015: 397, zitiert nach Servidio 2018: 160):

rum.	*Nu*	*a*	*telefonat*	*Paul?*
	Nicht	hat	angerufen	Paul

‚Hat Paul nicht angerufen?'

	Ba	*da,*	*(a telefonat)*
	REV	ja	(hat angerufen)

‚Doch, er hat angerufen'

Aber es gibt auch Sprachen, die noch ganz andere Unterscheidungen vornehmen. So weist z. B. das Kambodschanische verschiedene Antwortpartikeln in Abhängigkeit vom Geschlecht der sprechenden Person auf: Frauen bejahen mit *caah*, Männer mit *baat* (cf. Huffman/Promchan/Thong Lambert 1970/2018: 19).

Hingegen gibt es in einer ganzen Reihe von Sprachen gar keine festgelegte Partikel, sondern man wiederholt als Antwort einen Teil der Frage, den man dann ggf. negiert. Man kann dieses Verfahren auch im Englischen beobachten: *Do you like it? – I do/I don't*. Oft können auch Ausdrücke mit Bedeutungen wie ‚richtig' oder ‚so [ist es]' als Antwortpartikeln fungieren, so etwa im Chinesischen, wo es zwar eine Antwortpartikel im eigentlichen Sinne nicht gibt, wo aber 对 [*duì*] ‚richtig' im Sinne von dt. *ja* gebraucht werden kann. Ähnlich wurde im Lateinischen, das ebenfalls keine Antwortpartikeln kannte, als positive Antwort *sic est* ‚so ist [es]' oder kurz *sic* ‚so' verwendet – das ist zugleich die historische Wurzel für franz. *si*, ital. *sì* oder spanisch *sí*.

Negierte Antwortpartikeln gehen demgegenüber meist auf einen Satznegator zurück (zur Negation s. Abschn. 2.3.2). Eine solche Entstehungsgeschichte ist leicht nachvollziehbar, wenn man bedenkt, dass die Alternative aus einer Äußerung des englischen Typs *I don't* besteht, also einer negierten teilweisen Wiederholung der Frage, oder aus einer Antwort wie ‚es ist nicht so', ‚das ist nicht richtig' o. Ä., die alle jeweils einen Negator enthalten. Gelegentlich kann auch ein negierter Existenzmarker (s. Abschn. 3.2) die Funktion einer negativen Antwortpartikel übernehmen. Dies lässt sich z. B. im Türkischen beobachten, wo der negierte Existenzmarker *yok* ‚es gibt nicht' anstelle der aus dem Persischen entlehnten Antwortpartikel *hayır* ‚nein' als Antwortpartikel sehr geläufig ist.

Fast alle Zuordnungsversuche scheitern, wenn man Wortarten wie die deutschen Abtönungspartikeln (auch: **Modalpartikeln**, engl. *modal particles*) definieren möchte. Dabei handelt es sich um Wörter, die typischerweise mehrere Funktionen haben, aber in einer davon als unbetonte Elemente im Satz kommunikative Aufgaben erfüllen wie *denn* in *Wie heißt du denn?* oder *ja* in *Ich hab's ja gleich gesagt*. Hier müssen komplexe Definitionsansätze genutzt werden, deren Ergebnis dann aber nur innerhalb einer bestimmten Sprache Geltung besitzt. Dennoch lassen sich, um beim Beispiel der Modalpartikeln zu bleiben, mit dem Deutschen vergleichbare Phänomene in diesem Bereich ganz ähnlich auch in anderen Sprachen zeigen. So entwickeln sich beispielsweise im Englischen *already* oder im Französischen *déjà* ganz ähnlich zu dt. *schon*, z. B. engl. *Come on, already!* (cf. dt. *Nun mach schon!*) oder franz. *déjà que* ‚wenn schon...'; ebenso auch serb. *kad' već* ‚wenn schon' (cf. Hentschel 2010). Man kann daher annehmen, dass sich auch hinter solchen sehr sprachspezifischen Entwicklungen von Wortarten gemeinsame Grundprinzipien des Sprechens verbergen.

2.3.2 Negation

Ein vom Grundsatz her ebenfalls semantisch bzw. logisch-semantisch definierter Bereich ist der Bereich der Negation. Sie ist naturgemäß in allen Sprachen möglich, erfolgt aber mit den unterschiedlichsten Mitteln und kann auch innerhalb ein und derselben Sprache in Abhängigkeit vom syntaktischen Kontext sehr unterschiedlich gehandhabt werden. Autoren wie Miestamo (2013a) unterscheiden daher grundsätzlich zwischen **Standardnegation** (*standard negation*), womit die Negation eines unabhängigen Deklarativsatzes mit einem verbalen Prädikat gemeint ist, und anderen Satztypen. Während viele Sprachen für die Standardnegation ein freies Morphem wie dt. *nicht* oder ital. *non* verwenden, muss der Negator in anderen als gebundenes Morphem in die Verbform integriert werden. So wird im Türkischen das Morphem *-me-* verwendet, das je nachdem so stark mit der jeweiligen Verbform verschmelzen kann, dass nur noch der Konsonant erhalten bleibt:

türk	*geliyor*	*gel<u>m</u>iyor*
	‚er/sie kommt'	‚er/sie kommt <u>nicht</u>'

In anderen Sprachen wird die Negation durch zwei Morpheme markiert, die entweder wie im Französischen frei sein können (z. B. *je sais > je <u>ne</u> sais <u>pas</u>*) oder aber gebunden wie im Chamling, einer in Südasien gesprochenen Sprache (z. B. *khatunga* ‚ich ging' > *<u>pa</u>-khai-<u>n</u>-unga* ‚ich ging nicht', Bsp. nach Ebert 1997: 30).

In Fällen, in denen sich außer dem Hinzufügen eines oder mehrere Morpheme nichts an der Konstruktion des nicht-negierten Satzes ändert, spricht man von ‚symmetrischer Negation' (*symmetric negation*, cf. Meistamo 2013a). Als asymmetrisch ist demgegenüber eine Negation zu betrachten, die mehr als eine Änderung erforderlich macht, etwa indem das Negationsmorphem die im positiven Satz enthaltenen Tempus- oder Aspektmarker ersetzt oder indem ein zusätzliches Verb eingefügt werden muss. Ein Beispiel für Letzteres wäre engl. *to do* (*I went > I didn't go*), das unter Beibehaltung der Symmetrie nur einen positiven Satz mit emphatischem *to do* (*I did go!*) negieren kann (cf. hierzu ausführlicher Miestamo 2013b).

Außer beim Verb kann die Negation aber auch entweder ausschließlich oder zusätzlich an anderen Wortarten auftreten. Solche Wortarten gehören durchweg zu den in Grammatiken als „indefinit" beschriebenen Wörtern, sind also beispielsweise indefinite Pronomina (z. B. *jemand*), indefinite Adverbien (z. B. *irgendwo*) oder indefinite Artikel. Dabei scheint die Mehrzahl der Sprachen der Welt die **doppelte Markierung der Negation** – beim Verb sowie am Indefinitum – zu bevorzugen: Haspelmath (2013) zählt in seiner Untersuchung 170 von 206 analysierten Sprachen, die regelmäßig an mehreren Stellen im Satz negieren, gegenüber nur elf, die dies nie tun. Ein Beispiel für das mehrfache Auftreten negierter Elemente im Satz wäre:

serb.	*Nisam*	*nikad*	*nikoga*	*videla*
	nicht-bin	nie	niemanden	gesehen-F

‚Ich habe nie jemanden gesehen' (es spricht eine Frau)

Die doppelte Negation findet sich aber auch in Dialekten des Deutschen, so etwa im Bairischen (Bsp. nach Weiß 2015: 182):

bair.	*Koa*	*Mensch*	*is*	*ned*	*kema*
	kein	Mensch	ist	nicht	gekommen

‚Niemand ist gekommen'

Moser (2019) konnte auf der Basis von spontanen Sprachdaten, die aus den 50er bis 80er Jahren des 20. Jahrhunderts stammen, folgende Verteilung des Gebrauchs von doppelter Negation feststellen (Tabelle adaptiert nach ibd.: 184):

Alemannisch	18 %
Bairisch	48 %
oberfränkische Varietäten	22 %
Westmitteldeutsch	6 %
Ostmitteldeutsch	10 %
Westniederdeutsch	3 %
Ostniederdeutsch	7 %
Schlesisch	22 %
Niederpreußisch	15 %
Ostpommersch	4 %

Wie sich zeigt, ist das Phänomen zwar in vielen Bereichen des untersuchten Sprachgebiets nur sehr selten anzutreffen, fehlt aber nirgends ganz. Insgesamt ist jedoch weiterhin von einem zunehmenden Abbau der doppelten Negation auszugehen, die unter dem starken Einfluss der Standardsprache – wo doppelte Negation normativ als „falsch" bzw. im mathematisch-logischen Sinne als Ausdruck für Positives gilt – zurückgedrängt wird.

In manchen Sprachen kommt sowohl doppelte als auch einmalige Negation vor, und es ist von der syntaktischen Umgebung abhängig, welche von beiden verwendet werden muss. So zieht im Italienischen der satzinitiale Gebrauch des Negators *non* ‚nicht' die Verwendung negierter infiniter Elemente nach sich, während diese umgekehrt, wenn sie satzinitial gebraucht werden, ein *non* ausschließen:

einfache Negation:

ital. *Nessuno   ti   ha   visto*
       niemand   dich   hat   gesehen
       ‚Niemand hat dich gesehen'

doppelte Negation:

ital. *Non   hai   visto   nessuno?*
       nicht   hast   gesehen   niemanden?
       ‚Hast du niemanden gesehen?'

Demgegenüber kann die Negation im Standarddeutschen stets nur an einer Stelle im Satz auftreten. Wenn der Satz ein indefinites Element enthält, wird dieses negiert:

dt. *Ich habe dich nicht gesehen.*
     Ich habe niemanden gesehen.
     Ich habe keinen Menschen gesehen.

Steht mehr als ein indefinites Element im Satz, tritt die Negation an dasjenige, das den Satzfokus trägt; die anderen bleiben unverändert.

dt. *Ich habe nirgends jemanden gesehen.*
     Ich habe niemals irgendwo jemanden gesehen.

Ausgeschlossen ist im Standarddeutschen die doppelte Negation (die allerdings wie gesagt in deutschen Dialekten durchaus zu beobachten ist):

dt. **Ich habe niemanden nicht gesehen.*

Normalerweise wird beim Vorliegen einer Negation die gesamte Proposition negiert, unabhängig davon, wo im Satz sie markiert wird. So ist in einem Satz wie

dt. *Mit diesem Ergebnis hat niemand gerechnet.*

die gesamte Proposition negiert, es gilt also:

dt. *Falsch ist: Jemand hat mit diesem Ergebnis gerechnet.*

2.3 Varia

Auch wenn die Negation im Pronomen *niemand* ausgedrückt wird, entfaltet sie ihre Wirkung also auf den gesamten Satz. Ausnahmen hiervon, also eine wirklich auf eine einzelne Konstituente begrenzte Negation, sind selten und kommen vor allem vor, wenn sich der negierte Teil des Satzes auf einen attributiven Nebensatz zurückführen lässt:

    dt.   *Gesucht werden Freiwillige nicht unter 18 Jahren*
              > *die nicht unter 18 Jahre alt sind*

Daneben kann Negation aber in vielen Sprachen auch auf der Wortbildungsebene realisiert werden und betrifft dann wirklich nur das negierte Wort. Beobachten lässt sich das in indoeuropäischen Sprachen insbesondere bei deverbalen Adjektiven und bei Partizipien, z. B.:

    dt.   *unglaublich, unerhört, unverstanden*
    ital.   *incredibile, inaudito, incompreso*
    serb. *neverovatno, nečuveno, neshvaćeno*

Wenn solche negierten Adjektive ihrerseits mit einem freien Morphem negiert werden, entsteht eine positive Bedeutung, wie man sie aufgrund der mathematischen Logik beim Vorliegen einer doppelten Negation erwarten würde. Allerdings findet sich der Gebrauch von solchen Formen, wie er in *nicht unfreundlich* (z. B. *Der Empfang war nicht unfreundlich, aber eher kühl*) oder *nicht unerwartet* (z. B. *Diese Entwicklung kam für mich nicht unerwartet*) vorliegt, nur bei einer begrenzten Zahl von Lexemen, und freie Vorkommen dieses Negationstyps wie **nicht unglaublich* (**Dieses Ereignis war nicht unglaublich*) kommen nur vor, wenn eine Negation auf der Metaebene intendiert ist, z. B. *Das war nicht „unwahrscheinlich", das war erwartbar!* In solchen Fällen ist es der Gebrauch des Wortes (hier: *unwahrscheinlich*), der negiert werden soll: Nicht dieses Wort passt hier, sondern ein anderes.

Über die hier besprochenen primär – wenngleich natürlich nicht ausschließlich – morphologischen Aspekte der Negation hinaus gibt es aber auch eine Reihe von Phänomenen, die weitergehende Veränderungen des Satzes implizieren. Auf solche Effekte der Negation wird in Abschn. 3.2 näher eingegangen.

Syntax 3

Inhaltsverzeichnis

3.1	Die Struktur des Satzes	149
3.2	Prädikate	156
3.3	Subjekte und Objekte	167
3.4	Adverbiale	178
3.5	NP-Strukturen: Attribute	186
3.6	Nicht-attributive Nebensätze	204
3.7	Kongruenz als syntaktisches Phänomen	209
3.8	Satzmodi	218

Wenn man eine Definition von „Syntax" vornehmen möchte, könnte sie etwa folgendermaßen aussehen:

▶ **Zum Begriff**
Unter **Syntax** versteht man die regelbasierte Verknüpfung einzelner Elemente zu einem Gefüge, das insgesamt eine über die Bedeutung der Einzelelemente hinausgehende Bedeutung erhält.

Anders ausgedrückt: Das Ganze ist mehr als die Summe seiner Teile.

Wenn man nur einzelne Wörter aneinanderreiht, geht daraus nicht unbedingt hervor, in welcher Beziehung sie zueinander stehen. Man würde zwar normalerweise auf sein Weltwissen zurückgreifen, um beispielsweise eine Aneinanderreihung von Wörtern wie *Hilfe! Gebissen! Mann! Hund!* zu interpretieren, die jemand von sich gibt, der atemlos herbeigelaufen kommt: Wir nehmen dann an, dass vermutlich nicht ein Tierarzt (dann wäre gemeint: *Ein Mann hat einen Hund gebissen*), sondern eher ein Arzt für Menschen (also: *Ein Hund hat einen Mann gebissen*) gebraucht wird. Aber nicht in allen Fällen reicht das Weltwissen aus, um aus aneinandergereihten Wörtern auf den richtigen Sachverhalt zu schließen. Wenn etwa zwei Boxer namens Tom und Tim gegeneinander antreten, würde die

Aneinanderreihung von Wörtern wie *siegen Tim Tom* nicht ausreichen, um zu verstehen, wer den Kampf gewonnen hat. Erst strukturierte Äußerungen wie *Tom siegt über Tim* oder *Tim besiegt Tom* machen das möglich.

Aus diesem Grund sind alle Sprachen darauf angewiesen, syntaktische Regeln bereitzuhalten, mittels derer man die verschiedenen Rollen der am Geschehen Beteiligten markieren und dadurch eindeutig machen kann. Um dies zu ermöglichen, stehen folgende Mittel zur Verfügung:

- Wortstellung
- freie grammatische Morpheme
- gebundene grammatische Morpheme
- eine Kombination aus dem Vorigen

Die **Wortstellung** (gelegentlich auch als ‚Satzstellung' bezeichnet, gemeint ist: die Stellung der Wörter im Satz) ist eines der einfachsten Verfahren, um die Rollenverteilung im Satz zu verdeutlichen, und in manchen Sprachen auch die Standard-Methode. Wenn keine anderen Mittel genutzt werden können, funktioniert sie auch im Deutschen: Dann ist das erstgenannte Element das Agens, das zweite (das dann normalerweise nach dem Verb steht) das Patiens. Eben: *Mann beißt Hund* vs. *Hund beißt Mann*.

Besonders in isolierenden Sprachen, aber nicht nur in diesen, sind **freie grammatische Morpheme** eine praktische Lösung, wenn man mehr als zwei Argumente in einem Satz unterbringen will. Zwar kann man auch hier mit Satzstellung arbeiten und festlegen, in welcher Reihenfolge die Rollen auftreten, also etwa: 1. Argument=A (Agens/*agent*), 2. Argument=G (Rezipient/*goal*), 3. Argument=T (*theme*). So würde es etwa im Chinesischen funktionieren:

chin.	我	给	你	这	本	书
	Wǒ	gěi	nǐ	zhè	běn	shū
	Ich	geb-	du	dies	KLASS	Buch

‚Ich gebe dir dieses Buch'

Allerdings können oft nur einige ditransitive Verben solche Sätze bilden, in denen nur die Reihenfolge der Elemente festlegt, welches Argument welche Rolle innehat. In anderen Fällen muss auf weitere Mittel zurückgegriffen werden – eben auf freie grammatische Morpheme. Das ist auch im Chinesischen so, trifft aber ebenso auf das Englische zu, wo das Morphem *to* die Aufgabe übernimmt, den Rezipienten zu kennzeichnen:

engl.   *I gave the book to you*

Das Englische ist dabei zugleich ein Beispiel für den Einsatz zweier verschiedener Mittel, denn die Rollen im obigen Beispielsatz können auch durch Wortstellung markiert werden:

engl. *I gave you the book*

Beispiele für den Einsatz **gebundener Morpheme** wären demgegenüber das Deutsche oder das Türkische. Hier wird die Rolle mit morphologischen Mitteln am Wort selbst markiert:

dt. *Ich habe dir das Buch gegeben*
türk. *Sana kitabı verdim*

Im Folgenden sollen die verschiedenen syntaktischen Rollen, die bereits im Kapitel über Morphologie angesprochen wurden, ebenso wie weitere Bestandteile eines Satzes unter syntaktischen Gesichtspunkten behandelt werden. Eine klare Trennung zwischen Morphologie und Syntax ist dabei nicht sinnvoll, da morphologische Phänomene durch syntaktische Beziehungen ausgelöst werden und dann ihrerseits dazu dienen, syntaktische Bezüge sichtbar zu machen, die sonst unklar oder auch nicht erkennbar wären.

3.1 Die Struktur des Satzes

Die Definition dessen, was genau unter einem Satz zu verstehen ist, hängt stark davon ab, welches theoretische Modell man zugrundelegt und von welchen Grundannahmen man ausgeht; je nach Ansatz kommen dabei 100 und mehr unterschiedliche Definitionen zustande (cf. Hentschel/Weydt ^{5}2021: 298 f.). Wenn man unter pragmatischen Gesichtspunkten definieren möchte, was ein Satz ist, käme man vermutlich zu einer Definition, die ungefähr mit „kleinste vollständige Äußerung" umschrieben werden könnte – Grammatiken wie Zifonun et al. (1997: 86 f.) haben diese Art von Satz als „kommunikative Minimaleinheit" definiert. Folgt man hingegen am anderen Ende der Skala einem strikt syntaktischen Ansatz, könnte man zu so etwas kommen wie: „Minimalanforderung, damit ein Satz vorliegt: Es ist ein finites Verb vorhanden". Damit wären Syntagmen wie

dt. *Aufzug im Brandfall nicht benutzen*

keine Sätze, ein kurzer Zuruf wie

ital. *Arrivo!* (‚ich komme')

hingegen schon.

Was unter einem finiten Verb zu verstehen ist, wird allerdings normalerweise umgekehrt über den Satz definiert: Ein finites Verb ist dasjenige, das in einem unabhängigen Satz (Hauptsatz) vom Typ Deklarativsatz das Prädikat bilden kann (cf. z. B. Bisang 2001: 1400; Givón 2001: 25). Die Definitionen sind so gesehen ineinander verschränkt, aber man kann zeigen, dass sie trotzdem logisch verknüpft werden können:

- Ein Satz muss ein Verb enthalten.
- Dieses Verb muss finit sein.
- Ein Verb ist dann finit, wenn es in einem bestimmten Satzmodus (nämlich einem unabhängigen Deklarativsatz) das Prädikat bilden kann.

Natürlich muss man dann immer noch festlegen, was ein Verb ist (was normalerweise über die Fähigkeit eines Wortes, das Prädikat zu bilden, bestimmt wird) und wie der Satzmodus „Deklarativsatz" definiert werden soll. Letzteres kann an dieser Stelle grob mit „Äußerungsform, mit der eine Aussage gemacht wird" umschrieben werden. Damit wäre die Einheit „Satz" syntaktisch definiert und man kann ihre Bestandteile (wie: Subjekt, Prädikat etc.) analysieren.

Nicht aus den Augen verlieren darf man dabei aber, dass auch „Nicht-Sätze" wie im Beispiel

dt.   *Aufzug im Brandfall nicht benutzen*

Syntagmen sind: Die in ihnen enthaltenen Elemente gehen komplexe Beziehungen zueinander ein und können dieselben Rollen übernehmen, die sie in einem Satz mit finitem Verb erfüllen würden (hier etwa: *Im Brandfall darf man den Aufzug nicht benutzen*).

Aber es gibt noch eine weitere Schwierigkeit, die nicht unerwähnt bleiben darf: In vielen Sprachen enthalten Prädikate, deren Kern ein Adjektiv oder ein Substantiv bildet (wie etwa dt. *Ich bin müde* oder *Sie ist Architektin*), kein Kopulaverb. Dies ist etwa im Russischen der Fall:

russ.   *Я*   *устал*   *Она*   *архитектор*
        Ja   *ustal*   *Ona*   *architektor*
        Ich   müde-M-SG   Sie   Architekt
        ‚Ich bin müde' [es spricht ein Mann]   ‚Sie ist Architektin'

Ein solches Verb kann zwar in einigen Sprachen hinzutreten, wenn das Tempus geändert wird, so etwa im Russischen:

russ.   *Она*   *была*   *архитектором*
        Ona   *byla*   *architektorom*
        Sie   gewesen-F-SG   Architekt-INS
        ‚Sie war Architektin'

Aber daraus dann abzuleiten, dass im Präsens kein Satz vorliegt, im Präteritum hingegen schon, ist natürlich keine Lösung – zumal das Verb im Präteritum-Satz nicht finit ist. Das Beispiel zeigt aber klar, dass die Definition der Einheit „Satz" auch auf einer rein syntaktischen Ebene alles andere als trivial ist und dass insbesondere non-verbale Prädikate offenbar noch einmal gesondert betrachtet werden müssen (s. Abschn. 3.2).

Argumente
Wenn man das Problem der Sätze ohne Kopula (die ihrerseits oft gar kein Verb ist) zunächst zurückstellt, enthält der in der oben skizzierten Weise definierte Satz stets ein Prädikat, und dieses ist im Normalfall ein finites Verb. Finite Verben beinhalten einen Bezug zu einer grammatischen Person (im weitesten Sinne), den sie in flektierenden und agglutinierenden Sprachen oft durch eine entsprechende Endung ausdrücken. Dadurch implizieren sie automatisch zugleich das explizite oder implizite Vorliegen eines nominalen oder pronominalen Elements, das man gewöhnlich als Subjekt bezeichnen würde. Das ist zugleich der Satzteil, mit dem sie in vielen Sprachen in Bezug auf den Numerus morphologisch kongruieren (cf. hierzu ausführlicher Corbett 2000: 178–218). Welche Rolle dieses Subjekt genau übernimmt, hängt dabei vom Verb ab.

Wie bereits im Zusammenhang mit den Kasus erläutert wurde, unterscheidet man in Anlehnung an Comrie (^{2}2001: 111) zunächst die syntaktischen Rollen S, A und P. Dabei ist S (mnemotechnisch für „Subjekt", da der Satz dann keine anderen potentiellen Kandidaten für diese Rolle enthält) die Rolle, die das Subjekt eines intransitiven Verbs einnimmt:

    dt.   *Der Pinguin*   taucht
               S

Hingegen kennzeichnen – in Anlehnung an die prototypischen Rollen der Argumente in diesem Konstruktionstyp – A (für Agens) und P (für Patiens) die beiden Beteiligten in einem Satz mit transitivem Verb:

    dt.   *Der Pinguin*   frisst   *einen Fisch*
               A   P

Je nach Sprachtyp können diese Rollen auf unterschiedliche Weise ausgedrückt werden. Von 261 von Iggesen (2013) untersuchten Sprachen weisen 81 hierfür keine morphologischen Markierungen auf, während in den übrigen morphologischen Mittel zum Einsatz kamen. Neben seltenen Fällen, in denen für alle drei Rollen je eine eigene morphologische Markierung verwendet wird (cf. Iggesen 2005: 91 f.), findet sich häufiger die Aufteilung auf zwei Markierungsarten, also auf zwei verschiedene Kasus. Daraus entsteht logischerweise eine asymmetrische Verteilung, so dass einer dieser beiden Kasus zwei, der andere nur eine Rolle übernimmt. Entsprechend werden die Kasus definiert, und nach ihnen kann man verschiedene Sprachtypen unterscheiden (siehe hierzu die Definition in Abschn. 2.1.2.3):

- Ein Kasus, der P ausdrückt, heißt Akkusativ; sein Gegenspieler, mit dem sowohl S als auch A ausgedrückt werden, heißt Nominativ. Man spricht dann von einer **Akkusativ- Sprache** (seltener auch: Nominativ-Sprache).
- Ein Kasus, der A ausdrückt, heißt Ergativ; sein Gegenspieler, der S und P zusammenfasst, heißt Absolutiv. Man sprich dann von einer **Ergativsprache**.

Neben diesen beiden Prototypen gibt es auch sog. **Split-Ergativ-Sprachen**. Damit sind Sprachen gemeint, die zwar Ergativität aufweisen, aber nicht ausschließlich. Unter bestimmten Bedingungen, so etwa beim Gebrauch bestimmter Tempus- oder Aspektformen (cf. z. B. Coon 2013: 187–190) oder in Abhängigkeit von der Natur der beteiligten Argumente (etwa: belebt oder unbelebt, Substantiv oder Pronomen, cf. z. B. Kiparsky 2008: 33 f.) können dann auch andere Markierungen auftreten.

Das Deutsche gehört wie die meisten modernen indoeuropäischen Sprachen, die Turksprachen, Japanisch, Mongolisch, Ungarisch und viele andere Sprachen zu den Akkusativsprachen. Ergativsprachen, die insgesamt etwas seltener sind, finden sich insbesondere in Australien und Eurasien (cf. Nichols 1993). Unter den europäischen Sprachen gehört das Baskische in diese Kategorie.

Außer den bisher besprochenen Sätzen mit einem oder zwei Argumenten gibt es natürlich auch Sätze mit drei Argumenten, wie sie prototypisch bei Verben mit der Bedeutung ‚geben' auftreten:

dt.   Ich   gebe   dem Pinguin   einen Fisch
                       G   T

Hier ist es üblich, den übergebenen Gegenstand (hier: den Fisch) in Anlehnung an engl. *theme* mit T, den Rezipienten (hier: den Pinguin) in Anlehnung an engl. *goal* mit G zu kennzeichnen. Auch hier zeigen sich in der Art, wie diese Rollen kodiert werden, Unterschiede zwischen den Sprachen. Eine weit verbreitete Lösung besteht darin, T mit demselben Kasus wie P zu markieren und für den Rezipienten G einen eigenen Kasus zur Verfügung zu stellen. In Anlehnung an die prototypische Semantik dieses Konstruktionstyps wird dieser Kasus nach dem lateinischen Wort für ‚geben' (*dare*) dann als Dativ bezeichnet; das durch ihn bezeichnete Argument würde als „indirektes Objekt" (gegenüber dem „direkten" Objekt T=P) eingeordnet. Wenn hingegen Rezipient und Patiens mit demselben Kasus kodiert werden, spricht man von einem primären Objekt, dem als sekundäres Objekt der Kasus des übergebenen Gegenstandes T gegenübersteht. Das Deutsche unterscheidet direkte und indirekte Objekte, während beispielsweise die nordamerikanische Sprache Ojibwa eine Unterteilung in primäre und sekundäre Objekte aufweist (cf. z. B. Postal 2010: 114 f. und die dort angegebene Literatur).

Unabhängig davon, mit welchen Mitteln dies jeweils geschieht, muss die grundlegende Struktur eines Satzes in einer beliebigen Sprache somit fünf verschiedene potentielle Argumentrollen einschließen: die des intransitiven Subjekts S, die des Agens einer transitiven Konstruktion A, die des Ziels der transitiven Handlung P,

3.1 Die Struktur des Satzes

die des Rezipienten G bei einer ditransitiven Konstruktion und die des in diese Konstruktion involvierten übergebenen Gegenstandes T. Ein Argument dieser Art wird auch als **Komplement** (von lat. *complere* ‚ausfüllen', engl. *complement*) bezeichnet, in der deutschsprachigen Grammatikschreibung auch als **Ergänzung**. Der Begriff „Komplement" wird allerdings nicht einheitlich verwendet: Während er insofern weiter gefasst ist, als er alle syntaktisch notwendigen Bestandteile eines Gefüges, also z. B. auch Adverbiale, mit einschließt, kann er je nach Modell das Subjekt ausschließen. Von einem Komplement spricht man zudem auch, wenn ein Element von einer Präposition abhängig, also seinerseits Teil eines Satzteils ist.

Anzahl und Art der Argumente sind im Standardfall davon abhängig, welche Struktur das im Prädikat verwendete Verb vorgibt. Dabei besteht aber keineswegs immer eine 1:1-Beziehung zwischen der Natur des gewählten Verbs und der letztendlichen Struktur der Argumente, und auch ein transitives Verb kann in eine ditransitive Stuktur eingebettet werden. So kann man im Deutschen mit dem transitiven Verb *machen* einen Satz wie *Ich mache dir erst mal einen Tee* bilden, der drei Argumente enthält – eines davon würde man als freien Dativ (Dativus commodi) analysieren – und damit aus syntaktischer Perspektive klar eine ditransitive Struktur aufweist. Dies ist aber keine Besonderheit des Deutschen, sondern ist ebenso in anderen Sprachen möglich:

türk.	*Önce*	*sana*	*çay*	*yapayım*
	zuerst	du-DAT	Tee	mach-SUBJ-1P.SG
	‚Ich mache dir erst mal Tee'			

> Die Verbform *yapayım* im Beispielsatz wird je nach Grammatik als „Subjunktiv" (*subjunctive*, so Lewis 2000: 134) oder auch als „Optativ" bezeichnet. Es handelt sich dabei um einen Modus, der Wünsche, Absichten oder auch Entsprechungen für das deutsche *sollen* (z. B. *Ne yapayım?* ‚Was soll ich machen?') ausdrückt.

chin.	我	给	你	弄	点	茶
	wǒ	*gěi*	*nǐ*	*nòng*	*diǎn*	*chá*
	ich	REZ	du	mach-	Tropfen	Tee
	‚Ich mache dir etwas Tee'					

> Bei 给 [*gěi*] handelt es sich ursprünglich um ein Verb mit der Bedeutung ‚geben', das als Marker für den Rezipienten benutzt werden kann. In dieser Funktion wird es meist als mittlerweile grammatikalisiertes grammatisches Morphem angesehen (cf. hierzu ausführlicher z. B. Xing 2003).

Offenbar sind die Verhältnisse komplexer, als dass man sie ausschließlich auf das oberste Verb im Satz reduzieren könnte. Dennoch spielt dieses Verb eine zentrale Rolle im Satz, indem es eine Art Blaupause für die zu verwendenden Argumente enthält, auch wenn diese dadurch offenbar nicht unveränderlich festgelegt ist.

„Freie" Satzteile

Neben den Argumenten, die im Standardfall eng mit dem Verb verknüpft sind und in flektierenden und agglutinierenden Sprachen durch Kernkasus repräsentiert werden, kann noch eine ganze Reihe weiterer Elemente im Satz auftreten. Hierzu gehören Angaben über den Ort, die Zeit oder weitere Umstände des Geschehens, die für die kommunikative Funktion äußerst wichtig, aber rein syntaktisch oft nicht notwendig sind. In vielen Sprachen sind sogar eigene Kasus wie Lokativ, Ablativ, Komitativ etc. für solche Angaben vorgesehen (s. Abschn. 2.1.2.3).

Die Bezeichnung für Satzteile dieser Art ist sehr uneinheitlich. In der deutschen Grammatikschreibung, insbesondere in Grammatiken, die auf dem Dependenzmodell beruhen, ist meist von **Angaben** oder von **Supplementen** (so etwa bei Zifonun et al. 1997; von lat. *supplere* ‚auffüllen', engl. *supplement*) die Rede. Daneben findet sich in der englischsprachigen Grammatikschreibung auch der Begriff **Modifikator** (engl. *modifier*), der aber seinerseits unterschiedlich definiert ist. Die Bandbreite der Begriffe und ihrer Definitionen ist hier groß und hängt stark vom jeweils verwendeten Modell ab. Weit verbreitet und eher modellunabhängig ist der Begriff **Adverbiale** (engl. *adverbials*). Dieser Begriff erfasst allerdings nur die semantische Rolle dieser Satzteile, indem er beschreibt, dass es sich um Angaben zu den Umständen handelt, unter denen sich das im Verb ausgedrückte Geschehen vollzieht, und nichts darüber aussagt, ob es sich um einen freien oder einen obligatorischen Bestandteil des Satzes handelt. Tatsächlich können Adverbiale in bestimmten syntaktischen Rahmen auch obligatorisch sein, so etwa bei Verben wie *stellen* oder *legen*, die außer dem direkten Objekt auch eine Angabe zum Ort erforderlich machen:

dt. **Ich stelle das Buch*
Ich stelle das Buch ins Regal

In Grammatiken, die den Begriff „Supplement" verwenden, wäre in solchen Fällen dann allerdings nicht von einem Supplement, sondern von einem Komplement die Rede. Wenn es sich um eine völlig unabhängig vom Prädikat verwendete Angabe handelt, wird in der englischsprachigen Grammatikschreibung meist der Begriff **Adjunkt** (von lat. *adiungere* ‚hinzufügen', engl. *adjunct*) verwendet. Adjunkte sind immer fakultativ. Damit enthielte der folgende Satz sowohl ein Komplement als auch ein Adjunkt, hier eine temporale Angabe:

dt. *Ich stelle das Buch*   *heute Abend*   *ins Regal*
                             Adjunkt   Komplement

3.1 Die Struktur des Satzes

Die äußere Form von Adverbialen (Adjunkten) ist völlig frei, wobei die Möglichkeiten hier von der jeweiligen Sprache abhängen: Sie können durch einen Kasus wie z. B. einen Lokativ ausgedrückt werden, durch ein einzelnes Adverb oder Adjektiv, durch ein Präpositionalgefüge oder durch einen ganzen Satz. Deutsche Beispiele hierfür wären:

dt. *Eines Tages traf Rotkäppchen im Wald den Wolf.*
Als er Rotkäppchen sah, sprach der Wolf es sofort freundlich an.

Noch komplexer werden die Unterscheidungen, wenn man zwischen direkt auf das Prädikat bezogenen Adverbialen und solchen unterscheidet, die sich auf den Satz als Ganzes beziehen. Was auf den ersten Blick eher haarspalterisch wirken mag, hat einen realen Hintergrund. In einem Satz wie

dt. *Zum Glück steht das Buch im Regal.*

bezieht sich *zum Glück* nicht auf die zeitlichen (wie z. B. *seit gestern*) oder sonstigen Umstände (z. B. *ganz oben*), unter denen das Buch im Regal steht, sondern kommentiert die gesamte Proposition als etwas Erwünschtes. In so einem Fall ist in der englischsprachigen Grammatikschreibung mitunter von einem Modifikator die Rede, der dann von einem Adjunkt unterschieden werden muss. Tatsächlich ist der Unterschied zwischen satzübergreifend wirkenden Satzteilen wie *zum Glück* und direkt auf das Geschehen bezogenen Adverbialen wie *seit gestern* oder *ganz oben* objektivierbar und zeigt sich auch darin, dass erstere nicht erfragbar sind (*Wie/Wann/Warum... steht das Buch im Regal? – *Zum Glück*). In der Mehrheit der Fälle ist hierfür aber keine eigene Terminologie vorgesehen.

Als **Modifikatoren** (von lat. *modificare* ‚umformen', engl. *modifier*) werden in der Literatur in erster Linie solche Satzteile bezeichnet, die ihrerseits Teile von Satzteilen sind und die in der traditionellen Grammatikschreibung **Attribute** (von lat. *attribuere* ‚zuteilen', engl. meist *modifier*) heißen. Dazu gehören beispielsweise Adjektive oder Partizipien, aber auch Relativsätze, präpositionale Gefüge oder auch Kasus, etwa Genitive oder Dative:

engl. *the girl who couldn't sleep*
the little shop of horrors
the witch's hut in the woods

russ. *подарок*   *Нине*
podarok   *Ninje*
Geschenk   Nina-DAT
‚ein Geschenk für Nina'

Attribute sind wie gesagt dadurch definiert, dass sie von einem anderen Teil des Satzes abhängig sind und nur mit diesem zusammen eine Funktion übernehmen können. Diese Funktion kann die eines Subjekts, eines Objekts oder auch Adverbials sein; es ist aber ebenso möglich, dass es sich dabei wiederum um ein Attribut handelt:

dt. *mit einem Korb* *voller Kuchen* *für die kranke Großmutter*
ATTR zu *Korb* ATTR zu *Kuchen*

Zusammenfassend kann man damit die folgenden Elemente in einem Satz unterscheiden:

- das **Prädikat**, prototypisch durch ein Verb repräsentiert;
- die **Argumente** S, A, P, G und T, die als Subjekt bzw. Objekte im Satz erscheinen und prototypisch durch nominale Wortarten repräsentiert werden;
- **Adverbiale** (Adjunkte);
- **Attribute** (Modifikatoren).

3.2 Prädikate

In der Mehrzahl der Fälle besteht das Prädikat (von lat. *praedicare* ‚aussagen', engl. *predicate*) aus einer Verbform. Wenn sie synthetisch ist – also nur aus einer einzigen Form besteht – bleibt nur noch zu bestimmen, an welcher Stelle im Satz sie auftritt. Wie schon in Abschn. 1.3 beschrieben, lassen die drei Satzteile S, O und V sechs verschiedene Permutationen zu. In Bezug auf V gibt es aber naturgemäß nur drei mögliche Positionen, die sich aus den sechs ableiten lassen. Wenn man S und O durch die Variable X ersetzt, zeigen von insgesamt 1187 Sprachen jeweils (nach Dryer 2013d):

V X X: 120 Sprachen

X **V** X: 499 Sprachen

X X **V**: 568 Sprachen

Offenbar ist die Frontstellung des Verbs also die am seltensten gewählte Lösung, während Verbletztstellung im untersuchten Sample etwas häufiger vorkommt als die Verbzweitstellung.

Nun bestehen verbale Prädikate in vielen Sprachen aus mehr als einem Bestandteil. Dies ist immer dann der Fall, wenn

- die entsprechenden Verbformen analytisch gebildet sind (z. B. *bin überrascht worden*)
- eine serielle Verbkonstruktion vorliegt (z. B. *ist schlafen gegangen*; siehe hierzu ausführlicher im Folgenden)

- ein Verb in lexikalische Bestandteile aufgespalten wird, zwischen die andere Teile des Satzes treten (z. B *stehe jetzt auf*)

Für die Bestimmung der Stellung des Verbs im Satz wird in solchen Fällen das finite Verb (zur Definition s. Abschn. 2.2.6) betrachtet, das in flektierenden und agglutinierenden Sprachen die Personalendung trägt und zugleich in der syntaktischen Hierarchie am höchsten steht. Damit ist es zugleich der **Kopf** (manchmal auch: Nukleus, Kern, engl. *head*) der analytischen Verbform.

▶ **Zum Begriff**
Der **Kopf** ist das oberste Elemente in der Hierarchie eines Gefüges, von dem die anderen Teile abhängen.

Mehrteilige Prädikate: Analytische Verbformen
Analytisch gebildete Verbformen sind insbesondere für flektierende Sprachen typisch. Entsprechend einfach ist es hier, das finite Verb zu identifizieren, da es in der Mehrheit der Fälle auch eine klar erkennbare Personalendung trägt.

ital.	*Aveva*	*guardato*	*la televisione*	
	hatte-3P	betrachtet	das Fernsehen	
	‚er hatte ferngesehen'			
russ.	он	*будет*	*смотреть*	*телевизор*
	on	budet	smotret'	televizor
	er	wird-3P	betrachten	Fernseher
	‚er wird fernsehen'			

In solchen Fällen handelt es sich bei demjenigen Verb, das die Personalendung trägt, zugleich um das **Auxiliar**, mit dem das entsprechende Tempus – im italienischen Beispiel ein Plusquamperfekt, im russischen ein Futur – gebildet wird.

Gelegentlich werden auch **Modalverben**, also Verben wie dt. *können*, ital. *volere* oder engl. *must*, zu den Auxiliaren im weitesten Sinne gerechnet. Typischerweise verbinden sich solche Verben direkt mit dem von ihnen abhängigen Verb, es stehen also keine zusätzlichen Elemente wie Präpositionen oder Infinitivpartikeln, die sonst bei der Verknüpfung zweier Verben auftreten:

dt.	*ich muss arbeiten*	vs.	*ich beginne zu arbeiten*
engl.	*I must work*	vs.	*I'm beginning to work*
ital.	*devo lavorare*	vs.	*comincio a lavorare*

Modalverben transportieren in den jeweiligen Sprachen Bedeutungen wie ‚Möglichkeit' oder ‚Notwendigkeit', die in anderen durch den Modus des Verbs

(s. Abschn. 2.2.4), aber auch durch spezielle Kopulae (so etwa im Tibetischen, cf. z. B. Vokurková 2017) oder durch Adjektive (so im Russischen, cf. z. B. Wade ^{4}2020: 351–353) ausgedrückt werden können. Im Bereich der Modalität findet sich in den Sprachen der Welt eine große Bandbreite an Ausdrucksmöglichkeiten. Unabhängig davon, wie man den Status von Modalverben im Einzelnen erfassen möchte und ob man sie den Auxiliaren zurechnet – so spricht etwa Leech (^{3}2014: 72) von „modal auxiliaries" –, im Hinblick auf die Hierarchie der Prädikatsteile stehen sie auf derselben Ebene wie Auxiliare und tragen in den entsprechenden Sprachen auch die Personalendung. Dieselbe hierarchische Stellung nehmen aber auch Verben ein, die wie *aufhören, beabsichtigen, beginnen* etc. keine modale, sondern eher eine im weitesten Sinne aspektuelle Bedeutung vermitteln. Solche Verben verwenden dann aber in vielen Fällen ein Verbindungsglied, um das ihnen untergeordnete Verb an sich zu binden, und stehen entsprechend im Deutschen mit der Infinitivpartikel *zu*.

Mehrteilige Prädikate: Serielle Verbkonstruktionen
Ganz anders als analytisch gebildete Verbformen sind serielle Verbkonstruktionen (oft auch kurz nur: serielle Verben) aufgebaut. Hier weist keines der beteiligten Verben eine Funktion als Auxiliar auf, sondern sie bilden zusammen eine semantische Einheit, so wie dies etwa bei dt. *spazieren gehen* der Fall ist. Insgesamt zeigen serielle Verben die folgenden Eigenschaften, durch die sie auch definiert sind (cf. Aikhenvald 2018: 3 f.):

- Sie bestehen aus mindestens zwei Verben, von denen jedes auch einzeln gebraucht werden kann.
- Die an der Konstruktion beteiligten Verben sind nicht durch ko- oder subordinierende Morpheme miteinander verknüpft.
- Serielle Verben bilden zusammen ein einziges Prädikat und bezeichnen ein einziges, einheitliches Ereignis.
- Das serielle Prädikat hat eine einheitliche Argumentstruktur (ist also z. B. transitiv), und die beteiligten Verben haben im prototypischen Fall alle, sonst aber mindestens ein Argument gemeinsam (meist das Subjekt).

Serielle Verben sind insbesondere in südostasiatischen, westafrikanischen und ozeanischen Sprachen häufig anzutreffen, was aber nicht bedeutet, dass sie nicht auch in anderen Sprachen vorkommen. Im Deutschen oder Englischen finden sich vergleichbare Konstruktionen vor allem bei Verben mit der Bedeutung ‚kommen' und ‚gehen', so etwa (Bspe. nach Nordquist 2020):

engl. *Come see me any time!*

Cassie, run go fetch that shirt for Meely

dt. *Komm spielen!*

etc.

3.2 Prädikate

Auch in Sprachen wie dem Chinesischen, für das serielle Verben sehr ausführlich beschrieben sind, sind Bewegungsverben typische Bestandteile serieller Verbkonstruktionen. Ein Beispiel mit drei Verben, die sich zu einer gemeinsamen Bedeutung (hier: ‚aufstehen') verbinden, wäre:

chin.	请	站	起	来
	qǐng	*zhàn*	*qǐ*	*lái*
	Bitte	steh-	erheb-	komm-

‚Bitte steh auf'

Neben solchen Konstruktionen, die einfach mehrere Verben aneinanderreihen und außer dem gemeinsamen Subjekt keine weiteren Satzteile implizieren, gibt es aber auch solche, bei denen die beteiligten Verben Objekte haben. Dabei kann es sich durchaus um unterschiedliche Objekte handeln:

chin.	我	开	车	去	大学
	Wǒ	*kāi*	*chē*	*qù*	*dàxué*
	ich	fahr-	Wagen	geh-	Universität

‚Ich fahre zur Universität'

> In der chinesischen Grammatikschreibung werden Richtungsangaben bei Bewegungsverben wie 去 [*qù*] ‚gehen' als Objekte behandelt, da sie sich ohne jegliche zusätzliche Markierung direkt an das Verb anschließen.

In solchen Konstruktionen ist eine Entscheidung darüber, welches Verb hierarchisch an oberster Stelle steht, höchst schwierig und in den meisten Fällen auch gar nicht wirklich möglich, so dass man die beteiligten Verben als gleichberechtigte Elemente eines gemeinsamen Lexikoneintrags ansehen muss (für eine Diskussion solcher Probleme am Beispiel des Koreanischen cf. Chan/Kim 2008).

Inkorporation und verbale Klammer
Im Deutschen findet sich noch ein dritter Typ von mehrteiligen Prädikaten: Verben, die in zwei Teile aufgetrennt werden, wobei diese Teile den Rest des Satzes sozusagen in die Mitte nehmen.

dt. Ich <u>hole</u> dich gerne nach der Arbeit mit dem Auto <u>ab.</u>

Dieselbe Art der Umklammerung findet sich auch bei analytisch gebildeten Tempora, wo dann allerdings nicht das bedeutungstragende Verb selbst aufgespalten wird, sondern nur die Bestandteile der per se schon mehrteiligen Verbform voneinander getrennt werden:

dt. *Du hast mir noch gar nicht von deinen Ferien erzählt.*

Dieses Phänomen wird auch als **verbale Satzklammer** oder **Verbalklammer** bezeichnet. Es tritt nur in Hauptsätzen auf, wobei nicht nur Deklarativsätze, sondern auch Interrogativ- und Optativsätze betroffen sind:

dt. *Hast du das Buch schon gelesen?*
Was hast du dir nur dabei gedacht?
Hätte ich das nur damals schon gewusst!

Man spricht in solchen Fällen zwar normalerweise nicht von Inkorporation, aber genau genommen liegt hier, wenn schon keine Inkorporation im engeren Sinne, so doch zumindest etwas sehr Ähnliches vor. Unter **Inkorporation** (von spätlat. *incorporare* ‚einverleiben', engl. *incorporation*) versteht man die enge Verbindung eines nominalen Elementes mit einem Verb, von dem es abhängig ist. Inkorporation kann in der Wortbildung auftreten, so dass oft Bildungen wie engl. *to babysit,* aber auch dt. *radfahren* (cf. Bussman 2006: 550, dort angeführt in alter Rechtschreibung) als Beispiele genannt werden, aber auch in der Syntax. Hier liegt insbesondere ein Vergleich mit der Objektinkorporation nahe, einem typischen Merkmal polysynthetischer Sprachen, wie sie etwa in Nordamerika gesprochen werden. Solchen morphologisch oft sehr komplexen Konstruktionen entspricht aber auch ein deutscher Satz wie

dt. *Ich schreibe das Datum auf.*

in dem das Objekt von den beiden Bestandteilen des Verbs, *schreibe* und *auf*, „einverleibt" wurde.

▶ **Zum Begriff**
Unter **Inkorporation** versteht man die Verbindung eines Wortes – typischerweise eines Verbs – mit einem oder mehreren anderen Wörtern, etwa einem Substantiv oder Pronomen, um eine gemeinsame Bedeutung auszudrücken.

Komplexe Verschränkungen von Verben und Objekten treten auch in indoeuropäischen Sprachen auf, darunter auch in so eng mit dem Deutschen verwandten wie dem Französischen. So spricht Kretz (2021) von „Affinität zur Inkorporation" bei französischen Konstruktionen wie (Bsp. nach ibd.):

franz.	*Je*	*ne*	*le*	*lui*	*ai*	*pas*	*dit*
	Ich	NEG	es/ihn	ihm/ihr	habe	NEG	gesagt
	‚Ich habe es ihm/ihr nicht gesagt'						

3.2 Prädikate

Hier sind es pronominale Objekte, die eng mit der finiten Verbform verschmelzen, so dass die Elemente der Negation eine Klammer darum bilden. Ähnliches findet sich auch im Italienischen:

ital.	Non	gliel'ho	mai	detto
	NEG	ihm-es'habe	nie	gesagt

‚Ich habe es ihm nie gesagt'

Aus diesen Beobachtungen kann man schließen, dass Inkorporation, wenn man sie etwas weiter fasst, eine grundlegende Tendenz in den verschiedensten Sprachen darstellt.

Im weitesten Sinne damit vergleichbar ist auch die sog. **Satzklammer** des Deutschen: Hauptsätze vom Typ Deklarativsatz weisen Verbzweitstellung für das Finitum auf, und die übrigen verbalen Bestandteile des Prädikats stehen am Satzende und bilden damit den zweiten Teil der Satzklammer. Diese zeigt die folgende Reihenfolge: 1) Vollverb, 2) Auxiliar oder Modalverb, 3) ggf. weiteres Auxiliar oder Modalverb, z. B.:

dt.	*Ich habe*	*warten*	*müssen*	
		Vollverb (INF)	Modalverb (sog. Ersatzinfinitiv statt Partizip)	
	Sie wird	*aufgehalten*	*worden*	*sein*
		Vollverb (Partizip)	AUX (verkürztes Partizip)	AUX (Infinitiv)

Wenn Modalverben mit im Spiel sind, können sich auch komplexe Abfolgen ergeben wie:

dt.	*Sie wird nicht*	*haben*	*kommen*	*wollen*
		AUX (Infinitiv)	Vollverb (Infinitiv)	Modalverb (sog. Ersatzinfinitiv)

Die grundsätzliche Reihenfolge mit dem Finitum an zweiter Stelle und allen anderen Bestandteilen am Schluss bleibt davon aber unberührt. Die Abfolge der Prädikatsteile ändert sich jedoch grundlegend, sobald ein syndetischer (eingeleiteter) Nebensatz vorliegt. Dann steht das finite Verb an letzter Stelle, und die anderen Prädikatsteile gehen ihm voraus:

dt. *obwohl sie aufgehalten worden sein wird*

Eine Ausnahme von dieser Regel bilden Konstruktionen mit Modalverben. Auch hier stehen alle Prädikatsteile am Ende des Satzes, das finite Verb geht dann allerdings den anderen Bestandteilen voraus:

dt. *nachdem ich habe warten müssen*

Damit zeigt das Deutsche im Bereich der Prädikatsteile sehr komplexe Wortstellungsregeln, die in anderen Sprachen eher bei der Stellung von pronominalen Objekten anzutreffen sind (siehe hierzu im Folgenden).

Non-verbale Prädikate
Eine Besonderheit stellen Prädikate dar, die kein oder nur ein pro-forma-Verb enthalten. Dabei handelt es sich um Prädikate, deren semantischer Kern entweder von einem Adjektiv (wie in *Ich bin müde*) oder von einem Substantiv (wie in *Sie ist Architektin*) gebildet wird. Sie enthalten in Sprachen wie dem Deutschen und vielen mit ihm verwandten Sprachen zwar ein sog. Kopulaverb; in zahlreichen anderen Sprachen existiert hingegen kein Verb, das die Aufgabe der Verknüpfung von Subjekt und non-verbalem Prädikat übernehmen könnte. Die entsprechende Stelle bleibt dann entweder leer oder sie wird von einer Kopulapartikel übernommen, die sich in ihren Eigenschaften deutlich von den Verben der entsprechenden Sprache unterscheidet. Dabei können je nach Art der Verknüpfung unterschiedliche Mittel zum Einsatz kommen, und die von Autoren wie Langacker (2008: 362) als „equatative" bezeichneten Gleichsetzungen des Typs *Sie ist Architektin* können sich von Verortungen (*Sie ist in Rom*) oder Eigenschaftszuschreibungen (*Sie ist nett*) unterscheiden. Langacker (1999: 29 f.), ein Vertreter der kognitiven Grammatik, weist den letzteren beiden Strukturen jeweils die semantische Rolle „Null" (*zero*) zu, womit zum Ausdruck gebracht werden soll, dass etwas „merely occurs in some location or exhibits a certain property" (ibd.). Damit soll ausgedrückt werden, dass hier ein anderer Typ von Aussage getroffen wird als beim von ihm so genannten „canonical event model" (ibd.: 27; s. Abschn. 3.3.1), das eine prototypische Handlung mit Agens und Patiens umfasst. Auch Prädikationen, die der Gleichsetzung dienen oder eine semantische „Null"-Rolle in Langackers Sinne zuweisen, müssen versprachlicht werden und dabei bestimmten Regeln folgen. Dabei unterscheiden sich die dafür vorgesehenen Strukturen in vielen Sprachen danach, um welche Art von non-verbalem Prädikat es sich handelt. Man unterscheidet dabei:

- Substantivische Prädikate (*Sie ist Architektin*)
- Adjektivische Prädikate (*Sie ist nett*)
- Ortsangaben als Prädikate (*Sie ist in Rom*)

Alle drei Typen können auf dieselbe Art und Weise ausgedrückt werden, wie dies etwa im Deutschen, aber auch im Russischen der Fall ist. Dabei steht im Deutschen, Englischen oder Französischen jeweils ein Kopulaverb, im Russischen hingegen bleibt die Verknüpfung leer:

3.2 Prädikate

dt. *Sie ist Architektin.*
Sie ist nett.
Sie ist in Rom.

russ. *Она Ø архитектор.* [*Ona architektor*]
Она Ø милая. [*Ona milaja*]
Она Ø в Риме. [*Ona v Rimje*]

Andere Sprachen nehmen hingegen Unterscheidungen zwischen den verschiedenen Typen von Prädikaten vor. So unterschieden von 386 bei Stassen (2013a) untersuchten Sprachen 269 zwischen substantivischen und lokativischen Prädikaten, und nur 117 wählten jeweils dieselbe Kodierung. Ersteres ist im Chinesischen der Fall, das in diesem Zusammenhang oft als Beispiel angeführt wird:

chin. 她 是 一个学生
tā <u>*shì*</u> *yī ge xuésheng*
sie sein ein KLASS Student
‚Sie ist Studentin'

她 在 北京
tā <u>*zài*</u> *Běijīng*
sie befind- Peking
‚Sie ist in Peking'

Unter den indoeuropäischen Sprachen zählt das Spanische zu denjenigen, die hier unterscheiden (Bspe. zitiert nach Stassen 2013a):

span. *Julia es enfermera*
Julia ist Krankenpflegerin

Julia está en Barcelona
Julia ist in Barcelona

Adjektivische Prädikate weisen oft eine große Nähe zu Verben auf. In den von Stassen (2013b) untersuchten 386 Sprachen zeigten sich dabei die folgenden Eigenschaften:

- Die Adjektive verhalten sich wie Verben: 151
- Die Adjektive verhalten sich nicht wie Verben: 132
- Beide Verhaltensweisen treten auf: 103

Für diese Art der Unterscheidung müssen natürlich Kriterien festgelegt werden, anhand derer man bestimmen kann, ob ein prädikativ gebrauchtes Adjektiv sich wie ein Verb verhält. Stassen (2013b) schlägt dafür die folgenden drei Kriterien vor, von denen das erste positiv ist, während die beiden anderen Ausschlusskriterien sind:

- **Kongruenz**: Falls prädikative Verben Person-, Numerus- oder Genuskongruenz aufweisen und diese sich auch in prädikativen Adjektiven zeigt, wird das Adjektiv als verbal eingestuft.
- **Kopulagebrauch**: Wenn eine Kopula mit dem Adjektiv gebraucht werden muss, handelt es sich nicht um ein verbales Adjektiv.
- **Negation**: Wenn prädikative Verben und Adjektive unterschiedliche Negation aufweisen, sind die Adjektive als nicht-verbal zu betrachten.

Adjektive des Chinesischen können zwar, da es sich um eine isolierende Sprache handelt, das erste Kriterium nicht erfüllen, stehen aber auch nicht mit Kopula und weisen keine Besonderheiten der Negation auf. Aus diesem Grund werden sie meist als „statische Verben" (Lin 2001: 104) angesehen. Damit ist das Chinesische zugleich eine Sprache, in der alle drei Arten von Prädikaten – substantivische, adjektivische und solche mit Ortsangaben – auf jeweils verschiedene Art ausgedrückt werden. Im Unterschied hierzu wäre Tagalog ein Beispiel für eine Sprache, die für Adjektive und Substantive eine Kopula verwendet, nicht aber für Ortsangaben:

tag.	*Siya*	*ay*	*mabait*
	er/sie	COP	nett
	‚Er/Sie ist nett'		
	Siya	*ay*	*guro*
	er/sie	COP	Lehrer/in
	‚Er/Sie ist Lehrer/in'		
	Nasa bahay	*siya*	
	Im Haus	er/sie	
	‚Er/Sie ist zu Hause'		

Bei Prädikaten mit Ortsangaben werden in vielen Sprachen **Existenzmarker** (engl. *existence marker*) verwendet. Sie sind ein in den Sprachen der Welt weit verbreitetes Phänomen und vermitteln die Bedeutung ‚es gibt'; aber anders als bei unpersönlichem dt. *geben* handelt es sich nicht um Verben, sondern um Partikeln. Wie sich dieser Unterschied konkret manifestiert, ist naturgemäß sprachabhängig und kann sich an verschiedenen Merkmalen zeigen. So kann der türkische Existenzmarker *var* keine Personalendungen annehmen und nur mit einer sehr beschränkten Anzahl von Tempus- und Modusmarkern verknüpft werden; wenn

3.2 Prädikate

andere Tempora oder Modi ausgedrückt werden sollen, muss man auf ein Verb ausweichen (Bspe. nach Lewis 2000: 145):

türk.	*evin*	*bahçesi*	*var*
	Haus-GEN	Garten-POSS	EXI

wörtlich: ‚Des Hauses Garten-sein existiert'

‚Das Haus hat einen Garten'

türk.	*evin*	*bahçesi*	*olacak*
	Haus-GEN	Garten-POSS	sein-FUT3Ps

wörtlich: ‚Des Hauses Garten-sein wird sein'

‚Das Haus wird einen Garten haben'

Zugleich zeigt sich an diesem Beispiel, dass Konstruktionen mit Existenzmarkern die ‚haben'-Relation ausdrücken können – abermals etwas, was in Sprachen wie dem Deutschen mit einem Verb erfolgt. Weitere Beispiele hierfür wären das Chinesische, in dem der ursprüngliche Existenzmarker 有 [*yǒu*] die Funktion des Verbs ‚haben' bereits voll übernommen hat (cf. Heine/Kuteva 2002: 127 f.), oder auch das Russische. Hier gibt es einen Existenzmarker *есть* [*est'*], der zusammen mit der Präposition *у* [*u*] ‚bei' Sätze bildet, die wörtlich übersetzt dem Schema ‚bei <Person> existiert <Besitztum>' folgen:

russ.	*у*	*нее*	*есть*	*двое*	*детей*
	u	*nee*	*est'*	*dvoje*	*detej*
	bei	sie-GEN	EXI	zwei	Kind-GEN-SG

‚Sie hat zwei Kinder'

> Bei *есть* [*est'*] handelt es sich, wie noch gut erkennbar ist, ursprünglich um die 3. Person Singular Präsens Indikativ des Verbs *быть* [*byt'*] ‚sein', die dem deutschen *ist* entspricht. Während die anderen Präsensformen des Verbs vollständig abgebaut worden sind, hat sich diese Form erhalten und die allgemeine Bedeutung ‚es existiert' angenommen.

Existenzmarker sind zwar keine Verben, aber sie sind dennoch die syntaktischen Träger des Prädikats und erfüllen somit in den entsprechenden Sätzen eine im weitesten Sinne „verbale" Funktion.

Negation des Prädikats

Die Negation erfolgt bei Sätzen mit Existenzmarkern normalerweise nicht mittels desselben Negators, der für Verben verwendet wird. Stattdessen steht in vielen

Fällen sogar ein eigenständiger negierter Existenzmarker ‚es gibt nicht' zur Verfügung, so etwa:

- chin. 没(有) [*méi(yǒu)*]
- russ. *нет* [*net*]
- türk. *yok*

  etc.

Negative Existenzmarker sind ein Beispiel dafür, dass Negation unter Umständen im Ersatz eines Morphems durch ein völlig anderes bestehen kann. So wird z. B. aus türk. *var* ‚es gibt' das negierte *yok* ‚es gibt nicht':

türk.	*Arabam*	*var*
	Auto-mein	EXI

wörtlich: ‚Mein Auto existiert'

‚Ich habe ein Auto'

	Arabam	*yok*
	Auto-mein	NEGEXI

wörtlich: ‚Mein Auto existiert nicht'

‚Ich habe kein Auto'

Am anderen Ende der Skala möglicher Veränderungen stehen der Gebrauch eines negativen Morphems, das als freies Morphem in den Satz integriert wird, oder aber das Einfügen eines gebundenen Morphems in die Verbform, wie dies etwa bei türk. *-me-* der Fall ist. Darüber hinaus kann die Negation zusätzlich (wie im Serbischen) oder auch ausschließlich (wie im Standarddeutschen) durch morphologische Veränderungen indefiniter Bestandteile des Satzes ausgedrückt werden (zur Negation siehe ausführlicher Abschn. 2.3.2). Schließlich gibt es auch die Möglichkeit, ein zusätzliches Verb – ein sog. *dummy verb* – als Träger der Negation in den Satz einzufügen, wie das Englische das mit dem Verb *to do* tut:

engl.	*I like it*	>	*I don't like it*

Möglich ist auch, dass wesentliche Elemente der syntaktischen Struktur sich beim Vorliegen einer Negation verändern. Zu dieser Art der „asymmetrischen Negation" (in dem Sinne, dass der negierte Satz nicht das symmetrische Spiegelbild des positiven bildet, zu dem nur ein negatives Morphem hinzugefügt wurde; cf. Dryer 2013a) gehören obligatorische Veränderungen von Modus, Tempus, Aspekt und sogar Person und Numerus (cf. Miestamo 2013b). Es kommt auch vor, dass Person und Numerus im negativen Morphem selbst kodiert werden, so etwa im Hausa (Kraft/Kraft 1973: 108, zitiert nach Dryer 2013e):

haus.	bàn	san	sūna-n-sà	ba
	NEG1P.SG	know	name-LINK-3P.SG	NEG

‚I don't know his name'

Was die Abfolge von negativem Morphem und Verb im Satz betrifft, so scheint die Reihenfolge Negation – Verb in den Sprachen der Welt häufiger aufzutreten als die für das Deutsche typische Abfolge Verb – Negation: Dryer (2013e) listet 525 Sprachen mit der bei ihm als NegV abgekürzten Reihenfolge Negation – Verb gegenüber nur 171 Sprachen mit VNeg auf, wobei es sich in allen hier aufgelisteten Fällen um einfache Negation handelt. Man kann sich die unterschiedliche Stellung des negativen Morphems leicht am Beispiel des Italienischen im Vergleich zum Deutschen verdeutlichen:

it.	_Non_	capisco	_Non_	ho capito
	NEG	verstehe1P.SG	NEG	habe1P.SG verstanden
dt.	Ich verstehe _nicht_/Ich habe _nicht_ verstanden			

Auch in Bezug auf die Stellung des Negators im Verhältnis zu Subjekten und Objekten können sich Besonderheiten zeigen (cf. hierzu ausführlich Dreyer 2013f.).

3.3 Subjekte und Objekte

Die direkten oder Kern-Argumente des Verbs – Subjekt, Agens, Patiens, Rezipient und „theme" – erscheinen in der syntaktischen Struktur als Subjekt und Objekte und erhalten dabei bestimmte, sprachspezifische Markierungen, anhand derer ihre Funktion erkennbar ist. Dabei kann es sich sowohl um Kasus als auch um Adpositionen oder um die Stellung der Elemente im Satz handeln.

3.3.1 Das Subjekt

In der Typologie ist mit dem Subjekt (von lat. _subicere_ ‚zugrunde legen', engl. _subject_) normalerweise derjenige Satzteil gemeint, mit dem das Agens ausgedrückt wird, unabhängig davon, ob ein Nominativ, ein Ergativ oder andere Mittel der Kodierung wie beispielsweise die Satzstellung zu seiner Markierung verwendet werden. Das bedeutet aber zugleich, dass „Subjekte" in den Sprachen der Welt sehr unterschiedliche Eigenschaften aufweisen können – was für eine Beschreibung eben dieser Eigenschaften natürlich alles andere als hilfreich ist. Einer der ersten, der auf dieses Problem hingewiesen hat, war Keenan (1976), der auf der Grundlage verschiedenster Sprachen eine Subjektdefinition zu erstellen versucht hat. Zu diesem Zweck unternahm er in einem ersten Schritt den Versuch, eine von ihm als **Basissatz** (*basic sentence* oder „b-sentence") bezeichnete Satzart zu definieren. Dabei handelt es sich, verkürzt zusammengefasst, um einen auf seine Kernaussage reduzierten Deklarativsatz, also in etwa das, was auch als Grundlage für die Definition der syntaktischen Rollen S, A und P verwendet wird. Bei Keenan (ibd.: 307–309) finden sich diese Zuordnungen noch nicht, aber es werden die entsprechenden Beispielsätze *John sang* und *John hit Bill* verwendet.

Es liegt angesichts der im Vorigen besprochenen Unterschiede zwischen Akkusativ- und Ergativsprachen nahe, dass die in solchen Basissätzen auftretenden Argumente sehr unterschiedliche Eigenschaften aufweisen können. Dennoch versuchte Keenan, einige von ihnen zu erfassen, die sprachübergreifend Gültigkeit haben, und fand dabei:

- **Unabhängige Existenz** („independent existence", ibd. 312): Die im Subjekt genannte Entität existiert unabhängig vom im Prädikat ausgedrückten Ereignis.
- **Unverzichtbarkeit** („indispensability", ibd.: 313): Man kann das Subjekt nicht weglassen.
- **Identifizierbarkeit** („autonomous reference"): „The reference […] must be determinable by the addressee at the moment of the utterance" (ibd.).

Darüber hinaus diskutiert Keenan auch noch eine Reihe weiterer Eigenschaften und kommt dabei zu Ergebnissen wie: „b-subjects normally express the agent of the action, if there is one" (ibd.: 321). Auch wenn Keenan selbst sagt, dass keine dieser Eigenschaften immer in allen Sprachen gegeben ist, enthält seine Liste von Subjekteigenschaften doch einige Grundcharakteristika, die eine recht weitgehende Gültigkeit haben. Eines davon, das sich insbesondere aus den oben aufgeführten Merkmalen (1) und in noch stärkerem Maße (3) ergibt, läuft darauf hinaus, dass im prototypischen Fall das Subjekt das **Topik** des Satzes ist (siehe hierzu im Folgenden).

Aus der Perspektive der Kognitiven Linguistik versuchte demgegenüber Ronald Langacker einzelsprachunabhängige Charakteristika des Subjekts festzulegen. Er zeigt zunächst die folgenden fünf Eigenschaften auf, die man aufgrund der Beobachtung des Englischen gewinnen kann (cf. Langacker 2008: 364, Bspe. nach ibd.):

1. Manche Pronomen habe spezielle Formen für das Subjekt (Bsp.: *I* vs. *me*).
2. Das Verb kongruiert mit seinem Subjekt.
3. In Interrogativsätzen kommt es zu einer Inversion von Subjekt und Verb.
4. Ein Reflexivpronomen kann selbst nicht das Subjekt sein, hat aber normalerweise ein Subjekt als Antezedens.
5. Das Subjekt eines Adverbialsatzes kann implizit sein und wird dann meist als referenzidentisch mit dem Subjekt des Hauptsatzes interpretiert (Bsp.: *By breaking the glasses, Floyd upsets me* → Floyd zerbricht die Gläser).

Anhand einer solchen Liste wird sehr deutlich, dass man zwar durchaus in einer einzelnen Sprache Subjekteigenschaften identifizieren kann, dass diese aber dann

Abb. 3.1 Canonical Event Model (nach Langacker 2008: 357)

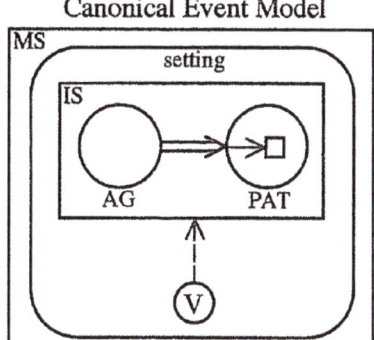

auch wirklich nur für diese Sprache Gültigkeit haben. Langackers Lösung besteht darin, das Subjekt wie auch die anderen Argumente des Satzes auf „archetypische Rollen" zurückzuführen. Die Ereignisse, die sprachlich erfasst werden sollen, finden dabei in der Wahrnehmung der Beteiligten auf einer Bühne statt („stage model", auch dieses ist für Langacker archetypisch), die entweder insgesamt oder nur in Teilen ins Auge gefasst werden kann (cf. Langacker 2008: 355 f.). Die Ereignisse, die sich auf dieser Bühne abspielen, implizieren verschiedene Rollen wie Agens, Instrument, Patiens, Experiencer etc., die wiederum in einer gewissen Hierarchie zueinander stehen. Dabei wäre das kanonische Ereignismodell („canonical event model") die typischste Ereignisfolge: „[…] a bounded, forceful event in which an agent (AG) acts on a patient (PAT) to induce a change of state. This event is the focus of attention within the immediate scope (the onstage region) of a viewer (V) not otherwise involved in it" (ibd.: 357). Er illustriert dies mit Abb. 3.1, wobei MS dort für maximalen Bereich („maximal scope"), IS für unmittelbaren Bereich („immediate scope") steht.

Auf dieser Grundlage der menschlichen Wahrnehmung von Ereignissen, die in diesem Modell zugleich die Grundlage aller Sprachen der Welt bildet, kann man **prototypische Subjektrollen** ableiten wie etwa die in der Abbildung illustrierte, in der ein Agens (Subjekt) auf ein Patiens (Objekt) einwirkt. Zugleich ergibt sich daraus eine gewisse Hierarchie der Rollen, zu denen bei Langacker zusätzlich zu auch in anderen Modellen angeführten Funktionen wie Agens, Instrument, Patiens oder Rezipient/Experiencer auch „Mover" (etwas, was sich bewegt) und „Zero" (etwas, was sich an einem Ort befindet) zählt (cf. z. B. Langacker 2010). Dabei ist beispielsweise das Agens „wichtiger" als das Instrument, mit dem es die Handlung vollzieht, und dieses wiederum steht in der Hierarchie über dem Patiens. Daraus ergibt sich für das Subjekt eine Reihenfolge Agens > Instrument > Patiens, konkret: Wenn ein Agens im Satz enthalten ist, übernimmt das Subjekt diese Rolle; ist kein Agens vorhanden, rückt das Instrument nach; ist auch kein Instrument vorhanden, kommt das Patiens in die Subjektfunktion:

dt. *Er zerbrach die Skulptur mit einem Tritt.*
Der Tritt zerbrach die Skulptur.
Die Skulptur zerbrach.

Es wird schnell deutlich, dass eine solche Abfolge von Sätzen mit demselben Verb zwar im Englischen sehr gut funktioniert, im Deutschen aber nur mit wenigen Verben möglich ist. So ist etwa der Gebrauch von *zerstören* oder *beschädigen* mit einem Patiens als Subjekt nicht möglich:

dt. **Die Skulptur zerstörte/beschädigte.*

Offenbar braucht es in einigen Sprachen mehr als die Abwesenheit der höherstehenden archetypischen Rollen, um dem Subjekt die Rolle des Patiens zuzuweisen, konkret etwa eine markierte Veränderung der gesamten Satzstruktur durch Passivierung:

dt. *Die Skulptur wurde zerstört/beschädigt.*

Dennoch kann man festhalten, dass auch auf der Basis des kognitiven Modells, das Langacker entwickelt, das Agens als prototypische Funktion des Subjekts angesehen werden kann. Seine Annahmen zur menschlichen Perzeption von Ereignissen im Raum als Grundlage der Sprache werden auch durch Experimente mit Kleinkindern gestützt, deren Wahrnehmung man mithilfe von Eye-Tracking (Erfassung der Augenbewegungen und damit der Blickrichtung) untersucht hat. Dabei konnte man feststellen, dass sogar Neugeborene „show some ability to track a target moving back and forward on a horizontal trajectory [...]" (Adolph/Berger [7]2015: 276) – es handelt sich also wirklich um eine grundlegende, angeborene menschliche Fähigkeit.

Subjekt und Topik
Das **Topik** (von griech. *topos* ‚Ort', engl. *topic*) eines Satzes, das in einer anderen, nicht ganz deckungsgleichen Terminologie auch als das **Thema** (engl. *theme*) bezeichnet wird, ist der Gegenstand oder die Person, über die eine Aussage gemacht wird. Diese Aussage wird dann als **Kommentar** (engl. *comment*) oder, als Gegenstück zum Thema, als **Rhema** (engl. *rheme*) bezeichnet. In einem Satz wie *Die Sonne scheint* ist folglich *die Sonne* das Topik, *scheint* der Kommentar. Die Zuordnung entspricht damit der traditionellen Definition von Subjekt und Prädikat als „Satzgegenstand" und „Satzaussage".

▶ **Zum Begriff**
Die Begriffspaare **Topik und Kommentar** vs. **Thema und Rhema** sind nicht notwendig deckungsgleich, auch wenn sie oft so verwendet werden. Wenn ein Bedeutungsunterschied gemacht wird, dann betreffen Topik und Kommentar primär die syntaktischen Relationen, eben „Satzgegenstand" und „Satzaus-

3.3 Subjekte und Objekte

sage". Die Unterscheidung zwischen Thema und Rhema wäre dann hingegen die zwischen Bekanntem und neuer Information. Daraus folgt vor allem ein Unterschied zwischen Kommentar und Rhema: Während der Kommentar stets die Aussage ist, die über etwas gemacht wird, handelt es sich beim Rhema um den Teil des Satzes mit dem höchsten Mitteilungswert. Daher kann durchaus auch das Subjekt das Rhema des Satzes sein.

„Topic has, like subject, been assumed to be self-explanatory. Topic is what the discussion is about – the topic of discourse", stellt Naylor (1995: 162) fest, und auf den ersten Blick scheint ja in der Tat völlig klar zu sein, worum es dabei geht. In Wirklichkeit ist auch die Definition von „Topik" etwas komplexer, als man intuitiv erwarten würde. Gundel (1988, zitiert nach Gundel/Hedberg/Zacharski 1997) definiert es so: „An entity, E, is the topic of a sentence, S, iff in using S the speaker intends to increase the addressee's knowledge about, request information about, or otherwise get the addressee to act with respect to E". Etwas freier formuliert bedeutet das: Ein Element E ist nur dann ein Topik, wenn der umgebende Satz in der Absicht geäußert wird, das Wissen der angesprochenen Person über E zu vergrößern, ihrer Bitte um Information über E nachzukommen oder sie zur Interaktion mit E zu bewegen. Wie unschwer zu erkennen ist, verbergen sich hinter dieser Formulierung die drei Satzmodi Deklarativsatz, Interrogativsatz und Imperativsatz als möglicher Rahmen.

In einigen Sprachen wird das Topik durch eine eigene Markierung gekennzeichnet, so etwa im Japanischen (cf. z. B. Schaffar 2003 für eine ausführliche Beschreibung der Phänomene in dieser Sprache). Dabei gilt, dass der mit der Topikpartikel markierte Satzteil nicht notwendig mit dem grammatischen Subjekt des Satzes identisch sein muss.

Aber auch im Deutschen sind Topik und Subjekt nicht notwendig identisch. Man kann das leicht nachvollziehen, wenn man sich Sätze wie die folgenden vor Augen führt:

    dt.   *Den Studierenden graut vor der Prüfung.*
            Dem Patienten geht es schon besser.
            Mir ist kalt.

In solchen Sätzen ist entweder gar kein oder nur das semantisch leere, rein grammatische Subjekt *es* enthalten. Der eigentliche Gegenstand der Aussage ist der Teil des Satzes, der hier im Dativ steht und der daher formal nicht die Eigenschaft eines Subjekts aufweist, das im Deutschen ja im Nominativ stehen müsste. Dennoch bezieht sich die Prädikation aber eindeutig auf die Studierenden, den Patienten, die sprechende Person: Sie sind das Thema, über das eine Aussage gemacht wird. Solche Satzteile werden in der traditionellen Grammatikschreibung als **logisches Subjekt** (manchmal auch: psychologisches Subjekt) bezeichnet. Solche Phänomene findet man nicht nur im Deutschen, sondern auch in anderen Sprachen, und zwar insbesondere dann, wenn das Topik ein Experiencer ist:

russ. *Мне   холодно*
       mne   cholodno
       mir   kalt
       ‚Mir ist kalt'

Während man in der deutschen Grammatikschreibung gewöhnlich nur dann von einem logischen Subjekt spricht, wenn kein oder nur ein rein grammatisches, semantisch leeres Subjekt *es* im Satz vorkommt, wird der Experiencer in der italienischen Grammatikschreibung auch in Sätzen wie dem folgenden als logisches Subjekt („soggetto logico") bezeichnet (Bsp. nach Dardano/Trifone [12]2014: 112):

ital. *a   me   piace   leggere molti libri*
       DAT   mir/mich   gefällt   lesen viele Bücher
       wörtlich: ‚Es gefällt mir, viele Bücher zu lesen'
       ‚Ich lese gerne viele Bücher'

Hier liegt ein Subjekt in Form einer Infinitivkonstruktion vor, das dann im Gegensatz zum logischen als „grammatisches Subjekt" („soggetto grammaticale", ibd.) eingeordnet wird.

Das grammatische Subjekt des Satzes muss in Akkusativsprachen im Nominativ stehen, und zumindest bei transitiven und ditransitiven Verben besteht seine prototypische Funktion darin, das Agens zu kodieren, wie ja schon Keenan (1976: 321) und Langacker (2008: 257) auf jeweils unterschiedliche Weise festgestellt haben. Wenn es kein Agens gibt, können auch andere semantische Rollen als Subjekt auftreten; hierzu gehören auch der Rezipient und der Experiencer, z. B. dt.:

Rezipient: *Ich habe das Paket bekommen.*
Experiencer: *Ich habe einen Riesenschreck bekommen.*

Wenn es im Satz nun gar kein formales Subjekt gibt, können in manchen Sprachen auch andere Satzteile seine pragmatische Basisfunktion als „Gegenstand, über den etwas ausgesagt wird" übernehmen. Dass sie in den obigen Beispielsätzen im Dativ stehen, ist zwar nicht zwingend notwendig (cf. Bspe. wie *mich friert* oder *mich graut*); solche Konstruktionen mit Dativ machen sich dann aber die Basisfunktion dieses Kasus zunutze, den Rezipienten auszudrücken. Demgegenüber kann man Fälle mit Akkusativ wie *mich fröstelt* aus der Funktion des Akkusativs erklären, das Patiens zu markieren. Schließlich zeigen Beispiele wie *Ich friere*, dass der Experiencer sofort in das Subjekt übernommen wird, sobald ein solches im Satz steht.

Eine Besonderheit des Deutschen, die aber auch für andere Sprachen wie z. B. Russisch oder Hebräisch diskutiert wird (cf. Erteschik-Shir/Ibnbari/Taube 2013), besteht darin, dass das Topik eines Satzes weglassbar ist. Man spricht dann von *topic drop* (cf. hierzu Schäfer 2021: 161 und die dort angegebene Literatur). Das Phänomen findet sich vor allem in der gesprochenen Sprache bzw. im entsprechenden Register wie beispielsweise in Chats. Die folgenden Beispiele illustrieren, worum es geht:

dt. *Ist dir das schon mal passiert? – Ja, kenn ich auch.*
Nächsten Montag fällt der Kurs aus. – Klar, weiß ich doch.

Beim ausgelassenen *das* in diesen Beispielen handelt es sich um das Objekt, das zugleich Topik ist. Aber auch *das* als Subjekt wird ausgelassen, z. B.:

dt. *Ok, geht klar!*

Seltener sind im Deutschen demgegenüber ausgelassene Personalpronomina, die das Topik bilden, so etwa in (Bsp. nach Schäfer 2021: 181):

dt. *Am Samstag gehe ich mit Julia schick essen. Lade sie diesmal ein.*

Grundsätzlich zu unterscheiden ist das Phänomen des *topic drop* vom sog. *pro drop*, der regelmäßigen Auslassung von Personalpronomina, wie sie etwa im Italienischen oder im Serbischen beobachtet werden kann.

Die Stellung des Subjekts
Die Stellung des Subjekts am Anfang des Satzes ist die mit überwältigender Mehrheit häufigste Stellungsvariante. Von den 1376 von Dryer (2013d) untersuchten Sprachen sehen 1187 eine feste Abfolge der Satzglieder vor. Nur 13 % dieser Sprachen wählen eine andere Reihenfolge, wobei dann die Zweitstellung des Subjekts nach dem satzinitialen Verb am häufigsten vorkommt (9 % des Gesamtsamples).

Die Reihenfolge, in der das Subjekt am Anfang steht, kann zugleich als Hinweis darauf gedeutet werden, dass das Subjekt im Standardfall in der Tat das Topik des Satzes ist: das Thema, über das dann die nachfolgende Aussage gemacht wird. Die Grundlage für diese Annahme bildet ein Modell der Informationsstruktur, das auch als **funktionale Satzperspektive** (engl. *functional sentence perspective*, oft auch als FSP abgekürzt) bezeichnet wird. Dieses Modell wurde in der sog. Prager Schule entwickelt, einer strukturalistisch geprägten Gruppe von Wissenschaftlern, zu denen auch berühmte Linguisten wie Nikolai Trubetzkoy (1890–1938) oder Roman Jakobson (1896–1982) gehörten. Als Begründer der funktionalen Satzperspektive wird dabei meist Jan Firbas (1921–2000) genannt, auch wenn es dazu bereits Vorarbeiten gab. Grundlegend für die FSP ist die Annahme, dass die Abfolge „Thema vor Rhema" so etwas wie eine natürlich gegebene Informationsstruktur widerspiegelt (cf. z. B. Luckhardt 2014) und damit im Standardfall zugleich die grundlegende Reihenfolge der Elemente im Satz vorgibt. Dass es auch davon abweichende Abfolgen geben kann, wird dabei nicht in Abrede gestellt; diese werden dann aber gegenüber der unmarkierten Thema-Rhema-Abfolge als markiert angesehen. Die hier angenommene Informationsstruktur ist möglicherweise grundlegender als die grammatischen Kategorien der Einzelsprachen: „The primary topic-comment rules seem to occur earlier in the acquisition of language than the formation of such categories of surface structure as Subject and Object" (Dezsö/Szépe 1974/2015: 85).

Auch in Sprachen mit sehr flexibler Stellung des Subjekts wie dem Deutschen entspricht die Erststellung des Subjekts der unmarkierten Abfolge der Satzglieder; hier sind aber sehr viel mehr Stellungen möglich:

dt. *Die Panzerknacker* haben gestern der Entenhausener Bank eine Million Taler geklaut.

Gestern haben die Panzerknacker der Entenhausener Bank eine Million Taler geklaut.

Der Entenhausener Bank haben gestern die Panzerknacker eine Million Taler geklaut.

Eine Million Taler haben der Entenhausener Bank gestern die Panzerknacker geklaut.

Wie sich zeigt, kann das Subjekt auch auf Platz 5 der Abfolge rutschen, ohne dass der Satz ungrammatisch wird. Das ändert sich aber grundlegend, wenn das Subjekt nicht durch ein Substantiv, sondern durch ein Pronomen vertreten wird:

dt. *Sie haben gestern der Entenhausener Bank eine Million Taler geklaut.*

Gestern haben sie der Entenhausener Bank eine Million Taler geklaut.

*Der Entenhausener Bank haben gestern sie eine Million Taler geklaut.

*Eine Million Taler haben der Entenhausener Bank gestern sie geklaut.

Pronomina sind von ihrer Natur her thematisch, da man sie nur verwenden kann, wenn das, worauf sie sich beziehen, bereits bekannt ist; daraus erklärt sich, dass sie am Anfang des Satzes stehen müssen und nur in die Position direkt nach dem Verb, also auf Platz 1 des sog. Mittelfelds (so bezeichnet man den auf das Verb folgenden Teil des Satzes) rücken können, aber nicht weiter nach rechts. Das ändert sich in dem Moment, in dem das Pronomen betont und damit rhematisiert wird:

dt. *Der Entenhausener Bank haben gestern nicht* **sie** *eine Million Taler geklaut, sondern...*

Insgesamt eignet sich das Modell der funktionalen Satzperspektive also recht gut zur Beschreibung von Stellungseigenschaften.

3.3.2 Objekte

Zu den Kernargumenten eines Satzes gehören neben dem Agens das Patiens, der Rezipient und das meist in der Folge von engl. *theme* als Thema (nicht zu verwechseln mit dem gleichnamigen Gegenstück zu Rhema) bezeichnete dritte

3.3 Subjekte und Objekte

Argument ditransitiver Verben. Während das Agens das Subjekt bildet, kommt den anderen Argumenten im Standardfall die Rolle von Objekten zu. In Abhängigkeit davon, wie die Kasus einer Sprache auf die unterschiedlichen semantischen Rollen der Objekte verteilt sind, spricht man von direkten (Patiens und Thema) vs. indirekten (Rezipient) oder von primären (Patiens und Rezipient) vs. sekundären (Thema) Objekten.

In einigen Sprachen können zusätzliche Objekte, meist ein Benefizient, dadurch in den Satz eingefügt werden, dass am Verb eine zusätzliche Markierung vorgenommen wird; man spricht dann von einer **applikativen Konstruktion**. Ein Beispiel aus der austronesischen Sprache Tukang Besi hierfür wäre (Donohue 1999, zitiert nach Polinsky 2013a; Interlinearversion ibd.):

tb.	*no-ala*	*te*	*kau*			
	3.realis-fetch	the	wood			
	‚She fetched the wood.'					
	no-ala-ako	*te*	*ina-su*	*te*	*kau*	
	3.realis-fetch-APPL	the	mother-my	the	wood	
	‚She fetched the wood (as a favor) for my mother.'					

Der Unterschied zu einem meist als Dativus commodi bezeichneten freien Dativ des Deutschen, wie er in *Sie holte meiner Mutter das Holz herbei* vorliegen würde, besteht darin, dass die Hinzufügung des zusätzlichen Arguments im Verb markiert werden muss. In gewisser Weise ist dieser Konstruktionstyp daher mit der Bildung von Kausativa vergleichbar, bei denen ja auch ein Argument zum Satz hinzugefügt wird (s. Abschn. 2.2.5). Im Deutschen sind vergleichbare Veränderungen der syntaktischen Struktur nur durch Wortbildungsverfahren des Verbs herstellbar, so etwa bei *leben* (intransitiv) vs. *erleben* (transitiv), wobei aber wie bei diesem Beispiel auch meist zugleich eine mehr oder minder starke Bedeutungsveränderung eintritt.

Bei der Abfolge von Objekt und Verb zeigt sich in den 1518 von Dryer (2013g) untersuchten Sprachen, die hier eine dominante Reihenfolge aufweisen, mit 712 OV vs. 705 VO eine etwa gleiche Verteilung. Dabei ist festzuhalten, dass hier Sprachen, in denen sich pronominale Objekte im Hinblick auf ihre Stellung anders verhalten als solche mit Nominalphrasen, nach der Stellung der Nominalphrasen eingeordnet wurden. Das ist insofern ein wichtiger Gesichtspunkt, als die jeweils verwendete Wortart bei Objekten in deutlich stärkerem Maße als bei Subjekten Einfluss auf die Stellungsmöglichkeiten wie auch auf weitere Eigenschaften des Satzes hat, so etwa das Kongruenzverhalten von Partizipien (s. Abschn. 3.5.3).

Bei der Stellung der Objekte zueinander kommt neben der funktionalen Gliederung als zweites Kriterium die Regel „belebt vor unbelebt" zum Einsatz. Belebtheit spielt in zahlreichen Sprachen eine zentrale Rolle für eine ganze Reihe von grammatischen und lexikalischen Phänomenen, von der Art der Kasusbildung (so z. B. in slawischen Sprachen) über den strukturellen Aufbau von

Genussystemen (cf. Corbett 1999: 14–32) bis zur Wahl des Existenzmarkers (so z. B. bei den japanischen Verben *aru* und *iru*, cf. Kaiser et al. 2002: 25 f.). Tatsächlich scheinen Menschen von Geburt an über ein Konzept ‚Belebtheit' zu verfügen, das auch in entsprechenden Experimenten mit Kleinkindern nachgewiesen werden kann (cf. z. B. Giorgio et al. 2017). Insofern ist es wenig erstaunlich, dass dieses Konzept auch in verschiedener Form seinen Niederschlag in den Sprachen findet.

Auch im Deutschen gilt, dass im unmarkierten Fall das belebte Objekt dem unbelebten vorausgeht, und zwar unabhängig davon, ob es sich um eine Dativ-Akkusativ-Folge oder den seltenen Fall eines doppelten Akkusativs handelt:

dt. *Sie gibt Schülerinnen Fahrstunden.*
    **Sie gibt Fahrstunden Schülerinnen.*
    Sie lehrt Schülerinnen Autofahren.
    **Sie lehrt Autofahren Schülerinnen.*

Wenn die Regel, dass Belebtes vor Unbelebtem steht, nicht befolgt wird, führt das automatisch dazu, dass das an zweiter Stelle stehende Objekt als Rhema des Satzes interpretiert wird, z. B.:

dt. *Ich habe das Buch meiner Freundin gegeben.*

Sobald in der Funktion der Objekte nicht Substantive, sondern Pronomina stehen, ändert sich allerdings die Reihenfolge: Jetzt muss das direkte immer vor dem indirekten Objekt stehen, auch wenn letzteres im Standardfall etwas Belebtes bezeichnet:

dt. *Ich gebe dem Eichhörnchen eine Haselnuss.*
    Ich gebe sie ihm.
    **Ich gebe ihm sie.*

Diese Abfolge ist keine Besonderheit des Deutschen, sondern findet sich ganz genauso in anderen Sprachen, so z. B. im Ungarischen, im Türkischen oder in indoeuropäischen Sprachen. Hier ein Beispiel aus dem Französischen:

franz.	*Je*	*donne*	*une noisette*	*à l'écureuil*
	ich	gebe	eine Haselnuss	dem Eichhörnchen
	Je	*la*	*lui*	*donne*
	ich	sie	ihm	gebe

Bemerkenswert ist dabei, dass sich in einigen Sprachen nicht nur die Reihenfolge der Objekte untereinander ändert, sondern auch die Stellung der Objekte im

3.3 Subjekte und Objekte

Verhältnis zum Verb. Das zeigt sich auch im obigen Beispiel: Während die beiden Objekte im französischen Satz *Je donne une noisette à l'écureuil* nach dem Verb (hier: *donne*) stehen, müssen sie, wenn sie als Pronomina realisiert werden, vor das Verb treten: *Je la lui donne*.

Im Deutschen, aber auch in anderen Sprachen, können Objekte gelegentlich auch im Genitiv auftreten, wobei es sich in Wirklichkeit um partitive Konstruktionen handelt (bzw. im Deutschen um Relikte davon, s. Abschn. 3.5.1). Das Genitiv- bzw. Partitivobjekt ersetzt dann das Akkusativobjekt und übernimmt seine Funktion im Satz, z. B. (Bsp. nach Karlsson [4]2000: 119):

finn.	*Opiskelemme*	*suomen*	*kieltä*
	lernen-3.PLPRÄS	Finnland-GEN	Sprache-PTV
	‚Wir lernen Finnisch'		

Der Partitiv vermittelt hier eine Bedeutung, die im Deutschen durch den Nullartikel ausgedrückt wird: Man erlernt nicht *das Finnische*, sondern *Finnisch*, im Sinne einer nicht abgeschlossenen und somit nicht das Ganze umfassenden Handlung. An der syntaktischen Funktion des Objekts ändert sich dadurch aber nichts.

In der deutschen Grammatikschreibung werden darüber hinaus regelmäßig auch **Präpositionalobjekte** unter den Objekten aufgeführt. Die so bezeichneten Satzteile können sehr unterschiedliche Funktionen erfüllen (Bspe. nach Duden [9]2016: 946 und 949):

dt.	*Ich beneide ihn um seine Frau.*
	Der Chef verlangt Pünktlichkeit von seinen Mitarbeitern.
	Mein Freund berichtete meiner Mutter über mein Examen.
	Die Mitarbeiter gratulieren dem Chef zum Geburtstag.

Die Definition, aufgrund derer solche präpositional eingeleiteten Satzteile als Objekte bestimmt werden, lautet meist, dass „die Präposition vom zugehörigen Verb oder Adjektiv bestimmt [wird]" (Duden [9]2016: 852), oder sie wird abstrakter anhand der syntaktischen Struktur und der Hierarchie der Satzteile vorgenommen (cf. Eisenberg 2020b: 43). Gelegentlich erfolgt die Einordnung eines Satzteils als Komplement aber auf komplexeren und auch semantischen Merkmalen, so etwa bei Zifonun et al. (1997: 1031–1105), wo beispielsweise mit Ausnahme von *wir* und *verpassten* sämtliche Bestandteile des folgenden Satzes als Komplemente („Sachverhaltskontextualisierungen") aufgefasst werden (Bsp. nach ibd.: 1039):

dt.	*Infolge eines Verkehrsstaus verpassten wir gestern in Mannheim den Zug.*

Bei einer Einordnung im Kontext der Typologie ist das Problem nun, dass es zwar durchaus Präpositionalphrasen gibt, deren Funktion einem Kern-Argument entspricht oder die sich in der jeweiligen Sprache auch aus einem solchen entwickelt haben. Kernargumente können im Lauf der Geschichte einzelner Sprachen durchaus von der Realisation als morphologischer Kasus zu einer präpositionalen Konstruktion übergehen, wie sich in der Entwicklung des ursprünglichen Dativs zu Phrasen mit *à* bzw. *to* im Französischen und Englischen zeigt. Aber die formale Realisierung ist in dem Fall weniger wichtig als die Frage, welche Funktion ein Satzteil übernimmt.

Sehr ähnliche syntaktische Relationen liegen beispielsweise in den folgenden Sätzen vor:

dt. *Ich erbitte die Erlaubnis* vs. *Ich bitte um Erlaubnis*
Sie erwartet mich vs. *Sie wartet auf mich*
Er hütet das Kind vs. *Er passt auf das Kind auf*

Die Entscheidung mag im Einzelfall nicht ganz einfach sein, aber in Beispielen wie *Der Chef verlangt Pünktlichkeit von seinen Mitarbeitern* ist sie einfach: In *von seinen Mitarbeitern* liegt eindeutig kein Kernargument vor. Bei Satzteilen, die keine Kernfunktionen wahrnehmen, wird man daher von Adverbialen, Adjunkten oder parallel zu den obliquen Kasus von „oblique phrases" (cf. Dryer/Gensler 2013) sprechen. Diese können ggf. durchaus obligatorisch sein; das hat aber keinen Einfluss auf ihre Einteilung.

Gelegentlich kommt es vor, dass Argumente im Satz nicht von einem Verb, sondern von einem Adjektiv abhängig sind, das den Kern des Prädikats bildet. Der prototypische Fall einer solchen Konstruktion ist der, dass ein Rezipient (genauer: ein Experiencer) für die im Adjektiv ausgedrückte Eigenschaft vorliegt:

russ. *ты дорог мне*
ty dorog mne
du lieb-M mir
‚Du bist mir lieb und teuer'

Insgesamt sind solche sekundären Objekte jedoch auch im Deutschen eher selten.

3.4 Adverbiale

Angaben, die über die Kernargumente des Satzes hinausgehen, werden gewöhnlich als Adverbiale aufgefasst und auch als Adjunkte oder allgemein als „oblique" Phrasen bezeichnet. Sie können die unterschiedlichsten Formen annehmen, von einem Substantiv in einem obliquen Kasus über eine Konstruktion mit einem Konverb, einen Nebensatz mit finitem Verb, eine adpositionale Konstruktion, eine Infinitiv-Konstruktion bis hin zu einem einfachen Adverb oder einem adverbial gebrauchten Adjektiv. Die folgenden Beispiele sollen das illustrieren:

3.4 Adverbiale

Adverb und adverbiales Adjektiv:

dt.	*Gestern*	wurde es	*plötzlich*	kalt
ital.	*Ieri*	ha fatto	*improvvisamente*	freddo
	Gestern	hat gemacht	unvorhergesehen-ADV	kalt

‚Gestern wurde es plötzlich kalt.'

Obliquer Kasus (hier: Genitiv im Deutschen, Instrumental im Mongolischen und Inessiv im Ungarischen):

dt.	*Eines Tages* wirst du mich verstehen
mong.	*таксигаар* *явна*
	taksigaar *javna*
	Taxi-INS gehen-PRÄS/FUT

‚Wir fahren mit dem Taxi'

ung.	*János*	*a*	*kertben*	*dolgozik*
	Janos	ART	Garten-INESS	arbeitet

‚Janos arbeitet im Garten.'

Adpositionalphrase (hier: Präpositionalphrase im Deutschen, Postpositionalphrase im Türkischen):

dt.	*Nach* dem Essen haben wir einen Spaziergang gemacht.
türk.	*Yemekten* *sonra* yürüyüşe çıktık
	Essen-ABL nach wir gingen spazieren

‚Nach dem Essen gingen wir spazieren.'

Konverb (hier: französisches *gérondif*, Textausschnitt aus Rousseau, *Les rêveries d'un promeneur solitaire*):

franz.	([…] je passais mon après-midi à parcourir l'île)
	(‚ich verbrachte meinen Nachmittag damit, die Insel zu durchstreifen')
	en herborisant à droite et à gauche […]
	botanisieren-KONV rechts und links

‚wobei ich rechts und links botanisierte […]'

Nebensatz mit finitem Verb:

dt.	*Sobald wir hier fertig sind*, gehen wir.

Infinitiv-Konstruktion:

dt.   *Wir sind nur gekommen, um uns zu verabschieden*

ital. *Siamo venuti solo per dire addio*

‚Wir sind nur gekommen, um Addio zu sagen'

Die Anzahl der Wörter, die schon von der Wortart her Adverbien sind, ist in allen Sprachen beschränkt; gewöhnlich liegen sie nur im Bereich der lokalen (z. B. *dort*) und temporalen (z. B. *dann*) Semantik vor (zur semantischen Einteilung der Adverbiale siehe ausführlicher im Folgenden). Insbesondere anstelle modaler Adverbien werden stattdessen andere Wortarten verwendet, meist Adjektive, aber auch Substantive. In zahlreichen Sprachen müssen Adjektive, die als Adverbiale gebraucht werden sollen, anders als im Deutschen morphologisch markiert werden (cf. franz. *rapide > rapidement* ‚schnell', türk. *güzel > güzelce* ‚schön'). Das Türkische ist auch eine Sprache, in der Adverbien von Substantiven abgeleitet werden können (Bsp. nach Lewis ²2000: 194):

türk. *çocukça*   *konuşuyorsun*

       Kind-ADV   du sprichst

‚Du sprichst kindisch'

Der Gebrauch eines obliquen Kasus und der einer Adpositionalphrase schließen sich im Einzelfall gegenseitig aus. Das bedeutet aber nicht, dass sie nicht beide in einer Sprache vorkommen können und je nachdem sogar eine Wahlmöglichkeit zwischen beiden besteht, so etwa:

dt.   *eines Abends im Mai*

      an einem Abend im Mai

ital. *quell'anno*

      in quell'anno

‚in jenem Jahr'

Solche „Doppelungen" sind insbesondere dann zu beobachten, wenn ein ursprünglicher Kernkasus für adverbiale Zwecke verwendet wird. Wenn eine Sprache über Kasus wie Instrumental, Komitativ oder lokale Kasus verfügt, macht ihr Gebrauch den zusätzlichen Einsatz von Adpositionen überflüssig; er kann jedoch im Zuge von Sprachwandelphänomenen wie dem Übergang von synthetischen zu analytischen Konstruktionen und/oder bei Kasusabbau durchaus auftreten.

Der Gebrauch eines Konverbs und der eines finiten Nebensatzes schließen sich im konkreten Einzelfall ebenfalls gegenseitig aus; man kann jeweils nur eines von beidem wählen, um einen Sachverhalt auszudrücken. Auch das heißt aber nicht, dass nicht beide Formen in ein und derselben Sprache und dort auch

3.4 Adverbiale

in ein und demselben Satz vorkommen können, wie ja schon ein Blick auf das Französische oder das Italienische zeigt. So geht dem Hauptsatz im obigen Rousseau-Zitat (*je passais mon après-midi*) ein Nebensatz voraus: *Quand le lac agité ne me permettait pas la navigation*, ‚Wenn der aufgewühlte See keine Schifffahrt erlaubte', und es folgen ihm zwei *gérondif*-Konstruktionen. Innerhalb einer Sprache zeigt sich jedoch meist ein zumindest quantitatives Überwiegen des einen oder anderen Konstruktionstyps. Dabei lässt sich feststellen, dass agglutinierende Sprachen Konverben bevorzugen, während in flektierenden Sprachen eher Nebensätze verwendet werden. Dabei hängt die quantitative Verteilung natürlich nicht zuletzt auch damit zusammen, welche Formen überhaupt vorhanden sind. So hat man etwa im Deutschen nur beschränkt die Möglichkeit, mit dem französischen *gérondif* vergleichbare Konstruktionen mittels eines Partizips zu bilden:

dt. *Leise vor sich hin fluchend reparierte sie das Fahrrad.*
Hämisch kichernd flog die Hexe davon.

Nebensätze mit finitem Verb können ebenso wie Infinitiv-Konstruktionen auch in anderer als adverbialer Funktion gebraucht werden (s. o.). In adverbialer Funktion erfüllen sie im prototypischen Fall eine finale Funktion.

Semantische Einteilungen

Adverbiale werden oft nach ihrer semantischen Funktion unterteilt, wobei sich die Art der Unterteilung und die Anzahl der aufgeführten Gruppen aber sowohl innerhalb der Grammatikschreibung als auch im Vergleich zur Beschreibung anderer Sprachen sehr unterscheiden können. So führt beispielsweise der Duden (^{9}2016: 795) Lokal-, Temporal- Modal- und Kausaladverbiale als die vier grundlegenden Typen auf, die dann wiederum in Untergruppen unterteilt werden, während Eisenberg (^{2}2020: 238–244) mit lokalen, temporalen und modalen Adverbialen eine Unterteilung in nur drei verschiedene Typen vornimmt. Die italienische Grammatik von Dardano/Trifone (^{12}2014: 342–345) unterscheidet neben modalen, lokalen und temporalen Adverbien auch ‚urteilende' (*di giudizio*; gemeint sind solche wie *forse* ‚vielleicht' oder *di certo* ‚sicherlich', aber auch Negatoren), quantitative (*di quantità*, z. B. *né più né meno* ‚nicht mehr und nicht weniger') und interrogative; und bei Serianni (^{23}2019: 493–511) werden neben diesen noch weitere Adverbialtypen wie z. B. exklamative (*avverbi esclamativi*; gemeint ist so etwas wie *come mai?* ‚wie nur?') oder präsentative (*avverbi presentativi*, der einzige Fall ist das dem französischen *voilà* entsprechende *ecco*) unterschieden. Bei anderen Autoren finden sich auch zusätzliche Klassen wie Diskursadverbiale (*discourse adverbials*, cf. z. B. Fernando 2012: 301), und es ließen sich mühelos noch weitere Einteilungen finden.

Offensichtlich liegt dieser Typenbildung keine oder nur eine minimale gemeinsame Basis zugrunde: Das einzige, was sich durchgehend findet, ist die Annahme von modalen, lokalen und temporalen Adverbien. Darüber hinaus folgen sie meist eher der jeweiligen sprachinternen Tradition der Grammatikschreibung und versuchen, in diesem Rahmen eine möglichst umfassende Beschreibung vorzulegen.

Damit stellt sich natürlich die alles andere als triviale Frage, was überhaupt als Grundlage für eine übereinzelsprachliche Einteilung dienen könnte. Wenn man einfach von grundsätzlichen semantischen Unterscheidungen ausgehen möchte, steht man schnell vor dem Problem, dass immer noch eine weitere Feinunterscheidung möglich wäre. Man könnte stattdessen versuchen, die in den verschiedenen Sprachen der Welt vorhandenen obliquen Kasus zur Grundlage zu machen und dabei zu argumentieren, dass sie offenbar die menschliche Wahrnehmung und kognitive Prozesse als Basis haben und damit eine solide Unterscheidungsmöglichkeit bieten sollten. Hier ist das Problem aber, dass die Unterscheidung zwischen einem Kasus und einer klitischen Postposition nicht immer einfach ist und infolgedessen auch die Aussagen darüber, wie viele Kasus eine Sprache hat, sehr voneinander abweichen können. Ein Beispiel hierfür ist das Ungarische: Thomason (2005: 16) weist darauf hin, dass die Angaben zu den Kasus in dieser Sprache zwischen 17 und 27 schwanken. Auch das scheint also kein besonders gut gangbarer Weg zu sein, um übereinzelsprachliche Kriterien zu erstellen. Nicht ohne Grund spricht Fillmore (2000: 1117) in seiner Untersuchung zu dem, was er mit dem Begriff „circumstance concepts" zusammenfasst, von einer „incomplete list of ,time, place, manner etc.'" – nennt damit aber zugleich drei grundlegende semantische Konzepte, die sich in allen Beschreibungen von Adverbialen finden.

Angesichts solcher Schwierigkeiten ist es naheliegend, sich zusätzlich zum Kriterium, dass etwas auch als morphologische Markierung beobachtet werden kann, auf diejenigen semantischen Unterscheidungen zu beschränken, die mit einer gewissen Regelmäßigkeit in den Sprachen der Welt zu beobachten sind. Fillmore (2000: 1119) schlägt dafür die folgende Liste vor:

- Der **Ort**, an dem sich die an der Interaktion Teilnehmenden befinden, oder der Ort des Ereignisses als Gesamtes;
- Orte, die in Bezug zu Bewegungen stehen: **Ausgangspunkt, Weg, Ziel**;
- der **Zeitraum**, in dem sich das Ereignis vollzieht; die zeitliche Erstreckung des Ereignisses;
- die **Art und Weise**, wie ein Vorgang stattfindet; die **Absichten**, mit denen eine Handlung vollzogen wird, sowie ihre **Auswirkungen**;
- die **Mittel** oder **Werkzeuge**, mit denen eine Handlung ausgeführt wird.

Er fügt jedoch auch ein „etc." hinzu und erläutert: „No such list can avoid the ,etc.'. It is reasonable and natural to believe that the number of types of circumstantial elements is unlimited" (ibd.).

Wie sich zeigt, umfassen die ersten beiden Punkte in Fillmores Liste lokale Angaben: zum einen das Wo, zum anderen das Woher, das Wohin und das „auf welchem Weg" (womit also z. B. so etwas wie dt. *durch den Wald* oder *über die*

Straße erfasst würde). In diesem Bereich finden sich in zahlreiche Sprachen Kasus, die zum Teil sehr spezifisch sein können, und auch die indoeuropäischen Sprachen verfügten ja ursprünglich über einen Ablativ (Woher?) und einen Lokativ (Wo?). Die räumliche Wahrnehmung ist Menschen wie bereits erwähnt angeboren, und die räumliche Einordnung von Ereignissen spielt auch in kognitiven Modellen wie dem von Langacker (2008) eine zentrale Rolle. Es ist daher nicht erstaunlich, dass sich in diesem Bereich ein großer Reichtum an sprachlichen Ausdrucksmitteln findet.

Der dritte Punkt, den Fillmore aufführt, betrifft den Bereich der Zeit. Hier zeigt sich in zahlreichen Sprachen ein Phänomen, das als „Raum-Zeit-Metapher" bezeichnet wird: Die sprachlichen Mittel zum Ausdruck des Raums werden auf den Ausdruck der Zeit übertragen. Mit den Worten von Sweetser/Gaby (2017: 625): „[…] the dominant metaphors for time, in the vast majority of languages, are spatial ones". Daher findet man beispielsweise im Türkischen den Ablativ nicht nur zur Angabe des Woher, sondern auch des ‚seit wann':

türk.	bir	haftadan	beri
	ein	Woche-ABL	seit

‚seit einer Woche'

Auch die hier wie auch sonst meist mit ‚seit' übersetzte Postposition *beri* im obigen Beispiel ist aus einem lokalen Adverb mit der Bedeutung ‚hierher' entstanden; so gesehen enthält die Phrase gleich zwei Raum-Zeit-Metaphern.

Man kann das Phänomen der Übertragung räumlicher Ausdrücke auf die Zeit aber auch im Deutschen gut beobachten: Präpositionen wie *in, um, nach*, die ursprünglich lokal sind (z. B. *in Rom, um Berlin, nach Bern*), werden zur Angabe zeitlicher Relationen verwendet: *in einer Stunde, um Mitternacht, nach ein paar Tagen* etc.

Interessanterweise geht die Metaphorisierung lokaler Adverbiale über den Ausdruck der Zeit hinaus häufig noch einen Schritt weiter, und sie können dann auch **Kausalität** ausdrücken – eine semantische Relation, die in Fillmores Liste nicht aufgeführt ist. Man kann den Schritt vom Temporalen zum Kausalen gut mit dem lateinischen *post hoc, ergo propter hoc* (‚danach, also deswegen') beschreiben: Ein Ereignis, das nach einem anderen auftritt, wird als Folge des ersteren interpretiert. Diese Art von logischem (Fehl-)Schluss ist im menschlichen Denken verankert (cf. hierzu ausführlicher z. B. Buehner 2014) und hat entsprechend auch in den Sprachen ihren Niederschlag gefunden. So kann dt. *da* sowohl einen Ort (*Da ist der Eingang*) als auch einen Zeitpunkt (*Da fraß der Wolf die Großmutter*) bezeichnen sowie als Konjunktion einen Kausalzusammenhang angeben (*Da der Wolf hungrig war, fraß er alle sechs Geißlein*), und auch bei *weil* (erkennbar verwandt mit *Weile*) und bei *denn* (erkennbar verwandt mit *dann*) zeigt sich der Übergang von zeitlichem zu kausalem Zusammenhang. Aber auch in anderen Sprachen finden sich solche Bedeutungsübergänge, so etwa in engl. *since* oder ital. *poiché* ‚weil' (cf. ital. *poi* ‚dann').

Fillmores vierter Punkt umfasst eine Reihe von Angaben, die einerseits gewöhnlich als **modal**, andererseits als **final** und **konsekutiv** analysiert werden. Insbesondere im sehr breiten Bereich der modalen Semantik finden sich auch Adjektive, die entweder zu Adverbien umgebildet wurden (z. B. franz. *lent > lentement* ‚langsam') oder auch unverändert als Adverbiale verwendet werden, wie das im Deutschen der Fall ist. Ihre wortartenspezifische Semantik, Eigenschaften auszudrücken, lässt sich naturgemäß leicht auf die Eigenschaft von Handlungen und Vorgängen übertragen.

Anders ist das bei finalen und konsekutiven Adverbialen, die normalerweise nicht aus Adjektiven gebildet werden. Sie verlangen gewöhnlich eine andere Art von Kodierung, die oft von einer Adposition oder einer Konjunktion regiert wird und deren semantischer Kern entsprechend ein Substantiv oder ein Verb ist. Ohne solche zusätzlichen Elemente kommen finale Dative aus, die es z. B. im Lateinischen gibt (Nepos; Färber 1952/2014: 92):

lat.	*praesidio*	*potest*	*esse*	*civibus*	*suis*
	Schutz-DAT	kann	sein	Bürger-DAT-PL	sein-DAT-PL
	‚seinen Bürgern zum Schutz dienen kann'				

Das lateinische Beispiel enthält zwei Dative, den finalen Dativ *praesidio* ‚zum Schutz' und den Dativus commodi *civibus suis* ‚für seine Bürger'. Es illustriert damit zugleich gut die inhaltliche Nähe zwischen den beiden Lesarten des Dativs, denn auch die Bürger, die Nutzen aus dem Schutz ziehen, sind ja in gewisser Weise ein Ziel der Handlung. Das folgende türkische Beispiel zeigt demgegenüber eine Konstruktion mit einer Postposition und einem substantivierten Infinitiv, dem auch in der deutschen Übersetzung ein Infinitiv gegenübersteht, hier mit einer sog. Infinitivkonjunktion (*um zu*) eingeleitet:

türk.	*dünyayı*	*değiştirmek*	*için*	*ne*	*lazım?*
	Welt-AKK	verändern	für	was	nötig?
	‚Was braucht es, um die Welt zu verändern?'				

Konsekutive Adverbiale sind oft nicht ganz leicht von finalen zu trennen; ob ein Zweck oder eine reine Folge einer Handlung vorliegt, hängt letztendlich von der Intention der handelnden Person ab. So würde man die Präpositionalphrase *zum Einschlafen* in dem Satz

dt.	*Der Film war zum Einschlafen langweilig.*

3.4 Adverbiale

normalerweise als konsekutiv lesen, da man nicht davon ausgehen würde, dass es die Absicht des Films war, gelangweiltes Einschlafen hervorzurufen. Das geht aber nur aus Kontext und Weltwissen hervor, nicht aus der Form, denn in einem Satz wie

dt. *Zum Einschlafen empfehlen wir einen langweiligen Film.*

liegt genau dieselbe Präpositionalphrase vor, nun aber in finaler Funktion. Klarer wird die Unterscheidung, wenn Nebensätze in Funktion der Adverbiale gebraucht werden, die dann im Deutschen mit *so dass* bzw. *damit* eingeleitet und so eindeutig zugeordnet werden können:

dt. *Der Film war so langweilig, dass ich eingeschlafen bin.*
    Ich sehe mir einen langweiligen Film an, damit ich einschlafe.

Als fünften Punkt nennt Fillmore die Mittel, mit denen eine Handlung vollzogen wird. Hierfür findet sich in vielen Sprachen der Welt ein eigener Kasus, der diese Bedeutung vermitteln kann: der Instrumental. Einen Instrumental kennen neben verschiedenen indoeuropäischen Sprachen z. B. das Ungarische, das Mongolische oder auch das Japanische, und auch für das Türkische findet sich die Auffassung, dass die verkürzte, klitische Form von *ile* ‚mit' eine Kasusendung darstellt (s. Abschn. 2.1.2.1):

serb. *sekirom*
ung. *fejszével*
mong. *сүхмэй* [suhtej]
jap. 斧で [ono de]
türk. *baltala*
jeweils: Axt-INS
jeweils: ‚mit der Axt'

Wo es keinen Instrumental gibt, wird das Mittel zum Vollzug der Handlung gewöhnlich mit einer Adposition und einem Substantiv ausgedrückt:

dt. *mit der Axt*

In vielen, aber keineswegs in allen Sprachen kann der Instrumental auch Begleitumstände oder -personen ausdrücken. Typisch ist das für indoeuropäische Sprachen, aber diese doppelte Verwendung findet sich beispielsweise auch im Türkischen oder Ungarischen:

türk.   *arkadaşımla*
ung.   *barátommal*
        Freund-mein-INS
        ‚mit meinem Freund'

Auch Sprachen ohne Kasus, die Adpositionen verwenden, zeigen diese Doppelung, so etwa das Deutsche

dt.   *mit meinem Freund*

oder das Tagalog:

tag.   *kasama*   *ang*   *palakol*
        mit   ART   Axt
        ‚mit der Axt'
        kasama   *ang*   *kaibigan*   *ko*
        mit   ART   Freund   mein
        ‚mit meinem Freund'

Andere Sprachen, so etwa das Finnische oder das Mongolische, verwenden dafür jedoch einen eigenen Kasus, den Komitativ. Dabei verfügt das Mongolische sowohl über einen Instrumental als auch über einen Komitativ, das Finnische hingegen nur über einen Komitativ. Daneben gibt es im Finnischen zwar einen als „Instruktiv" bezeichneten Kasus, der zwar eine vergleichbare Funktion wie ein Instrumental hat, der aber nur noch in einigen wenigen festen Wendungen vorkommt (cf. Karlsson ^{4}2000: 142). In allen anderen Fällen wird eine Konstruktion mit einer Postposition verwendet.

3.5   NP-Strukturen: Attribute

Subjekte, Objekte und Adverbiale, also die in den vorigen Kapiteln besprochenen Satzglieder, enthalten zwar nicht immer, aber in der Mehrheit der Fälle im Kern ein Substantiv. Dabei kommt es sehr häufig vor, dass nicht das Substantiv allein, sondern eine Kombination aus verschiedenen Wortarten verwendet wird.

Terminologie
Insbesondere die Verwendung von Adpositionen ist hier sehr häufig anzutreffen, und normalerweise spricht man dann nicht von einer **Nominalphrase** (NP, engl. *nominal phrase*), sondern von der **Präpositionalphrase** (PP, engl. *prepositional phrase*), wobei „Präposition" in diesem Fall stellvertretend für alle Typen von Adpositionen verwendet wird. Tatsächlich sind Adpositionen syntaktisch gesehen

3.5 NP-Strukturen: Attribute

die übergeordneten Elemente der Phrase, da sie die Funktion und ggf. auch den Kasus des Substantivs bestimmen, so z. B.:

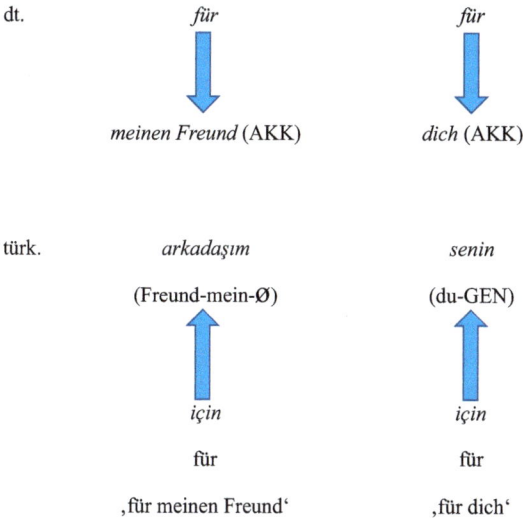

Wie sich in den beiden vorigen Kapiteln gezeigt hat, übernehmen Präpositionalphrasen in vielen Sprachen das, was in anderen durch Kasus ausgedrückt wird (und umgekehrt). So kann man ‚für meinen Freund' auf Russisch auch einfach mit einem Dativ ausdrücken:

russ. *моему   приятелю*
moemu   prijatelju
mein-DAT   Freund-DAT
‚für meinen Freund'

Zudem können insbesondere die Übergänge zwischen einem Kasus und einer Postposition fließend sein (cf. Heine/Kuteva 2002: 37 f. für Beispiele). Wie sinnvoll es ist, zwischen Präpositionalphrasen und Nominalphrasen zu unterscheiden, wenn man die interne Struktur dieser Phrasen – also etwa die Möglichkeiten und Formen einer Attribuierung – untersuchen möchte, kann daher durchaus in Frage gestellt werden.

Gelegentlich findet sich auch die Bezeichnung **DP (Determinansphrase**, engl. *determiner phrase*) für eine Phrase, die ein determinierendes Element enthält. Dabei handelt es sich typischerweise um einen Artikel, aber auch Demonstrativa, Possessiva oder Quantifikatoren wie *viele* gehören zu den Determinieren. Die Sichtweise, dass es sich bei den Determinieren um die Köpfe der Phrase handelt, hat sich in der Generativen Grammatik entwickelt und findet sich insbesondere in Arbeiten, die diesem Modell zuzurechnen sind. Ob beispielsweise Artikel aber wirklich die syntaktisch übergeordneten Elemente innerhalb einer Phrase und damit ihr Kopf sind, kann man allerdings aus typologischer Sicht durchaus in Frage stellen. Nicht nur fanden sich in 198 von 620 Sprachen, die Dryer (2013h) untersucht hat, weder bestimmte noch unbestimmte Artikel, sondern in 92 der Sprachen mit Artikel handelte es sich zudem beim Artikel um ein Affix, das wie etwa im Arabischen als Präfix oder aber als Suffix wie beispielsweise im Bulgarischen auftreten kann:

bulg. книга книгата
     kniga *knigata*
     Buch das Buch

Man müsste daher noch einmal genauer analysieren, unter welchen Bedingungen ein Element wirklich als Kopf einer Phrase angesehen werden kann. Da diese Diskussion im gegebenen Kontext aber nicht relevant ist, werden hier keine weiteren diesbezüglichen Unterscheidungen vorgenommen und Präpositionalphrasen, Determinansphrasen und Nominalphrasen unter dem Begriff „Nominalphrase" zusammengefasst, der alle Phrasen umfasst, die im Kern ein Substantiv enthalten. Der Grund dafür ist, dass hier der innere syntaktische Aufbau einer solchen Phrase unabhängig davon betrachtet werden soll, ob sie von syntaktisch übergeordneten Elementen abhängig ist oder nicht.

Eine Nominalphrase besteht oft aus mehr als einem einzelnen nominalen Element, also nur aus einem einzelnen Substantiv, einem substantivierten Adjektiv oder Pronomen. Außer einem Determinierer, der in Sprachen wie dem Deutschen in Form eines Artikels sehr regelmäßig dabei ist, kann insbesondere bei Substantiven eine ganze Reihe weiterer Elemente gebraucht werden, so etwa:

- Substantive im selben Kasus: *Hans Huckebein, der Unglücksrabe*
- Substantive im Genitiv: *Die Abenteuer des braven Soldaten Schwejk*
- Adjektive, kongruierend/nicht kongruierend: *Die lustige Witwe*; *Röslein rot*
- Partizipien: *lachende Gesichter*; *der verschollene Schatz*
- Präpositionalphrasen: *Blumen im Park*; *Hoffnung auf Besserung*
- Nebensätze: *der Korb, in dem Kuchen und Wein waren*; *die Befürchtung, dass Rotkäppchen auf den Wolf hereinfällt*

In anderen Sprachen findet sich auch:

- Substantive in einem anderen Kasus als dem Genitiv, z. B. im Dativ:

serb. *spomenik* *Tesli*
      Denkmal Tesla-DAT
      ‚ein Denkmal für Tesla'

In allen diesen Fällen spricht man beim abhängigen Teil der Phrase, der ihren Kern semantisch erweitert, von einem **Attribut** (von lat. *attribuere* ‚hinzufügen', engl. *attribute*; oft auch: *modifier*).

3.5.1 Appositionen

Eine Apposition (von lat. *apponere* ‚hinzufügen', engl. *apposition*) ist ein Attributtyp, der als „a sequence of units which are constituents at the same grammatical level, and which have an identity or similarity of reference" (Crystal ³2010: 31) gekennzeichnet werden kann. Genauer gesagt ist ein Attribut dann eine Apposition, wenn

- es sich dabei um ein Substantiv handelt, das einem anderen Substantiv als Attribut beigefügt wird;
- die beiden Elemente nicht durch eine Adposition verknüpft sind;
- die Apposition bei Sprachen mit Kasusmarkierungen im Standardfall im selben Kasus steht wie das Bezugswort;
- zwischen der Apposition und ihrem Bezugswort Referenzidentität besteht.

Mit „Referenzidentität" (auch: „Koreferenz", engl. *coreference*) ist dabei gemeint, dass beide Wörter denselben Gegenstand oder dieselbe Person in der außersprachlichen Wirklichkeit bezeichnen, und mit den Worten von Vasiliu (1977: 108) ist: ‚die Referenzidentität kennzeichnend für jegliche appositive Beziehung' („L'identité référentielle est caractéristique pour tout rapport appositif", zitiert nach Vlad 1989: 134).
    Eine Apposition wäre also z. B. *capitale* (*de la France*) in:

franz.   *Paris, la <u>capitale</u> de la France* (Bsp. nach Grevisse ¹⁶2016: 422)
dt.   *Paris, die <u>Hauptstadt</u> Frankreichs*

Das Beispiel erfüllt alle genannten Bedingungen: *Paris* und *capitale* sind Substantive, sie werden durch keinerlei Adposition verknüpft und die deutsche Übersetzung zeigt, dass es sich um denselben Kasus handelt. Ferner bezeichnen die beiden Begriffe eindeutig ein und dieselbe Stadt, sind also referenzidentisch. Man kann diese Eigenschaft dadurch sichtbar machen, dass man aus den beiden beteiligten Elementen eine Gleichsetzung bilden kann: *Paris ist die Hauptstadt* oder *Paris = Hauptstadt*. Zugleich zeigt das Beispiel, dass die Apposition durchaus ihrerseits attribuiert sein kann (hier: durch *de la France/Frankreichs*).
    In der deutschen Grammatikschreibung werden Appositionen gelegentlich auch anders definiert, wobei die Definition im Einzelnen von Grammatik zu Grammatik stark schwanken kann (cf. hierzu ausführlicher Hentschel/Weydt ⁵2021: 390 f.). Insbesondere die sog. **partitive Apposition** spielt hier eine Rolle: Attribute, bei denen es sich semantisch wie auch sprachgeschichtlich gesehen ursprünglich um partitive Genitive handelt, die aber nicht mehr mit einem Genitiv markiert werden wie in

dt.   *ein Glas frischer Apfelsaft*

(cf. *ein Becher edlen Weines*). Dieser Konstruktionstyp ist allerdings auf wenige Sprachen beschränkt, zu denen neben dem Deutschen das Niederländische und skandinavische Sprachen zählen, und kann schon in nah verwandten Nachbarsprachen wie dem Englischen oder dem Französischen nicht mehr angewandt werden:

engl.   *a glass of fresh apple juice*
franz. *un verre de jus de pomme frais*

Ob es sinnvoll ist, die aus dem Abbau des Genitivs hervorgegangene unmarkierte Bildung partitiver Relationen vom Typ *eine Tasse Tee* ebenfalls als Apposition zu erfassen, sei dahingestellt. Das Kriterium der Referenzidentität funktioniert hier jedenfalls nicht, denn *Glas* und *Apfelsaft* oder *Tasse* und *Tee* sind nicht dasselbe, und entsprechend ist auch anders als bei *Paris ist die Hauptstadt Frankreichs* keine gleichsetzende Umformung zu *Das Glas ist ein frischer Apfelsaft* möglich.

Eine von der hier vorgenommenen etwas unterschiedliche, nämlich breitere Definition dessen, was unter einer Apposition zu verstehen ist, findet sich aber gelegentlich auch in sprachvergleichenden Arbeiten: Dann werden damit auch Nebensätze bezeichnet, die das Bezugswort näher beschreiben und die in diesem Sinne auch als referenzidentisch angesehen werden können (cf. z. B. die Beiträge in Dixon/Aikhenvald (2009). So wird etwa der Satz

engl.   *Joop, who is a nice guy*

bei Vries (2012: 188) paraphrasiert als

engl.   *Joop: someone (a certain person), who is a nice guy*

In der Tat ist die Ähnlichkeit der Konstruktionstypen unverkennbar, denn der englische Relativsatz ließe sich problemlos zu einer Apposition im klassischen Sinne verkürzen:

engl.   *Joop, a nice guy*

In der Grammatikschreibung des Deutschen findet man die Unterscheidung in sog. enge und lockere Appositionen, und zwar:

enge Apposition:

dt.   *Onkel Dagobert; Maler Klecksel*

3.5 NP-Strukturen: Attribute

lockere Apposition:

dt. *Dagobert, der Fantastilliär; Caravaggio, der berühmte Maler*

Der Unterschied zwischen den beiden Typen, der sich bei der Verschriftung in der Kommasetzung manifestiert, wird beim Sprechen gewöhnlich durch eine kleine Sprechpause (auch als Komma-Intonation bezeichnet) markiert und zeigt sich im Standardfall auch in der Stellung: Lockere Appositionen sind immer nachgestellt, während enge sowohl vor- als auch nachgestellt auftreten können:

dt.	*Tante*	*Daisy*
chin.	菊花	阿姨
	júhuā	*āyí*
	Chrysantheme	Tante
ital.	*Zia*	*Paperina*
	Tante	Entchen-F
ung.	*Daisy*	*néni*
	Daisy	Tante

Dabei ist oft nur schwer festzumachen, was Apposition und was Bezugswort ist. In Sprachen wie dem Deutschen zeigt sich der Unterschied darin, dass nur das Bezugswort, nicht aber die Apposition flektiert wird:

dt. *Onkel Donalds [ständiges Pech]* → die Apposition ist *Onkel*
   unseres Onkels Donald [ständiges Pech] → die Apposition ist *Donald*

Sowohl enge als auch lockere Appositionen finden sich in zahlreichen Sprachen, ohne dass jedoch in der jeweiligen Grammatikschreibung ein terminologischer Unterschied gemacht würde (Bspe. nach Dardano/Trifone [12]2014: 129 f.):

ital. *il console Cicerone*
   ‚der Konsul Cicero'
   Cicerone, il famoso oratore dell'antichità
   ‚Cicero, der berühmte Redner der Antike'

Keine Einigkeit besteht darüber, ob auch Phrasen, die mit subordinierenden Elementen wie *als* oder *wie* und ihren Entsprechungen in anderen Sprachen angeschlossen sind, als Appositionen gelten sollen (so etwa Dardano/Trifone [12]2014: 130 für das Italienische). Hier kann zwar ebenfalls Referenzidentität bestehen, z. B.:

dt. *Frau Meier als die Leiterin der Abteilung*
   ‚Frau Meier ist die Leiterin der Abteilung'

Die Verbindung der Elemente ist jedoch weniger eng, was sich auch darin zeigt, dass solche Phrasen anders als Appositionen frei im Satz beweglich sind:

dt. *Frau Meier trägt als die Leiterin der Abteilung die Verantwortung.*
Als Leiterin der Abteilung trägt Frau Meier die Verantwortung.

vs.

dt. *Frau Meier, die Leiterin der Abteilung, trägt die Verantwortung.*
*Frau Meier trägt, die Leiterin der Abteilung, die Verantwortung.

Man kann daher mit einigem Recht argumentieren, dass die mit einer Präposition – als solche wird *als* hier aufgefasst (cf. z. B. Huddelston/Pullum 2002: 54 zur entsprechenden Einordnung von *as* im Englischen) – angeschlossenen Phrasen syntaktisch nicht denselben Status haben wie Appositionen.

3.5.2 Andere substantivische Attribute

Attribute, die nicht mit ihrem Bezugswort referenzidentisch sind, können in zwei verschiedenen Formen auftreten: zum einen in einem reinen Kasus, zum anderen als Präpositionalphrase.

Kasusattribute
Auch durch den Gebrauch eines Kasus können Substantive als Attribute an ein anderes Substantiv und ebenso auch an ein Adjektiv angeschlossen werden. Der prototypische Fall eines solchen Anschlusses ist der **Genitiv** zum Ausdruck der Possessivität:

dt.	*der Schnabel*	*des Pinguins*
	des Pinguins	*Schnabel*
finn.	*pingviinin*	*nokka*
	Pinguin-GEN	Schnabel
russ.	*клюв*	*пингвина*
	kljuv	*pingvina*
	Schnabel	Pinguin-GEN
türk.	*penguenin*	*gagası*
	Pinguin-GEN	Schnabel-POSS

Beim Vergleich der vier verschiedenen Sprachen in den Beispielen zeigt sich, dass abgesehen von der Reihenfolge der Bestandteile – Genitiv vor oder nachgestellt,

3.5 NP-Strukturen: Attribute

wobei insgesamt die Voranstellung des Genitivs in den Sprachen der Welt häufiger vorzukommen scheint als die Nachstellung (cf. Dryer 2013k) – völlig identische Konstruktionen vorliegen. Einzig im Türkischen kommt zum Genitiv noch eine Possessivendung am Bezugswort hinzu, so dass wörtlich so etwas gesagt wird wie ‚des Pinguins sein Schnabel'. Diese doppelte Markierung der possessiven Verhältnisse ist in manchen Sprachen notwendig und auch im Deutschen möglich, wird dann aber mit Dativ gebildet und ist nicht standardsprachlich:

dt. *dem Pinguin sein Schnabel*

In jedem Fall liegt eine possessive Konstruktion vor, in welcher der Possessor durch einen Kasus – gewöhnlich eben den Genitiv – markiert wird. Dies ist zugleich die Definition des Kasus: Er bezeichnet die Zugehörigkeit eines Elementes zu einem anderen (s. Abschn. 2.1.2.4), also im Standardfall eine possessive, in vielen Sprachen zusätzlich auch eine partitive Relation. Letztere kann aber auch durch einen eigenen Kasus ausgedrückt werden, den **Partitiv**. Eine Sprache, die sowohl über einen Genitiv als auch über einen Partitiv verfügt, ist beispielsweise das Finnische:

finn. *litra maitoa*
Liter Milch-PART
‚ein Liter Milch'

Aber nicht nur Genitive und Partitive, sondern auch andere Kasus können zum Anschluss von Attributen verwendet werden. Bereits erwähnt wurde der **Dativ**, der im Deutschen in umgangssprachlich konnotierten Possessivkonstruktionen vorkommt, in anderen Sprachen aber auch in anderer Funktion:

serb. *spomenik Tesli*
Denkmal Tesla-DAT
‚ein Denkmal für Tesla'

Beispiele für **oblique Kasus** in attributiver Funktion wären:

Instrumental:

russ. *удар топором*
udar toporom
Schlag Axt-INS
‚ein Schlag mit der Axt'

lokale Kasus:

ung.	*a macska*	*a tetőn*
	die Katze	das Dach-SUPERESS
	‚die Katze auf dem Dach'	

ung.	*út*	*Budapestre*
	Straße	Budapest-SUBL
	‚Straße nach Budapest'	

Wie die letzten beiden Beispiele zeigen, können insbesondere lokale Kasus hier dieselbe Funktion erfüllen, die in anderen Sprachen durch Präpositionalphrasen wahrgenommen wird: *auf dem Dach, nach Budapest*. Bei diesen Konstruktionen handelt es sich ihrer Natur nach um Adverbiale; diese können in allen Sprachen als Attribute verwendet werden (siehe hierzu auch im Folgenden).

Attributive Präpositionalphrasen
Bei Attributen, die in Form von Präpositionalphrasen auftreten, können zwei verschiedene Typen unterschieden werden:

- Präpositionalphrasen, die in derselben Form und Bedeutung auch als Adverbiale verwendet werden können;
- Präpositionalphrasen, die ihre Bedeutung nur im Zusammenhang mit dem attribuierten Element erhalten und bei denen meist auch die Wahl der Präposition dadurch bestimmt wird.

Der erstgenannte Typ wird in Abschn. 3.5.3 ausführlicher behandelt, da er in dieselbe Kategorie fällt wie andere als Attribute gebrauchte Adverbiale (z. B. Adverbien). Hier soll es um den zweiten Typ gehen, der insbesondere im Deutschen sehr häufig ist, aber auch in anderen Sprachen vorkommt. Besonders häufig findet sich das Phänomen in indoeuropäischen Sprachen, so etwa:

dt.	*Wut*	<u>*auf*</u>	*den Dieb*
engl.	*rage*	*at*	*the thief*
		‚zu'	
franz.	*colère*	*contre*	*le voleur*
		‚gegen'	
ital.	*rabbia*	*per*	*il ladro*
		‚für'	
rum.	*supărare*	*pe*	*hoţ*
		‚auf'	
serb.	*ljutnja*	*na*	*lopova*
		‚auf'	

3.5 NP-Strukturen: Attribute

Auch in anderen Sprachen lassen sich solche Verknüpfungen beobachten, so etwa:

mong.	*хулгайч*	*руу*	*уур*
	hulgajč	*ruu*	*uur*
	Dieb	zu	Wut
	'Wut auf den Dieb'		

tag.	*galit na galit*	*sa*	*mag-nanakaw*
	Wut/wütend	zu	Dieb
	'Wut/wütend auf den Dieb'		

Wenn die Wahl der Präposition festgelegt ist, kann man diese Art der Verknüpfung als einen Typ von Rektion ansehen, wie er ganz parallel bei Verben auftritt (cf. dt. *warten auf*) und der auch bei Adjektiven beobachtet werden kann (cf. dt. *böse auf*).

Nicht festgelegt ist die Wahl der Präposition dann, wenn es sich beim Attribut um eine Phrase handelt, die in derselben Form und Bedeutung auch als Adverbial verwendet werden kann: Dann handelt es sich um ein als Attribut verwendetes Adverbial.

3.5.3 Attributiv gebrauchte Adverbiale, Adjektive, Partizipien

Auch Adverbiale in verschiedener Form sowie Adjektive und Partizipien kommen als Attribute in Frage.

Adverbiale als Attribute

Adverbiale können grundsätzlich in sehr unterschiedlichen Formen auftreten: sowohl als Substantive in einem obliquen Kasus als auch als Nebensatz mit finitem Verb, als Konverb, als Infinitiv-Konstruktionen oder auch als einfaches Adverb. Außer Konverben, die als selbständige Bestandteile des Satzes angesehen werden, können diese Konstruktionen alle auch in der Funktion eines Attributs vorkommen. Allerdings ist die Art, wie sie dann angeschlossen werden, von Sprache zu Sprache sehr verschieden. Während in manchen Sprachen wie im Deutschen auch ein unmarkierter Anschluss möglich ist, muss die Verknüpfung in anderen Sprachen durch zusätzliche Morpheme markiert werden.

Beispiele für „unverbundene" Adverbien als Attribute wären:

dt.	die Party	gestern
russ.	*Вечеринка*	*вчера*
	večerinka	*včera*
	Party	gestern

Dagegen findet man in vielen Sprachen einen Anschluss mit einer Adposition, die man im Deutschen mit *von* wiedergeben könnte:

ital.	*la festa*	*di*	*ieri*
	die Party	‚von'	gestern
chin.	昨天	的	聚会
	zuótiān	*de*	*jùhuì*
	gestern	‚von'	Party

Als dritte Möglichkeit schließlich steht die Wortbildung als Mittel zur Verfügung, um aus einem Adverb ein Adjektiv bilden und es so anzuschließen. Diese Möglichkeit besteht auch im Deutschen, indem man etwa aus *gestern* das Adjektiv *gestrig* ableitet:

dt.	die	gestrige	Party
russ.	вчерашняя	вечеринка	
	včerašnaja	*večerinka*	
	gestrige	Party	
ung.	a	tegnapi	parti
	ART	gestrig	Party

Adjektive und Partizipien als Attribute
Wie die obigen russischen und deutschen Beispiele zeigen, müssen in manchen Sprachen Adjektive und Partizipien, die als Attribute gebraucht werden, in Kasus, Genus und Numerus mit dem Bezugswort kongruieren. Die Grundvoraussetzung dafür ist naturgemäß, dass die Adjektive bzw. Partizipien diese Kategorien überhaupt ausdrücken können. Aber selbst wenn dies der Fall ist, ist der mehrfache Ausdruck ein- und derselben grammatischen Information nicht in allen Sprachen möglich. Insbesondere agglutinierende Sprachen verzichten auf solche Doppelungen, während sie in flektierenden Sprachen Pflicht sind. So sähe etwa der Akkusativ eines Syntagmas wie ‚ein hoher Berg' (etwa in einem Kontext wie ‚einen hohen Berg besteigen') in verschiedenen Sprachen so aus:

dt.	*einen*	*hohen*	*Berg*
franz.	*une*	*haute*	*montagne*
	ART-SG-F	hoch-SG-F	Berg (SG, F)
türk.	*yüksek*	*bir*	*dağa*
	hoch	ART	Berg-AKK

Partizipien verhalten sich in attributiver Funktion genauso wie Adjektive, so dass sich hier dasselbe Phänomen zeigt. In den folgenden Beispielen wird das durch aktive Präsens- sowie Vergangenheitspartizipien verschiedener Sprachen illustriert, wobei sich die entsprechenden Passiv-Partizipien ganz genauso verhalten würden:

3.5 NP-Strukturen: Attribute

dt.	[wegen]	*der*	*steigenden*	*Inflation*
russ.	[из-за]	*растущей*	*инфляции*	
	[iz-za]	*rastuščej*	*infljaciji*	
	wegen	steigend-F-SG-GEN	Inflation-SG-GEN	
türk.	*yükselen*	*enflasyon*	*nedeniyle*	
	steigend	Inflation	wegen	

dt.	*mit*	*verwelkten*	*Blumen*
russ.	*с*	*увядшими*	*цветами*
	s	*uvjadšimi*	*cvetami*
	mit	verwelkt-PL-INS	Blume-PL-INS
türk.	*solmuş*	*çiçeklerle*	
	verwelkt	Blumen-mit	

Ob das Attribut links oder rechts steht, ist von Sprache zu Sprache verschieden, spielt dabei im Normalfall aber keine Rolle für die Kongruenz. Insgesamt tritt Nachstellung häufiger auf als Voranstellung (879 Sprachen mit nachgestelltem vs. 373 Sprachen mit vorangestelltem Adjektiv im Sample von Dreyer 2013l). Aber auch innerhalb einer Sprache kann die Stellung variieren. Wenn beide Möglichkeiten bestehen, können sie verwendet werden, um einen Bedeutungsunterschied auszudrücken:

ital.	*il*	*povero*	*uomo*
	ART	arm-M-SG	Mann

‚der arme (bedauernswerte) Mann'

	l'	*uomo*	*povero*
	ART	Mann	arm-M-SG

‚der arme (mittellose) Mann'

In Bezug auf die Kongruenz zeigt das Deutsche hier insofern ein leicht abweichendes Verhalten, als der seltene Fall eines nachgestellten adjektivischen Attributs automatisch dazu führt, dass die Kongruenzpflicht erlischt:

dt.	*rotes*	*Röslein*
	Röslein	*rot*

3.5.4 Satzförmige Attribute

Eine bisher noch nicht in Betracht gezogene Möglichkeit zum Anschluss von Attributen besteht darin, dafür Nebensätze mit finitem Verb oder auch infinite Konstruktionen zu verwenden. In indoeuropäischen Sprachen, aber nicht nur hier, ist dafür eine Nebensatzart typisch, die fast ausschließlich dazu dient, Attribute zu bilden: der Relativsatz.

Relativsätze
Nicht alle Definitionen dessen, was unter einem Relativsatz zu verstehen ist, sind identisch, aber es gibt einige grundlegende Gemeinsamkeiten. Hendery (2012: 15) listet folgende Eigenschaften auf, die notwendig gegeben sein müssen, damit ein Relativsatz vorliegt:

- Die Konstruktion enthält eine Verbform.
- Sie ist in spezifischer Weise mit einem anderen Satz verknüpft.
- Sie beschränkt den Bedeutungsumfang einer Nominalphrase, indem sie zusätzliche Merkmale für diese Nominalphrase angibt.

Interessant ist dabei Hendrys (ibd.) Hinweis, dass es sich bei der als notwendige Bedingung genannten Verbform nicht um eine finite Form handeln muss. Die Ansicht, dass auch nicht-finite Konstruktionen als Relativsätze zählen sollten, wird indessen nicht von allen geteilt: Autoren wie Álvarez González (2012: 69) schließen solche Bildungen explizit aus der Klasse der Relativsätze aus. Nun ist die Frage, wann genau eine Verbform als finit zu betrachten ist, natürlich in Sprachen ohne morphologische Markierungen grammatischer Kategorien nicht einfach zu beantworten; aber auf flektierende, agglutinierende und polysynthetische Sprachen kann man dieses Kriterium anwenden. Damit sind Partizipialkonstruktionen wie die folgende als Relativsätze ausgeschlossen:

dt. *Seine auf die Ansprache folgende Reaktion kam unerwartet.*

Ein Relativsatz läge demgegenüber vor in:

dt. *Seine Reaktion, die auf die Ansprache folgte, kam unerwartet.*

Cinque (2020: 4) nennt unter Bezugnahme auf Dryer (2013i) sieben verschiedene Typen von Relativsätzen, wobei die Unterscheidung auf der Stellung gegenüber dem Bezugswort, dem Kopf, basiert:

1. nachgestellt mit externem Kopf (*externally headed post-nominal*)
2. vorangestellt mit externem Kopf (*externally headed pre-nominal*)
3. mit internem Kopf (*internally headed*)
4. mit doppeltem Kopf (*double-headed*)
5. ohne Kopf (*headless*)
6. korrelativ (*correlative*)
7. hinzugefügt (*adjoined*)

3.5 NP-Strukturen: Attribute

Der erste Typ entspricht dem, was auch im Deutschen im Standardfall vorliegt:

dt. [*Eine Rede*], [*die von allen erwartet wurde*]

Dieser Relativsatztyp fand sich in 579 der 824 von Dryer (2013i) untersuchten Sprachen und ist damit weltweit der häufigste Typ.

Der zweite Typ ist mit 141 Fällen in Dryers (2013i) Sample zugleich der zweithäufigste. Er ist beispielsweise für das Chinesische typisch:

chin.	我	正在	阅读	的		书
	wǒ	*zhèngzài*	*yuèdú*	*de*		*shū*
	ich	gerade	lesen	ATTR-PART		Buch

‚Das Buch, das ich gerade lese'

Interne Köpfe von Relativsätzen (24 Fälle) finden sich beispielsweise im Lateinischen (cf. Rubenbauer/Hofmann 1995: 289) oder im Quechua (Bsp. nach Cinque 2020: 4):

qch. [*nuna bestya-ta ranti-shwa-n*] [*alli bestya-m*]
[Mann Pferd-AKK kaufen-PERF-3P] [gutes Pferd]

‚Das Pferd, das der Mann kaufte, war ein gutes Pferd'

Als Beispiel für Relativsätze mit doppeltem Kopf führt Cinque (ibd.) das Kombai, eine indonesische Sprache, an (Bsp. nach ibd., Interlinearversion vereinfacht), die zugleich die einzige Sprache ist, in der Dryer (2013i) dieses Phänomen nachweisen konnte:

kmb. [[*doü adiyano-nu*] *doü*] *deyalukhe*
[[Sago geben-PL3P] Sago] verbraucht

‚Der Sago, den sie gegeben haben, ist verbraucht'

Beim fünften Typ Cinques, den „kopflosen" Relativsätzen, handelt es sich um solche, bei denen ein Bezugswort nur impliziert, aber nicht geäußert wird. Im Deutschen werden solche Relativsätze durch Interrogativa eingeleitet, so etwa im folgenden Graffito:

dt. [*Wer das liest*] [*ist doof*]

Für diesen Relativsatztyp wird auch oft auch der Begriff **freier Relativsatz** verwendet; im Englischen ist dann von „fused relatives" (Huddleston/Pullum 2002: 1068–1073) die Rede. In Sprachen wie dem Deutschen oder Englischen sind sie formal oft mit abhängigen Interrogativsätzen identisch (cf. *Wer das liest, weiß ich nicht*); sie unterscheiden sich von letzteren aber durch die zugrundeliegende syntaktische Struktur. Im Falle des Relativsatzes ist eine Ersetzung durch eine Nominalphrase oder ein Pronomen im Hauptsatz und ein nachfolgendes Relativpronomen im Nebensatz möglich (*die Person, die das liest/derjenige, der das liest/jeder, der das liest*), die in vielen Sprachen auch zwingend erforderlich ist:

russ.	*Тот/Любой*	*кто читает это,*	*глуп*
	Tot/Ljuboj	*kto čitajet eto*	*glup*
	Dieser/Jeder	wer das liest	dumm

‚Wer das liest, ist doof'

Im Falle des Interrogativsatzes kann der Nebensatz selbst durch ein Demonstrativum ersetzt werden (*das weiß ich nicht*) oder durch eine komplexe Paraphrase wie *Die Frage, wer das liest, kann ich nicht beantworten* (cf. zu dieser Ersetzungsmöglichkeit als Unterscheidungskriterium auch Huddleston/Pullum 2002: 1070).

Bei den seltenen korrelativen Relativsätzen – sie umfassen nur sieben Sprachen in Dryers Sample – handelt es sich um einen Untertyp der Relativsätze mit internem Kopf, deren Besonderheit darin besteht, dass der Relativsatz außerhalb des Hauptsatzes steht und anaphorisch mit einer Nominalphrase im Hauptsatz verbunden ist, die dem Kopf in einem englischen oder deutschen Satz entspräche. Dryer (2013i) führt hierfür ein Beispiel aus dem Bambara an, einer in Westafrika gesprochenen Sprache:

| bmb. | [*muso* | *min* | *taara*] | *o* | *ye* | *fini* | *san* |
| | [woman | REL | leave] | 3P.SG | PAST | cloth | buy |

‚The woman who left bought the cloth'

Auch der letzte Typ, die „angefügten Relativsätze" (*adjoined relative clauses*), ist ein Untertyp der Sätze mit internem Kopf. Solche Relativsätze können auch getrennt vom Hauptsatz auftreten. Der seltene – nur acht Sprachen im Sample zeigen ihn – Relativsatztyp kommt etwa im Warlpiri oder im Diyari vor, beides in Australien gesprochene Sprachen.

Neben Sprachen, die jeweils nur eine dieser Konstruktionsarten zulassen, gibt es auch solche, in denen verschiedene Formen möglich sind. So finden sich wie bereits erwähnt im Deutschen neben den nachgestellten Relativsätzen auch solche, die dem Bezugswort vorausgehen.

Relativsätze enthalten jeweils ein Element, mit dem Bezug auf das Bezugswort, den Kopf des Relativsatzes, genommen wird. Im prototypischen Fall ist das ein Relativpronomen oder -adverb. Diese Elemente gehen typischerweise auf ein Demonstrativum (Heine/Kuteva 2002: 113–115) oder ein Interrogativum (cf. ibd.: 251) zurück, gelegentlich auch auf ein Wort mit der Bedeutung ‚hier', wobei aber ein Zwischenschritt über eine demonstrative Bedeutung angesetzt wird (cf. ibd.: 174).

3.5 NP-Strukturen: Attribute

Sowohl die Entwicklung aus Demonstrativa als auch die aus Interrogativa lässt sich gut am Deutschen illustrieren:

Demonstrativum: *Die Geschichte, <u>die</u> du mir erzählt hast*
Interrogativum: *Die Geschichte, <u>welche</u> du mir erzählt hast*
                  Das, <u>was</u> du mir erzählt hast
                  Der Ort, <u>wo</u> wir wohnen

Daneben kommen gelegentlich auch Relativsätze vor, die kein Relativpronomen oder -adverb enthalten, so etwa im Englischen:

engl.   [*The horse*]   [*he came in on*]
        [Das Pferd]   [auf <u>dem</u> er ankam]

Formal oft eher atypisch sind Relativsätze, die kausale, lokale oder temporale Informationen beinhalten und die dann durch Interrogativa oder sogar subordinierende Konjunktionen wie dt. *als* eingeleitet werden, so etwa:

dt   [Die Frage]   [warum ich das getan habe]
        [Der Ort]   [wo wir wohnen]
        [Der Tag]   [als der Brief ankam]

Solche Konstruktionen kommen ganz genauso auch in anderen Sprachen vor, cf.:

russ.   [*Вопрос*] [*почему я это сделал*]
        [*Vopros*] [*počemu ja eto sdelal*]
        [Frage] [warum ich das gemacht habe]

        [*Место*], [*где мы живем*]
        [*Mesto*] [*gde my živem*]
        [Ort] [wo wir wohnen]

        [*В день*], [*когда пришло письмо*]
        [*V den'*] [*kogda prišlo pis'mo*]
        [am Tag] [wann der Brief kam]

Insbesondere in agglutinierenden Sprachen findet sich anstelle von Relativsätzen mit finiten Verben ein ganz anderer Konstruktionstyp, der infinite, oft als Partizipien (so bei Lewis 2000: 164–167; siehe aber auch Göksel/Kerslake 2011: 240–245) klassifizierte Formen verwendet. Ein Beispiel hierfür wäre das Türkische. Die folgenden Beispielsätze enthalten das von Lewis (2000: 165) als „persönliches Partizip" bezeichnete *-dIk-*, das in den Interlinearversionen nicht übersetzt wird.

türk. [*Sevdiğim*]   [*kadın*]
       [lieben-*dIk*-1P]   [Frau]
       ‚Die Frau, die ich liebe'

       [*Neden*]   [*yaptığım*]   [*sorusu*]
       [warum]   [machen-*dIk*-1P]   [Frage-POSS]
       ‚Die Frage, warum ich das gemacht habe'

       [*Mektubun*]   [*geldiği*]   [*gün*]
       [Brief-GEN]   [kommen-*dIk*-3P]   [Tag]
       ‚Der Tag, als der Brief kam'

Solche Konstruktionen werden zwar von Autorinnen wie Göksel/Kerslake (2011: 240) als Relativsätze („relative clauses") bezeichnet, und sie entsprechen auch den Relativsätzen in anderen Sprachen. Es handelt sich aber insofern um einen völlig anderen Konstruktionstyp, als sie eben kein finites Verb enthalten. Vergleichbares findet sich in isolierenden Sprachen wie dem Chinesischen, wo ebenfalls keine Relativpronomina oder -adverbien existieren und der semantische Inhalt, den in anderen Sprachen Relativsätze transportieren, wie im Türkischen durch eine attributive Konstruktion vermittelt wird. Der Anschluss im Chinesischen erfolgt mittels der Attributpartikel 的 [*de*], die auch bei Adjektiven verwendet wird:

chin. 我   爱   的   女人
       wǒ   *ài*   *de*   *nǔrén*
       ich   lieben   PART   Frau
       ‚Die Frau, die ich liebe'

Auch hier ist es nur im Vergleich mit anderen Sprachen üblich, von einem Relativsatz zu sprechen; in chinesischen Grammatiken wie der von Li/Thompson (1989) findet sich der Begriff nicht.

Semantische Einteilungen
Neben formalen Kategorisierungen wird oft auch eine semantische Unterscheidung vorgenommen, nämlich in **restriktive** (auch: determinativ, engl. *restrictive, determinative*) und **appositive** (auch: explikative, nicht-restriktive, engl. *appositive, explicative, non-restrictive*) Relativsätze. Als restriktiv wird ein Relativsatz angesehen, wenn er dazu dient, die Bedeutung des Bezugswortes einzugrenzen und andere mögliche Referenten auszuschließen, z. B. (Bsp. nach Dardano/Trifone [12]2014: 423):

ital. *Prendo* [*l'autobus*]   [*che sta arrivando*]
       Ich nehme [den Bus]   [der gerade kommt]

Ein italienisches einfaches ‚ich nehme den Bus' würde nur bedeuten, dass ein Bus (und eben nicht ein Taxi, die Metro oder das Fahrrad) als Transportmittel gewählt wird; mit dem Zusatz ‚der gerade kommt' wird der Bedeutungsumfang jedoch auf einen ganz bestimmten Bus reduziert. Dardano/Trifone (^{12}2014: 423) weisen darauf hin, dass man den Relativsatz in solchen Fällen durch ein Demonstrativum ersetzen könnte: *Prendo questo autobus* [‚ich nehme diesen Bus'].

Demgegenüber geben appositive Relativsätze nur eine zusätzliche Information zu ihrem Bezugswort:

engl.   [*Amelia Earhart*] [*who was born in 1897*]

In diesem Satz wird nur eine zusätzliche Information – eben das Geburtsjahr – zur Person Amelia Earharts gegeben, die keine Einschränkung des Bedeutungsumfangs bewirkt.

Die Unterscheidung zwischen diesen beiden Relativsätzen ist wie bereits erwähnt semantischer Art. Oft kann man dabei nur aus dem Kontext schließen, welcher der beiden Typen vorliegt:

franz.   [*Le chiens*]   [*qu'on croyait enragés*] *ont été abattus*
          [Die Hunde]   [die man für tollwütig hielt] wurden getötet

Dreer (2007: 110) führt diesen Satz als Beispiel für einen Fall an, bei dem einerseits eine nicht-restriktive, im weiteren Sinne kausale Lesart möglich ist: Die Hunde wurden getötet, weil man sie für tollwütig hielt. Andererseits kann der Satz aber auch bedeuten, dass nur diejenigen Hunde getötet wurden, die man für tollwütig hielt, und dann läge ein restriktiver Relativsatz vor.

Infinitivkonstruktionen als Attribute
Auch Infinitivkonstruktionen können als Attribute Verwendung finden. Dabei kann in einigen Sprachen ein zusätzliches Element wie die deutsche Infinitivpartikel *zu* oder Partikeln wie franz. *de* hinzutreten, das in anderen Sprachen nicht existiert:

dt.   *die Absicht*   den Mord <u>zu</u> beweisen
franz.   *l'intention*   <u>de</u> prouver le meurtre
russ.   намерение   Ø доказать убийство
         namerenie   Ø dokazat' ubijstvo
         Absicht   beweisen Mord

In manchen Sprachen wird dabei eine besondere Form des Infinitivs benutzt, die auch als eigenes Verbalnomen angesehen werden kann; so findet sich etwa im Türkischen in solchen Fällen ein verkürzter Infinitiv auf *-mE* (im Beispiel in der Form *-ma*):

türk. *cinayeti kanıtlama*   *niyeti*
       Mord-AKK beweisen   Absicht-POSS
       ‚die Absicht, den Mord zu beweisen'

Allen diesen Konstruktionen ist gemeinsam, dass der Infinitiv in gleicher oder sehr ähnlicher Weise wie ein Substantiv an ein anderes Substantiv angeschlossen wird.

3.6 Nicht-attributive Nebensätze

Während attributive Nebensätze stets einem anderen Satzteil direkt untergeordnet sind, erfüllen adverbiale Nebensätze sowie Subjekt- und Objektsätze die Funktion selbständiger Teile des Satzes.

Auch bei diesen Nebensatztypen stellt sich die Frage danach, ob Konstruktionen mit nicht-finiten Verben ebenfalls als Nebensätze gewertet werden sollen. In Sprachen wie dem Deutschen betrifft das Infinitivkonstruktionen wie das Subjekt in:

dt. *Den ganzen Tag auf der Couch zu liegen ist meine Lieblingsbeschäftigung.*

Partizipialkonstruktionen wie

dt. *Vor Aufregung von einem Bein aufs andere tretend wartete er auf seinen Auftritt.*

gehören dagegen in die Kategorie der Attribute, da sie sich stets auf einen anderen Teil des Satzes beziehen (hier: *er*), auch wenn sie nicht direkt neben ihrem Bezugswort stehen. Da sie beim Prädikat stehen, spricht man hier auch von **prädikativen Attributen**.

In anderen Sprachen ist die Anzahl der in Frage kommenden nicht-finiten Konstruktionen sehr viel größer, da hier die sog. Konverben zum Tragen kommen, denen Abschn. 2.2.6.3 gewidmet ist.

Unabhängig davon, ob man Syntagmen mit nicht-finiten Verbformen als Nebensätze ansehen möchte oder eher als einen besonderen Konstruktionstyp, kann man sie grundsätzlich auf der Basis der Satzteilfunktion, die sie übernehmen, in folgende Gruppen einteilen:

- Subjektsätze
- Objektsätze
- Adverbialsätze

Subjekt- und Objektsätze
Finite Subjekt- und Objektsätze werden in manchen Sprachen durch bestimmte subordinierende Konjunktionen eingeleitet, die auf diese Funktion spezialisiert sind:

3.6 Nicht-attributive Nebensätze

dt.	*Ich wusste nicht,*	*dass du Geburtstag hast*
serb.	*Nisam znao*	*da ti je rodjendan*
	nicht-AUX-1P gewusst	dass dir Geburtstag ist
russ.	*Я не знал,*	*что у тебя день рождения*
	Ja ne znal,	*što u tebja den' roždenia*
	Ich nicht gewusst	dass bei dir Geburtstag

Daneben kommen im Deutschen auch uneingeleitete (asyndetische) Konstruktionen vor wie in:

dt.   *Ich weiß, du hast Geburtstag*

Sie sind aber meist eher umgangssprachlich markiert und nicht mit allen Kontexten möglich, cf.

dt.   ?*Ich wusste nicht, du hast Geburtstag*

In Sprachen mit einer festgelegten Zeitenfolge (*consecutio temporum*) wie dem Italienischen ist das Prädikat des Hauptsatzes dabei auch für die Wahl von Tempus und Modus im Subjekt- oder Objektsatz ausschlaggebend:

Ital.	*Non sapevo*	*che fosse il tuo compleanno*
	Ich wusste nicht	dass sein-KONJ-IMP-3P dein Geburtstag
	‚Ich wusste nicht, dass du Geburtstag hast'	
	Siamo tutti felici	*che sia il tuo compleanno*
	Wir sind alle froh	dass sein-KONJ-PRÄS.-3P dein Geburtstag
	‚Wir freuen uns alle, dass du Geburtstag hast'	

Im Deutschen steht neben dem historisch aus dem Demonstrativum *das* abgeleiteten *dass* noch *ob* zur Verfügung, mit dem indirekte Fragesätze eingeleitet werden. Wenn solche Sätze das Subjekt bilden und das Vorfeld nicht anderweitig besetzt ist, tritt hier ein korrelatives *es* auf:

dt.   *Es muss sich noch erweisen, ob das richtig ist.*

aber:

Erweisen muss sich noch, ob das richtig ist.
Ob das richtig ist, muss sich noch erweisen.

Das Englische hat mit *whether* ebenfalls eine eigene Konjunktion für indirekte Fragesätze:

engl.	*Whether* this is correct	remains to be seen

In anderen Sprachen wird der Satztyp der indirekten Frage hingegen häufig durch eine Konjunktion eingeleitet, die ‚falls' bedeutet, oder aber er wird mit einer Fragepartikel markiert:

franz.	*Reste à savoir*	*si*	cela est juste	
	Bleibt zu wissen	ob (‚falls')	das ist richtig	
serb.	*Ostaje da se vidi*	*da li*	je ovo tačno	
	Bleibt zu sehen	dass INTERR	ist dies richtig	
russ.	Осталось выяснить	правильно	ли	это
	Ostalos' vyjasnit'	*pravil'no*	*li*	eto
	Es bleibt herauszufinden	richtig	INTERR	dies

Abermals gilt, dass nicht in allen Sprachen ein Satz mit finitem Verb gebildet wird. Stattdessen machen viele Sprachen von ihrer reichen Verbalmorphologie im Bereich der infiniten Formen Gebrauch:

türk.	*Doğum gününü*	*olduğunu*	*bilmiyordum*
	Dein Geburtstag-GEN	sein-*dIk*-POSS2P-AKK	ich wusste nicht
	Wörtlich etwa: ‚Dein Geburtstags-Sein wusste ich nicht'.		

Adverbialsätze

Von der Semantik des Satzes hängt ab, welches konkrete subordinierende Element für den jeweiligen Adverbialsatz gewählt wird. Bei diesen Elementen handelt es sich mehrheitlich um freie Morpheme, die am Anfang des Adverbialsatze stehen (398 von 659 Sprachen, die Dryer 2013j untersucht hat). Es kommen aber auch solche vor, die am Ende des Nebensatzes stehen (96 Sprachen in Dryers Sample). Während die Einleitung eines Adverbialsatzes durch eine subordinierende Konjunktion auch für das Deutsche typisch ist, wäre das Kombai, eine indonesische Sprache, ein Beispiel für die Endstellung eines solchen Elements (Beleg aus de Vries 1993: 58, zitiert nach Dryer 2013j):

kmb.	*khe-khino*	*rerakharu*	*rofode*
	his-legs	swollen	because
	‚because his legs are swollen'		

Auch freie Morpheme, die innerhalb des Adverbialsatzes stehen (acht Sprachen), gebundene Morpheme in Form von Suffixen (64 Sprachen) oder eine Kombination dieser Möglichkeiten (93 Sprachen) kommen vor.

3.6 Nicht-attributive Nebensätze

Welches subordinierende Element im Einzelfall konkret gewählt wird, hängt naturgemäß von der Semantik des Satzes ab, der temporal, kausal, konditional, konzessiv etc. sein kann. Temporal wären beispielsweise folgende Fälle mit einleitender Konjunktion:

dt.	<u>Als</u> ich in Rom ankam...
engl.	<u>When</u> i arrived at Rome...
franz.	<u>Quand</u> je suis arrivé à Rome
russ.	<u>Когда</u> я приехал в Рим
	<u>Kogda</u> ja priehal v Rim
etc.	

Auch für Adverbialsätze gilt, dass sie nicht notwendig finit sein müssen. So steht für die Wiedergabe eines deutschen Satzes wie *Als ich in Rom ankam* im Französischen außer der finiten Konstruktion mit *quand* ‚als' auch ein Konverb zur Verfügung (ein sog. *gérondif*), und auch das Türkische verwendet eine infinite Verbform, die mit dem von Lewis (2000: 165) als „persönliches Partizip" bezeichneten Element *-dIk-* gebildet wird:

franz.	*En arrivant*	*à Rome*
	Ankommen-GER	in Rom
türk.	*Roma'ya*	*vardığımda*
	Rom-DAT	ankommen-*dIk*-1P-LOK

In einigen Fällen kennt aber auch das Türkische subordinierende Elemente, so etwa bei Kausalsätzen:

türk.	*Çünkü*	*bilmiyordum*
	weil	ich wusste nicht
	‚weil ich [es] nicht wusste'	

Wie die subordinierenden Elemente im Einzelnen aussehen, ist naturgemäß von Sprache zu Sprache sehr unterschiedlich. Im Deutschen sind die subordinierenden Konjunktionen mehrheitlich schon lange grammatikalisiert; man kann aber in vielen Fällen noch gut sehen, wie sie entstanden sind oder womit sie heute noch erkennbar verwandt sind:

dt.	*dass*: *das*
	wenn: *wann*
	weil: *Weile*
	während: *währen*

Das ist auch in anderen Sprachen so, z. B.

ital.	*perché* ‚weil', wörtlich eigentlich: ‚durch was'
russ.	*потому что* [*potomu što*] ‚weil', wörtlich eigentlich: ‚durch dies, was'
türk.	*her ne kadar* ‚obwohl', wörtlich eigentlich: ‚alles was bis'
chin.	既是 [*jìshì*] ‚weil', wörtlich eigentlich: ‚schon ist'
etc.	

Diese Beobachtung zeigt, dass adverbiale Nebensätze nicht zum primären Inventar der Sprachen gehören, so dass sich die dafür verwendeten subordinierenden Elemente erst nach und nach herausbilden.

Auch im Deutschen gibt es Konstruktionen mit infiniten Verbformen in allen drei Funktionen, also als Subjekt-, Objekt- und Adverbialsätze. In letzterem Fall besteht eine semantische Beschränkung auf Final- und Konsekutivsätze, wobei Finalsätze zusätzlich zur Infinitivpartikel *zu* den Gebrauch von *um* verlangen, Konsekutivsätze außerdem ein weiteres *zu* oder *genug* im Hauptsatz:

Subjekt:	[*In Berlin eine Wohnung zu finden*],	*ist gar nicht einfach*
Objekt:	*Wir planen,*	[*Ferien in Italien zu machen*]
Adverbial, final:	*Ich sage das nicht,*	[*um dich zu ärgern*]
Adverbial, konsekutiv:	*Er spricht zu leise,*	[*um ihn verstehen zu können*]
	Er spricht laut genug,	[*um verstanden zu werden*]

Satzstellung in Nebensätzen
Es ist eine Besonderheit des Deutschen, dass sich die Satzstellung in Nebensätzen von der in Hauptsätzen unterscheidet. Während das Verb in deklarativen Hauptsätzen an zweiter Stelle steht, wandert es im Nebensatz an das Satzende:

dt.	*Ich esse keinen Pastinaken-Pudding. Ich <u>mag</u> ihn nicht.*
	Ich esse keinen Pastinaken-Pudding, weil ich ihn nicht <u>mag</u>.

Diese Stellungsbesonderheit hat sich historisch eher spät entwickelt (vor 1250 wiesen nur ca. 55 % aller Nebensätze eine Endstellung des Verbs auf) und ist erst für das Mittelhochdeutsche typisch (cf. Lobenstein-Reichmann/Reichmann 2011: 245). Meist wird sie als ein Ergebnis der Herausbildung der sog. Satzklammer betrachtet, die im Hauptsatz dazu führt, dass die nicht-finiten Teile des Verbs ans Ende des Satzes gestellt werden:

dt.	*Ich <u>habe</u> dich gestern bei der Sitzung gar nicht <u>gesehen</u>.*
	Darunter <u>stelle</u> ich mir etwas anderes <u>vor</u>.

Beim Nebensatz wäre es dann die einleitende subordinierende Konjunktion, die den ersten Teil der Klammer bildet.

Mit der Verbletztstellung im Nebensatz wird oft die Sichtweise begründet, dass es sich beim Deutschen trotz der Tatsache, dass das finite Verb in selbständigen Deklarativsätzen an zweiter Stelle steht, in Wirklichkeit um eine SOV-Sprache handelt. Allerdings ist die Reihenfolge SO nicht festgelegt, da auch die Möglichkeit von OSV gegeben ist; die Reihenfolge der nicht-verbalen Glieder wird durch semantische Faktoren bestimmt, genauer dadurch, welcher Teil der Information bei der Äußerung im Vordergrund steht (sog. Thema-Rhema-Gliederung):

dt.	Ich war überzeugt, dass	diesen Unsinn	kein Mensch	glauben würde.
		O	S	V
dt.	Ich war überzeugt, dass	kein Mensch	diesen Unsinn	glauben würde.
		S	O	V

3.7 Kongruenz als syntaktisches Phänomen

Unter Kongruenz (von lat. *congruere* ‚übereinstimmen', engl. *agreement*) versteht man die Anpassung eines Elementes an ein anderes, von dem es Eigenschaften wie Genus, Numerus oder Kasus übernimmt. Kongruenz ist vorwiegend in flektierenden und polysynthetischen Sprachen zu beobachten, in geringerem Umfang auch in agglutinierenden.

In der englischsprachigen Terminologie wird das Element, das sich an ein anderes anpassen muss, als *target* bezeichnet, während man bei demjenigen Element, dessen Eigenschaften übernommen werden, von einem *controller* spricht. Diese Begriffe werden oft auch ins Deutsche übernommen und sollen daher der Einfachheit halber auch im Folgenden gebraucht werden.

▶ **Zum Begriff**
Elemente von Kongruenz:
Ein **Target** ist ein Element, das sich an ein anderes anpassen muss.
Der **Controller** übt die Kontrolle über das Target aus: Seine Eigenschaften (etwa: Genus, Kasus, Numerus, Person) werden vom Target übernommen.

Grundsätzlich handelt es sich bei Kongruenz also um ein Phänomen, das sich morphologisch manifestiert und von dem daher auch z. B. in Zusammenhang mit Numerus (s. Abschn. 2.1.1) und Genus (s. Abschn. 2.1.4) bereits die Rede war. Dass es auch an dieser Stelle noch einmal behandelt wird, liegt daran, dass es zum einen um die Reichweite geht, die Controller in einem Satz haben, und dass die Funktion der Kongruenz zum anderen darin besteht, syntaktische Relationen erkennbar zu machen. Beides sind syntaktische Phänomene.

Die Funktion der Kongruenz, syntaktische Bezüge zu markieren, kann man gut an Beispielen wie dem folgenden zeigen, wo der Zusammenhang der komplexen

Nominalphrase durch die Artikel und Adjektive/Partizipien gesichert wird, die Numerus, Genus und Kasus ihres Controllers spiegeln:

dt. *die angesichts der aktuellen Ereignisse verständlicherweise verunsicherten Eltern*

Die Zuordnung der Bestandteile dieser immerhin acht freie Morpheme umfassenden Phrase wird durch die Kongruenz einzelner Bestanteile mit ihrem jeweiligen Controller wesentlich erleichtert.

Corbett (2006: 40 f.) spricht bei Adjektiven (incl. Partizipien), Verben und Pronomina von „canonical targets". Aber auch an anderen Stellen im Satz kann Kongruenz auftreten, und Corbett (ibd.: 44 f.) diskutiert beispielsweise die Möglichkeit, dass Adverbien mit einem Controller kongruieren. Im Bereich der **Adverbien** zieht er dabei u. a. folgenden Konstruktionstyp in Betracht, mit dem im Russischen Superlative gebildet werden (Bsp. nach ibd.: 45):

russ.	самый	интересный	журнал
	samyj	*interesnyj*	*žurnal*
	meist-M-NOM-SG	interessant-M-NOM-SG	Zeitschrift
	самая	интересная	газета
	samaja	*interesnaja*	*gazeta*
	meist-F-NOM-SG	interessant-F-NOM-SG	Zeitung
	самое	интересное	письмо
	samoe	*interesnoe*	*pis'mo*
	meist-N-NOM-SG	interessant-M-NOM-SG	Zeitschrift

‚die interessanteste Zeitschrift, die interessanteste Zeitung, der interessanteste Brief'

Darüber, ob diese Interpretation gerechtfertigt ist, lässt sich aber diskutieren, denn das Morphem *самый* [*samyj*] existiert ebenso wie die zugehörige Kurzform *сам* [*sam*] auch als Pronomen mit der Bedeutung ‚selbst', cf.

russ.	с	самого	начала
	s	*samogo*	*načala*
	von	selbst-M-GEN-SG	Anfang

‚von Anfang an' (wörtlich etwa: ‚vom Anfang selbst')

Dennoch kann nicht grundsätzlich ausgeschlossen werden, dass sich Kongruenz auch an unerwarteten Stellen wie Adverbien, Adpositionen, Konjunktionen oder Fokuspartikeln zeigt. Der folgende Beispielsatz stammt aus dem Tsachurischen, einer kaukasischen Sprache (Bsp. nach Corbett 1006: 46; die römischen Zahlen I und II stehen hier für das erste und zweite Genus des Tsachurischen, die in diesem Fall gleichlautend sind):

3.7 Kongruenz als syntaktisches Phänomen

tsh.	*ši*	*wo-b-ni*	*centrē*	*a-b*
	wir	sein-I/II-PL	Zentrum-INESS	in-I/II-PL

‚wir waren im Zentrum'

Wie sich zeigt, kongruiert die Postposition hier mit dem Genus des Subjekts; solche Fälle sind allerdings selten.

Corbett (ibd.: 207) selbst stellt eine Hierarchie der Elemente auf, bei denen Kongruenz am wahrscheinlichsten auftritt:

▶ **Hierarchie der Kongruenz**
Attribut > Prädikat > Relativpronomen > Personalpronomen

Kongruierende Attribute
Auch im Deutschen kongruieren attributive Adjektive im Singular in Genus, Kasus und Numerus mit ihrem Bezugswort, im Plural in Kasus und Numerus, wie die folgenden Beispiele zeigen:

dt.	NOM SG	*aufziehender Westwind, aufziehende Unwetterfront, aufziehendes Tief*
	DAT SG	[*bei*] *aufziehendem Westwind, aufziehender Unwetterfront, aufziehendem Tief*
	NOM PL	*starke Westwinde, Unwetterfronten, Tiefs*
	DAT PL	[*bei*] *starken Westwinden, Unwetterfronten, Tiefs*

Interessant wird die Frage der Genuswahl im Attribut dann, wenn es mehr als einen potenziellen Controller gibt. Dies ist etwa der Fall bei Anrede wie *Sehr geehrte Damen und Herren*. Im Deutschen gibt es hier kein Problem, da es im Plural keine Genera kennt, aber das ist nicht in allen Sprachen so. Wenn beispielsweise sowohl Maskulinum als auch Femininum im Plural ausgedrückt werden und beide koordiniert gebraucht werden, gibt es drei Möglichkeiten:

- zwei Attribute werden verwendet und beide Controller werden jeweils mit dem passenden Target versehen, z. B.

franz.	*Chères amies*	*et*	*chers amis*
	liebe-F-PL Freundinnen	und	liebe-M-PL Freunde

‚liebe Freundinnen und Freunde'

- der dem Target am nächsten stehende Controller entscheidet:

serb.	*Drage prijateljice*	*i*	*prijatelji*
	liebe-F-PL Freundinnen	und	Freunde

‚liebe Freundinnen und Freunde'

- das Maskulinum wird für beide Genera verwendet:

ital.   *Cari amiche   e   amici*
       Liebe-M-PL Freundinnen   und   Freunde
       ‚liebe Freundinnen und Freunde'

Naturgemäß ist Genuskongruenz nur in Sprachen möglich, in denen es auch Genera gibt. Aber auch wenn Kategorien wie Kasus und Numerus in einer Sprache morphologisch realisiert werden, folgt daraus nicht, dass notwendig auch Kongruenz erfolgt. Das folgende türkische Beispiel illustriert, dass das Adjektiv (hier: *küçük* ‚klein') von Kasus und Numerus seines Bezugswortes nicht beeinflusst wird:

türk.   NOM SG   *küçük*   *kızım*
               klein   Tochter-POSS-1P
               ‚meine kleine Tochter'
       NDAT SG *küçük*   *kızıma*   [*veriyorum*]
               klein   Tocher-POSS-1P-DAT   [ich gebe]
               ‚[ich gebe es] meiner kleinen Tochter'
       NOM PL   *küçük*   *kızlarım*
               klein   Tocher-PL-POSS-1P
               ‚meine kleinen Töchter'
       DAT PL   *küçük*   *kızlarıma*   [*veriyorum*]
               klein   Tochter-PL-POSS1P-DAT [ich gebe]
               ‚[ich gebe es] meinen kleinen Töchtern'

Kongruenz im Prädikat

Das Prädikat kongruiert im Deutschen zwar mit dem Numerus, nicht aber mit dem Genus des Subjekts; in anderen Sprachen zeigt sich aber teilweise auch **Genuskongruenz**. So entspricht etwa dem deutschen

dt.   *Er/Sie ist gekommen.*

im Serbischen jeweils eine Form, die im Partizip mit dem Genus des Subjekts kongruiert:

serb.   *Došao*   *je*
       gekommen-M-SG   ist
       ‚Er ist gekommen'
       Došla   *je*
       gekommen-M-SG   ist
       ‚Sie ist gekommen'

3.7 Kongruenz als syntaktisches Phänomen

Dasselbe Phänomen zeigt sich im Russischen, wo die entsprechende Form ohne Auxiliar gebildet wird:

russ.	он	пришел
	on	prišël
	er	gekommen-M-SG
	она	пришла
	ona	prišla
	sie	gekommen-F-SG

Häufiger als Genuskongruenz zeigt sich in Prädikaten allerdings **Numeruskongruenz**. Sie ist in Sprachen wie dem Deutschen, dem Italienischen oder dem Russischen obligatorisch, in Sprachen wie dem Türkisch hingegen fakultativ. In Sprachen, in denen sie obligatorisch ist, zeigt sich dabei gelegentlich eine systematische Abweichung von der Regel, dass das Subjekt als Controller den Numerus im Verb als dem Target bestimmt. So finden sich beispielsweise beide Varianten des folgenden Teilsatzes:

dt. *Die Hälfte* (SG) *der Anwesenden war* (SG)…

Die Hälfte (SG) *der Anwesenden waren* (PL) …

Dieses bereits oben (s. Abschn. 2.1.1) angesprochene Phänomen wird als ***constructio ad sensum*** (engl. *agreement ad sensum*, auch: *notional agreement*) bezeichnet und zeigt auf indirekte Weise, wie die Kongruenz inhaltliche Bezüge im Satz herstellt. Das Subjekt *die Hälfte der Anwesenden* ist zwar formal ein Singular, aber die durch das Genitivattribut *der Anwesenden* erzeugte Gesamtbedeutung ist pluralisch: Hier wird nicht wirklich eine singularische Entität, sondern es werden mehrere Personen beschrieben. Zu diesem semantischen Gehalt stellt der Plural des Prädikats einen Bezug her.

Umgekehrt kann aber auch ein pluralisches Subjekt zu einem Singular im Prädikat verknüpft werden, so etwa in folgenden Sätzen (Bspe. nach Huddleston/Pullum 2002: 504; im zweiten Satz steht auch das attributive Demonstrativum *that* im Singular):

engl. *Three eggs is plenty.*

That ten days we spent in Florida was fantastic.

Hier wird die Gesamtheit der Tage/Eier als Einheit interpretiert, mit denen folglich ein Singular kongruiert.

Der Einfluss der Semantik auf die Numeruswahl, der sich in Sprachen mit obligatorischer Numeruskongruenz nur an einzelnen Stellen zeigt, ist bei Sprachen mit fakultativer Numeruskongruenz für die Wahl des Numerus ausschlaggebend. So gilt im Türkischen die Regel, dass belebte Subjekte im Plural meist mit einem

Plural im Prädikat verbunden werden, während bei unbelebten überwiegend ein Singular steht (cf. Lewis ²2000: 242, Göksel/Keerslake 2011: 150).

türk. Çiçekler   açar
       Blume-PL   blühen-3P-SG
       ‚Die Blumen blühen'

       Çocuklar   gülerler
       Kind-PL   lachen-3P-PL
       ‚Die Kinder lachen'

Von dieser Basisregel kann insbesondere dann abgewichen werden, wenn das belebte Plural-Subjekt als Einheit, als zusammengehörige Gruppe, verstanden wird oder wenn umgekehrt Unbelebtes individualisiert oder personalisiert wird wie in (Bsp. nach ibd.):

türk. Ağaçlar   yüzümüze   konfeti   atıyorlar
       Baum-PL   Gesicht-POSS1P-DAT   Konfetti   werfen-3P-PL
       ‚Die Bäume werfen uns Konfetti ins Gesicht'

Türkisch ist eine SOV-Sprache, das Verb steht also immer am Ende des Satzes. Wenn dadurch in einem komplexen Satz Subjekt und Prädikat weit voneinander getrennt stehen, kann die grundlegende Funktion von Kongruenz zur Geltung kommen, die eben darin besteht, die syntaktischen Bezüge innerhalb des Satzes zu verdeutlichen (Bsp. nach ibd., Interlinearversion verkürzt):

türk. F-48 jet uçakları,   tâyin edilen hedefleri roket atarak   etmişlerdi
                                 tahrip
       F-48 Jet Flugzeug-PL   festgelegte Ziele durch Rakete-Werfen   hatten gemacht-PL
                                 Zerstörung
       ‚Die F-48 Jets haben die vorgesehenen Ziele durch Raketenabwurf zerstört'

Neben der Subjektkongruenz, um die es in den bisherigen Beispielen ging, gibt es aber auch das Phänomen der **Objektkongruenz** (engl. *object agreement*). Was es damit auf sich hat, zeigt sich gut in folgendem Beispiel (aus *Il Caffè di Roma* 108/2022: 8):

ital. *Dietro ai ripetuti stop sulla linea B della metropolitana di Roma, si nascondono atti dolosi mirati.*
       ‚Hinter den wiederholten Unterbrechungen auf der Linie B der Metro von Rom verbergen sich gezielte böswillige Handlungen.'

       Atac   *ne ha denunciati*   *due in soli dieci giorni.*
       Atac   davon hat angezeigt-M-PL   zwei in nur zehn Tagen
       ‚Atac [ÖPNV-Betrieb] hat in nur zehn Tagen ihrer zwei angezeigt.'

3.7 Kongruenz als syntaktisches Phänomen

Die Kongruenzverhältnisse sind hier komplex: Nachdem *ne* ‚davon' das *atti* ‚Handlungen' aus dem vorangehenden Satz wieder aufgenommen und damit den transphrastischen Bezug auf das Objekt des Verbs ‚anzeigen' hergestellt hat, zeigt das Partizip die für das Italienische bei pronominalen Objekten typische Objektkongruenz, wie sie im einfachen Satz auftreten würde:

ital.	Atac	*li*		*ha denunciati.*
	Atac	PRO-M-PL		hat angezeigt-M-PL

‚Atac hat sie angezeigt'

Der komplexere Beispielsatz aus dem *Caffè di Roma* oben illustriert zugleich noch einmal sehr gut die Funktion der Kongruenz: Durch die Form des Partizips im Maskulinum Plural erfolgt der Verweis auf ein Objekt, das gar nicht im Satz selbst enthalten ist, und damit wird das Verständnis der syntaktischen Zusammenhänge gesichert.

Bei Objektkongruenz gibt es im Plural zwei Möglichkeiten der Genuswahl: Entweder entscheidet der näher am Target stehende Controller oder aber ein Genus, etwa das Maskulinum, wird systematisch für beide Genera verwendet. Dabei gilt im Italienischen die letztgenannte Regel, die aber interessanterweise bei informellem (formal inkorrektem) Sprechen zugunsten der ersteren ausgehebelt werden kann (Bsp. aus einer Karikatur von Andy Ventura in *Il Caffè di Roma* 83/2021: 1).

ital.	*codice fiscale*	*e*	*carte d'identità,*	*le*	*hai*	*prese?*
	Steuernummer-M-SG	und	Ausweis-F-PL	sie-F-PL	hast	genommen-F-PL?

‚Hast du die [Karte mit der] Steuernummer und die Ausweise eingepackt?'

Aus solchen Fehlern (aus normativer Sicht) kann man schließen, dass der Controller besonders in seiner näheren Umgebung eine hohe Wirksamkeit entfaltet.

Der historische Hintergrund der Objektkongruenz in den romanischen Sprachen liegt in der Grammatikalisierung des Perfekts aus einer finiten Form des Verbs ‚haben' und dem Partizip; wörtlich kann man den Satz *Atac li ha denunciati* also als ‚Atac hat sie [als] angezeigte' übersetzen. Aber Objektkongruenz ist nicht an diese Art der Grammatikalisierung gebunden und findet sich auch in vielen Sprachen, in denen eine solche Entwicklung nicht erfolgt ist, so etwa in Bantu- (cf. Nurse/Philippson 2006: 124 f.) oder nordamerikanischen Sprachen (cf. Baker 2008: 201). Im Deutschen kommt Objektkongruenz hingegen trotz des historisch mit der Entstehung in den romanischen Sprachen identischen *haben*-Perfekts nicht vor: Hier sind Adjektive und Partizipien, die im Prädikat gebraucht werden, stets endungslos.

Relativpronomina

An dritter Stelle in Corbetts Rangliste der Elemente, die Kongruenz aufweisen, finden sich Relativpronomen. Hier richtet sich zwar der Kasus nach der Funktion im Nebensatz, aber Numerus und Genus kongruieren mit dem Bezugswort. Insbesondere in Sprachen wie dem Deutschen, wo der Relativsatz nicht notwendig direkt an seinen Controller anschließt, sichert die Kongruenz die korrekte Zuordnung:

dt.   *Er rief die Kinder herein, die im Garten gespielt hatten*

Dass Relativpronomina überhaupt kongruieren können, ist jedoch auch in von ihrem Wesen her flektierenden Sprachen nicht notwendig gegeben. Während beispielsweise das Russische mit *который* [kotoryj], *которая* [kotoryaja] und *которое* [kotoroje] ('der/die/das') noch durchgehend kongruierende Relativpronomina aufweist, richtet sich das Relativpronomen im Französischen im Standardfall nach dem Faktor ‚belebt' vs. ‚unbelebt':

franz.   belebt: *Il a appelé les enfants qui jouaient dans le jardin*
         ‚Er rief die Kinder, die im Garten spielten'
         unbelebt: *Il a raconté une blague que personne n'a comprise*
         ‚Er erzählte einen Witz, den niemand verstand'

Dieses Phänomen ist nicht auf das Französische beschränkt, sondern zeigt sich auch in anderen Sprachen. Darin, dass das semantische Merkmal ‚Belebtheit' eine wesentliche Rolle für die Kongruenz spielt, sieht Corbett (2006: 185) eine „typological generalization".

Aber auch im Französischen gibt es noch genusmarkierte Relativpronomina. Sie werden nach Präpositionen gebraucht und können bei belebten Controllern in Konkurrenz zu *qui* treten, so z. B.:

franz.	*l'homme*	*avec qui*	*j'ai parlé*
	der Mann	mit REL-BEL	ich gesprochen habe
	l'homme	*avec lequel*	*j'ai parlé*
	der Mann	mit REL-M	ich gesprochen habe

Personalpronomina

An letzter Stelle in der von Corbett (2006) aufgestellte Hierarchie steht das Personalpronomen. Dabei handelt es sich um ein Target, dem eine transphrastische Reichweite des Controllers zugrunde liegt. Das Target steht im Normalfall im Folgesatz und richtet sich gewöhnlich nach dem Numerus und, soweit vorhanden, dem Genus des Controllers, während sein Kasus, wie schon beim

Relativpronomen, durch seine Funktion im Satz bestimmt wird. Auch bei Personalpronomina kann sowohl in Bezug auf das Genus als auf den Numerus ein Mismatch zwischen Controller und Target auftreten.

Genus:

dt. *Im Nachbarhaus wohnte ein kleines Mädchen. Sie kam öfter zum Spielen zu uns.*

Numerus:

dt. *Ich kenne das Ehepaar.*
Es lebt getrennt.
Ich kenne das Ehepaar.
Sie leben getrennt.

franz. *Je connais ce couple.*
Ils sont séparés.
Ich kenne dieses Paar. Sie-M-PL sind getrennt-M-PL

Stärker ist der Einfluss des Controllers, wenn sich das Pronomen im selben Satz befindet. Dies ist z. B. bei der sog. **Linksversetzung** (auch: Linksausklammerung; engl. *left dislocation*) der Fall, die für das Italienische typisch ist, und ebenso für die im Französischen häufigere Rechtsversetzung:

ital. *L'abito,*   *lo*   *acquisterò online.*
Das Kleid-M,   PRO-3P-M-Sg-AKK   ich werde online kaufen
‚Das Kleid werde ich online kaufen'

franz. *Je*   *la*   *commanderai en ligne, cette robe.*
ich   PRO-3P-F-Sg-AKK   werde bestellen online, dieses Kleid-F
‚Das Kleid werde ich online kaufen'

Die Funktion dieser Art von Ausklammerung besteht darin, ein Objekt als Topik zu markieren. In so einem Fall sind Abweichungen von Genus und Numerus des Controllers nicht möglich, da das Target ausschließlich eine grammatische Funktion hat: Als Korrelat markiert es die syntaktische Rolle des Controllers, die ihm ohne die Ausklammerung im Gefüge zukäme.

Insgesamt zeigen sich hier beide Funktionen der Kongruenz: Sie dient einerseits dazu, die syntaktische Struktur zu stützen und ihren Zusammenhalt zu sichern; andererseits stärkt sie aber auch den semantischen Zusammenhang der Textbestandteile. Beide Aspekte erfüllen die Funktion, das Verstehen des Satzes zu erleichtern und zu sichern.

3.8 Satzmodi

Die folgenden drei Sätze enthalten alle dieselbe inhaltliche Aussage, die sog. **Proposition** (engl. *proposition*):

dt. *Hanna kommt.*
     Kommt Hanna?
     Hanna, komm!

Aber sie unterscheiden sich dennoch grundlegend voneinander, und das, was diesen Unterschied ausmacht, ist der **Satzmodus** (auch: Satztyp, engl. *sentence type*, auch: *sentence mode*). Übereinzelsprachlich werden gemeinhin die folgenden drei Modi als grundlegend betrachtet:

▶ **Grundlegende Satzmodi**
Deklarativsatz (*Hanna kommt.*)
Interrogativsatz (*Kommt Hanna?*)
Imperativsatz (*Hanna, komm!*)

Es ist wichtig, einen Unterschied zwischen Satzmodus und **Illokution** (auch: Sprechakt, engl. *illocutionary act*) zu machen. Ein Satzmodus ist eine grammatische Kategorie; mit dem Begriff „Illokution" bezeichnet man hingegen eine sprachliche Handlung. Sie besteht darin, dass jemand beispielsweise etwas behauptet, eine Frage stellt, zu einer Handlung auffordert. Die einzelnen Satzmodi dienen zwar grundsätzlich durchaus dem Zweck, damit eine bestimmte sprachliche Handlung zu ermöglichen, also etwa mit einem Interrogativsatz eine Frage zu stellen oder mit einem Imperativsatz zu einer Handlung aufzufordern; Michaelis (2001: 1041) spricht hier treffend von „a conventional pairing of form and function". Aber die Satzmodi sind nicht auf diese pragmatischen Funktionen beschränkt, und man kann mit einem Interrogativsatz oder Deklarativsatz ebenso eine Aufforderung äußern, wie man damit eine Frage stellen/eine Aussage machen kann:

dt. *Hanna, kommst du bitte mal her?*
dt. *Hanna, du kommst jetzt sofort hierher!*

Die Analyse und Kategorisierung von Sprechakten ist ein Arbeitsgebiet der Pragmatik, das hier jedoch nicht weiter berücksichtigt werden kann. Im vorliegenden Kontext geht es daher nur um Satzmodi als grammatischen Kategorien.

Deklarativsätze

Der Deklarativsatz (auch: Assertionssatz, Aussagesatz, engl. *declarative sentence*) dient, wie sein Name schon sagt, dazu, eine Aussage zu machen und stellt die in ihm enthaltene Proposition als richtig oder zutreffend dar. Damit ist naheliegenderweise zugleich der häufigste Satzmodus. Siemund (2003, zitiert nach König/Siemund 2013: 852) kommt bei der Auswertung der britischen Version des *International Corpus of English* (ICE-GB 1998) zu dem Ergebnis, dass es sich bei 89 % der dort verzeichneten Hauptsätze um Deklarativsätze handelt. Anhand dieses Satzmodus werden auch die Wortstellungsregeln in einer Sprache wie S–O–V oder S–V–O bestimmt.

Interrogativsätze
Der zweite Satzmodus ist der Interrogativsatz (von lat. *interrogare* ‚fragen'; auch: Fragesatz, engl. *interrogative sentence*). Hier kann man zwei verschiedene Typen unterscheiden:

- Entscheidungsfragen
- Ergänzungsfragen

Bei einer **Entscheidungsfrage** (auch: Ja-/Nein-Frage, Satzfrage, engl. *yes–no question*, auch: *polar question*) wird das Zutreffen einer Proposition insgesamt in Frage gestellt. Ein Satz wie *Kommt Hanna?* lässt sich also umschreiben als: *Ist [Hanna kommt] richtig?* Um diesen Satzmodus zu realisieren, werden am häufigsten die folgenden Möglichkeiten genutzt (cf. Dryer 2013m):

▶ **Markierungsmöglichkeiten von Entscheidungsfragen:**
Interrogativpartikeln (freie wie gebundene Morpheme)
Satzstellung
Intonation

Von den 955 bei Dryer (2013m) berücksichtigten Sprachen verwendeten 585 und damit die Mehrheit eine **Interrogativpartikel** (engl. *interrogative particle*), die zugleich ein freies Morphem ist, bei 164 weiteren fand sich ein gebundenes Morphem. Damit benutzt die Mehrheit der Sprachen etwas, was man etwas salopp als „gesprochenes Fragezeichen" bezeichnen könnte: Ein Morphem, dessen Funktion darin besteht, den Satz als Frage zu kennzeichnen. Freie Morpheme dieser Art finden sich z. B. in slawischen Sprachen, aber auch im Türkischen, wobei sich die Partikel im Türkischen proklitisch an die Personal- und Tempusmarkierungen anschließt:

serb.	*Jesi*	*li*	*video?*		
	hast	INTERR	gesehen-M		
	‚Hast du [das] gesehen?'				
türk.	*Sinemaya*	*geliyor*	*musun?*	*– Bugün*	*mü?*
	Kino-DAT	komm-	INTERR-2P	– Heute	INTERR
	‚Kommst du mit ins Kino?' – ‚Heute?'				

Ausschließlich gebundene Morpheme hat beispielsweise das Tunica, die Sprache des gleichnamigen nordamerikanischen Volkes (van den Berg 1995: 112, zitiert nach Dryer 2013m):

    tun.   *lɔ'ta*   *wi-wa'nă-n*
            run   2sg-want-INTERR
    ‚Do you want to run?'

Dryer (2013m) kennzeichnet solche Fälle als „interrogative verb morphology". Aber auch Kombinationen aus dieser Form der Interrogation und dem Gebrauch freier Morpheme kommen vor (15 Fälle in seinem Sample).

Das Mittel der **Wortstellung** (engl. *word order*) verwenden nur 13 der bei Dryer untersuchten Sprachen. Zu ihnen gehört auch das Deutsche, das Entscheidungsfragen durch die Erststellung des Verbs kennzeichnet:

    dt.   *Hast du schon gegessen?*

Auch für das Englische gilt diese Stellungsregel, wobei man aber in allen Fällen, die ein Vollverb als Finitum enthalten, als Zwischenschritt einen Deklarativsatz mit *to do* annehmen muss:

    engl.   *Have you read this book?*
             Did you see the movie? (cf. *You did see the movie*)

Deutlich häufiger als das Mittel der Satzstellung ist die Markierung einer Entscheidungsfrage durch die **Intonation**, wie dies etwa im Italienischen der Fall ist:

    ital.   *Ha letto il libro. – Ha letto il libro?*
          ‚Er hat das Buch gelesen.' – ‚Hat er das Buch gelesen?'

Dryer (2013m) zählt in seinem Sample 173 Sprachen, die Entscheidungsfragen ausschließlich durch die Intonation kennzeichnen. Allerdings wird Intonation von einzelnen Autoren wie König/Siegmund (2013: 848) nicht als Merkmal für die Identifizierung berücksichtigt, so dass sie z. B. für das Italienische feststellen, dass eine „klare Markierung von polaren Interrogativsätzen" fehle. Gemeinhin werden aber auch suprasegmentale Merkmale wie die Intonation als klare Markierungen interpretiert, und insbesondere im Bereich der Fragesätze sind sie auch gut untersucht (cf. hierzu z. B. Péteri 2015: 47–49, zum Italienischen 58–60).

Wie bereits erwähnt, gibt es in vielen Sprachen mehr als eine Möglichkeit, Interrogativsätze zu markieren. So kommt auch im Deutschen alternativ zur Wortstellung gelegentlich Intonation als Mittel der Fragemarkierung vor. Dieser Fragetyp, der als „Intonationsfrage" oder auch „Deklarativfrage" (cf. Michalsky 2017: 13 sowie die dort angegebene Literatur) bezeichnet wird, dient dann häufig dazu, nach einem als wahrscheinlich angenommenen Sachverhalt zu fragen:

3.8 Satzmodi

dt. *Du hast gar keinen Hunger? Du bist wohl sehr müde?*

Ein gutes Beispiel für das Nebeneinander verschiedener Fragemarkierungen ist das Französische. Bei Dryer (2013m) wird es zu den Sprachen mit Interrogativpartikel gerechnet; aber auch die Wortstellung ist hier ein Mittel der Markierung, und darüber hinaus finden sich hier häufig auch Intonationsfragen, die insbesondere für die gesprochene Sprache sehr typisch sind. Damit ergeben sich hier gleich drei Möglichkeiten, was zugleich die Schwierigkeiten der konkreten Abgrenzung, zu welcher Gruppe eine Sprache gehört, gut illustriert. Die folgenden drei französischen Interrogativsätze entsprechen jeweils dem deutschen Satz *Hast du dieses Buch gelesen?*:

- Interrogativpartikel:

    franz. *Est-ce que*   *tu as lu ce livre?*
            INTERR   du hast gelesen dieses Buch

- Satzstellung:

    franz. *As-tu*   *lu ce livre?*
            Hast-du   gelesen dieses Buch

- Intonation:

    franz. *Tu*   *as lu ce livre?*
            du   hast gelesen dieses Buch

Zugleich illustriert die Interrogativpartikel *est-ce que* gut, wie eine solche Partikel sich entwickeln kann: Sie ist zwar auch synchron noch wörtlich als ‚ist es, dass' analysierbar, erfüllt aber nur noch die Funktion, die nachfolgende Äußerung als Frage zu markieren.

Außer den aufgeführten Möglichkeiten gibt es auch noch weitere Mittel, um eine Entscheidungsfrage als solche zu kennzeichnen, die sich aber nicht leicht einer Kategorie zuordnen lassen. Im Chinesischen wird beispielsweise entweder eine Interrogativpartikel verwendet – hier ist die Zuordnung einfach – oder aber man wiederholt die Aussage noch einmal in negierter Form:

    chin.   这本书   好   吗?
            zhè běn shū   *hǎo*   *ma*
            dieses Buch   gut   INTERR
            oder:
            这本书   好   不   好?

zhè běn shū	*hǎo*	*bù*	*hǎo*	
dieses Buch	gut	nicht	gut	

‚Ist dieses Buch gut?'

Grundsätzlich zeigt sich an Dryers (2013m) Sample, dass der Satzmodus des Interrogativsatzes offenbar recht grundlegend ist: Es entwickeln sich in den verschiedenen Sprachen zahlreiche Möglichkeiten, ihn zu markieren, und im gesamten Sample fand sich nur eine einzige Sprache, für die sich keinerlei Unterschied zwischen Deklarativ- und Interrogativsätzen vom Typ Entscheidungsfrage feststellen ließ.

Eine in vielen Sprachen nachweisbare, auf den ersten Blick überraschende sekundäre Funktion von Entscheidungsfragen besteht darin, dass die für sie vorgesehene Form auch als **Konditionalsatz** verwendet werden kann:

dt.	*Hätte ich das gewusst, wäre ich nicht gekommen.*
engl.	*Had I known, I wouldn't have come.*
franz.	*L'aurais-je su, je ne serais pas venu.*

Das Prinzip findet sich auch in nicht-indoeuropäischen Sprachen, worauf u. a. schon Traugott (1985) hingewiesen hat; hier ein Beispiel aus dem Türkischen (zitiert nach Hentschel 1998: 192):

türk.	*Kitabı*	*okudun*	*mu*	*bana*	*ver*
	Buch-AKK	lesen-PAST-2SG	INTERR	mir	gib

‚Wenn du das Buch gelesen hast, gib es mir'
(wörtlich: ‚Hast du das Buch gelesen, gib es mir')

Offenbar wird die Tatsache, dass Entscheidungsfragen das Zutreffen der gesamten Proposition in Frage stellen, übereinzelsprachlich dafür genutzt, Bedingungen zu formulieren: Falls die Antwort auf die Frage ‚ja' lautet und die Proposition somit zutrifft, trifft auch die im Hauptsatz geäußerte Consecutio zu; umgekehrt würde ein ‚nein' die Folgerung ungültig machen (cf. hierzu ausführlicher Hentschel 1998: 195–200).

Im Unterschied zu einer Entscheidungsfrage ist eine **Ergänzungsfrage** (auch: Bestimmungsfrage, Satzteil-Frage, W-Frage, engl. *wh-question*, auch: *content question*) sprachübergreifend stets auf dieselbe Weise gekennzeichnet: Sie enthält ein Interrogativum (Pronomen oder Adverb), das die Stelle im Satz markiert, für die eine Wissenslücke besteht. Hier findet sich auch bei Sprachen mit ganz unterschiedlichen morphologischen und syntaktischen Gegebenheiten kein Unterschied:

dt.	<u>Wer</u>	ist	das?	<u>Wo</u>	bist	du?
chin.	那	是	谁？	你	在	哪里

3.8 Satzmodi

	nà	*shì*	*shéi?*	*nǐ*	*zài*	*nǎlǐ?*
	dies	ist	wer?	du	befinden	wo
russ.	*Кто*	*это?*		*где*	*ты?*	
	kto	*eto?*		*Gde*	*ty?*	
	Wer	dies		wo	du	
tag.	*Sino*	*ba*	*iyan?*	*Nasaan*	*ka*	*ba?*
	Wer	INTERR	dies	Wo	du	INTERR
türk.	*Kim*	*o?*		*Neredesin?*		
	Wer	er/sie/es?		Wo-2P		

Die Parallelen sind offensichtlich. Allerdings zeigen sich bei näherem Hinsehen auch Unterschiede, und zwar:
Im Tagalog findet sich zusätzlich auch eine Interrogativpartikel. Ihr Gebrauch ist allerdings fakultativ – die Frage wäre also auch ohne die Partikel korrekt. Eine solche Möglichkeit, zusätzliche Interrogativpartikeln zu verwenden, findet sich in einigen Sprachen, so etwa auch im Russischen oder Serbischen:

serb.	*Gde*	*li*	*si sada?*
	Wo	INTERR	[du] bist jetzt?
	‚Wo bist du jetzt?'		

Der zusätzliche Gebrauch der Partikel dient dann häufig der Intensivierung der Frage und ist im weitesten Sinne vielleicht mit deutschen Modalpartikeln wie *denn* oder *nur/bloß* vergleichbar (*Wo denn? Wo bist du jetzt nur?*). Diese Art der „doppelten" Interrogation ist aber nicht in allen Sprachen möglich.

Ein anderer Unterschied zu den übrigen hier angeführten Sprachen zeigt sich im Chinesischen: Hier stehen das Interrogativpronomen bzw. -adverb anders als in den anderen Sprachen nicht am Satzanfang. Tatsächlich ist die Initialstellung des Interrogativums, anders als die obige kleine Liste vermuten lassen könnte, nur in einer Minderheit von Sprachen obligatorisch: Unter 902 von Dyer (2013n) untersuchten Sprachen war dies nur bei 264 der Fall. Dabei spielt es dann aber keine Rolle, welche syntaktische Funktion das zu erfragende Element im Satz hat, und folgerichtig können Interrogativpronomina auch Kasus (cf. dt. *wem, wen*) sowie in vielen Sprachen auch Numerusmarkierungen annehmen, so etwa im Ungarischen (Bsp. nach Péteri 2015: 20):

ung.	*Kikkel*	*találkoztál?*
	Wer-PL-INS/KOM	[du] trafst
	‚Wen hast du alles getroffen?'	

Außer selbständigen Satzgliedern wie Subjekten oder Adverbialen können Interrogativpronomina natürlich auch Attribute erfragen und damit Teil eines größeren syntaktischen Gefüges sein. Aber auch hierfür gilt die genannte Reihenfolge, wobei vor dem Interrogativum ggf. beispielsweise noch eine Präposition oder auch, bei Sprachen mit nachgestellten Attributen, ein Substantiv stehen kann (Bspe. nach Péteri 2015: 95 bzw. Woollams 1996: 227, zitiert nach Dryer 2013n):

alb. *Nga   cili   vend   vjen?*
      Von   welch-   Ort   [du] kommst?
      ‚Von welchem Ort kommst du?'

kar. *arah   apai   aku   ku   das*
      way   which   1P.SG   to   top
      ‚Which way do I take to go up?'

Dabei lassen auch Sprachen mit obligatorisch satzinitialem Interrogativum meist Ausnahmen von dieser Stellungsregel zu, etwa wenn es sich um sog. **Echo-Fragen** handelt. Das Interrogativum ist dabei meist betont:

dt. *Ich habe Emil getroffen. – Du hast wen getroffen?*

Dagegen stehen Interrogativa in Sprachen, in denen sie nicht zwingend am Satzanfang stehen, meist an derselben Stelle im Satz, an der das zu erfragende Element stehen würde. Diese Fragen sehen dann also, wenn man so will, genauso aus wie die Echofrage *Du hast wen getroffen?* im obigen Beispiel. Man spricht in diesen Fällen davon, dass das Interrogativum *in situ* (lateinisch, wörtlich: ‚in Stellung', also an der ursprünglichen Position) steht. Daneben gibt es unter den nicht-satzinitialen Stellungen aber auch den Fall, dass das Interrogativum unabhängig davon, wo das zu erfragende Element im Satz stünde, direkt vor dem Verb platziert wird, so etwa im Baskischen (cf. Dryer 2013n).

Imperativsätze

Der dritte Satztyp, der allgemein als grundlegend angesehen wird, ist der Imperativsatz. Er wird über die Verbform definiert, genauer gesagt über den Modus des Verbs, der ein Imperativ sein muss. Autoren wie König/Siemund (2013: 58) begrenzen den Begriff „Imperativ" dabei auf Formen, die sich an die 2. Person Singular, Dual oder Plural richten. Formen, die sich an die 1. oder die 3. Person richten und die im Deutschen meist mit *sollen* und *lassen* umschrieben werden (z. B. *Er soll warten*; *Lasst uns gehen*), werden dann als „nicht-kanonische" Imperative bezeichnet, und für die damit verbundenen Satzmuster wird eine eigene Beschreibung gefordert. Ob sich dabei formale Unterschiede fänden, muss hier dahingestellt bleiben. Grundsätzlich sind auch morphologisch markierte Imperative der 2. Person keineswegs in allen Sprachen zu finden; bei van der Auwera et al. (2013) waren unter 548 untersuchten Sprachen immerhin

122, die keinerlei derartige Markierung kannten. Allerdings wurden dabei nur morphologische Imperative berücksichtigt, die sich eindeutig von anderen Verbformen unterscheiden lassen. Damit sind Sprachen ausgeschlossen, bei denen es zu einem Formenzusammenfall gekommen ist wie im Englischen. Dennoch ist der Imperativ im Englischen markiert: Er unterscheidet sich von den anderen Verbformen des Präsens dadurch, dass er ohne Personalpronomen gebraucht wird.

engl.   *Look at this!*

Das extreme Gegenbeispiel hierzu wären Fälle, in denen der Imperativ durch eine Suppletivform – also eine Form, die aus einer anderen Wurzel stammt als das Verb, zu dem sie gehört – ausgedrückt wird. Veselinova (2013) berichtet von solchen Vorkommen etwa im Arabischen, im Armenischen, im Georgischen oder im Finnischen, um nur einige Beispiele zu nennen. Diese Befunde zeigen, dass es nicht ganz einfach ist, das Vorhandensein von Imperativen – und damit von Imperativsätzen – zu belegen. Man kann aber annehmen, dass es in allen Sprachen die Möglichkeit gibt, eine Aufforderung oder Bitte zu äußern, auch wenn dafür möglicherweise keine eigene Satz- oder Verbform zur Verfügung steht.

Interessant ist im Zusammenhang mit Imperativsätzen die Tatsache, dass sich negierte Imperative oft morphologisch bzw. morphosyntaktisch anders verhalten als das nicht-negierte Gegenstück, weswegen sie auch mit dem eigenen Begriff **Prohibitiv** bezeichnet werden. Im Gegensatz zu Imperativen, die zu einer Handlung auffordern, fordern Prohibitive dazu auf, eine Handlung zu unterlassen. Eine ‚tu das nicht!'-Aufforderung impliziert zugleich, dass die angesprochene Person die Handlung entweder bereits auszuführen begonnen hat oder aber entweder erkennbar oder zumindest vermutlich die Absicht hat, sie auszuführen. Damit sind Prohibitive ein stärkerer Eingriff in die Autonomie des anderen, und es verwundert nicht, dass sich hierfür in vielen Sprachen zum Teil eigene, oft periphrastische Formen ausgebildet haben (Bspe. nach Rubenbauer/Hofmann 1995: 250):

lat.   *ne*   *dubitaveris!*
        NEG   zweifeln-KONJ-PAST-2P
        ‚zweifle nicht' (wörtlich: ‚du habest nicht gezweifelt')

        noli   *vereri!*
        NEG-wollen-IMP-2P-SG   fürchten
        ‚Fürchte nicht!' (wörtlich: ‚wolle nicht fürchten')

serb.   *Nemoj/nemojte*   *misliti* […]
        PROHIB-2P-SG/PL   denken
        ‚Denke/Denkt nicht […]'

ital.	*Non*	*mi*	*dire!*
	NEG	mir	sagen

‚Sag [es] mir nicht' (cf. positiv: *Dimmi!* ‚sag [es] mir')

Weitere Satzmodi

Ob man über die drei genannten Satzmodi generell noch weitere annehmen sollte, ist umstritten. Sicher ist, dass zumindest einige Sprachen eigene Formen entwickelt haben, die etwa dem Ausdruck des **Erstaunens** oder der Äußerung von **Wünschen** dienen. Autoren wie Dardano/Trifone (^{12}2014: 139) gehen daher sogar von vier grundlegenden Satzmodi aus: neben den drei bisher genannten gehört für sie der Exklamativsatz dazu.

Exklamativsätze

Nicht nur bei Dardano/Trifone (^{12}2014: 139), sondern auch in zahlreichen anderen Arbeiten werden Exklamativsätze (von lat. *exclamare* ‚ausrufen', engl. *exclamatives*) zu den grundlegenden Satztypen gerechnet, so etwa bei Huddleston/Pullum (2002: 918) für das Englische oder bei Vishenkova/Zevakhina (2019) für das Russische; eine sprachvergleichende Arbeit dazu hat Michaelis (2001) vorgelegt. Sie definiert den Satzmodus folgendermaßen: „Exclamations [...] are grammatical forms which express the speaker's affective response to a situation: exclamations convey surprise" (ibd.: 1039).

Dieser Ausdruck des Erstaunens kann natürlich sehr unterschiedliche Formen aufweisen. So können z. B. auch Interjektionen wie *Ups!* oder *Oh!* die Funktion erfüllen, Erstaunen zum Ausdruck zu bringen, und insofern ist die Exklamation als Äußerungstyp nicht an die Verwendung von Sätzen gebunden. Dennoch ergibt sich aus dem übereinzelsprachlichen Vergleich dessen, welche Form von Sätzen für Exklamationen verwendet wird, ein Satztyp „Exklamativsatz", der große Ähnlichkeit bis hin zu formaler Gleichheit mit Interrogativsätzen vom Typ Ergänzungsfrage aufweist (cf. Michaelis 2001: 1045). Dabei enthalten diese Sätze sehr häufig, anders als „echte" Interrogativsätze, kein Prädikat, sondern reduzieren sich auf den erfragten Teil des Satzes, wie schon der Titel des Aufsatzes von Ghesquière/Troughton (2021) mit dem Beispiel *What a Change!* verdeutlicht.

dt.	*Wie*	*schade!*

ital.	*Che*	*peccato!*
	was	schade

‚Wie schade!'

russ.	*Какая*	*жалость!*
	kakaja	*žalost'*
	was für ein	Mitleid

‚Wie schade!'

türk.	*Ne (kadar)*	*yazık!*
	wie (viel)	schade!

Aber auch vollständige Sätze kommen in dieser Funktion vor. In vielen Fällen unterscheiden sie sich von Interrogativsätzen, indem sie entweder eine eigene Wortstellung aufweisen oder durch den Gebrauch zusätzlicher Partikeln markiert werden.

- unmarkiert:

ital.	Quanto	è bello!
	Wie	ist schön

- durch Satzstellung markiert:

dt.	*Wie heiß es ist!* (cf. *Wie heiß ist es?*)
engl.	*How hot it is!* (cf. *How hot is it?*)
franz.	*tu as lu !* (cf. *Combien as-tu lu?*)
	‚Wieviel du gelesen hast!'

- durch zusätzliche Partikeln markiert (Bsp. nach Michaelis 2001: 1044):

türk.	*Nereye kadar*	*yüzmüşşün*	*ki*
	wie weit	du schwammst	PART
	‚Wie weit du geschwommen bist!'		

Grundsätzlich sind alle Interrogativa gleichermaßen für diesen Satztyp geeignet, wobei im Deutschen typischerweise zusätzlich *alles* verwendet wird, wie schon Rosengren (1992: 281, zitiert nach Hentschel 1998: 202) schreibt, cf.:

dt.	*Wo du schon alles* [auch: *überall*] *gewesen bist!*
	Was du alles weißt!
	Wer alles gekommen ist!

Solche Exklamationen kommen auch in negierter Form vor (Bsp. nach Halm/Huszár 2021: 554):

dt.	*Was du nicht alles weißt!*					
ung.	*Hogy*	*János*	*miket*	*el*	*nem*	*olvasott*
	that	John	what-PL-AKK	PART	NEG	read-PAST-3SG
	‚Was János nicht gelesen hat!'					

Der Ursprung des übereinzelsprachlichen Phänomens, Erstaunen in Form einer Frage zum Ausdruck zu bringen, ist vermutlich so zu erklären: Die formale Frage nach einem offensichtlich bekannten Sachverhalt bringt zum Ausdruck, dass dieser Sachverhalt nicht mit dem Bekannten und damit Erwartbaren übereinstimmt. Er wird im Gegenteil als unerwartet empfunden: so unerwartet, dass nach ihm, also quasi nach seinem Vorhandensein, gefragt wird. Die Negation – man spricht in diesem Fall von einer expletiven Negation – fungiert dabei nicht auf der wörtlichen Ebene, sondern wirkt als zusätzlicher Marker des Erstaunens: Der geäußerte Sachverhalt war nicht erwartbar.

Optativsätze

Optativsätze (von lat. *optare* ‚wünschen', engl. *optatives*) sind meist durch einen besonderen verbalen Modus markiert, den Optativ; aber es gibt auch andere Ausdrucksmöglichkeiten. So existiert in der auf dem indischen Subkontinent gesprochenen Sprache Mao Naga eine Partikel *peno*, die mit einem Imperativ kombiniert wird, um einen Optativsatz zu bilden (Giridhar 1994: 314, zitiert nach Dobrushina/van der Auwera/Goussev 2013):

mnag.	*Pfo*	*peno*	*thi*	*mozhu-ṭio!*
	er	PART	sterben-IMPERA	bald

‚Möge er bald sterben!'

Auch in anderen Sprachen werden Modus- oder Tempusformen mit zusätzlichen Markierungen eingesetzt, um Wünsche auszudrücken. Im Russischen kann man das Futur der 1. Person Plural verwenden und dabei das Personalpronomen weglassen, um eine erwünschte Handlung auszudrücken (Bsp. nach Wade [4]2020: 312):

russ.	Будем	надеяться
	budem	nadejat'sja
	[wir] werden	hoffen

etwa: ‚Lasst uns hoffen'

Im Englischen werden Modalverben wie *may* oder *would* verwendet, z B. *Would that he were still alive!* Huddleston/Pullum (2002: 944), von denen auch dieser Beispielsatz stammt, rechnen den Satztyp zu den „minor clause types". Im Deutschen ist der Konjunktiv bei gleichzeitiger Verberststellung das geeignete Mittel, um einen Optativsatz zu bilden; alternativ kann man der Form nach einen konditionalen Nebensatz bilden, der aber als selbständiger Satz verwendet wird. In beiden Fällen ist der zusätzliche Gebrauch von Modalpartikeln (*doch, nur, bloß*, einzeln oder kombiniert) obligatorisch:

3.8 Satzmodi

dt. *Wäre es doch nicht so heiß!*
Hätte ich doch nur mehr Geld!
Wenn es doch nur etwas kühler wäre!
Wenn ich bloß mehr Geld hätte!

Gelegentlich werden über die hier genannten hinaus noch weitere Satztypen angesetzt, so etwa bei Huddelston/Pullum (2002: 945) „verbless directives" (womit Äußerungen wie *Aus dem Weg!* oder *Ruhe!* gemeint sind) oder „parallel structures" (z. B. *The sooner, the better*; *Once bitten, twice shy*; Bspe. nach ibd.). Aber hier ist das für einen Satzmodus konstitutive „conventional pairing of form and function" (Michaelis 2001: 1041) nicht wirklich gegeben. Verblose Äußerungen werden regelmäßig auch für Exklamationen (z. B. *So ein Ärger! Verdammter Mist!*) oder für Fragen (z. B. umgangssprachlich *Echt jetzt? Ohne Quatsch?*) verwendet, ohne dass man ohne Weiteres eine Bevorzugung solcher Äußerungen für die eine oder andere Illokution erkennen könnte; die Form ist gleichermaßen gut für alle drei Illokutionstypen geeignet. Im Fall der parallelen Konstruktionen wiederum kann man von Ellipsen ausgehen, denn solche Kurzsätze lassen sich ohne Weiteres zu vollständigen Sätzen ergänzen (etwa: *The sooner this is over, the better it is*). Auch kann diese Art von Konstruktionen – abgesehen von der in allen Sprachen bestehenden Möglichkeit zur Ellipsenbildung – keineswegs als übereinzelsprachlich weit vertretene Form angesetzt werden. Somit bleibt es bei den drei zentralen Satzmodi Deklarativsatz, Interrogativsatz und Imperativsatz sowie den zwei zusätzlich in Betracht zu ziehenden Modi Exklamativsatz und Optativsatz.

Literatur

Adolph, Karen E. /Berger, Sarah E. (⁷2015): "Physical and motor development". In: Bornstein, Marc H./Lamb, Michael E. (eds.): *Developmental Science. An Advanced Textbook*. 7th ed. London/New York, Psychology Press: 261–334.
Aikhenvald, Alexandra Y. (2018): *Serial verbs*. Oxford: Oxford University Press.
Altmann, G. (1971): „Die phonologische Profilähnlichkeit. Ein Beitrag zur Typologie phonologischer Systeme der slawischen Sprachen". *Phonetica* 24: 9–22.
Álvarez González, Albert (2012): "Relative clauses and nominalizations in Yaqui". In: Comrie, Bernard/Estrada-Fernández, Zarina (eds.): *Relative Clauses in Languages of the Americas. A typological overview*. Amsterdam/Philadelphia, Benjamins: 65–96. (= *Typological Studies in Language* 102).
Askedal, John Ole (2009): „Rezipientenpassiv". In: Hentschel, Elke/Vogel, Petra M. (eds.): *Deutsche Morphologie*. Berlin/New York, de Gruyter: 378–889.
atlas-alltagssprache.de: atlas-alltagssprache.de/r10-f13g [15.06.2021].
Attaviriyanupap, Korakoch (2004): „Wie 'Haar' zu 'Maus' wird: Geschlechtsbezogene pronominale Referenz im Thailändischen". *Linguistik online* 21, 4/2004. https://doi.org/10.13092/lo.21.1066.
Auwera, Johan van der/Dobrushina, Nina/Goussev, Valentin (2013): "Imperative-Hortative Systems". In: Dryer, Matthew S./Haspelmath, Martin (eds.): *The World Atlas of Language Structures Online*. Leipzig: Max Planck Institute for Evolutionary Anthropology. wals.info/chapter/72 [29.10.2021].
Auwera, Johan van der et al. (2013): "The Morphological Imperative". In: Dryer, Matthew S./Haspelmath, Martin (eds.) *The World Atlas of Language Structures Online*. Leipzig: Max Planck Institute for Evolutionary Anthropology. wals.info/chapter/70. [12.11.2021].
Baerman, Matthew/Brown, Dunstan (2013): "Case Syncretism". In: Dryer, Matthew S./Haspelmath, Martin (eds.) *The World Atlas of Language Structures Online*. Leipzig: Max Planck Institute for Evolutionary Anthropology. wals.info/chapter/28. [12.11.2021].
Bakema, Peter/Geeraerts, Dirk (2004): "Diminution and augmentation". In: Booij, Geert et al. (eds): *Morphologie/Morphology. Ein internationales Handbuch zur Flexion und Wortbildung/An International Handbook on Inflection and Word-Formation*. Volume 2. Berlin/New York, de Gruyter: 1045–1052.
Baker, Mark C. (2008): *The Syntax of Agreement and Concord*. Cambridge etc.: Cambridge University Press.
Bat-Ireedui, Jantsangiyn/Sanders, Alan J. K. (2014): *Colloquial Mongolian. The Complete Course for Beginners*. London/New York: Routledge.
Baugh, Albert C./Cable, Thomas (2003): *A history of the English language*. 5th edition, reprinted. London etc.: Routledge.
Bhat, Shankara D. N. (1999): *The Prominence of Tense, Aspect and Mood*. Amsterdam/Philadelphia: Benjamins.

Bisang, Walter (2001): „Finite vs. non finite languages". In: Haspelmath, Martin/König, Ekkehard/Oesterreicher, Wulf/Raible, Wolfgang (eds.): *Language Typology and Language Universals/Sprachtypologie und sprachliche Universalien/La typologie des languages et les universaux linguistiques. An International Handbook/Ein internationales Handbuch/Manual international*. Vol. 2/2. Berlin/New York, de Gruyter: 1400–1413. (= *Handbücher zur Sprach- und Kommunikationswissenschaft* 20.2).

Blake, Barry J. (2001): *Case*. 2nd edition. Cambridge etc.: Cambridge University Press. (= *Cambridge textbooks in linguistics*).

Blake, Barry J. (2004): "Case". In: Booij, Geert/Lehmann, Christian/Mugdan, Joachim (eds.): *Morphologie/Morphology. Ein internationales Handbuch zur Flexion und Wortbildung/An International Handbook on Inflection and Word-Formation*. 2. Halbband/Volume II. Berlin/New York, de Gruyter: 1073–1090. (= *Handbücher zur Sprach- und Kommunikationswissenschaft* 17.2).

Blevins, Juliette (2014): "Infixation". In: Rochelle Lieber, Rochelle/Štekauer, Pavol (eds.): *The Oxford Handbook of Derivational Morphology*. Oxford, Oxford University Press: 136–153.

Bogner, Stefan (2009): „Futur I und II". In: Hentschel, Elke/Vogel, Petra M. (eds.): *Deutsche Morphologie*. Berlin/New York, de Gruyter: 96–112.

Brinkmann, Hennig (1971): *Die deutsche Sprache. Gestalt und Leistung*. 2., neubearb. Aufl. Düsseldorf: Schwann.

Brown, Penelope/Levinson, Stephan C. (^{2}^{3}2013): Politeness. *Some universals in language usage*. Cambridge etc.: Cambridge University Press.

Brugmann, Karl (1904/1970): *Kurze vergleichende Grammatik der indogermanischen Sprachen. Auf Grund des fünfbändigen ‚Grundrisses der vergleichenden Grammatik der indogermanischen Sprachen von K. Brugmann und B. Delbrück' verfasst*. Strassburg 1904: Trübner. Photomechanischer Nachdruck Berlin 1970: de Gruyter.

Bühler, Karl (1934/1999): *Sprachtheorie. Die Darstellungsfunktion der Sprache*. Unveränderte Neuaufl. Stuttgart/New York: Lucius & Lucius. (= UTB 1159).

Buehner, Marc J. (ed.) (2014): *Time and causality*. Lausanne: Frontiers Media SA.

Bussmann, Hadumod (2006): *Routledge Dictionary of Language and Linguistics*. Translated and edited by Gregory Trauth and Kerstin Kazzazi. London: Taylor and Francis.

Bybee, Joan L./Dahl, Östen (1989): "The Creation of Tense and Aspect Systems in the Languages of the World". *Studies in Language* 1/13: 51–103.

Bybee, Joan/Perkins, Revere/Pagliuca, William (1994): *The Evolution of Grammar. Tense, Aspect, and Modality in the Languages of the World*. Chicago/London: University of Chicago Press.

Campbell, Dannis (2015): *Mood and Modality in Hurrian*. Winona Lake, Indiana: Eisenbrauns.

Campbell, Lyle (1997): *American Indian Languages. The Historical Linguistics of Native America*. New York: Oxford University Press. (= *Oxford Studies in Anthropological Linguistics* 4).

Chan, Chung/Kim, Jong-Bok (2008): "Korean serial verb constructions. A construction-based approach". *Studies in Generative Grammar* 4/18: 559–582.

Cinque, Guglielmo (2020): *The Syntax of Relative Clauses. A Unified Analysis*. Cambridge etc.: Cambridge University Press.

Clements, Douglas H./Sarama, Julie/McDonald, Beth l. (2018): "Subitizing. The Neglected Quantifier". In: Norton, Anderson/Alibali, Martha W. (eds): *Constructing Number: Merging Perspectives from Psychology and Mathematics Education*. Cham, Springer Nature: 13–46.

Comrie, Bernard (^{2}2001): *Language Universals and Linguistic Typology: Syntax and Morphology*. Chicago: University of Chicago Press.

Coon, Jessica (2013): *Aspects of Split Ergativity*. Oxford etc: Oxford University Press.

Corbett, Greville G. (1991): *Gender*. Oxford: Oxford University Press.

Corbett, Greville G. (2000): *Number*. Oxford: Oxford University Press.

Corbett, Greville G. (2006): *Agreement*. Oxford: Oxford University Press.
Corbett, Greville G. (2012): Politeness as a feature: so important and so rare. *Linguistik Online* 51, 1/2012: 9–27. https://doi.org/10.13092/lo.51.302.
Corbett, Greville G. (2013): "Number of Genders". In: Dryer, Matthew S./Haspelmath, Martin (eds.): *The World Atlas of Language Structures Online*. Leipzig: Max Planck Institute for Evolutionary Anthropology. wals.info/chapter/30 [07.09.2021].
Creissels, Denis (2011): "Spacial Cases". In: Malchukov, Andrej/Spencer, Andrew (eds.): *The Oxford Handbook of Case*. Oxford, Oxford University Press: 609–625.
Croft, William (^{2}2006): *Typology and Universals*. Cambridge etc.: Cambridge University Press.
Crystal, David (^{3}2010): *The Cambridge Encyclopedia of Language*. Cambridge etc.: Cambridge University Press.
Culpeper, Jonathan/O'Driscoll, Jim/Hardaker, Claire (2019): "Notions of Politeness in Britain and North America". In: Eva Ogiermann, Eva/Garcés-Conejos Blitvich, Pilar (eds.): *From Speech Acts to Lay Understandings of Politeness*. Cambridge, Cambridge University Press: 175–200.
Dahl, Östen (1985): *Tense and Aspect Systems*. Oxford: Oxford University Press.
Dahl, Östen (2008): *Tense and Aspect in the Languages of Europe*. Berlin/New York: de Gruyter.
Dahl, Östen/Velupillai, Viveka (2013): "The Perfect". In: Dryer, Matthew S./ Haspelmath, Martin (eds.): *The World Atlas of Language Structures Online*. Leipzig: Max Planck Institute for Evolutionary Anthropology. wals.info/chapter/68. [20.10.2021].
Dal Negro, Silvia (2004): „Artikelmorphologie. Walserdeutsch im Vergleich zu anderen alemannischen Dialekten". In: Glaser, Elvira/Ott, Peter/Schwarzenbach, Rudolf (eds.): *Alemannisch im Sprachvergleich. Beiträge zur 14. Arbeitstagung für alemannische Dialektologie in Männedorf (Zürich) vom 16.–18. 9. 2002*. Wiesbaden, Steiner: 101–111.
Dardano, Maurizio/Trifone, Pietro (^{12}2014): *La nuova grammatica della lingua italiana*. Milano: Zanichelli.
Demske, Ulrike (2020): "The grammaticalization of the definite article in German. From demonstratives to weak definites". In: Szczepaniak, Renata/Flick, Johanna (eds.): *Walking on the Grammaticalization Path of the Definite Article. Functional Main and Side Roads*. Amsterdam/Philadelphia, Benjamins: 44–73. (= *Studies in Language Variation* 23).
Dezsö, László/Szépe, Görgy (1974/2015): "Two problems of topic-comment". In: Danes, Frantisek (2015): *Papers on functional sentence perspective*. Berlin/Boston, de Gruyer: 81–86.
Dickins, James/Watson, Janet C. E. (1999): *Standard Arabic: An Advanced Course*. Cambridge: Cambridge University Press.
Di Meola, Claudio (2000): *Die Grammatikalisierung deutscher Präpositionen*. Tübingen: Stauffenberg. (= *Studien zur deutschen Grammatik* 62).
Di Meola, Claudio (2004): "The Rise of the Prepositional Genitive in German. A Grammaticalization Phenomenon". *Lingua* 114: 165–182.
Dimroth, Christine/Lasser, Ingeborg (2002): "Finite Options: how L1 and L2 learners cope with the acquisition of finiteness". *Linguistics* 40: 647–651.
Dirim, İnci/Auer, Peter (2004): *Türkisch sprechen nicht nur die Türken. Über die Unschärfebeziehung zwischen Sprache und Ethnie in Deutschland*. Berlin/New York: de Gruyter.
Dixon, Robert M. W. /Aikhenvald, Alexandra Y. (eds.) (2009): *The Semantics of Clause Linking. A Cross-Linguistic Typology*. Oxford: Oxford University Press.
Dobrushina, Nina (2008): "Imperatives in conditional and concessive subordinate clauses". In: Vajda, Edward J. (ed.): *Subordination and Coordination Strategies in North Asian Languages*. Amsterdam/Philadelphia, Benjamins: 123–141.
Dobrushina, Nina/van der Auwera, Johan/Goussev, Valentin (2013): "The Optative". In: Dryer, Matthew S./Haspelmath, Martin (eds.): *The World Atlas of Language Structures Online*. Leipzig: Max Planck Institute for Evolutionary Anthropology. wals.info/chapter/73 [03.06.2022].

Doleschal, Ursula (2002): „Ein historischer Spaziergang durch die deutsche Grammatikschreibung von der Renaissance bis zur Postmoderne". *Linguistik online* 11, 2/2002: 39–70.
Doleschal Ursula/Schmid Sonja (2001): "Doing gender in Russian. Structure and perspective". In: Hellinger, Marlis/Bußmann, Hadumod (eds.): *Gender across languages. The linguistic Representation of Women and Men.* Vol. 1. Amsterdam/Philadelphia, Benjamins: 253–282.
Draye, Luk (2009): „Nominativ". In: Hentschel, Elke/Vogel, Petra M. (eds.): *Deutsche Morphologie.* Berlin/New York, de Gruyter: 249–259.
Dreer, Igor (2007): *Expressing the Same by the Different. The Subjunctive vs the Indicative in French.* Amsterdam/Philadelphia: Benjamins.
Dryer, Matthew S. (2013a): "Coding of Nominal Plurality". In: Dryer, Matthew S./Haspelmath, Martin (eds.): *The World Atlas of Language Structures Online.* Leipzig: Max Planck Institute for Evolutionary Anthropology. wals.info/chapter/33 [07.09.2021].
Dryer, Matthew S. (2013b): "Definite Articles". In: Dryer, Matthew S./Haspelmath, Martin (eds.): *The World Atlas of Language Structures Online.* Leipzig: Max Planck Institute for Evolutionary Anthropology. wals.info/chapter/37 [07.09.2021].
Dryer, Matthew S. (2013c): "Indefinite Articles". In: Dryer, Matthew S./Haspelmath, Martin (eds.): *The World Atlas of Language Structures Online.* Leipzig: Max Planck Institute for Evolutionary Anthropology. wals.info/chapter/38 [07.09.2021].
Dryer, Matthew S. (2013d): "Order of Subject, Object and Verb". In: Dryer, Matthew S./Haspelmath, Martin (eds.): *The World Atlas of Language Structures Online.* Leipzig: Max Planck Institute for Evolutionary Anthropology. wals.info/chapter/81 [13.05.2021].
Dryer, Matthew S. (2013e): "Order of Negative Morpheme and Verb". In: Dryer, Matthew S./Haspelmath, Martin (eds.): *The World Atlas of Language Structures Online.* Leipzig: Max Planck Institute for Evolutionary Anthropology. wals.info/chapter/143 [13.05.2021].
Dryer, Matthew S. (2013f): "Position of Negative Morpheme With Respect to Subject, Object, and Verb". In: Dryer, Matthew S./Haspelmath, Martin (eds.): *The World Atlas of Language Structures Online.* Leipzig: Max Planck Institute for Evolutionary Anthropology. wals.info/chapter/144 [13.05.2021].
Dryer, Matthew S. (2013g): "Order of Object and Verb". In: Dryer, Matthew S./Haspelmath, Martin (eds.): *The World Atlas of Language Structures Online.* Leipzig: Max Planck Institute for Evolutionary Anthropology. wals.info/chapter/83 [13.05.2021].
Dryer, Matthew S. (2013h): "Definite Articles". In: Dryer, Matthew S./Haspelmath, Martin (eds.): *The World Atlas of Language Structures Online.* Leipzig: Max Planck Institute for Evolutionary Anthropology. wals.info/chapter/37 [04.04.2022].
Dryer, Matthew S. (2013i): "Order of Relative Clause and Noun". In: Dryer, Matthew S./Haspelmath, Martin (eds.): *The World Atlas of Language Structures Online.* Leipzig: Max Planck Institute for Evolutionary Anthropology. wals.info/chapter/94 [18.05.2022].
Dryer, Matthew S. (2013j): "Order of Adverbial Subordinator and Clause". In: Dryer, Matthew S./Haspelmath, Martin (eds.): *The World Atlas of Language Structures Online.* Leipzig: Max Planck Institute for Evolutionary Anthropology. wals.info/chapter/90 [10.05.2022].
Dryer, Matthew S. (2013k): "Order of Genitive and Noun". In: Dryer, Matthew S./Haspelmath, Martin (eds.): *The World Atlas of Language Structures Online.* Leipzig: Max Planck Institute for Evolutionary Anthropology. wals.info/chapter/86 [10.05.2021].
Dryer, Matthew S. (2013l): "Order of Adjective and Noun". In: Dryer, Matthew S./Haspelmath, Martin (eds.): *The World Atlas of Language Structures Online.* Leipzig: Max Planck Institute for Evolutionary Anthropology. wals.info/chapter/87 [10.05.2021].
Dryer, Matthew S. (2013m): "Polar Questions". In: Dryer, Matthew S./Haspelmath, Martin (eds.): *The World Atlas of Language Structures Online.* Leipzig: Max Planck Institute for Evolutionary Anthropology. wals.info/chapter/116 [26.05.2022].
Dryer, Matthew S. (2013n): "Position of Interrogative Phrases in Content Questions". In: Dryer, Matthew S./Haspelmath, Martin (eds.): *The World Atlas of Language Structures Online.* Leipzig: Max Planck Institute for Evolutionary Anthropology. wals.info/chapter/93 [29.05.2022].

Dryer, Matthew S./Gensler, Orin D. (2013): "Order of Object, Oblique, and Verb". In: Dryer, Matthew S./Haspelmath, Martin (eds.): *The World Atlas of Language Structures Online*. Leipzig: Max Planck Institute for Evolutionary Anthropology. wals.info/chapter/84 [20.12.2021].

Duanmu, San (^{2}2007): *The Phonology of Standard Chinese*. Oxford: Oxford University Press.

Duden (^{9}2016): Dudenredaktion (eds.): *Duden. Die Grammatik*. Völlig neu erarbeitete und erweiterte Auflage. Mannheim u.a.: Dudenverlag. (= *Duden* 4).

Ebert, Karen (1997): *Camling (Chamling)*. München/Newcastle: Lincom Europa.

Eisenberg, Peter (^{5}2020a): *Grundriss der deutschen Grammatik*. Bd. 1: *Das Wort*. 5. durchges. Aufl. Stuttgart/Weimar: Metzler.

Eisenberg, Peter (^{5}2020b): *Grundriss der deutschen Grammatik*. Bd. 2: *Der Satz*. 5. durchges. Aufl. Stuttgart/Weimar: Metzler.

Eroms, Hans-Werner (2009): „Doppelperfekt und Doppelplusquamperfekt". In: Hentschel, Elke/Vogel, Petra M. (eds.): *Deutsche Morphologie*. Berlin/New York, de Gruyter: 72–92.

Erteschik-Shir, Nomi/Ibnbari, Lena/Taube, Sharon (2013): "Missing objects as Topic Drop". *Lingua* 136: 145–169.

Evans, Vyvian (2013): *Language and Time: A Cognitive Linguistics Approach*. Cambridge: Cambridge University Press.

Färber, Hans (1952/2014): *Nepos, Cornelius: Kurzbiographien und Fragmente, lateinisch und deutsch*. Berlin/Boston: de Gruyter.

Fernando, Tim (2012): "Compositionality In Discourse From A Logical Perspective". In: Hinzen, Wolfram/Machery, Edouard/Werning, Markus (eds.): *The Oxford Handbook of Compositionality*. Oxford, Oxford University Press: 279–306.

Fillmore, Charles J. (2000): "Circumstance concepts". In Booji, Geert et al. (eds.): *Ein internationales Handbuch zur Flexion und Wortbildung*. Berlin/New York, de Gruyter Mouton: 1117–1130.

Fischer, Hanna (2018): *Präteritumschwund im Deutschen. Dokumentation und Erklärung eines Verdrängungsprozesses*. Berlin/Boston: de Gruyter.

Flick, Johanna/Kuhmichel, Katrin (2013): „Der *am*-Progressiv in Dialekt und Standardsprache". In: Vogel, Petra M. (ed.): *Sprachwandel im Neuhochdeutschen*. Berlin/Boston, de Gruyter: 52–76.

Frank, Karsta (1992): *Sprachgewalt: Die sprachliche Reproduktion der Geschlechterhierarchie. Elemente einer feministischen Linguistik im Kontext sozialwissenschaftlicher Frauenforschung*. Tübingen: Niemeyer.

Gaeta, Livio (2008): „Die deutsche Pluralbildung zwischen deskriptiver Angemessenheit und Sprachtheorie". *Zeitschrift für germanistische Linguistik* 1/36: 74–108.

Gardelle, Laure (2019): *Semantic Plurality. English collective nouns and other ways of denoting pluralities of entities*. Amsterdam/Philadelphia: Benjamins.

Ghesquière, Lobke/Troughton, Faye (2021): "*What a Change!* A Diachronic Study of Exclamative *What* Constructions". *Journal of English Linguistics* 2/49: 139–158.

Giorgio, Elisa Di et al. (2017): "Visual cues of motion that trigger animacy perception at birth. The case of self-propulsion". *Developmental science* 4/20: 1–12. https://doi.org/10.1111/desc.12394.

Givón, Talmi (2001): *Syntax. An introduction*. Vol. 2. Revised edition. Amsterdam/Philadelphia: Benjamins.

Göksel, Aslı/Kerslake, Celia (2011): *Turkish. An Essential Grammar*. London/New York: Routledge.

Goldammer, Thomas (2012): *Areal Patterns in Ancient Western Eurasia*. Dissertation, Universität Leipzig.

Grant, Anthony P. (2012): "Processes of grammaticalization and 'borrowing the unborrowable'. Contact-induces change and the integration and grammaticalization of some core grammatical constructions". In: Wiemer, Björn/Wälchli, Bernhard/Hansen, Björn (eds.):

Grammatical Replication and Borrowability in Language Contact. Berlin/New York, de Gruyter: 191–232.
Green, Lisa J. (2002): *African American English. A Linguistic Introduction*. Cambridge etc.: Cambridge University Press.
Grevisse, Maurice ([16]2016): *Le bon usage. Grammaire française*. Refondue par André Goosse. Louvain-La-Neuve: De Boeck Supérieur.
Grigorenko, Elena L. (2005): "If John Were Ivan, Would He Fail in Reading?". In: Joshi, R. Malatesha/Aaron, P.G. (eds.): *Handbook of Orthography and Literacy*. Hoboken, Taylor and Francis: 303–320.
Grinevald, Colette (2004): "Classifiers". In: Booij, Geert et al. (eds): *Morphologie/Morphology. Ein internationales Handbuch zur Flexion und Wortbildung/An International Handbook on Inflection and Word-Formation*. Berlin/New York, de Gruyter: 1016–1031.
Guillemin, Diana (2011): *The Syntax and Semantics of a Determiner System. A Case Study of Mauritian Creole*. Amsterdam/Philadelphia: Benjamins.
Gül, Demet (2009): "Semantics of Turkish evidential -(I)mIş." In: Ay, Sıla/Aydın, Özgür/Ergenç, İclâl (eds.): *Essays on Turkish Linguistics. Proceedings of the 14th International Conference on Turkish Linguistics, August 6–8*, 2008. Wiesbaden, Harrassowitz: 177–186.
Gundel, Jeanette Kohn/Hedberg, Nancy/Zacharski, Ron (1997): "Topic-Comment Structure, Syntactic Structure and Prosodic Tune". Workshop on Prosody and Grammar in Interaction at Helsinki, Finland. researchgate.net/publication/254215403_Topic-Comment_Structure_Syntactic_Structure_and_Prosodic_Tune [08.03.2021].
Haan, Ferdinand de (2011): "Typology of Tense, Aspect, and Modality Systems". In: Sung, Jae Jung (ed.): *The Oxford Handbook of Linguistic Typology*. Oxford, Oxford University Press: 445–464.
Halliday, Michael A. K./Matthiessen, Christian M. I. M. ([4]2014): *Halliday's Introduction to Functional Grammar*. London/New York: Routledge, Taylor & Francis.
Halm,Tamás/Huszár, Anna (2021): "Expletive negation in exclamatives – Evidence from Hungarian". *Acta Linguistica Academica* 4/68: 553–583.
Harris, Alice C./Xu, Zheng (2006): "Diachronic Morphological Typology". In: Brown, Keith/Olgivie, Sarah (2009) (eds.): *Concise Encyclopedia of Languages of the World*. Amsterdam etc., Elsevier: 287–293.
Haspelmath, Martin (1990): "The grammaticization of passive morphology". *Studies in Language* 1/14: 25–71.
Haspelmath, Martin (1995): "The converb as a cross-linguistically valid category". In: Haspelmath, Martin/König, Ekkehard (eds.): *Converbs in cross-linguistic perspective*. Berlin, Mouton de Gruyter: 1–55.
Haspelmath, Martin (2001): "The European Linguistic Area: Standard Average European". In: Haspelmath, Martin/Oesterreicher, Wulf/Raible, Wolfgang (eds.): *Language Typology and Language Universals. An International Handbook*. Vol. 2. Berlin/New York, de Gruyter: 1492–1510.
Haspelmath, Martin (2012): "How to compare major word classes across the world's languages". *UCLA Working Papers in Linguistics. Theories of Everything*. Vol 17: 109–130.
Haspelmath, Martin (2013): "Negative Indefinite Pronouns and Predicate Negation". In: Dryer, Matthew S./Haspelmath, Martin (eds.): *The World Atlas of Language Structures Online*. Leipzig: Max Planck Institute for Evolutionary Anthropology. wals.info/chapter/115. [28.01.2020].
Haspelmath, Martin (2019): "Differential place marking and differential object marking". *STUF – Language Typology and Universals* 72/3: 313–334. https://doi.org/10.1515/stuf-2019-0013.
Heine, Bernd/Kuteva, Tania (2002): *Word Lexicon of Grammaticalization*. Cambridge: Cambridge University Press.
Helbig, Gerhard/Buscha, Joachim (2007): *Deutsche Grammatik. Ein Handbuch für den Ausländerunterricht*. 6. Nachdruck. Berlin etc.: Langenscheidt.

Hellinger, Marlis/Bußmann, Hadumod (2001): "Gender across languages. The linguistic Representation of Women and Men". In: Hellinger, Marlis/Bußmann, Hadumod (eds.): *Gender across languages. The linguistic Representation of Women and Men*. Vol. 1. Amsterdam/Philadelphia, Benjamins: 253–282.

Hendery, Rachel (2012): *Relative Clauses in Time and Space. A case study in the methods of diachronic typology.* Amsterdam/Philadelphia: Benjamins.

Hengeveld, Kees (2013): "Parts-of-speech systems as a basic typological determinant". In: Rijkhof, Jan/Lier, Eva van (eds.): *Flexible Word Classes. Typological Studies of Underspecified Parts of Speech*. Oxford, Oxford University Press: 31–55.

Hentschel, Elke (1998): *Negation und Interrogation. Studien zur Universalität ihrer Funktionen.* Tübingen: Niemeyer. (= *Reihe Germanistische Linguistik* 195).

Hentschel, Elke (2013): „Verschiedene Wege, verschiedene Ziele: *mal*, *schon* und *wohl*". *Germanistische Mitteilungen* 1/39: 63–78.

Hentschel, Elke (ed.) (2010): *Lexikon der deutschen Grammatik*. Berlin/New York: de Gruyter.

Hentschel, Elke (2017): „Wortbildung, Syntax oder Flexion? Hinweise auf die Entstehung einer neuen Verbalkategorie im Deutschen". *Zeitschrift für Wortbildung/Journal of Word Formation* 1/2: 63–87.

Hentschel, Elke/Vogel, Petra M. (2009): „Verb". In: Hentschel, Elke/Vogel, Petra M. (eds.): *Deutsche Morphologie*. Berlin/New York, de Gruyter: 445–463.

Hentschel, Elke/Weydt, Harald (^{5}2021): *Handbuch der deutschen Grammatik*. Völlig neu bearb. Aufl. Berlin/Boston: de Gruyter.

Hualde, José Ignacio/Ortiz de Urbina, Jon (eds.) (2003): *A Grammar of Basque*. Berlin/New York: Mouton de Gruyter.

Huddleston, Rodney/Pullum, Geoffrey K. (2002): *The Cambridge Grammar of the English Language*. Cambridge etc.: Cambridge University Press.

Huffman, Franklin E./Promchan, Charan/Thong Lambert, Chhom-Rak (1970/2018): *Modern Spoken Cambodian*. Ithaka: Cornell University Press.

Hurford, James R. (1987): *Language and number. The emergence of a cognitive system*. Oxford: Oxford University Press.

ICE-GB (1998): *International Corpus of English, GB*. ucl.ac.uk/english-usage/projects/ice-gb/index.htm. [31.05.2022].

Iggesen, Oliver A. (2005): *Case-Asymmetry. A world-wide typological study on lexeme-class-dependent deviations in morphological case inventories*. München: LINCOM Europa. (= *Lincom studies in language typology* 9).

Iggesen, Oliver A. (2013): "Asymmetrical Case-Marking". In: Dryer, Matthew S./Haspelmath, Martin (eds.): *The World Atlas of Language Structures Online*. Leipzig: Max Planck Institute for Evolutionary Anthropology. wals.info/chapter/50. [12.12.2020].

Irmen, Lisa/Kurovskaja, Julia (2010): "On the semantic content of grammatical gender and its impact on the representation of human referents". *Experimental Psychology* 5/57: 367–375.

Jarvis, Scott/Pavlenko, Aneta (2008): *Crosslinguistic Influence in Language and Cognition*. London/New York: Routledge.

Kaiser, Stefan et al. (2002): *Japanese. A Comprehensive Grammar*. London/New York: Routledge.

Karlsson, Fred (^{4}2000): *Finnische Grammatik*. Hamburg: Buske.

Keenan, Edward L. (1976): "Towards a universal definition of ‚subject'". In: Li, Charles N. (ed.): *Subject and Topic*. New York, Academic Press: 303–333.

Kiparsky, Paul (2008): "Universals constrain change; Change results in typological generalizations". In: Good, Jeff (ed.): *Linguistic universals and language change*. Oxford, Oxford University Press: 23–53.

König, Ekkehard/Siemund, Peter (2013): „Satztyp und Typologie". In: Meibauer, Jörg/Steinbach, Markus/Altmann, Hans (eds.): *Satztypen des Deutschen*. Berlin/New York, Mouton de Gruyter: 846–873.

Köpcke, Klaus-Michael (1993): *Schemata bei der Pluralbildung im Deutschen. Versuch einer kognitiven Morphologie*. Tübingen: Narr.
Köpcke, M./Zubin, D. (2009), „Genus". In: Hentschel, Elke/Vogel, Petra M. (eds.): *Deutsche Morphologie*. Berlin/New York: 132–154.
Koptjevskaja-Tamm, Maria (1994): "Finiteness". In: Asher, Richard E./Simpson, James M. Y. (eds.): *The encyclopedia of language and linguistics*. Volume 3. Oxford, Pergamon: 1245–1248.
Körtvélyessy, Lívia (2014), "Evaluative derivation". In: Lieber, Rochelle/Štekauer, Pavol (eds.): *The Oxford Handbook of Derivational Morphology*. Oxford, Oxford University Press: 296–316.
Krause, Olaf (2002): *Progressiv im Deutschen. Eine empirische Untersuchung im Kontrast mit Niederländisch und Englisch*. Tübingen: Niemeyer. (= *Linguistische Arbeiten* 462).
Krämer, Martin (2009): *The Phonology of Italian*. Oxford: Oxford University Press.
Kretz, Bettina (2021): *Der Sprachtypus des Französischen in Grammatik und Paragrammatik. Eine funktionell-strukturelle Analyse der Einzelsprache unter Berücksichtigung der Sprachtypen der Allgemeinen Typenlehre*. Berlin/Boston: de Gruyter. (e-Book).
Kunduracı, Aysun (2009): "Syntax and semantics on control in Turkish". In: Ay, Sıla/Aydın, Özgür/Ergenç, İclâl (eds.): *Essays on Turkish Linguistics. Proceedings of the 14th International Conference on Turkish Linguistics, August 6–8, 2008*. Wiesbaden, Harrassowitz: 121–130.
Kuo, Chih-Chung (2007): "Phonetic and Phonological Background of Chinese Spoken Languages". In: Lee, Chin-Hui et al. (eds.): *Advances in Chinese Spoken Language Processing*. New York etc., World Scientific: 33–55.
Lakoff, George (1987): *Women, Fire, and Dangerous Things. What Categories Reveal about the Mind*. London/Chicago: University of Chicago Press.
Lambrecht, Knud (1994): *Information structure and sentence form. Topics, focus, and the mental representations of discourse referents*. Cambridge etc.: Cambridge University Press.
Lameli, Alfred (2013): *Strukturen im Sprachraum. Analysen zur arealtypologischen Komplexität der Dialekte in Deutschland*. Berlin/Boston: de Gruyter.
Langacker, Ronald W. (1999): *Grammar and Conceptualization*. Berlin/New York: de Gruyter.
Langacker, Ronald W. (2008): *Cognitive Grammar. A Basic Introduction*. Oxford: Oxford University Press.
Langacker, Ronald W. (2010): "Reflections on the Functional Characterization of Spatial Prepositions". https://doi.org/10.4000/corela.999.
Leech, Geoffrey N. ([3]2014): *Meaning and the English Verb*. London/New York: Routledge.
Lettinga, Jan P. (2017): *Grammatik des Biblischen Hebräisch*. Gießen: Brunnen.
Lehmann, Christian (2015): *Thoughts on grammaticalization*. 3rd edition. Berlin: Language Science Press.
Leiss, Elisabeth (2000): *Artikel und Aspekt. Die grammatischen Muster von Definitheit*. Berlin/New York: de Gruyter. (= *Studia Linguistica Germanica* 55).
Lewis, Geoffrey ([2]2000): *Turkish Grammar*. Oxford: Oxford University Press.
Li, Charles N./Thompson, Sandra A. (1989): *Mandarin Chinese. A Functional Reference Grammar*. Berkely/Lod Angeles/London: University of California Press.
Lobenstein-Reichmann, Anja/Reichmann, Oskar (2011): *Neue historische Grammatiken. Zum Stand der Grammatikschreibung historischer Sprachstufen des Deutschen und anderer Sprachen*. Berlin/New York: de Gruyter.
Longobardi, Ferdinando/Cesari, Ugo (2016): "The Syllable in the Speaker's Laryngectomee Phonetic Range: Some Spectrographic Evidence". In: Russo, Domenico (ed.): *The Notion of Syllable Across History, Theories and Analysis*. Cambridge etc.: Cambridge Scholars Publishing.
Los, Bettelou et al. (2012): *Morphosyntactic Change: A Comparative Study of Particles and Prefixes*. Cambridge etc.: Cambridge University Press.

Lühr, Rosemarie (2002): „Das Morphologie-Modul in den altindogermanischen Sprachen: Unterspezifizierung in der Substantivflexion". In: Steube, Anita (ed.): *Sprachtheoretische Grundlagen der Kommunikationswissenschaft: Sprachliches und nichtsprachliches Wissen*. Leipzig, Institut für Linguistik der Universität Leipzig: 299–321.

Luckhardt, Heinz-Dirk (2014): „Thema/Rhema – die Informationsstruktur von Sätzen und Texten". *Virtuelles Handbuch Informationswissenschaft, Exkurs: Informationslinguistik*. saar. infowiss.net/studium/handbuch/kap8/infoling/themarhema [25.03.2021].

Luraghi, Silvia (2011): "The origin of the Proto-Indo-European gender system: Typological considerations". *Folia Linguistica* 2/45: 435–464.

Lutz, Martin (2001): *Finnische Grammatik*. Wien: Edition Praesens.

Lyons, Christopher (1999): *Definiteness*. Cambridge etc.: Cambridge University Press.

Maddieson, Ian (2013): "Syllable Structure". In: Dryer, Matthew S./Haspelmath, Martin (eds.): *The World Atlas of Language Structures Online*. Leipzig: Max Planck Institute for Evolutionary Anthropology. wals.info/chapter/12. [28.01.2020].

McGregor, William B./Wagner, Tamsin (2006): "The Semantics and Pragmatics of Irrealis Mood in Nyulnyulan Languages". *Oceanic Linguistics* 2/45: 339–379.

Michaelis, Laura A. (2001): "Exclamative Constructions". In: Haspelmath, Martin/Oesterreicher, Wulf/Raible, Wolfgang (eds.): *Language Typology and Language Universals. An International Handbook*. Vol. 2. Berlin/New York, de Gruyter: 1038–1050.

Michalsky, Jan (2017): *Frageintonation im Deutschen. Zur intonatorischen Markierung von Interrogativität und Fragehaltigkeit*. Berlin/Boston: de Gruyter.

Miestamo, Matti (2013a): "Symmetric and Asymmetric Standard Negation". In: Dryer, Matthew S./Haspelmath, Martin (eds.): *The World Atlas of Language Structures Online*. Leipzig: Max Planck Institute for Evolutionary Anthropology. wals.info/chapter/113. [28.01.2020].

Miestamo, Matti (2013b): "Subtypes of Asymmetric Standard Negation". In: Dryer, Matthew S./ Haspelmath, Martin (eds.): *The World Atlas of Language Structures Online*. Leipzig: Max Planck Institute for Evolutionary Anthropology. wals.info/chapter/114. [28.01.2020].

Mithun, Marianne (2000): "Noun and verb in Iroquoian languages. Multicategorisation from multiple criteria". In: Vogel, Petra M./Comrie, Bernard (eds.): *Approaches to the Typology of Word Classes*. Berlin/New York, Mouton de Gruyter: 397–420.

Mollica, Fabio (2014): „Der Dativus ethicus im Deutschen aus konstruktionsgrammatischer Sicht". *Zeitschrift für germanistische Linguistik* 3/42: 349–378.

Moravcsik, Edith (2000): "Infixation". In: Booij, Geert et al. (eds): *Morphologie/Morphology. Ein internationales Handbuch zur Flexion und Wortbildung/An International Handbook on Inflection and Word-Formation*. Vol. 1. Berlin/New York, de Gruyter: 545–552.

Moser, Ann-Marie (2019): „Form und Funktion der doppelten Negation in deutschen Dialekten, mit einem Schwerpunkt im Oberdeutschen". *Linguistik online* 98, 5/19: 179–195. https://doi.org/10.13092/lo.98.5935.

Müller, Sabine/Groß, Dominik (2006): „Farben als Werkzeug der Erkenntnis. Falschfarbendarstellungen in der Gehirnforschung und in der Astronomie". In: Groß, Dominik/Duncker, Tobias H. (eds.): *Farbe – Erkenntnis – Wissenschaft. Zur epistemischen Relevanz von Farbe in der Medizin*. Münster, LIT: 93–116.

Naylor, Paz Buenaventura (1995): "Subject, Topic and Tagalog Syntax". In: Bennett, David C./ Bynon, Theodora/Hewitt, B. Georage (eds.): *Subject, Voice and Ergativity. Selected Essays*. London, School of Oriental and African Studies, University of London: 158–196.

Naylor, Paz Buenaventura (2005): "On the Stative Predicate: Tagalog 'existentials' revisited." Liao, Hsiu-chuan/Galvez Rubino, Carl R.: *Current issues in Philippine linguistics and anthropology. Parangal kay Lawrence A. Reid*. Manila, Linguistic Society of the Philippines: 419–435.

Nevskaya, Irina (2009): "Inclusive and exclusive forms in the Turkic imperative paradigms". In: Ay, Sıla/Aydın, Özgür/Ergenç, İclâl (eds.): *Essays on Turkish Linguistics. Proceedings of the 14th International Conference on Turkish Linguistics, August 6–8, 2008*. Wiesbaden, Harrassowitz: 421–430.

Nichols, Johanna (1993): "Ergativity and linguistic geography". *Australian Journal of Linguistics* 13/1: 39–89.
Norde, Muriel (2020): "Grammaticalization in Morphology". In: Lieber, Rochelle (ed.): *The Oxford Encyclopedia of Morphology*. Oxford: Oxford Universtiy Press. https://doi.org/10.1093/acrefore/9780199384655.013.733.
Nordquist, Richard (2020): "Serial verbs." *ThoughtCo*, Aug. 18, 2020. thoughtco.com/serial-verbs-definition-1691953. [25.11.2021].
Nübling, Damaris (2018): „Geschlechter(un)ordnungen in der Grammatik: Deklination, Genus, Binomiale". In: Eichinger, Ludwig M./Plewnia, Albrecht (eds.): *Neues vom heutigen Deutsch. Empirisch – methodisch – theoretisch*. Berlin/Boston, de Gruyter: 19–58. (= *Jahrbuch des Instituts für Deutsche Sprache* 2018).
Nurse, Derek/Philippson, Gérard (2006): *The Bantu Languages*. London/New York: Routledge.
Özbek, Aydın/Kuribayasi, Yuu (2009): "Covert causee structures in Turkish". In: Ay, Sıla/Aydın, Özgür/Ergenç, İclâl (eds.): *Essays on Turkish Linguistics – Proceedings of the 14th International Conference on Turkish Linguistics, August 6–8*, 2008. Wiesbaden, Harrassowitz: 53–62.
Péteri, Attila (2015): *Satzmodusmarkierungen im europäischen Sprachvergleich. Interrogativsätze im Deutschen und im Ungarischen mit einem typologischen Ausblick auf andere europäische Sprachen*. Frankfurt/Main etc.: Lang. (= *Schriften zur germanistischen Linguistik* 4).
Pinker, Steven (1999): *Words and Rules. The Ingredients of Language*. London: Weidenfeld & Nicolson.
Polinsky, Maria (2013a): "Applicative Constructions". In: Dryer, Matthew S./Haspelmath, Martin (eds.): *The World Atlas of Language Structures Online*. Leipzig: Max Planck Institute for Evolutionary Anthropology. wals.info/chapter/109. [28.02.2022].
Polinsky, Maria (2013b): "Antipassiv Constructions". In: Dryer, Matthew S./Haspelmath, Martin (eds.): *The World Atlas of Language Structures Online*. Leipzig: Max Planck Institute for Evolutionary Anthropology. wals.info/chapter/108. [28.02.2022].
Poppe, Nikolaus (1953): „Zur mittelmongolischen Kasuslehre. Eine syntaktische Untersuchung". *Zeitschrift der deutschen morgenländischen Gesellschaft* 103: 92–125.
Radtke, Edgar (2004): „Italienisch". In: Roelcke, Thorsten (ed.): *Variationstypologie. Variation Typology. Ein sprachtypologisches Handbuch der europäischen Sprachen in Geschichte und Gegenwart. A Typological Handbook of European Languages Past and Present*. Berlin/New York, de Gruyter: 359–384.
Reichenbach, Hans (1947): *Elements of Symbolic Logic*. New York etc.: Macmillian.
Rhodes, Richard (1990): "Ojibwa Secondary Objects". In: Dziwirek, Katarzyna/Farrell; Patrick/ Mejías-Bikandi, Errapel (eds.): *Grammatical Relations. A Cross Theoretical Perspective*. Stanford, CSLI: 401–414.
Rounds, Carol H. (2001): *Hungarian. An Essential Grammar*. London/New York: Routledge.
Rubino, Carl (2005): "Reduplication: Form, function and distribution". In: Hurch, Bernhard (ed.): *Studies on Reduplication*. Berlin/New York, Mouton de Gruyter: 11–29.
Rubino, Carl (2013): "Reduplication". In: Dryer, Matthew S./Haspelmath, Martin (eds*.): The World Atlas of Language Structures Online*. Leipzig: Max Planck Institute for Evolutionary Anthropology. wals.info/chapter/27. [10.01.2022].
Schaaik, Gerjan van (2020): *The Oxford Turkish Grammar*. Oxford: Oxford University Press.
Schachter, Paul (1985/2007): "Parts-of-speech systems". In: Shopen, Timothy (ed.): *Language typology and syntactic description*. Vol 1: *Clause structure*. 2nd edition, Cambridge, Cambridge University Press: 3–61.
Schäfer, Lisa (2021): "Topic drop in German: Empirical support for an information-theoretic account to a long-known omission phenomenon". *Zeitschrift für Sprachwissenschaft* 2/40: 161–197.
Schaffar, Wolfram (2003): *Die Informationsstruktur der japanischen Sprache. Eine Analyse von Nominalisierungen, Fokuspartikeln und Kakari-Musubi-Konstruktionen im modernen Japanischen, klassischen Japanischen und in der Sprache von Ryûkyû*. Münster: LIT.

Seiler, Guido (2003): *Präpositionale Dativmarkierungen im Oberdeutschen*. Stuttgart: Steiner. (= *Zeitschrift für Dialektologie und Linguistik*. Beihefte 12).
Serianni, Luca (²³2019): *Grammatica italiana. Italo commune e lingua letteraria*. Con la collaborazione di Alberto Castelvecchio. Torino: UTET.
Servidio, Emilio (2018): "Answering particles: Findings and Perspectives". *Generative Grammar in Geneva* (GG@G) 11: 157–174.
Shagal, Ksenia (2019): *Participles. A Typological Study*. Berlin/Boston: de Gruyter.
Shum, Jennifer et al. (2013): "A Brain Area for Visual Numerals". *Journal of Neuroscience* 16/33: 6709–6715. jneurosci.org/content/33/16/6709 [20.06.2022].
Siebenhaar, Beat/Stäheli, Fredy (eds.) (2000): *Stadtberndeutsch – Sprachporträts aus der Stadt Bern*. Phonogrammarchiv der Universität Zürich. Murten: Licorne. (= *Schweizer Dialekte in Text und Ton* 5.1).
Siewierska, Anna (2013): "Passive Constructions". In: Dryer, Matthew S./Haspelmath, Martin (eds.): The World Atlas of Language Structures Online. Leipzig: Max Planck Institute for Evolutionary Anthropology. wals.info/chapter/107 [15.11.2021].
Siyoum, Teketel A. (2013): *Introducing Language Typology*. Cambridge etc.: Cambridge University Press.
Sonderegger, Stefan (1979): *Grundzüge deutscher Sprachgeschichte. Einführung, Genealogie, Konstanten*. Berlin/New York: de Gruyter.
Song, Jae Jung (2013a): "Nonperiphrastic Causative Constructions". In: Dryer, Matthew S./ Haspelmath, Martin (eds.): *The World Atlas of Language Structures Online*. Leipzig: Max Planck Institute for Evolutionary Anthropology. wals.info/chapter/111 [06.01.2022].
Song, Jae Jung (2013b): "Periphrastic Causative Constructions". In: Dryer, Matthew S./ Haspelmath, Martin (eds.): *The World Atlas of Language Structures Online*. Leipzig: Max Planck Institute for Evolutionary Anthropology. wals.info/chapter/110 [06.01.2022].
Stassen, Leo (2013a): "Nominal and Locational Predication". In: Dryer, Matthew S./Haspelmath, Martin (eds.): *The World Atlas of Language Structures Online*. Leipzig: Max Planck Institute for Evolutionary Anthropology. wals.info/chapter/119 [06.01.2022].
Stassen, Leo (2013b): "Predicative Adjectives". In: Dryer, Matthew S./Haspelmath, Martin (eds.): *The World Atlas of Language Structures Online*. Leipzig: Max Planck Institute for Evolutionary Anthropology. wals.info/chapter/118 [2022–01–06].
Stockwell, Robert/Minkova, Donka (2001): *English Words: History and Structure*. Cambridge: Cambridge University Press.
Studios, Woop/Sacher, Jason (2013): *A Compendium of Collective Nouns. From an Armory of Aardvarks to a Zeal of Zebras*. San Francisco: Chronicle.
Sweetser, Eve/Gaby, Alice (2017): "Linguistic Patterns of Space and Time Vocabulary". In: Dancygier, Barbara (ed.): *The Cambridge Handbook of Cognitive Linguistics*. Cambridge etc.: Cambridge University Press: 625–634.
Szczepaniak, Renata/Flick, Johanna (eds.) (2020): *Walking on the Grammaticalization Path of the Definite Article: Functional Main and Side Roads*. Amsterdam/Philadelphia: Benjamins.
Thim, Stefan (2012): *Phrasal Verbs. The English Verb-Particle Construction and its History*. Berlin/New York: de Gruyter.
Thomason, Sarah Gray (2005): "Typological and theoretical aspects of Hungarian in contact with other languages". In: Fenyvesi, Anna (ed.): *Hungarian Language Contact Outside Hungary*. Amsterdam/Philadelphia, Benjamins: 11–27.
Tomić, Olga Mišeska (2006): *Balkan Sprachbund. Morpho-Syntactic Features*. Dodrecht: Springer.
Trask, Larry (2015): *Trask's Historical Linguistics*. 3rd ed., ed. by Robert McColl Millar. London/ New York: Routledge.
Traugott, Elizabeth Closs (1985): "Conditional markers". In: Haiman, John (ed.): *Iconicity in Syntax. Proceedings of a symposium on iconicity in syntax, Stanford, June 24–26, 1983*. Amsterdam/Philadelphia, Benjamins: 289–307.
Trips, Carola/Stein, Achim (2008): "Was Old French *-able* borrowable? A diachronic study in word-formation procersse due to language contact". In: Gotti, Maurizio/Dossena, Marina/

Dury, Richard (eds.): *English Historical Linguistics 2006. Lexical and semantic change.* Amsterdam/Philadelphia, Benjamins: 217–240.

Vellupilai, Viveka/Hentschel, Elke (2009): „Tempus". In: Hentschel, Elke/Vogel, Petra M. (eds.): *Deutsche Morphologie.* Berlin/New York: 427–442.

Veselinova, Ljuba N. (2013): "Suppletion According to Tense and Aspect". In: Dryer, Matthew S./Haspelmath, Martin (eds.): *The World Atlas of Language Structures Online.* Leipzig: Max Planck Institute for Evolutionary Anthropology. wals.info/chapter/79 [29.10.2021].

Vishenkova, Anna/Zevakhina, Natalia (2019): "Wh-exclamatives with and without predicates in Russian". *Russian Linguistics* 43: 107–125. https://doi.org/10.1007/s11185-019-09213-x.

Vlad, Carmen (1989): „Rumänisch: Textlinguistik/Linguistique textuelle". In: Holtus, Günter/ Metzeltin, Michael/Schmitt, Christian (eds.): *Die einzelnen romanischen Sprachen und Sprachgebiete von der Renaissance bis zur Gegenwart: Rumänisch, Dalmatisch/ Istroromanisch, Friaulisch, Ladinisch, Bündnerromanisch.* Berlin/New York, de Gruyter: 126–137. (= *Lexikon der romanistischen Linguistik* III).

Vogel, Petra M. (2006): *Das unpersönliche Passiv. Eine funktionale Untersuchung unter besonderer Berücksichtigung des Deutschen und seiner historischen Entwicklung.* Berlin/ New York: de Gruyter. (= *Studia Linguistica Germanica* 80).

Vries, Mark de (2012): "Parenthetical main clauses – or not? On appositives and quasi-relatives". In: Aelbrecht, Lobke/Haegeman, Liliane M. V./Nye, Rachel (eds.): *Main Clause Phenomena: New Horizons.* Amsterdam/Philadelphia, Benjamins: 177–201.

Wade, Terence ([4]2020): *A Comprehensive Russian Grammar.* Revised and updated by David Gillespie, Svetlana Gural and Marina Korneeva. Hoboken, NJ: Wiley Blackwell.

Wegener, Heide (2003): „Normprobleme bei der Pluralbildung fremder und nativer Substantive". *Linguistik online* 16, 4/03: 119–157.

Wehr, Barbara (1998): „Typologische Parallelen in der französischen und irischen Syntax". In: Boeder, Winfried et al. (eds.): *Sprache in Raum und Zeit. In memoriam Johannes Bechert: Sprache in Raum und Zeit.* Bd. 2. Tübingen, Narr: 335–354.

Weiß, Helmut (2015): *Syntax des Bairischen. Studien zur Grammatik einer natürlichen Sprache.* Berlin/Boston: de Gruyter.

Xing, Janet Zhiqun (2003): "Grammaticalization of Verbs in Mandarin Chinese". *Journal of Chinese Linguistics* 1/31: 101–144.

Zifonun, Gisela et al. (1997): *Grammatik der deutschen Sprache.* 3 Bde. Berlin/New York: de Gruyter. (= *Schriften des Instituts für Deutsche Sprache* 7.1–7.3).

Zybatow, Tatjana/Weskott, Thomas (2018): „Das Doppelperfekt: Theorie und Empirie". *Zeitschrift für Sprachwissenschaft* 37/1: 83–124. https://doi.org/10.1515/zfs-2018-0003.

Sachregister

A
Ablativ, 55
Absentiv, 110
Absolutiv, 53
AcI (accusativus cum infinitivo), 67
Adhortativ, 113
Adverbial(e), 154
Affix, 8
Agens, 116
Akkusativ, 53, 62
Akkusativsprache, 29
Akronym, 97
Aktionsart, 109
Aktiv, 21, 116
Akzentsprache, 4
Allativ, 55
Angabe, 154
Animacity Hierarchy, 38
Anlaut, 2
Anterior, 103
Antipassiv, 122
Antwortpartikel, 140
Aspekt, 19, 108
    experientieller, 109
    habitueller, 109
    imperfektiver, 109
    perfektiver, 109
Attribut, 155
Augmentativum, 91
Auslaut, 2

B
Basissatz, 168
Bedeutung
    autosemantische, 133
    kategorematische, 133
    synsemantische, 134
Belebtheit, 175

Betrachtzeitpunkt, 19
Bezugszeitpunkt, 19
Binnenflexion, 9

C
Coda, 2
Consecutio Temporum, 112

D
Dativ, 53, 67
    ethicus, 69
    iudicantis, 70
    possessivus, 69
Definitheit, 16, 76
Deixis, 134
Derivation, 96
Determinansphrase (DP), 187
Determinativ, 80
Determinierer, 80
Dialektverband, 31
Diathese, 116
Diminutiva, 90
Direktiv, 55
Doppeltempus, 105
Dual, 38

E
Ereigniszeitpunkt, 18
Ergänzung, 153
Ergativ, 53
Ergativsprache, 29
Existenzmarker, 164

F
Futur, 106

Futur II, 107

G
Genitiv, 54, 71
  auctoris, 73
  definitivus, 73
  explicativus, 73
  negationis, 72
  obiectivus, 73
  partitivus, 72
  possessivus, 72
  qualitatis, 73
  subiectivus, 72
Genus, 15, 81
  Verbi, 21, 116
Genuskongruenz, 212
Gerundium, 125
Goal, 52

I
Illokution, 218
Imperativ, 113
Imperfekt, 102
Indikativ, 111
Infinitiv, 123
Infix, 8
Inkorporation, 160
Innenflexion, 10
Interfix, 8
Interjektion, 138
Interrogativpartikel, 139
Irrealis, 115

J
Jussiv, 113

K
Kasus, 14, 46
  indirekter, 50
  obliquer, 15
Kasussynkretismus, 59
Kausativ, 22, 122
Kernkasus, 14, 50
Klassifikator, 16, 80
Klitikon, 41
Kohortativ, 113
Komitativ, 57
Kommentar, 170
Komparation, 93

Komplement, 153
Konditional(is), 115
Kongruenz, 209
  Numerus, 45
Konjunktiv, 111
Kontamination, 97
Konverb, 130
Kopf, 157

L
Letztglied-Prinzip, 85
Lokativ, 55

M
Maskulinum, generisches, 87
Medium, 21, 120
Merkmal, suprasegmentales, 4
Modalpartikel, 141
Modifikation, 95
Modifikator, 155
Modus, 20, 110
Morphem, 8
  freies, 8
  gebundenes, 8
  grammatisches, 8
  lexikalisches, 8
Mover, 169
Movierung, 86

N
Nachzeitigkeit, 99
Nebensatz-Definition, 26
Necessitativ, 114
Negation, 142
Neutralisation, 88
Nominalklassen, 15
Nominalphrase (NP), 186
Nominativ, 53, 60
Nominativsprache, 29
Nucleus, 2
Numeralia, 137
Numerus, 14, 38
Numeruskongruenz, 45, 213

O
Objekt, direktes, 64
Objektkongruenz, 214
Onomatopoetika, 138
Onset, 2

Sachregister 245

Optativ, 114

P
Partikelverben, 132
Partitiv, 55
Partizip Futur, 130
Partizip Perfekt, 128
Partizip Präsens, 127
Passiv, 21, 117
 unpersönliches, 120
Patiens, 117
Paukal, 39
Perfekt, 103
Pertinenzdativ, 69
Phon, 2
Phonem, 2
Pluraletantum, 42
Plusquamperfekt, 105
Point
 of event, 18
 of reference, 19
 of speech, 18
Potential(is), 115
Prädikat, 156
Präfix, 8
Prager Schule, 173
Pragmatik, 35
Präpositionalphrase (PP), 186
Präsens, absolutes, 101
Präteritum, 102
Privativ, 75
Pro drop, 25
Progressiv, 109
Prohibitiv, 113
Protoindoeuropäisches, 33

Q
Quadral, 39
Quotativ, 111

R
Raum-Zeit-Metapher, 57
Realis, 111
Reduplikation, 97
Reim, 2
Relativitätsprinzip, sprachliches, 31
Reportativ, 111
Rezipientenpassiv, 121
Rhema, 170
Rhyme, 2

S
SAE-Sprachen, 31
Sapir-Whorf-Hypothese, 31
Satz (Definition), 150
Satzklammer, 161
Satzmodus, 218
Satzperspektive, funktionale, 173
Silbe
 geschlossene, 3
 offene, 3
Singular, 38
Singularetantum, 42
Sprachbund, 30
Sprache
 analytische, 8
 flektierende, 9
 fusionierende, 9
 isolierende, 6
 polysynthetisch, 10
 synthetische, 8, 10
Sprechzeitpunkt, 18
Subitizing, 39
Subjekt, 167
 logisches, 171
Suffix, 8
Supplement, 154
Syntax, 147

T
Tempus
 absolutes, 18, 99
 relatives, 18, 99
Thema, theme, 170
 Syntax, 174
Tonsprache, 4
Topic drop, 173
Topik, 170
Transnumeral, 42
Trial, 39
Trunkierung, 97
Typ, phonotaktischer, 4

V
Verbform
 finite, 17, 123
 infinite, 123
Verb
 intransitives, 54
 serielles, 158
 transitives, 54
Vokativ, 58

W
Wurzelflexion, 10

Z
Zero, 169
Zirkumfix, 8

MIX
Papier aus verantwortungsvollen Quellen
Paper from responsible sources
FSC® C105338

If you have any concerns about our products,
you can contact us on
ProductSafety@springernature.com

In case Publisher is established outside the EU,
the EU authorized representative is:
**Springer Nature Customer Service Center GmbH
Europaplatz 3, 69115 Heidelberg, Germany**

Printed by Libri Plureos GmbH
in Hamburg, Germany